本报告的出版得到
国家重点文物保护专项补助经费资助

茂县营盘山石棺葬墓地

成都文物考古研究所
阿坝藏族羌族自治州文物管理所　编著
茂　县　羌　族　博　物　馆

文物出版社

责任印制　陈　杰
责任编辑　秦　彧

图书在版编目（ＣＩＰ）数据

茂县营盘山石棺葬墓地 / 成都文物考古研究所，阿坝
藏族羌族自治州文物管理所，茂县羌族博物馆编著. --
北京 : 文物出版社，2013.7
ISBN 978-7-5010-3747-6

Ⅰ. ①茂… Ⅱ. ①成… ②阿… ③茂… Ⅲ. ①石棺
墓－考古发掘－茂县－先秦时代 Ⅳ. ①K878.8

中国版本图书馆CIP数据核字(2013)第145602号

茂 县 营 盘 山 石 棺 葬 墓 地

成 都 文 物 考 古 研 究 所
阿坝藏族羌族自治州文物管理所　编著
茂 县 羌 族 博 物 馆

*

文 物 出 版 社 出 版 发 行
北京市东直门内北小街2号楼
邮政编码：100007
http://www.wenwu.com
E-mail: web@wenwu.com
北京燕泰美术制版印刷有限责任公司印刷
新 华 书 店 经 销
889×1194　1/16　印张：30
2013年7月第1版　　2013年7月第1次印刷
ISBN　978-7-5010-3747-6　定价：420.00元

Cemetery of Stone-coffin Tombs at Yingpanshan in Mao County

by

Chengdu Municipal Institute of Cultural Relics and Archaeology
The Cultural Relics Administration Bureau of Ngawa Tibetan and Qiang Autonomous Prefecture
The Qiang Museum of the Mao County

Cultural Relics Press

目　录

插图目录

彩版目录

第一章 绪 言

第一节 概述

一 地理环境

营盘山石棺葬墓地位于四川省茂县县城所在的凤仪镇（图一），墓地地处岷江东南岸的三级阶地上，台地中部的地理坐标为北纬 31°39′25″，东经 103°48′53.9″。台地平面约呈梯形，东西宽 120～200、南北长约 1000 米，总面积近 15 万平方米（图二；彩版一，1、2）。墓

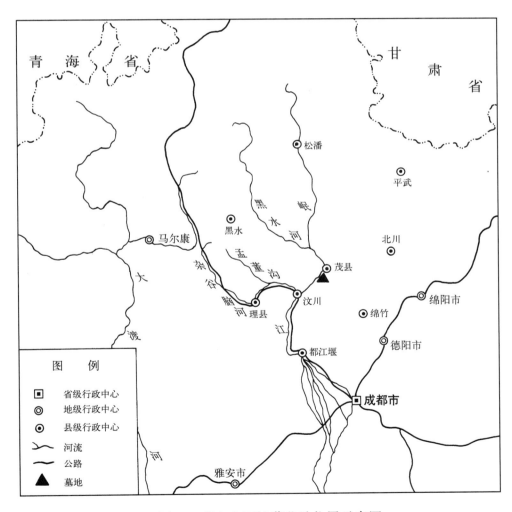

图一 营盘山石棺葬墓地位置示意图

地东面临深谷阳午沟，东北面、北面、西面均为岷江环绕，东距茂县县城约 2.5 千米，海拔高度
1650～1710 米，高出岷江河谷约 160 米。墓地背靠九顶山（龙门山脉主峰），面向岷江河谷，表
面地势略呈缓坡状（彩版二，1）。墓地土质为黄色黏土，地表常年种植蔬菜及果树。

茂县位于四川省西北部岷江上游地区的阿坝藏族羌族自治州东南部，四周与北川、安县、绵
竹、什邡市、彭州市、汶川、理县、黑水、松潘 9 县相邻。南北宽 94.8、东西长 116.5 千米，面
积 4064.33 平方千米。茂县地处青藏高原向川西平原过渡地带，周围高山耸峙、河谷深邃，北有
岷山、南有龙门山、西有邛崃山诸山脉。地势西北高，东南低，山脉海拔多在 4000 米左右。

茂县境内地质构造复杂，大部属马尔康地质分区，东南部狭小部分属龙门山地质分区。岩层
主要以夹沙灰、黑色页岩、砂板岩、火成岩等构成。土壤以暗棕壤、褐土、棕壤为主。茂县地处
龙门山地震带，是全国地震活跃地区之一。岷江自北向南纵贯全境。黑水河、赤不苏河、松坪河
分别在大小两河口和较场乡汇入岷江，土门河从西向东纵贯土门乡全区，汇入涪江水系。

茂县气候干燥多风，具有冬冷夏凉、昼夜温差大、地区差异大的特点。县城平均气温
11.1℃，最低气温 -11.6℃，最高气温 32℃。年降水量 490.7 毫米，无霜期 215.8 天。河谷与高
山气温悬殊。

茂县自然资源丰富，矿产资源有磷、锰、钒、钛、石膏、大理石、无烟煤等。野生动植物

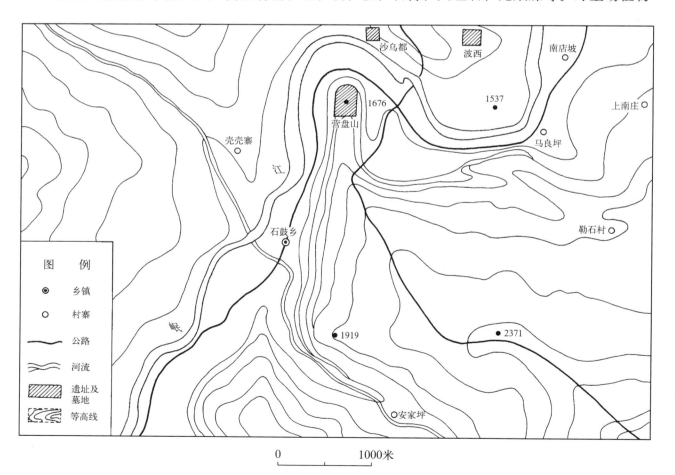

图二　营盘山石棺葬墓地地形图

种类繁多，主要草本植物有 189 种，优质树种有冷杉、云杉、桦树等。野生动物有 41 种、101 属，其中大熊猫、小熊猫、金丝猴、扭角羚、豹、毛冠鹿、盘羊、红腹角雉等属国家重点保护的珍稀动物。

二　历史沿革

茂县地区很早以前就有人类定居，波西遗址的考古发掘成果表明，[①] 约在距今 6000 年左右，已有先民在茂县县城所处的河谷盆地进行定居的农耕生活。《华阳国志·蜀志》[②] 记载说："后有王曰杜宇……以汶山为畜牧"，汶山即包括今茂县在内，曾是古蜀王国的畜牧之地。秦代曾在岷江上游设湔氐道，茂县一带应属其辖地。西汉元鼎六年（公元前 111 年）设汶山郡，并置汶江道，地节三年（公元前 67 年）设汶山县。东汉初置汶江道，永初三年（109 年）改为广汉属国都尉，延光三年(124 年)复为汶江县。晋代更名为广阳县。梁置为绳州北部郡属县，隋改为会州，仁寿元年(601 年)又改为汶山县。唐贞观八年（634 年）改南会州为茂州，领汶山县。宋、元时期仍为茂州，领通化郡、汶山县。明洪武十七年（1384 年）仍为茂州，并置茂州卫，将汶山县省入。清代改茂州为直隶州。1913 年改茂州为茂县。1927 年在此设"四川省松理懋茂汶屯殖督办署"。1935 年在此设立四川省第十六行政督察区专员公署。1950 年 1 月，茂县解放，仍置茂县。1958 年 7 月，汶川、理县、茂县 3 县合并置茂汶羌族自治县，县治威州。1963 年 3 月，3 县分治，县治迁回凤仪镇。1987 年 12 月撤茂汶羌族自治县仍置茂县。1950 年至 1953 年，先后曾为茂县专署、四川省藏族自治区人民政府驻地。

县治凤仪镇距省会成都 193 千米，距州府马尔康 290 千米。茂县县名的来历，因唐代至民国初期所沿用"茂州"之名，皆"以郡界茂湿山得名"，民国初期改厅州为县，沿用旧名。1958 年建立茂汶羌族自治县时取"茂县"、"汶川"二名各一字得名，茂汶县大部地区处于汶山地带，故称汶山即岷山，古汶、岷通用，古人称境内九顶山为"岷（汶）山之首"。

全县目前设 3 镇 20 个乡，总人口 10.416 万人，其中羌族人口 93503 人，占总人口 90%。茂县是羌族聚居区，是全国羌族人口最多的县。羌族是古老的民族之一，自称"日麦"、"尔玛"。远古时期，羌人居住于中国西部地区，甲骨文中已有了羌人活动的记载。秦时，西北羌人开始大规模迁徙，其中部分羌人来到岷江上游的茂县等一带繁衍生息至今。

第二节　工作概况

一　岷江上游石棺葬发现与发掘历史回顾 *

民国初年，英国人陶然士（T.Torrance）在位于四川西北理番、威州、汶川的羌族村寨传教。陶氏搜集了数十件双耳陶罐等陶器，后存成都华西大学博物馆，定名为"羌人陶器"，但未详其年代。虽然有关资料中并未指出这些陶器出自何种墓葬，但是根据今天的知识判断，这批陶器很可

---

① 成都文物考古研究所、阿坝藏族羌族自治州文物管理所、茂县羌族博物馆：《四川茂县波西遗址 2002 年的试掘》，《成都考古发现 2004》，科学出版社，2006 年。

② （晋）常璩撰、任乃强校注：《华阳国志校补图注》，上海古籍出版社，1987 年。

* 本节编写参考了罗二虎：《岷江上游石棺葬发现和研究的回顾与思考》，何力编：《考古学、民族学的探索与实践》，四川大学出版社，2005 年。

能是石棺墓中出土的。①

本地区石棺葬中出土的随葬器物可能在同一时期已流传到海外，例如英国人库普（Albert J.Kcop）1924 年出版的《中国早期铜器》一书中便收集有可能出土于本地区的铜双耳罐。②

1929 年，美国学者葛维汉（David C.Graham）任华西大学博物馆馆长以后，又大量收集到岷江上游地区石棺墓中出土的随葬物品，数量众多，仅陶器的种类就不下百余种。但遗憾的是，这些陶器也都没有详细的出土地点，使其科学研究价值不免大为降低。葛维汉认为，这些陶器与甘肃出土的陶器相似，因此将其年代定为商周时期。③

1938 年 8～10 月间，中国学者冯汉骥在岷江上游羌族地区进行民族调查时，曾对石棺墓的分布作过一些初步调查，并在雁门乡萝卜寨清理 1 座残墓（编号 SLMl）。虽然仅于 1951 年在成都《工商导报》的《学林》副刊上发表过一个简报，④ 但这是首次运用近代考古学方法对西南地区石棺墓进行清理，也是中国学者涉足这一领域的开端，从而揭开了岷江上游石棺葬科学发掘与研究 70 余年历程的序幕。但由于种种原因，其资料的正式发表却很晚。

1941 年夏，郑德坤继葛维汉任华西大学博物馆馆长，"得细考诸器皿，发现此类陶器之着有铭识者凡三十一，字体篆隶杂用，有刻于器耳者，有刮于器身者，有镌于器底者，有印于器肩者，有铭于器腹者；笔法纷纭，精粗不一。其词多为干支、数目、姓氏、吉利语及陶工标识之属。继考博物馆记录，知与此类陶器同时出土者尚有铜器、贝器、小珠、半两钱、五铢钱等物；馆中又藏同时出土之人类头骨一，是此宗陶器为墓中物甚明。以陶器之制作、形式及装饰鉴定之，疑为秦汉遗物，再证以篆隶铭文印章，器上之涂白染朱，器身沾染之铜锈，铁锈，半两五铢钱之殉葬，其出于秦汉墓葬似无可疑。"⑤

1941 年夏，中央研究院历史语言研究所与中央博物院合组川康民族调查团，由凌纯声教授率领，同行者四人，有马长寿、芮逸夫等，"自李庄至宜宾，溯岷江北上，经乐山至成都，再经灌县（今都江堰市），汶川至威州，溯杂谷脑河西上至理番（今理县），西逾洪家拉岭，入大小金川流域，由靖化经懋功(今小金县)而至西康的丹巴,南下至康定,东归道经雅州回至成都。该团第一工作站,设在理番县的佳山寨（旧名嘉山砦），作羌民调查工作。凌教授在佳山寨时，见土著幼童在耕田中时常找到石器作为玩具，又村落附近的黄土断层中发现很多版岩墓葬。乃于每日民族调查工作余暇，借一、二土人对史前遗址做试采工作。但见多数墓葬曾被掘过。询之土人，谓有外国教士收购陶罐，故村人常于家暇时，来此掘取出售，因此史前遗址毁坏甚多。凌教授当时限于时间与经费未能作正式发掘，仅将已被掘过的十余个版岩墓葬作一清理工作，因土人只注意于可出售之陶罐，其他遗物多弃而不顾，例如在一石墓中，发现有不少石珠混在墓葬的土中，即命一村童同家取一筛子，将土筛过，得珠子百余粒，用绳串成一项链圈，至于其他小件陶器、铜器、铁器、珠子、

① 郑德坤：《理番石棺葬文化》（*The Slate Tomb Culture of Li - Fan*），《哈佛大学亚洲研究学报》（*Harvard Journal of Asiatic Studies*，June，1946，P.64，fig.1）。

② Albert J. Koop, *Early Chinese Bronzes*, London, 1924, P1.46.

③ 郑德坤：《四川古代文化史》，四川出版集团巴蜀书社，2004 年。D. C. Graham, "*An Archacological Find in the Chiang region*" Journal of the west China Border Research, vol. X V, 1944.

④ 冯汉骥：《岷江上游的石棺葬文化》，《工商导报》1951 年 5 月 20 日《学林》副刊，成都。

⑤ 郑德坤：《理番石棺葬文化》（Cheng Te-k'un：*The Slate Tomb Culture of Li-Fan*），《哈佛大学亚洲研究学报》（*Harvard Journal of Asiatic Studies*，Vol.9，No.2，Jun.，1946，P.63-84，fig.1）。

子安贝和半两钱等等，多为殉葬之物。石器在耕地中找到，不见于墓葬中，可见墓葬遗址与石器遗物属于两个不同的时代。"[①] 这批资料由凌曼立初步整理，送请高去寻、凌纯声二位教授审阅校正，于20世纪60年代在中国台湾发表了初步整理报告。但由于海峡两岸学术交往曾长期中断，这批资料在中国大陆长期鲜为人知。

1941年夏，"前教育部举办暑期学生边疆服务团，王文萱先生主其事，对于边疆文化，尤为注意。王氏在理番佳山寨一带发现古代墓群多处，得陶器二十余件，现寄存华西大学博物馆。王氏报告尚未出版，故其出土情形、坟墓构造仍未可得详。该团亦请葛维汉参加，在理番西南蒲溪沟一带采集陶器、铜器多种，亦归华西大学博物馆保存。"[②]

1942年夏，"金陵女子文理学院教授刘恩兰至理番一带调查地理，在蒲溪沟附近见乡人发掘古墓，闻系因山崩，遗物暴露，墓为版岩砌成，形制与冯汉骥发掘者相同，墓葬原在地下，离地面约十余尺。刘氏购得双耳陶罐一，略残，及小珠一串。此外又得一矛，长约盈尺，刀刃与空头间着铜质兽形装饰，锈腐程度甚浅，因得诸乡人之手，恐未必为版岩墓中之物也。"[③]

1942年，葛维汉又往理番调查羌人社会，郑德坤委托请其特别注意此类墓葬，"并约其代博物馆采集新异遗物。葛氏至蒲溪沟，果见乡人发掘版岩墓，形制与冯汉骥、刘恩兰所见者完全相同，大者且一棺葬二人；后至萝卜寨又遇乡人发掘此类古墓，盖版岩为羌民建筑主要材料之一，台坡地带掘墓采石之事，时有所闻。葛氏所得颇丰，陶器之外有铜器、铁器、石质小珠、琉璃小珠、贝饰、五铢钱、半两钱等百数十种，于是华西大学博物馆版岩墓遗物之收藏益备。"[④]

20世纪50年代前期，四川省藏族自治区民族干部学校李绍明为了筹设少数民族陈列室，曾派人前往理县孟董沟上、下孟乡收集少数民族文物。在岷江上游支流杂谷脑河流域的上孟乡发现了很多石棺葬。[⑤] 认为是我国古代西南民族的一种特殊的文化。

1964年，因对此类石棺墓的内涵了解不够，故其详细材料一直未曾发表。1964年3月，为了进一步研究这一问题，四川大学历史系派童恩正赴茂、理、汶地区进行了一次调查，并对一些崩坍严重的石棺墓作了部分发掘。计理县薛城区仔达寨23座，龙袍寨1座，汶川县大布瓦寨2座，萝卜寨2座（连同1938年发掘的1座共3座）。这些墓葬再连同冯汉骥1938年发掘的萝卜寨1座残墓的详细资料，由冯汉骥、童恩正整理，于1973年在《岷江上游的石棺葬》一文中发表。[⑥] 这是发表的首篇关于西南地区石棺葬的详细田野发掘资料，该文的发表对其后西南地区石棺葬的发现与研究，起到了积极的推动作用。

茂县城关石棺葬墓群位于县城凤仪镇大坝上，处于岷江的一级台地上，墓区南北长1500、东西宽800米，面积近100万平方米。1978年，四川省文物管理委员会等在茂汶羌族自治县城关进行两次发掘，清理了46座石棺葬，出土文物1400多件，[⑦] 这是西南地区首次对石棺葬墓地进行的大规

① 郑德坤：《四川古代文化史》，四川出版集团巴蜀书社，2004年。凌曼立：《四川理番县佳山寨史前拾遗》，《台湾大学考古人类学刊》第二十一、二十二期合刊，1963年。
② 郑德坤：《四川古代文化史》，四川出版集团巴蜀书社，2004年。
③ 郑德坤：《四川古代文化史》，四川出版集团巴蜀书社，2004年。
④ 郑德坤：《四川古代文化史》，四川出版集团巴蜀书社，2004年。
⑤ 李绍明：《四川理县发现很多石棺葬》，《文物参考资料》1955年第7期。
⑥ 冯汉骥、童恩正：《岷江上游的石棺葬》，《考古学报》1973年第2期。
⑦ 四川省文管会、茂汶县文化馆：《四川茂汶羌族自治县石棺葬发掘报告》，《文物资料丛刊》第7集，文物出版社，1983年。

模发掘。1986 年和 1991 年，茂县羌族博物馆在该区域清理石棺葬 77 座。①

　　1979 年 12 月至 1980 年 4 月，茂汶羌族自治县文化馆先后在茂汶县南新公社别立大队和前锋公社勒石村配合筑路工程，清理了石棺葬共 31 座，其中别立 17 座，勒石村 14 座。别立、勒石村两墓地共出土遗物 200 多件，其中包括 20 来件采集品。陶器的数量最多，种类丰富，多为生活用品和生产工具。②

　　1980 年 6 月，四川省汶川县绵虒镇玉龙乡昭店村农民在建房施工时，发现 1 座石棺墓。汶川县文化馆闻讯前往调查，墓葬已遭损毁。经实地勘查，了解到这是一处石棺葬分布区，并收集到 8 件随葬陶器。叶茂林、罗进勇对这座遭毁坏的石棺葬编号为昭 M1，并进行简述报告。③

　　1983 年在茂县三龙乡和黄草坪发现 8 座石棺墓，并清理 1 座。④

　　1984 年在理县佳山清理 15 座石棺墓和 1 座祭祀坑。⑤

　　1984 年在茂县上南庄清理 3 座元明时期火葬石棺墓。⑥

　　1985 年 4 月，茂县石鼓乡农民梁茂成在房屋左侧取土修厕所时，距地表 2 米处，挖到石棺葬墓一座，随葬品物有陶双耳罐、陶豆、陶单耳杯、陶罐、青铜短剑一把等。铜短剑的造型和铸造颇具特点，近似柳叶形，剑身扁平，柄微鼓，柄身中有脊隆起。在剑格前，脊的两侧，各有条纹五行。在柄首端和脊的两侧均各有三行条纹。柄脊的两侧各铸有突出的点纹二行。剑身长 26.3、宽 4.9 厘米，剑柄长 8、柄宽 2.70、通长 34.3 厘米。⑦

　　此外，1975 年在理县朴头关口发现 1 座出土核桃形口沿黑陶双耳罐的东汉砖室墓。⑧

　　撮箕山石棺葬墓地位于茂县城关凤仪镇以北约 2 千米的岷江西岸三级台地上，面积约 10000 平方米，石棺葬数量上千座，破坏极为严重。

　　1984 年，四川省文物管理委员会、阿坝藏族自治州（后更名为藏族羌族自治州）文物管理所联合在茂县撮箕山石棺葬墓地发掘清理 62 座墓，墓地位于茂汶县城北 3 千米，高出岷江河谷 100 米的半山腰上。墓葬均依山而葬，头向山顶（东北方），排列整齐有序。这批墓葬均用薄石板做棺壁和盖板，与过去发掘的石棺葬形制不同之处是棺内多数有头箱，随葬品放在头箱之中，个别石棺分为上下两层。葬式多为仰身直肢。随葬品共 370 余件，陶器居多，除了常见的陶双耳罐、单耳罐等，多数为夹砂红陶小罐。此外还有铜牌饰、骨饰、玛瑙等。这批墓葬排列有序，按分布情况分为西区（B 区）和东区（A 区）。1986 年茂县羌族博物馆配合当地砖厂取土继续在 B 区清理 360 余座墓，出土文物与同区 1984 年发掘清理的一致。⑨ 这是目前西南地区发掘数量最多的一处石棺墓群，至今尚未发表简报和报告。

　　2000 年 7 月 4 日，成都文物考古研究所与茂县羌族博物馆在茂县城北的撮箕山石棺葬墓地选

---

① 资料现存茂县羌族博物馆。
② 茂汶羌族自治县文化馆 蒋宣忠：《四川茂汶别立、勒石村的石棺葬》，《文物资料丛刊》第 9 集，文物出版社，1985 年。
③ 叶茂林、罗进勇：《四川汶川县昭店村发现的石棺葬》，《考古》1999 年第 7 期。
④ 高维刚：《茂汶县石棺墓清理简报》，《四川文物》1986 年第 2 期。
⑤ 阿坝藏族自治州文管所、理县文化馆：《四川理县佳山石棺葬发掘清理报告》，《南方民族考古》第一辑，四川大学出版社，1987 年。
⑥ 高维刚：《茂汶羌族自治县元、明时期的石棺葬》，《四川文物》1985 年第 3 期。
⑦ 罗进勇：《茂汶石棺葬墓出土"青铜短剑"》，《四川文物》1987 年第 1 期。
⑧ 赵殿增、高英明：《四川阿坝州发现汉墓》，《文物》1976 年第 11 期。
⑨ 赵殿增：《茂汶县撮箕山石棺葬墓地》，中国考古学会编：《中国考古学年鉴·1985》，文物出版社，1986 年。徐学书：《岷江上游石棺葬文化综述》，《四川大学考古专业创建三十五周年纪念文集》，四川大学出版社，1998 年。

点，开 1.5×5 米探沟，清理小型石棺葬 2 座。^①

1992 年 3 月，茂县南新乡牟托村村民在村后山脊"豹圈梁子"垦荒时发现南、北 2 座器物坑，出土了青铜器及玉石器。茂县羌族博物馆和阿坝州文管所于 3 月下旬先后派人前往现场调查、清理，并在上述器物坑的西侧又发现 1 坑，还清理了 1 座石棺墓。其中一号墓随葬器物 170 余件，包括陶器、铜器、铜铁合制器、玉石器、琉璃器、漆器、竹器及玛瑙、绿松石、丝毛织物等。器物坑内皆出土铜器和玉石器，一号坑出土 33 件，二号坑出土 32 件，三号坑出土（含收集）6 件。^②这是一个特殊上层人物的石棺墓地，出土随葬品数量之多，器物之精美，内涵之丰富，都大大超出了以往对岷江上游石棺葬的认识。这是目前西南地区发现规模最大的石棺墓，对于深入认识该地区当时的文化与社会都具有十分重要意义。

2009 年 4 月至 5 月，汶川县文物管理所、成都文物考古研究所、阿坝藏族羌族自治州文物管理所联合对布瓦村境内的石棺葬遗存进行了详细调查。^③

2009 年 7 月 4 日至 18 日，为配合灾后重建重点项目茂县城关粮站住宅楼，四川省文物考古研究院、阿坝州文物管理所、茂县羌族博物馆联合对茂县城关石棺葬墓群进行了清理，发掘面积近 1600 平方米，共发现和清理石棺葬 54 座，出土一批铜器、铁器、陶器、海贝和各类饰件逾 300 余件，^④还收集了大量人骨、兽骨，并提取了纺织品及粟等植物标本。

二　营盘山石棺葬墓地发掘经过

1979 年 2 月初，在营盘山基建工程中发现石棺葬群，原茂汶羌族自治县文化馆从 2 月 5 日至 16 日，配合该工程清理已暴露的 9 座（编号 M2～M10）。参加工作的有李弟友、蒋宣忠。此外，元月中旬曾在这里清理了一座已暴露在水沟边的同类墓葬（编号 M1）。前后两次共清理了 10 座墓，出土随葬器物 250 余件。^⑤这是营盘山石棺葬墓地首次进行发掘。

为配合《中国文物地图集·四川分册》的编写工作，在四川省文物局的统一领导下，成都文物考古研究所会同阿坝藏族羌族自治州文管所及茂县羌族博物馆等文博部门于 2000 年 6 月至 9 月对岷江上游地区（含四川省汶川、茂县、理县、松潘、黑水五县）进行了全面、细致的考古调查，共计发现 82 处新石器时代文化遗址及遗物采集点。其中仅茂县境内就发现 13 处新石器时代文化遗址和 9 处遗物采集点。2000 年 7 月，在茂县营盘山调查时采集到部分新石器时代的陶片、石器等遗物，并发现了原生的文化层堆积，确认为一处新石器时代遗址。同时清理石棺葬器物坑 2 座。

① 成都文物考古研究所、阿坝藏族羌族自治州文物管理所、茂县羌族博物馆：《撮箕山石棺葬墓地 2000 年的调查》，待刊。
② 茂县羌族博物馆、阿坝藏族羌族自治州文物管理所：《四川茂县牟托一号石棺墓及陪葬坑清理简报》，《文物》1994年第 3 期。
③ 汶川县文物管理所、成都文物考古研究所、阿坝藏族羌族自治州文物管理所：《四川汶川县布瓦的石棺葬调查简报》，《成都考古发现 2008》，科学出版社，2010 年。陈剑：《四川汶川布瓦村寨田野考古调查及勘探》，中国文物报社编：《中国考古新发现年度记录 2009》，《中国文化遗产·增刊》。
④ 陈剑：《新资料·新视野·新方法——藏彝走廊暨中国西部石棺葬文化研讨会综述》，《四川文物》2009 年第 6 期。陈卫东、陈学志、张黎勇：《四川茂县城关粮站石棺葬墓群发掘取得重要收获》，《中国文物报》2010 年 2 月 12 日第 4 版。陈卫东、陈学志、张黎勇：《四川茂县城关粮站石棺葬墓群》，中国文物报社编：《中国考古新发现年度记录 2009》，《中国文化遗产·增刊》。陈卫东：《茂县城关粮站战国至汉代石棺葬墓地》，中国考古学会编：《中国考古学年鉴·2010》，文物出版社，2011 年。
⑤ 茂汶羌族自治县文化馆：《四川茂汶营盘山的石棺葬》，《考古》1981 年第 5 期。

为了更深入地认识岷江上游地区新石器时代的文化内涵，2000年10月下旬至11月中旬，成都文物考古研究所、阿坝藏族羌族自治州文管所、茂县羌族博物馆联合在营盘山遗址及石棺葬墓地首次进行了勘探和试掘，试掘集中在遗址的中西部进行，共布探方（沟）17个，揭露面积达240余平方米，获得了一批实物资料。

2001年6月，成都文物考古研究所等三家单位又以"岷江上游新石器时代文化研究"课题联合向国家文物局申报2001年度文博社科基金资助项目，并获通过。

为使本课题顺利完成并将该项考古成果深化，2002年9月12日至11月5日，成都文物考古研究所、阿坝藏族羌族自治州文管所、茂县羌族博物馆再次对营盘山遗址及石棺葬墓地进行了详细的勘探，并选点进行第二次试掘。2000年的调查和试掘已对岷江上游地区新石器文化的基本面貌和分布范围，以及营盘山遗址的文化内涵有了初步的了解。因此，2002年的考古工作集中在茂县县城附近地区进行，所设计的学术目标在于更深入地认识营盘山遗址的文化内涵，确认其在岷江上游新石器时代文化发展系统中占据何等的地位。同时对营盘山遗址周围的其他遗址进行复查并选点试掘，以了解岷江上游新石器时代大型中心聚落与中小型聚落之间的时空关系与聚合模式。试掘中首先在遗址中部偏东地带布探方2002T1，以了解该地点的文化层堆积情况。又在遗址中部偏西地带按正南北方向集中布探方2002T2～T14，实际按间隔探方开挖，由于发现了类似于广场性质的遗迹，遂扩大发掘面积。在遗址中部布小型探沟3条进行发掘，揭露面积近400平方米。在遗址的北部地带进行全面勘探，面积达6000平方米，选择个别堆积较厚的地点布方发掘。共清理完整及残损石棺葬、器物坑43座。

2002年10月12日，张忠培先生至茂县仔细察看了营盘山遗址及石棺葬墓地、波西遗址出土陶器、玉石器等标本，对本项发掘予以高度评价。2002年11月15日，严文明先生、黄景略研究员、李伯谦教授、徐光冀研究员、王仁湘研究员、李季研究员在成都参观了营盘山遗址及石棺葬墓地出土的实物标本及发掘现场的图片，对本次发掘成果给以较高评价。张忠培先生返回成都后与四川省文物局、四川省文物考古研究院、成都文物考古研究所的领导进行座谈，提出省市考古研究所合作进行岷江上游新石器文化的综合研究，并请国家文物局为此专门立项。具体工作安排为：四川省文物考古研究院负责汶川县姜维城遗址的发掘，成都文物考古研究所负责茂县营盘山遗址的发掘。

2003年、2004年和2006年，经过国家文物局的批准，由成都文物考古研究所承担，阿坝藏族羌族自治州文管所、茂县羌族博物馆配合，在营盘山遗址及石棺葬墓地进行了三次正式的大规模发掘，发掘面积达2200平方米。其中，2003年10月9日至12月17日，成都文物考古研究所对营盘山遗址及石棺葬墓地进行第一次正式发掘。发掘面积1000平方米，共清理完整及残损石棺葬、器物坑38座。

2004年10月15日至12月2日，成都文物考古研究所对营盘山遗址及石棺葬墓地进行第二次正式发掘。发掘面积600平方米，共清理完整及残损石棺葬42座。

2006年10月25日至11月22日，成都文物考古研究所对营盘山遗址及石棺葬墓地进行第三次正式发掘。共清理完整及残损石棺葬19座。

历年来发掘总面积近2500平方米（图三、四），共计清理完整及残损石棺葬、器物坑190余座。其中保存较好、记录资料的墓葬及器物坑127座。

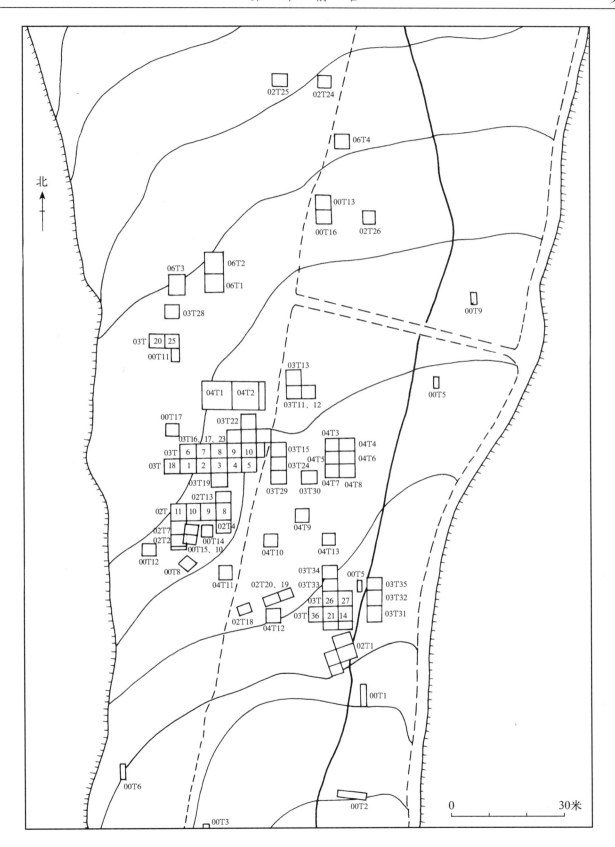

图三　营盘山石棺葬墓地 2000～2006 年发掘探方分布图

图四　营盘山石棺葬墓地航拍图

三　整理编写

　　2000 年、2002 年、2003 年、2004 年、2006 年的发掘工作结束后，参加发掘的工作人员对当年的出土资料进行了现场整理。

　　2005 年至 2006 年，陈剑对 2000 年、2002 年、2003 年、2004 年出土资料进行了初步整理。

　　2007 年，陈剑、何锟宇对 2006 年的发掘资料进行了初步整理。

　　党国松、逯德军对历年发掘出土的残损的随葬陶器进行了修复，曹桂梅、卢引科对出土器物及墓葬等遗迹进行绘图，代福尧制作了纹饰拓片。

　　2007 年，报告编写工作全面启动，陈剑编写了初步提纲，蒋成、陈剑、陈学志对提纲进行了讨论，在征求一些专家的意见后确定了报告提纲和编写体例，然后分工进行编写报告。陈学志参加了墓葬分述中石棺葬形制部分初稿的撰写工作并录入了墓葬登记表，报告其余部分由陈剑进行撰写并统稿。

第二章　墓葬总述

一　地层介绍

营盘山石棺葬墓地历年来的发掘可以划分为四个地点。

1. 第一地点

位于遗址中部偏东南地带，分布探方包括：2000T1～T6；2002T1、T18～T20；2003T14、T21、T26、T27、T31～T36；2004T9～T13。发掘面积仅次于第二地点，部分探方成片集中分布，除2000T2、2002T1、2002T18～T20之外，均为正南北方向（图五～一三）。

第一地点南部地带的地层堆积以2002T1的东壁剖面为例介绍（图一四；彩版二，2）。

第①层：农耕土层，灰黑色，结构疏松，夹杂塑料碎片、石片、植物根系等。厚度0～0.40米。此层在探方南部缺失。

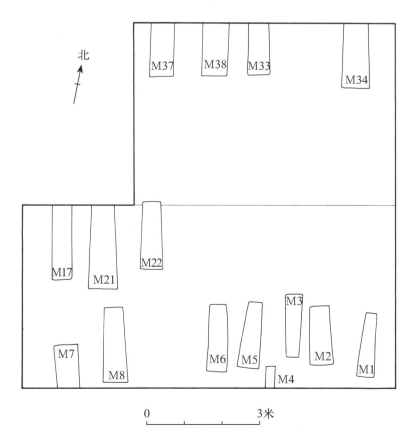

图五　2002T1内石棺葬分布平面图

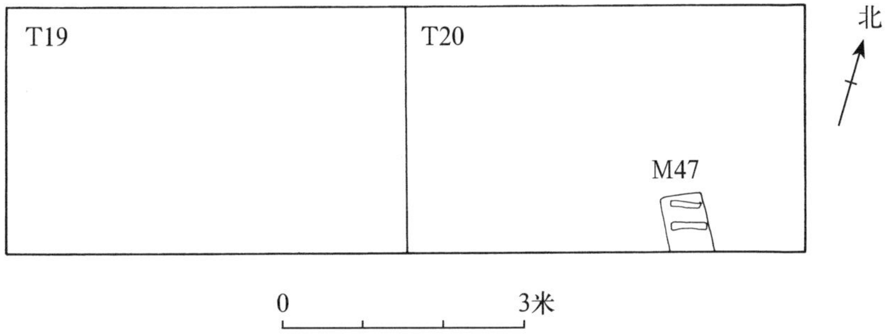

北

T19
T20
T33

M47

0 ____ 3米

图六 2002T19、T20 内石棺葬分布平面图

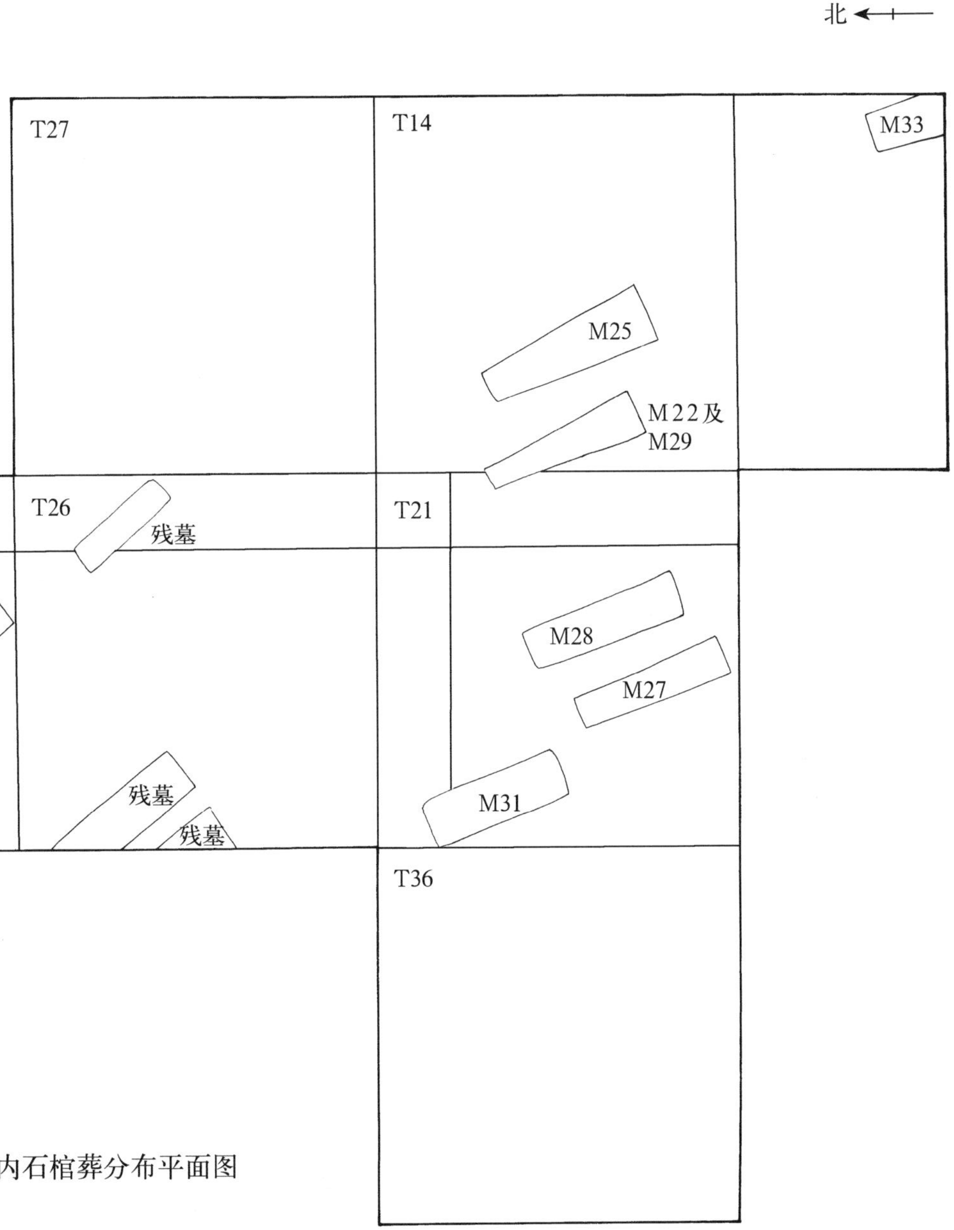

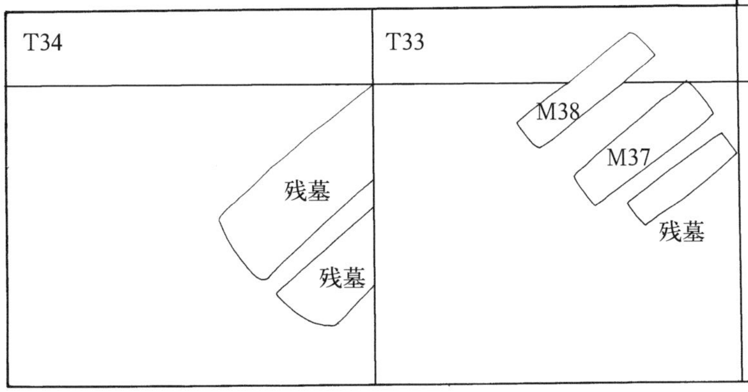

北

T14
M25
M22 及
M29

T27
残墓

T21
M28
M27
M31

T36
残墓
残墓

T26
残墓

T33
M38
M37
残墓

T34
残墓
残墓

0 ____ 3米

图七 2003T14、T21、T26、T27、T33、T34、T36 内石棺葬分布平面图

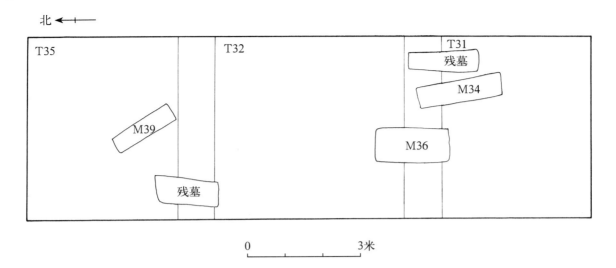

图八 2003T31、T32、T35 内石棺葬分布平面图

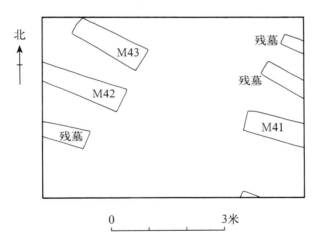

图九 2004T9 内石棺葬分布平面图

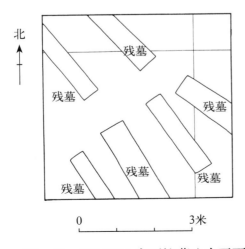

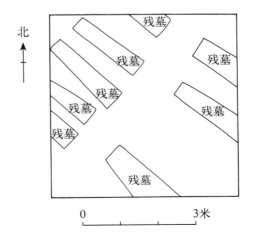

图一〇 2004T11 内石棺葬分布平面图　　　图一一 2004T10 内石棺葬分布平面图

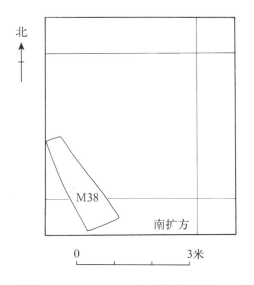

图一二　2004T12 内石棺葬分布平面图

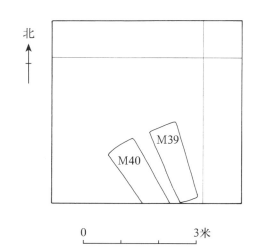

图一三　2004T13 内石棺葬分布平面图

第②层：浅黄色土层，结构紧密，包含石棺葬板残片、随葬品陶罐、豆、器盖等残片及其他陶片、瓷片等。此层南高北低，北部较厚。厚度 0.05 ~ 0.85、距地表深为 0 ~ 0.25 米。

第②层下发现大量的石棺葬，均略呈南北向排列，共 4 排，间距 0.2 ~ 0.3 米，在揭露的 101 平方米面积内共发现 30 余座，出有随葬品并予以编号的有 M1 ~ M7、M17、M21、M33、M34。

第③层：黄色粉状土层，仅在探方中局部分布，结构疏松，堆积呈南高北低。包含夹砂陶绳纹侈口罐、泥质陶钵残片、燧石器等早期遗物和石棺葬随葬品、石块等。厚度 0 ~ 0.40、距地表深为 0 ~ 0.55 米。

第③层下发现柱洞 15 个，洞口孔径 0.25 ~ 0.41 米不等，深度在 0.30 ~ 0.50 米之间，编号为 2002F1。石棺葬 2002M8、M37、M38 及灰坑 2002H14、H39 亦开口于第③层下（H39 开口部

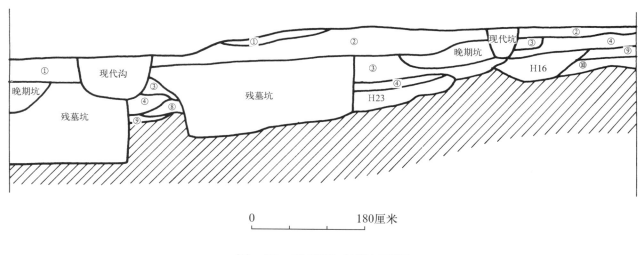

图一四　2002T1 东壁剖面图

位之上缺失④、⑤、⑥层）。

第④层：黑色土层，结构疏松，此层在探方北部缺失，南部堆积较厚，中部较薄，呈倾斜状分布。包含遗物丰富，有泥质陶敛口钵、夹砂陶绳纹侈口罐、夹砂陶折沿罐、彩陶片、红烧土颗粒、黑色灰烬、石块、兽骨等。厚度 0.10 ～ 0.30、距地表深为 0 ～ 0.90 米。

灰坑 2002H10 ～ H12、H15 ～ H18、H22、H23、H29 和灶坑 2002Z1 开口于第④层下。

第⑤层：红褐色土层，仅分布于探方西部，较纯净，未见其他包含物，厚度 0 ～ 0.35 厘米。

第⑥层：黄色黏土层，仅分布于探方中部，结构紧密，包含少量泥质及夹砂陶片。厚度 0 ～ 0.40、距地表深为 0.55 ～ 0.70 米。

第⑦层：浅黄色土层，夹杂大量颗粒，仅分布于探方中部，土质紧密，包含少量陶片。厚度 0 ～ 0.30、距地表深为 0.80 ～ 0.95 米。

房址 2002F2 开口于第⑦层之下。

第⑧层：浅红褐色土层，探方南部缺失，夹杂灰黑色粉土及碎石颗粒，结构疏松，包含泥质灰陶高领罐、彩陶片、夹砂绳纹侈口罐等。厚度 0.15 ～ 0.35、距地表深为 0.65 ～ 1.15 米。

灰坑 2002H40、H41 开口于第⑧层下。

第⑨层：红褐色土层，土质紧密，夹杂红烧土、灰烬、石块等，包含泥质灰陶钵、盆、彩陶片、夹砂褐陶绳纹侈口罐、平底器、陶珠、兽骨等。厚度 0.05 ～ 0.15、距地表深为 0.30 ～ 1.35 米。

灰坑 2002H42、H43 开口于第⑨层下。

第⑩层：深红褐色土层，主要分布于探方中部、北部，呈坑状堆积，较纯净，包含少量陶片。厚度 0.10 ～ 0.25、距地表深为 0.50 ～ 1.25 米。

第⑩层以下为黄色生土。

上述地层中，第①层为现代农耕土，第②层为明清地层，第③层为石棺葬扰动后形成的局部堆积，第④～⑩层为新石器时代地层，其中第⑤层和⑦层仅为局部堆积。

由于第③层仅在探方局部分布，故第②层下的石棺葬实际开口于第③层下。

而 2003 年发掘探方的地层编号略有不同，现以 2003T33 的东壁剖面为例介绍地层堆积情况（图一五）。

第①层：灰黑色农耕土层，结构疏松，夹杂塑料、布巾、植物根系及陶片等物，呈南高北低状分布。厚度 0 ～ 0.20 米。

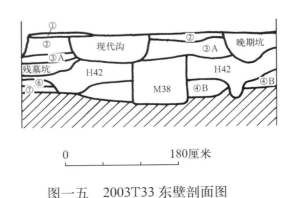

图一五　2003T33 东壁剖面图

第②层：浅褐色土层，结构较紧密，夹杂小颗粒石块，包含陶片等遗物，呈南高北低斜坡状分布。厚度 0.15～0.20 米。

第③ A 层：浅褐色粉状土层，仅在探方内局部有分布，结构疏松，夹杂碎石颗粒，呈南高北低斜坡状分布，包含陶片等遗物。厚度 0～0.45 米。

第③ A 层下的遗迹有石棺葬 2003M37、M38。

第③ B 层：白色粉状土，结构略紧密，仅分布于探方的西南角，呈南高北低斜坡状分布，未见包含物。厚度 0～0.25 米。

灰坑 2003H42 开口于第③ A 层下。

第④ A 层在本探方内缺失。

第④ B 层：浅黄色粉状土，仅分布于探方的东、西两壁边缘地带，夹杂灰黑色土块和少量碎石颗粒，结构疏松，呈南高北低斜坡状分布，包含陶片、石器、骨器、红烧土块等遗物。厚度 0～0.40 米。

第④ B 层下的遗迹有灰坑 2003H57、H58，其中 H57 打破 H58。

第⑤层在本探方内缺失。

第⑥层：红褐色土层，仅分布于探方的东壁边缘地带，夹杂白色土块，结构疏松，呈南高北低斜坡状分布，仅分布于探方的东壁边缘地带，包含少量陶片。厚度 0～0.20 米。

第⑦层：红色土层，结构紧密，未见包含物，似为垫土。厚度 0～0.15 米。

第⑦层以下即生土。

上述地层中，第①层为现代农耕土，第②层为明清地层，第③ A 层为石棺葬扰动后形成的局部堆积，第③ B ～⑦层为新石器时代地层。

从包含遗物特征来看，2003T33 第③ A 层与 2002T1 的第③层年代相当，均为石棺葬扰乱后形成的堆积。

2. 第二地点

位于遗址中部偏西地带，分布探方包括：2000T7～T12、T14、T15、T17；2002T2、T4、T7～T11、T13；2003T1～T13、T15～T20、T22～T25、T28～T30；2004T1、T2、T3～T8；2006T1～T3。发掘面积最大，多数成片集中分布，除 2000T8、T10、T15 之外，其余均为正南北方向（图一六～二五）。

第二地点的地层堆积以探方 2000T8 北壁剖面为例介绍（图二六）。

第①层：褐色农耕土层，结构疏松，夹杂碎石块及植物根系等物。厚度 0.20～0.35 米。

第②层：浅褐色土层，结构较为紧密，包含物有青瓷片、白瓷片、灰黑陶片等。距地表深及厚度均为 0.20～0.35 米。

第③层：红褐色土层，结构疏松呈粉状，包含物有泥质灰陶双耳、单耳罐残片、绳纹夹砂陶片等，距地表深 0.45～0.65、厚度为 0.10～0.50 米

该层下发现石棺葬 2002M22、残墓 2 座和灰坑 2002H5、H6。

第④层：褐色土层，结构疏松呈粉状，包含物有彩陶片、泥质黑皮陶片、夹砂红褐陶片、石

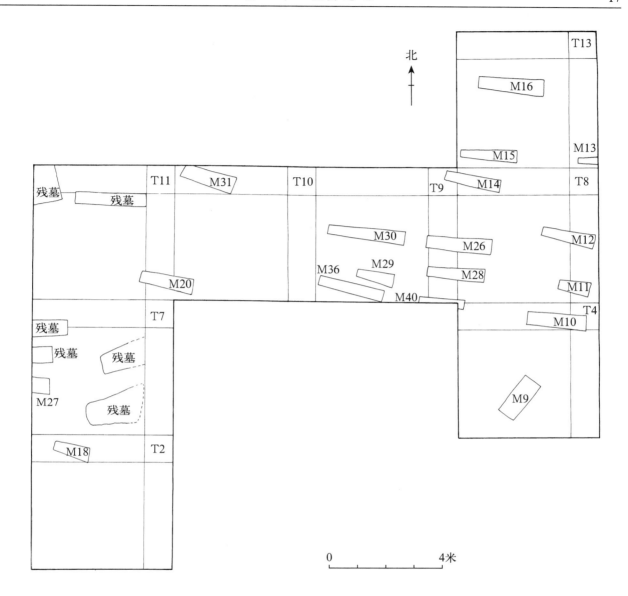

图一六 2002T2、T4、T7～T11、T13内石棺葬分布平面图

器等，该层仅在探方内局部分布，距地表深0.70～1.00、厚度为0～0.20米。

第⑤层：红色夹杂黄色土层，土质呈颗粒状，结构较紧，包含物有彩陶片、粗绳纹陶片、夹粗砂陶片、石器等，该层仅在探方内局部分布，距地表深0.70～0.85、厚度为0～0.35米。

灰坑2000H3、H7开口于第⑤层下。

第⑥层：红褐色花土层，结构略紧，包含物有彩陶片、夹粗砂陶片等，该层仅在探方北部有分布，距地表深0.90～1.20、厚度为0～0.50米。

灰坑2000H4开口于第⑥层下。

第⑥层以下为生土。

上述地层中，第①层为现代农耕土，第②层为明清地层，第③层为石棺葬扰动后形成的堆积，

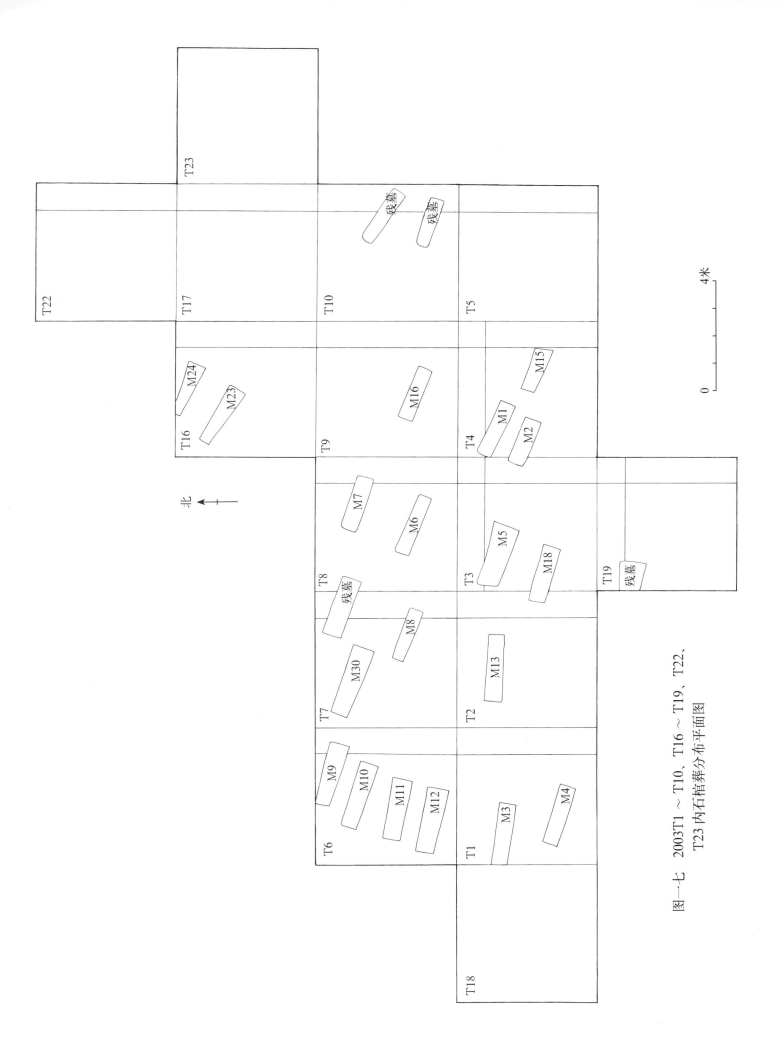

图一七　2003T1～T10、T16～T19、T22、
　　　T23 内石棺葬分布平面图

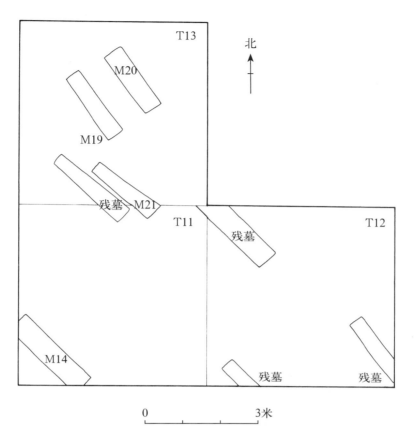

图一八　2003T11～T13内石棺葬分布平面图

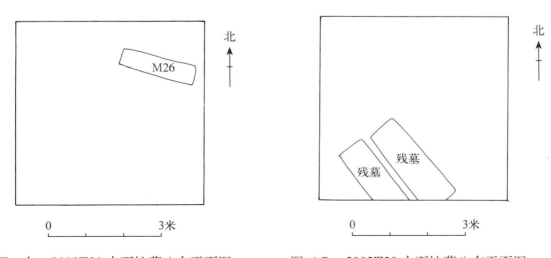

图一九　2003T20内石棺葬分布平面图　　　　图二〇　2003T30内石棺葬分布平面图

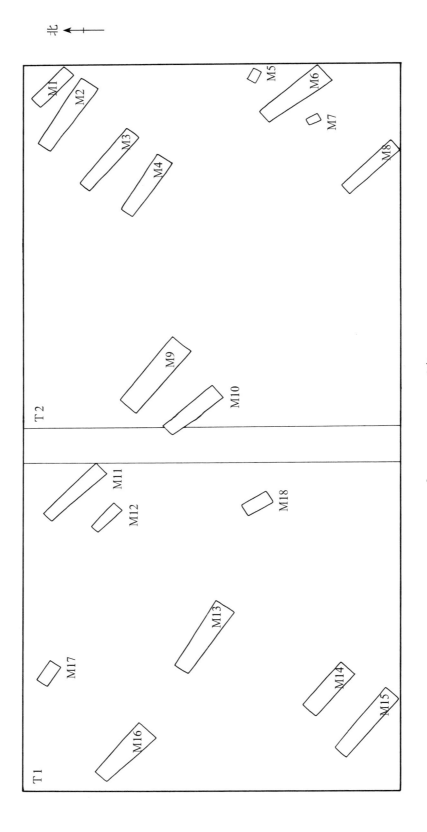

图二一　2004T1、T2内石棺葬分布平面图

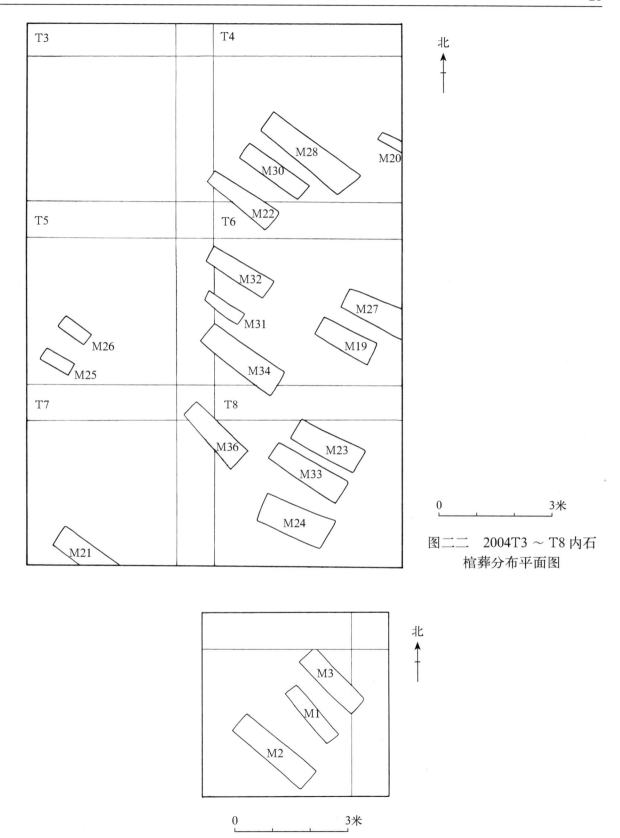

图二二　2004T3～T8内石棺葬分布平面图

图二三　2006T1内石棺葬分布平面图

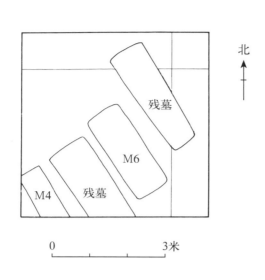

图二四 2006T2 内石棺葬分布平面图

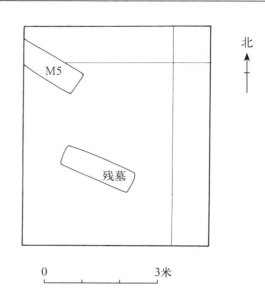

图二五 2006T3 内石棺葬分布平面图

第④～⑥层为新石器时代地层。

2002 年发掘探方的编号略有差异，现以 2002T4、T8、T13 的西壁剖面为例介绍地层堆积（图二七）。

第①层：农耕土层，灰黑色，结构疏松，夹杂植物根茎、玻璃碎片、石片、瓦片、陶片等。厚度 0.05～0.20 米。

第①层下发现 7 个晚期果树坑。

第②层：浅黄色土层，结构紧密，包含石棺葬板残片、随葬品陶罐、豆、器盖等的残片及瓷片、瓦片等。此层由东向西倾斜。厚度 0.10～0.30、距地表深为 0.05～0.20 米。

第②层下发现大量的石棺葬，排列有序，出有随葬并予以编号的有 2002M9～M16、M26、M28～M30、M36、M40。

第③层：浅黄色土层，沙性重，夹杂卵石、红烧土、灰烬等。包含夹砂绳纹陶片、泥质陶片、彩陶片、燧石器、兽骨等。此层由东向西倾斜。厚度 0.10～0.30、距地表深为 0.14～0.30 米。

第③层下发现大面积的踩踏形成的硬土活动面，排列规整的大型柱洞多孔（编号为 2002F7，打破硬土面），人祭坑 M32 即开口于硬土面下。灰坑 2002H1、H3～H6、H13、H26、H27 亦开口于第③层下。

第④层：黑黄色土层，结构紧密，夹杂红色土、红烧土等，堆积不均匀，局部较厚。包含遗物丰富，有泥质陶片、夹砂绳纹陶片、彩陶片、磨光石器、燧石器、兽骨等。厚度 0.10～0.82、距地表深为 0.10～1.25 米。

灰坑 2002H28、H32 开口于第④层下。

第⑤层：红褐色土层，局部缺失，包含部分泥质和夹砂陶片、打制石器等。厚度 0～0.28、距地表深为 0.46～0.53 米。

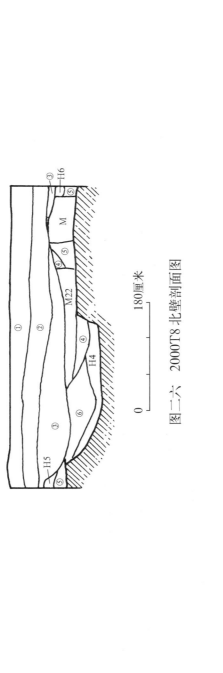

图二六 2000T8 北壁剖面图

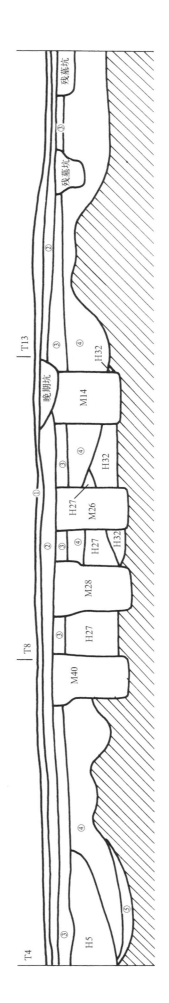

图二七 2002T4、T8、T13 两壁剖面图

第⑤层以下为黄色生土。

第①层为现代农耕土，第②层为明清地层，第③～⑤层为新石器时代地层。

依据出土遗物判定，2002T4、T8、T13的第②层实际与2000T8第②层和第③层的年代相当。

3. 第三地点

位于遗址中部偏北地带，2000年选点进行了试掘，2002年进行了全面勘探并选点进行试掘，2006年选点进行了发掘。分布探方包括：2000T13、T16，2002T24～T26，2006T4，为局部发掘，均为正南北方向（图二八～三一）。

第三地点的地层堆积以探方2000T13西壁剖面为例介绍（图三二）。

第①层：褐色农耕土层，结构疏松，夹杂碎石块、植物根系、瓷片、陶片等物，厚度0.25～0.35米。此层下有晚期果树坑2个。

第②层：浅褐色土层，结构较紧密，包含物有小石子、白瓷片、青瓷圈足、绳纹陶片、泥质灰黑陶片等，该层仅在探方局部有分布。厚度为0～0.15、距地表深为0.25～0.40米。

第②层下发现有圆形房址2000F1、F2，灶坑2000Z1及晚期果树坑1个。

第③层：黄褐色土层，结构疏松呈粉状，包含物有泥质灰陶双耳、单耳罐残片、陶杯残片、附加堆纹陶片、绳纹夹砂陶片等。厚度为0～0.50、距地表深0.30～0.65米。

第③层下发现石棺葬2000M30、M31、M32、M36、M42、M43、M44、M45、M46，方形房址F3、F4、F5，以及灰坑H16、H18、H19、H20、H28，其中2000M30、M36打破2000F3，2000M31、M36打破2000F4，2000M44、M45打破2000H28，2000F3打破2000F4，2000F4打破2000H16、H18，2000H18打破2000H19、H20。

第④层：红色土层，呈颗粒状，包含物有粗绳纹夹砂陶片、附加堆纹陶片、绳纹花边口沿陶片（带穿孔）等。厚度为0.10～0.18、距地表深0.55米。

第⑤层：黄色粉状土夹杂褐色块状土层，包含有少量绳纹陶片等物。厚度为0.25、距地表深

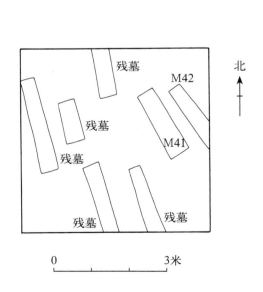

图二八　2002T24内石棺葬分布平面图

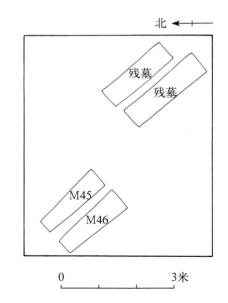

图二九　2002T25内石棺葬分布平面图

0.45～0.50米。

灰坑2000H29、灰沟2000G1开口于第⑤层下，2000H19打破2000H29，2000H29打破2000G1。

第⑤层以下为生土。

上述地层中，第①层为现代农耕土，第②层为明清地层，第③层为石棺葬扰动后形成的堆积，第④～⑤层为新石器时代地层。

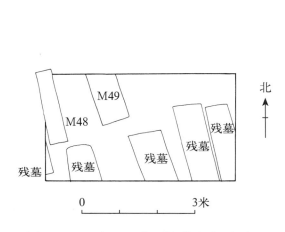

图三〇 2002T26内石棺葬分布平面图

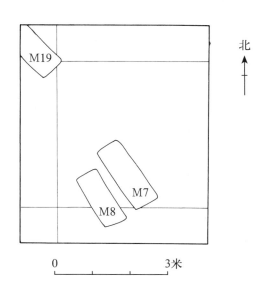

图三一 2006T4内石棺葬分布平面图

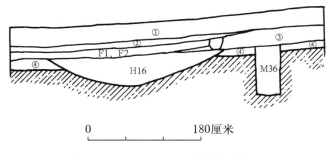

图三二 2000T13西壁剖面图

2002年发掘的探方编号略有不同，以探方2002T25的北壁剖面为例介绍地层堆积（图三三）。

第①层：农耕土层，灰黑色，结构疏松，夹杂植物根茎、玻璃碎片、石片、瓦片、陶片等。厚度0.5～0.15米。

第①层下发现多个晚期果树坑。

第②层：浅黄色土层，结构紧密，包含石棺葬板残片、随葬品陶罐、豆、器盖等类器物的残片及其他陶片、瓷片、瓦片等。此层由东南向西北倾斜。厚度0.08～0.55、距地表深为0.06～0.15米。

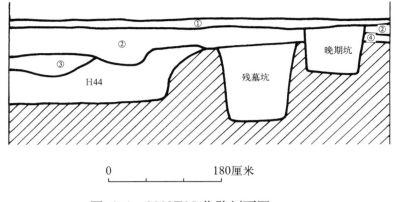

图三三　2002T25 北壁剖面图

第②层下发现 8 座残石棺葬，出有随葬品并予以编号的有 2002M45、M46。

第③层：浅黄色黏土层，仅分布于探方西北部，夹杂卵石、红烧土颗粒等。包含夹砂绳纹陶片、泥质陶片、彩陶片、燧石器、兽骨等。厚度 0～0.37、距地表深为 0.14～0.30 米。

第③层下发现柱洞多孔（编号为 2002F9）和灰坑 2002H44。

第④层：红褐色土层，仅分布于探方西南部，结构紧密，包含少量陶片等。厚度 0～0.25、距地表深为 0.25～0.78 米。

第④层下为黄色生土。

上述地层中，第①层为现代农耕土，第②层为明清地层，第③～⑤层为新石器时代地层。

从出土遗物特征来看，2002T25 等的第②层实际与 2000T13、T16 第②层和第③层的年代相当。

4. 第四地点

位于遗址的北部地带，2002 年进行了全面勘探，2006 年选择个别地点进行了布方发掘，分布探方包括：2006T5～T8，为局部发掘，均为正南北方向（图三四～三七）。

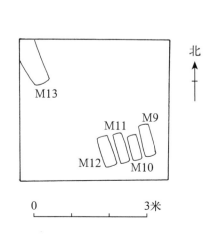

图三四　2006T5 内石棺葬分布平面图

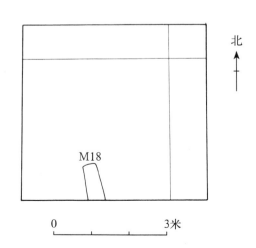

图三五　2006T6 内石棺葬分布平面图

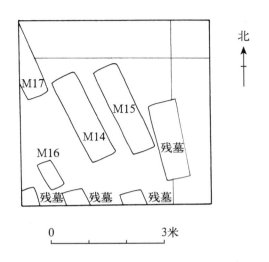

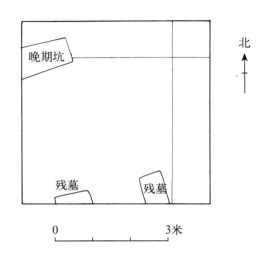

图三六　2006T7 内石棺葬分布平面图　　　　图三七　2006T8 内石棺葬分布平面图

地层堆积地层堆积情况以 2006T7 西壁剖面为例进行介绍（图三八）。

第①层：农耕土层，浅褐色粉状土，结构疏松，夹杂植物根茎、石片、陶片等。本层南高北低，呈斜坡状堆积。厚度 0.20～0.45 米。

第①层下发现多个晚期坑。

第②层：灰黑色土层，结构较紧，包含石棺葬板残片、红烧土颗粒、陶片、石片等。厚度 0～0.15、距地表深为 0.20～0.45 米。

此层下发现多座石棺葬，出有随葬品并予以编号的有 2006M14～M17，其余残墓未编号。灰坑 2006H11、H12 也开口于第②层下。

第③层：黄褐色土层，仅分布于探方西南部，结构紧密，略呈粉性，为南高北低的斜坡状堆积，包含陶片、石器等遗物。厚度 0～0.30、距地表深 0.40 米。

第③层下为生土。

上述地层中，第①层为现代农耕土，第②层为明清地层，第③层为新石器时代地层。

2000 年在第二地点、第三地点发掘的石棺葬基本均开口于第③层下。

2002 年第一地点 2002T1 内的石棺葬基本开口于第③层下，第二地点、第三地点的探方如

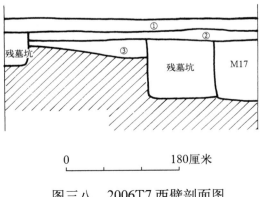

图三八　2006T7 西壁剖面图

2002T4、T8、T13、T25 等内发现的石棺葬均开口于第②层下。而 2002T23 内未发现新石器时代地层，故第④层内也出土了石棺葬随葬陶器。

2003 年第一地点、第二地点探方的第②层为明清地层，第③ A 层为石棺葬扰动后形成的局部堆积，第③ B 层以下为新石器时代地层，所发掘的石棺葬开口于③ A 层下。

根据包含遗物情况来看，2000 年发掘的多数探方和 2002 T1 的第②层、第③层，2003 年大多数探方的第②层、第③ A 层，以及 2004 年、2006 年各探方的第②层的年代相当。故 2004 年、2006 年的发掘时，将年代相当于 2000 年和 2002 年多数探方的第②层和第③层、2003 年多数探方的第②层和第③ A 层的堆积统一编号为第②层。

因此，从地层关系看，营盘山墓地历年发掘的石棺葬开口层位基本相同。营盘山石棺葬墓地已发掘部分基本未见墓葬之间的叠压打破关系，排列较为整齐。

尽管未对墓地进行全面揭露，但根据墓葬方向，可以将发掘区的墓葬大体分为两组。

第 1 组：主要分布于第一地点和第四地点，方向多数大于 150°，数量较为丰富。但由于第四地点发掘的探方不多，故已清理的墓葬数量不多。

第 2 组：主要分布于第二地点和第三地点，方向多数小于 150°，数量非常丰富。

二　墓葬概况

（一）墓葬分类

营盘山石棺葬墓地墓葬的形制较为统一，系在竖穴土坑中用石板构筑棺壁和盖顶，无底板。墓葬头端有的还立石板形成头箱，供放置随葬器物。除 33 座残损严重难以分类外，余 97 座根据头箱的有无及数量可以分为三类。

1. 甲类墓

40 座。无头箱墓及器物坑。又可以分为三个亚类。

甲 A 类墓　25 座。长方形，体量宽大。数量不多，保存较差。

甲 B 类墓　11 座。体量较小，似为儿童墓。数量亦不多，常集中成组分布。

甲 C 类墓　4 座。器物坑。或位于墓旁，或位于盖板之上。数量不多，但随葬器物丰富。

2. 乙类墓

42 座。一道头箱。数量较多，随葬器物较少。

3. 丙类墓

15 座。两道头箱。石板尤其是盖板多经过精细加工，墓葬体量较大，随葬品较为丰富。

（二）葬式葬俗

1. 葬式

由于墓地经多次盗掘，且晚期生产活动破坏严重（如地表种植的苹果树及蔬菜地进行漫水灌溉，石棺内长期被水浸泡，人骨及随葬器物易发生移位现象；种植葡萄全面开挖沟渠使近半数墓葬损毁程度达三分之二以上），多数墓葬内的人骨架保存状况较差，要准确判定葬式存在较多困难。根据揭露时墓内人骨的现状并参考岷江上游石棺葬既往发掘资料，初步判断营盘山石棺葬墓地存在以下葬式。

（1）仰身直肢葬

数量较为丰富，人骨保存较完整。

（2）二次捡骨葬

一些墓葬的人骨不完整，且散乱放置。如2002M30人骨散乱且集中在头端，2002M41人骨散乱置于腰部以上的石块或石板之上，2002M30的人骨多集中在头端，2004M13的人骨集中堆积于下半部分且十分零乱。

（3）俯身葬。

（4）根据墓内遗骨保存不完整情况，推测还可能存在解体葬。

2. 葬俗

与岷江上游地区其他石棺葬墓地相比较，营盘山石棺葬墓地有如下一些现象较为特殊。

一种是在石棺靠近头端或足端的石盖板表面放置大量陶器。如2003M22为2003M29的器物坑，位于2003M29的头端的第二张盖板表面。2003H28为2003M25的器物坑，也位于2003M25的头端的第二张盖板表面。而1979M3则是在靠近足端的石盖板表面放置大量陶器。

另一种是在石棺葬附近设器物坑，堆放大量陶器。如营盘山2000M1、2000M2也为两座器物坑。

在石棺头端盖板表面设立长条形卵石，可能为一种标志性设施。如2003M38墓圹中即有两根长条形卵石，出土时卵石多横放状，因卵石的一端人工制作平齐，推测原为竖立于石棺盖板之上。

还有个别石棺内的头端横置石板，板上放置陶器。如2003M19。

个别石棺的足端立板上有突出的榫头设施。如2003M21即如此。而2006M15足端挡板作出较宽的榫头（高出于盖板），与最后一张盖板的缺槽相契合，为一种较为特殊的葬俗。

墓内放置大量白色小石块，应为白石崇拜现象的表现。如2002M42等。

墓内堆放大石块。如2002M41棺内杂乱的人骨、陶器与大小石块混杂堆放在一起。

三　遗物概述

（一）陶器

出土陶器共784件。随葬陶器较少装饰，仅见少量压印的暗旋涡纹、弦纹、乳丁纹、戳印纹、戳印的圆圈纹、斜向及交错的暗条纹、水波纹等，一些陶器底部有各种阳文符号（图三九、四〇）。陶质陶色包括泥质灰陶、泥质黑陶、夹砂褐陶、泥质褐陶等。陶器的器形包括陶双耳罐、陶单耳罐、陶长颈罐（体量有大、中、小型之分）、陶小底罐、陶尖底罐、陶平底罐、陶乳丁罐、陶圜底罐、陶凹底杯、陶尖底杯、陶平底杯、陶器盖、陶豆、陶簋、陶双耳壶、陶盂、陶纺轮等。

按照陶色基本可以划分为两大陶系：褐陶系与灰黑陶系。二者在质地、制作方法、烧制火候、具体器形、器物组合等方面均有一定的差异。

褐陶系　以夹砂陶为主，多为手制，体量多较小，质地较差，烧制火候较低。缺乏实用价值，推测多为专门制作的随葬用冥器。具体器形包括陶平底罐、陶小底罐、瘦体陶单耳罐、陶尖底罐、陶平底杯、陶小底杯、陶簋、陶器盖等。

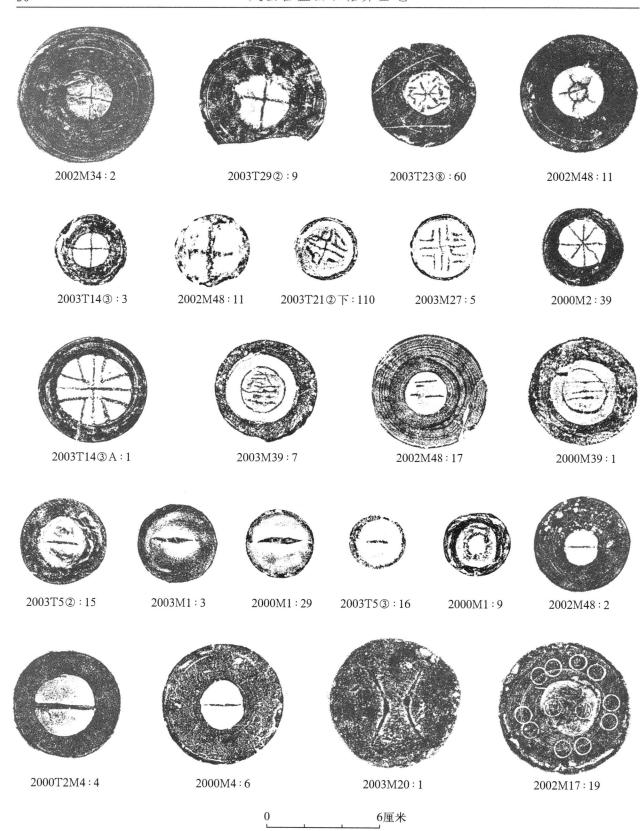

2002M34：2　　　2003T29②：9　　　2003T23⑧：60　　　2002M48：11

2003T14③：3　　2002M48：11　　2003T21②下：110　　2003M27：5　　2000M2：39

2003T14③A：1　　　2003M39：7　　　2002M48：17　　　2000M39：1

2003T5②：15　　2003M1：3　　2000M1：29　　2003T5③：16　　2000M1：9　　2002M48：2

2000T2M4：4　　　2000M4：6　　　2003M20：1　　　2002M17：19

0 ├───────────┤ 6厘米

图三九　陶器纹饰拓片

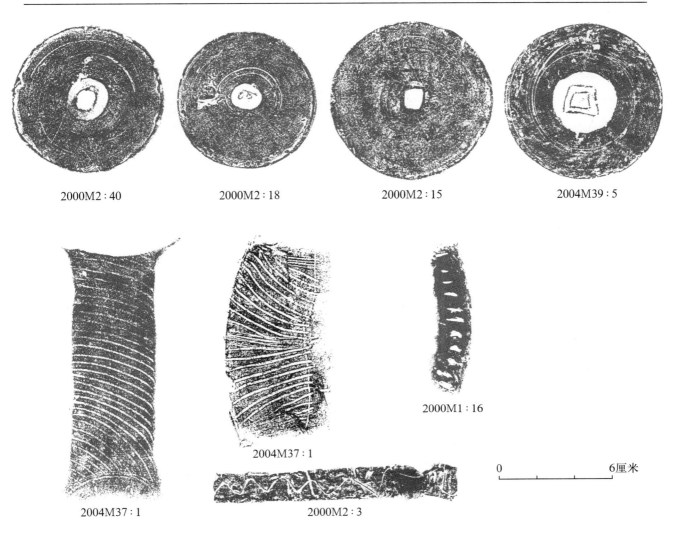

2000M2：40　　2000M2：18　　2000M2：15　　2004M39：5

2004M37：1

2000M1：16

2004M37：1　　　　2000M2：3　　　　0 ——————— 6厘米

图四〇　陶器纹饰拓片

　　灰黑陶系　以泥质陶为主，多系轮制，器表多打磨光亮，不乏体量宽大的容器，质地较好，烧制火候较高。具体器形包括陶双耳罐、胖体陶单耳罐、陶豆、陶盂、大中小型陶长颈罐等。其中体量较大的陶双耳罐、大中型陶长颈罐、陶豆、胖体陶单耳罐、陶盂等应为日常生活中的实用器物。

1. 陶双耳罐

　　33件。平口。根据体量、形态及装饰等特征可分五型。

　　A 型　12件。器体瘦长，双耳上端与罐口平齐，最大腹径靠上。根据体量分为两个亚型。

　　Aa 型　9件。体量较大。根据底部及耳部特征分为两式。

　　Aa 型 I 式　6件。底外折成假圈足底，耳部无装饰。如标本 2003M27：2（图四一，1）。

　　Aa 型 II 式　3件。平底，耳面带戳印圆圈纹装饰。如标本 2002M17：11（图四一，2）。

　　Ab 型　3件。体量较小。如标本 2006M12：1（图四一，3）。

　　B 型　14件。器体矮胖，双耳上端成弧形，最大腹径靠下。根据陶色及耳部特征分为两式。

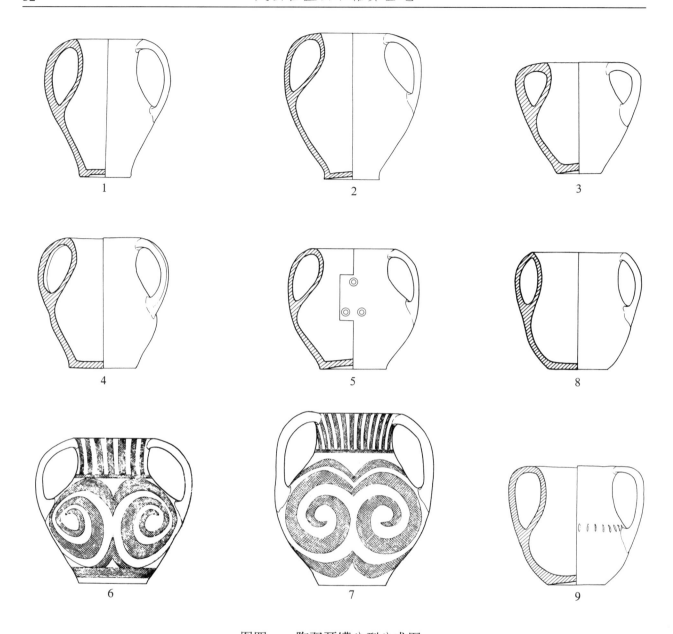

图四一 陶双耳罐分型分式图

1. Aa 型Ⅰ式 2003M27：2 2. Aa 型Ⅱ式 2002M17：11 3. Ab 型 2006M12：1 4. B 型Ⅰ式 2000M39：2 5. B 型
Ⅱ式 2002M17：1 6. C 型Ⅰ式 2002M34：5 7. C 型Ⅱ式 2004M37：1 8. D 型 2002M11：1 9. E 型 2000M1：16

　　B 型Ⅰ式　泥质灰陶。耳部无装饰。如标本 2000M39：2（图四一，4）。

　　B 型Ⅱ式　泥质黑皮陶。有的耳部有装饰。如标本 2002M17：1（图四一，5）。

　　C 型　5 件。腹部及器耳表面饰暗旋涡纹。根据体量大小分为两式。

　　C 型Ⅰ式　3 件。体量较小。如标本 2002M34：5（图四一，6）。

　　C 型Ⅱ式　2 件。体量较大。如标本 2004M37：1（图四一，7）。

　　D 型　1 件。平口双大耳，与齐家文化的陶双大耳罐特征相似。如标本 2002M11：1（图四一，8）。

　　E 型　1 件。小陶双耳罐，似为冥器。如标本 2000M1：16（图四一，9）。

2. 陶单耳罐

64 件。根据器体胖瘦及高矮情况分为两型。

A 型　11 件。夹砂褐陶。器体瘦长，侈口。根据颈部有无乳丁装饰分为两式。

A 型 I 式　8 件。侈口，颈部瘦长，无乳丁装饰。如标本 2004M11：3（图四二，1）。

A 型 II 式　3 件。颈部有乳丁装饰。如标本 2000M31：1（图四二，2）。

B 型　53 件。器体矮胖，大口。依口部特征分为三式。

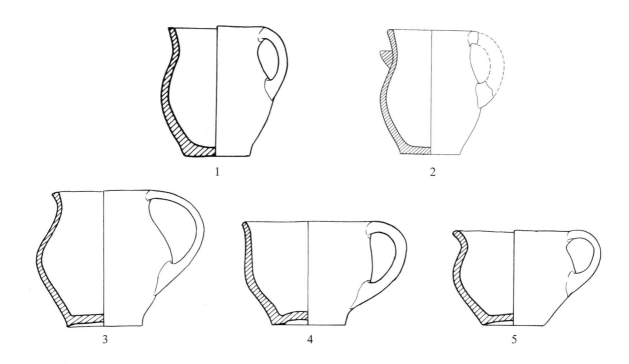

图四二　陶单耳罐分型分式图

1. A 型 I 式 2004M11：3　2. A 型 II 式 2000M31：1　3. B 型 I 式 2000M3：6　4. B 型 II 式 2000M3：4　5. B 型 III 式 2000M11：6

B 型 I 式　6 件。敛口。如标本 2000M3：6（图四二，3）。

B 型 II 式　22 件。直口。如标本 2000M3：4（图四二，4）。

B 型 III 式　25 件。侈口。如标本 2000M11：6（图四二，5）。

3. 陶乳丁罐

5 件。根据鋬耳数量分为两式。

I 式　1 件。双鋬耳，夹砂褐陶。如标本 2002 采：210（图四三，1）。

II 式　4 件。三鋬耳，泥质灰陶。表面磨光。如标本 2000M2：40（图四三，2）。

4. 陶长颈罐

215 件。数量丰富，根据器体胖瘦情况分为两型。

A 型　103 件。瘦体。根据体量大小分为两亚型。

Aa 型　94 件。小型罐。根据口部特征分为三式。

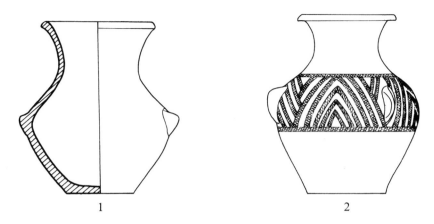

图四三　陶乳丁罐分型分式图
1. I式 2002 采：210　2. II式 2000M2：40

Aa 型 I 式　11 件。直口。如标本 2002M36：2（图四四，1）。

Aa 型 II 式　45 件。侈口。如标本 2000M2：30（图四四，2）。

Aa 型 III 式　35 件。卷沿。如标本 2000M1：7（图四四，3）。

Ab 型　9 件。中型罐。根据口部特征分为两式。

Ab 型 I 式　1 件。直口。如标本 2002 采：508（图四四，4）。

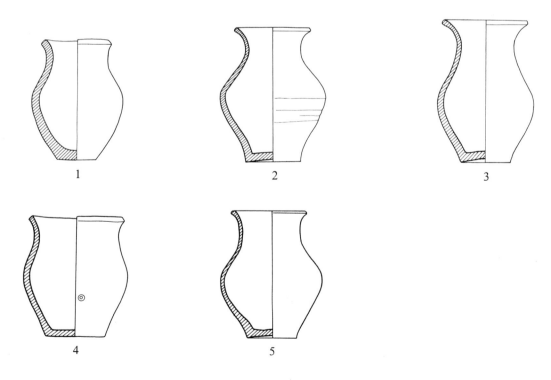

图四四　陶长颈罐分型分式图

1. Aa 型 I 式 2002M36：2　2. Aa 型 II 式 2000M2：30　3. Aa 型 III 式 2000M1：7　4. Ab 型 I 式 2002 采：508　5. Ab 型 II 式 2002M38：3

Ab 型 II 式　8 件。侈口。如标本 2002M38：3（图四四，5）。

B 型　112 件。胖体。根据体量大小分为三个亚型。

Ba 型　61 件。小型罐。根据口部特征分为三式。

Ba 型 I 式　4 件。直口。如标本 2002M36：5（图四五，1）。

Ba 型 II 式　36 件。侈口。如标本 2000M1：23（图四五，2）。

Ba 型 III 式　20 件。卷沿。如标本 2004M38：14（图四五，3）。

Bb 型　33 件。中型罐。根据口部特征分为三式。

Bb 型 I 式　7 件。直口。如标本 2000M25：3（图四五，4）。

Bb 型 II 式　16 件。侈口。如标本 2003M29：6（图四五，5）。

Bb 型 III 式　10 件。卷沿。如标本 2003M39：7（图四五，6）。

Bc 型　18 件。大型罐。根据口部特征分为三式。

Bc 型 I 式　1 件。直口。如标本 2002M27：12（图四五，7）。

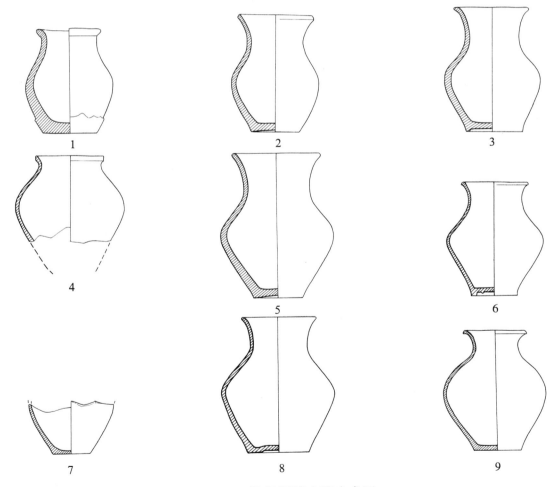

图四五　陶长颈罐分型分式图

1. Ba 型 I 式 2002M36：5　2. Ba 型 II 式 2000M1：23　3. Ba 型 III 式 2004M38：14　4. Bb 型 I 式 2000M25：3　5. Bb 型 II 式 2003M29：6　6. Bb 型 III 式 2003M39：7　7. Bc 型 I 式 2002M27：12　8. Bc 型 II 式 2003M33：10　9. Bc 型 III 式 2003M21：1

Bc 型 Ⅱ 式　9 件。侈口。如标本 2003M33：10（图四五，8）。

Bc 型 Ⅲ 式　8 件。卷沿。如标本 2003M21：1（图四五，9）。

5. 陶小底罐

54 件。夹砂褐陶。下腹内收，器底小平。依体量大小分为两型。

A 型　4 件。体量较小，手制。根据腹部特征分为两式。

A 型 Ⅰ 式　3 件。直腹。如标本 2002M3：7（图四六，1）。

A 型 Ⅱ 式　1 件。鼓腹。如标本 2002M5：5（图四六，2）。

B 型　50 件。体量较大。根据口部特征分为两式。

B 型 Ⅰ 式　9 件。直口。如标本 2002M28：12（图四六，3）。

B 型 Ⅱ 式　21 件。侈口。如标本 2002M45：14（图四六，4）。

B 型 Ⅲ 式　20 件。卷沿。如标本 2002M45：7（图四六，5）。

6. 陶平底罐

51 件。夹砂褐陶。平底。依体型胖瘦情况分为两型。

A 型　18 件。胖体。根据口部特征分为两式。

A 型 Ⅰ 式　4 件。直口。如标本 2002M5：4（图四六，6）。

A 型 Ⅱ 式　14 件。侈口。如标本 2002M3：1（图四六，7）。

B 型　33 件。瘦体。根据口部特征分为两式。

B 型 Ⅰ 式　3 件。直口，短颈。如标本 2003M6：6（图四六，8）。

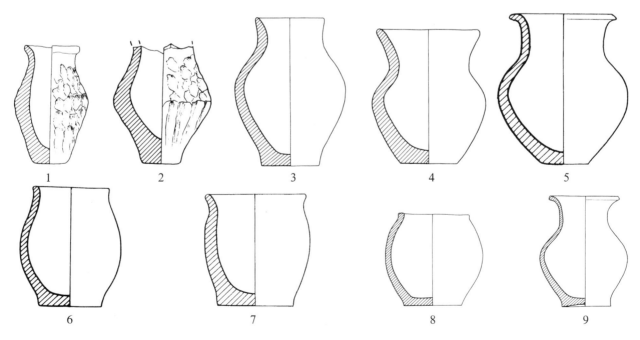

图四六　陶小底罐、陶平底罐分型分式图

1～5. 陶小底罐：1. A 型 Ⅰ 式 2002M3：7　2. A 型 Ⅱ 式 2002M5：5　3. B 型 Ⅰ 式 2002M28：12　4. B 型 Ⅱ 式 2002M45：14　5. B 型 Ⅲ 式 2002M45：7　6～9. 陶平底罐：6. A 型 Ⅰ 式 2002M5：4　7. A 型 Ⅱ 式 2002M3：1　8. B 型 Ⅰ 式 2003M6：6　9. B 型 Ⅱ 式 2003M16：3

B 型 Ⅱ式　29 件。侈口,卷沿。如标本 2003M16:3(图四六,9)。

7. 陶尖底罐

3 件。根据有、无耳分为两型。

A 型　2 件。不带耳。根据体形胖瘦分为两式。

A 型 Ⅰ式　1 件。泥质灰陶。体略瘦长。如标本 2004M6:4(图四七,1)。

A 型 Ⅱ式　1 件。夹砂褐陶。体略矮胖。如标本 2002M33:8(图四七,2)。

B 型　1 件。带双小耳,泥质灰陶。如标本 2004M6:3(图四七,3)。

8. 陶筒形罐

3 件。泥质黑陶。尖唇,深腹,平底。如标本 2003M37:6。

9. 陶簋

4 件。夹细砂陶。根据口部特征分为两式。

Ⅰ式　3 件。直口,沿较矮。如标本 2004M11:2(图四七,4)。

Ⅱ式　1 件。器体较瘦高,中间凸起。如标本 2002M33:6(图四七,5)。

10. 陶豆

104 件。根据体量大小分为两型。

A 型　25 件。簋式豆,体量较大,制作精美。根据口部特征分为四式。

A 型 Ⅰ式　11 件。侈口或口微侈,折腹较浅。如标本 2002M33:4(图四八,1)。

A 型 Ⅱ式　5 件。直口,直腹略深。如标本 2002M22:1(图四八,2)。

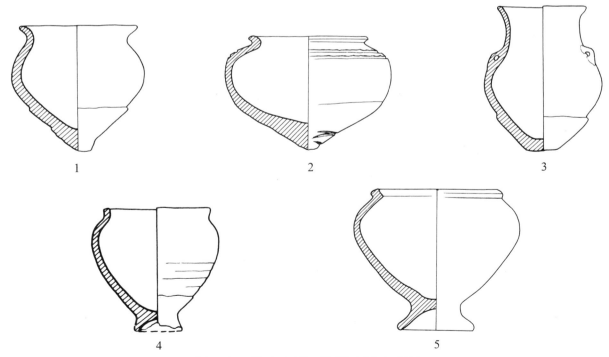

图四七　陶尖底罐、陶簋分型分式图

1～3. 陶尖底罐:1. A 型 Ⅰ式 2004M6:4　2. A 型 Ⅱ式 2002M33:8　3. B 型 2004M6:3　4、5. 陶簋:4. Ⅰ式 2004M11:2　5. Ⅱ式 2002M33:6

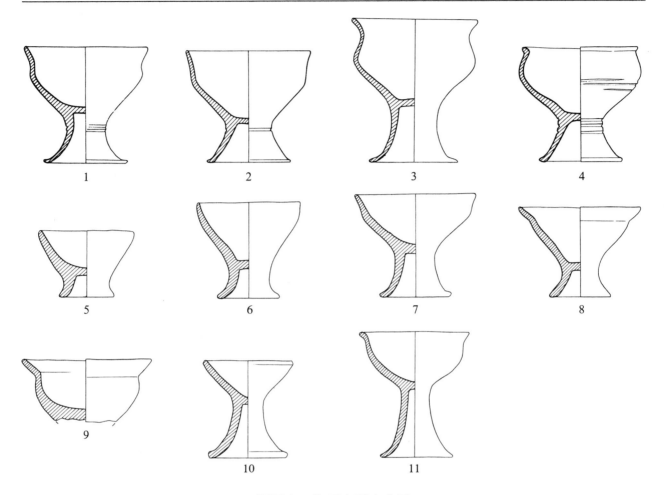

图四八　陶豆分型分式图

1. A 型Ⅰ式 2002M33：4　2. A 型Ⅱ式 2002M22：1　3. A 型Ⅲ式 2002M48：65　4. A 型Ⅳ式 2006M2：3　5. Ba 型Ⅰ式 2004M38：18　6. Ba 型Ⅱ式 2003M34：10　7. Ba 型Ⅲ式 2003M33：12　8. Ba 型Ⅳ式 2006M19：4　9. Bb 型Ⅰ式陶豆盘 2000M41：3　10. Bb 型Ⅱ式 2000M1：1　11. Bb 型Ⅲ式 2000M2：33

　　A 型Ⅲ式　8 件。口微敛，曲腹略深。如标本 2002M48：65（图四八，3）。

　　A 型Ⅳ式　1 件。敛口，圆腹较深。如标本 2006M2：3（图四八，4）。

　　B 型　79 件。体量较小。根据柄部特征分为两亚型。

　　Ba 型　72 件。矮柄。根据豆盘腹部特征分为四式。

　　Ba 型Ⅰ式　10 件。体矮胖，斜直腹较浅，敞口或直口，多为夹砂褐陶。如标本 2004M38：18（图四八，5）。

　　Ba 型Ⅱ式　11 件。直口，深腹。如标本 2003M34：10（图四八，6）。

　　Ba 型Ⅲ式　28 件。侈口，曲腹。如标本 2003M33：12（图四八，7）。

　　Ba 型Ⅳ式　22 件。敞口，折腹，体略高。如标本 2006M19：4（图四八，8）。

　　Bb 型　7 件。细长柄。根据豆盘的特征分为三式。

　　Bb 型Ⅰ式　2 件。侈口或口微侈，曲腹较浅。如标本 2000M41：3（图四八，9）。

　　Bb 型Ⅱ式　2 件。敞口，浅腹。如标本 2000M1：1（图四八，10）。

Bb 型Ⅲ式　1件。口微敛，圆腹较深。如标本 2000M2：33（图四八，11）。

11. 陶盂

33件。多为泥质灰陶。表面磨光。根据口部及腹部特征分为四式。

Ⅰ式　7件。敛口，曲腹较浅。如标本 2002M17：15（图四九，1）。

Ⅱ式　10件。直口，浅腹。如标本 2000M39：3（图四九，2）。

Ⅲ式　14件。侈口，圆腹较深。如标本 2002M34：4（图四九，3）。

Ⅳ式　2件。敞口，曲腹。如标本 2006M5：4（图四九，4）。

12. 陶凹底杯

72件。根据腹部特征分为两型。

A型　20件。斜直腹。根据口部特征分为三式。

A型Ⅰ式　9件。斜直口，多为褐陶。如标本 2000M3：5（图五〇，1）。

A型Ⅱ式　4件。侈口。如标本 2000M2：46（图五〇，2）。

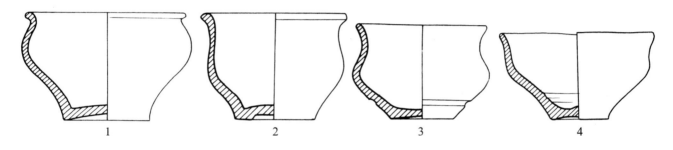

图四九　陶盂分式图

1. Ⅰ式 2002M17：15　2. Ⅱ式 2000M39：3　3. Ⅲ式 2002M34：4　4. Ⅳ式 2006M5：4

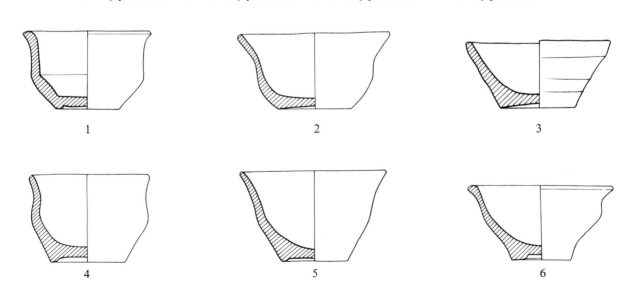

图五〇　陶凹底杯分型分式图

1. A型Ⅰ式 2000M3：5　2. A型Ⅱ式 2000M2：46　3. A型Ⅲ式 2004M38：27　4. B型Ⅰ式 2003M6：14　5. B型Ⅱ式 2003M24：7　6. B型Ⅲ式 2000M2：38

A 型Ⅲ式　7 件。敞口。如标本 2004M38：27（图五〇，3）。

B 型　52 件。曲腹略深。根据口部特征分为三式。

B 型Ⅰ式　13 件。直口，多为褐陶。如标本 2003M6：14（图五〇，4）。

B 型Ⅱ式　19 件。侈口。如标本 2003M24：7（图五〇，5）。

B 型Ⅲ式　20 件。敞口。如标本 2000M2：38（图五〇，6）。

13. 陶小底杯

48 件。以夹砂褐陶为主。根据底部及口部特征分为五式。

Ⅰ式　1 件。小底近尖，直口，浅腹。如标本 2002M3：3（图五一，1）。

Ⅱ式　6 件。小平底，直口，浅腹。如标本 2002M3：5（图五一，2）。

Ⅲ式　34 件。敞口，坦腹较浅。如标本 2002M27：11（图五一，3）。

Ⅳ式　5 件。小平底，深腹。如标本 2002M41：2（图五一，4）。

Ⅴ式　2 件。小平底，略呈矮圈足，深腹。如标本 2006M2：2（图五一，5）。

14. 陶平底杯

11 件。多为夹砂褐陶。平底外折成假圈足状。根据体型高低分为两式。

Ⅰ式　7 件。较矮。如标本 2002M28：10（图五一，6）。

Ⅱ式　4 件。较高。如标本 2002M36：6（图五一，7）。

15. 陶双耳壶

4 件。夹砂褐陶。圜底，扁状。如标本 2000M1：10。

16. 陶器盖

57 件。以褐陶为主。分两型。

A 型　28 件。杯形纽，多为褐陶。根据体量大小分为两式。

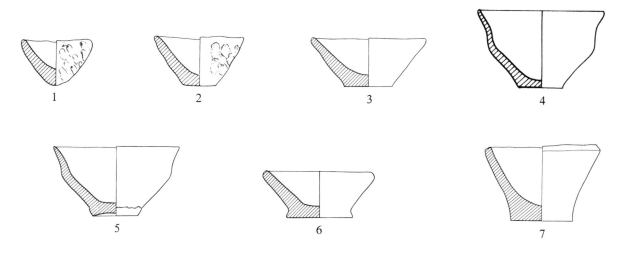

图五一　陶小底杯、平底杯分式图

1～5. 陶小底杯：1. Ⅰ式 2002M3：3　2. Ⅱ式 2002M3：5　3 Ⅲ式 2002M27：11　4. Ⅳ式 2002M41：2　5. Ⅴ式 2006M2：2　6、7. 陶平底杯：6. Ⅰ式 2002M28：10　7. Ⅱ式 2002M36：6

Ａ型Ⅰ式　22件。体量较小。如标本2002M45：20（图五二，1）。

Ａ型Ⅱ式　6件。体量较大。如标本2003M24：12（图五二，2）。

Ｂ型　29件。实心柱状纽，纽较高。分两式。

Ｂ型Ⅰ式　24件。夹砂褐陶。纽面略内凹。如标本2003M16：2（图五二，3）。

Ｂ型Ⅱ式　5件。灰陶。纽中部较细。如标本2002M49：2（图五二，4）。

17. 陶纺轮

19件。根据器体形状分为两型。

Ａ型　18件。螺旋状。分为两式。

Ａ型Ⅰ式　8件。略成扁平状。如标本2002M5：7（图五三，1）。

Ａ型Ⅱ式　10件。器体较瘦高，中间凸起。如标本2003M37：1（图五三，2）。

Ｂ型　1件。扁平算珠状。如标本2002M46：19（图五三，3）。

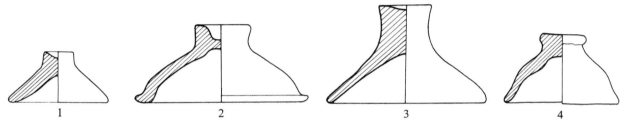

图五二　陶器盖分型分式图

1. Ａ型Ⅰ式2002M45：20　2. Ａ型Ⅱ式2003M24：12　3. Ｂ型Ⅰ式2003M16：2　4. Ｂ型Ⅱ式2002M49：2

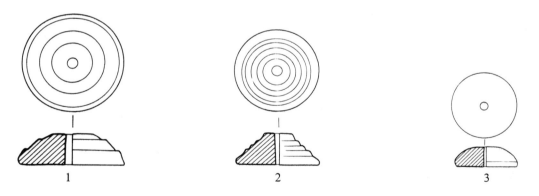

图五三　陶纺轮分型分式图

1. Ａ型Ⅰ式2002M5：7　2. Ａ型Ⅱ式2003M37：1　3. Ｂ型2002M46：19

（二）铜器

随葬铜器的种类与数量均不多，主要为体量较小的铜削、铜矛、铜镞、铜剑等工具、武器，以及铜管珠、铜泡钉等装饰品。

铜泡钉及帽形器　20件。如标本2002M48：5。

铜管珠　20件。如标本2000M10：1。

（三）石器

双孔石饰　2件。磨制精细。根据平面形状分为两式。

Ⅰ式　1件。扁长条形。如标本2000M1：27。

Ⅱ式　1件。长条形。如标本2003M6：3。

（四）其他

骨管珠　27件。如标本2002M35：7－1～7－27。

贝甲、牙类　4件。如标本2002M35：5－1～5－4。

第三章　甲类墓

共40座，无头箱墓及器物坑 。可以分为三个小类。

第一节　甲A类墓

无头箱墓，共25座。现依照发掘先后顺序进行介绍。

一　2000M5

位于2000T3南部，方向约160°（图五四）。

墓葬保存完整，盖板共用七块石板，从足至首依次叠压，其中第二、三块之间加垫一小石板。石棺头、足端各立石板一块，左右两侧各用三块石板依次错缝相接而成，两侧板上端经打制成阶梯状缺口安置盖板。

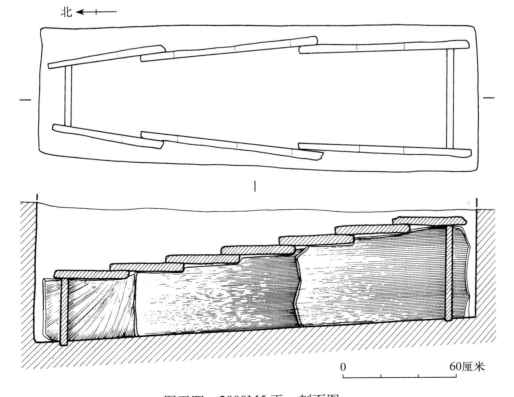

图五四　2000M5平、剖面图

　　墓口距地表深 0.35 米，墓底距地表深 0.90 米。墓圹长 2.37、宽 0.69 ~ 0.80、深 0.58 ~ 0.75
米。石棺长 2.10、头端宽 0.63、高 0.52、足端宽 0.39、高 0.36 米。石棺盖板坡度 12°。棺板厚 3 ~ 4
厘米。墓内有少量褐色淤泥，未见尸骨。

　　随葬品无。

二　2000M31

　　位于 2000T13 东南部，方向约 140°（图五五）。

　　墓葬保存完整，盖板共用石板五块，从足至首依次叠压。石棺头、足端各立石板一块，左右
两侧各用三块石板拼接而成，其中第二块置于第一、三块的外侧。

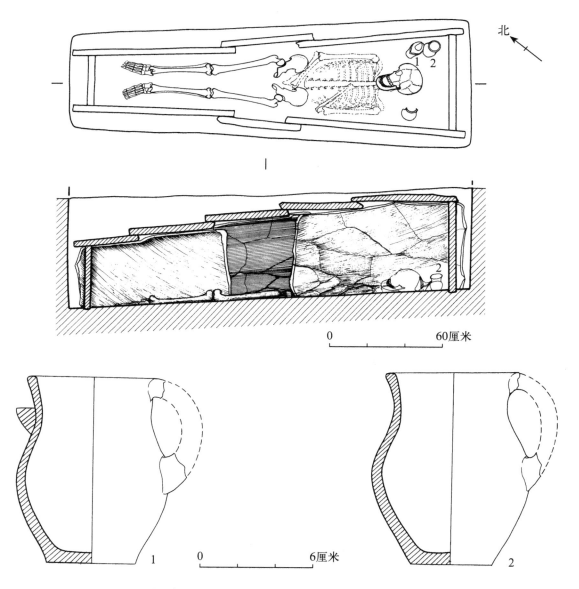

图五五　2000M31 平、剖面图及出土陶器
1. A 型 II 式陶单耳罐　2. A 型 I 式陶单耳罐

墓口距地表深 0.50 米，墓底距地表深 1.00 米（彩版三，1）。墓圹长 2.19、宽 0.55 ～ 0.73、深 0.58 ～ 0.64 米。石棺长 2.02、头端宽 0.64、高 0.53、足端宽 0.37、高 0.36 米。石棺盖板坡度 5°。棺板厚 3 ～ 4 厘米。棺内积有褐色淤泥。墓内有少量褐色水冲淤泥，尸骨基本完整，为仰身直肢葬。

随葬品有陶单耳罐 2 件，分布在头颅两侧。

陶单耳罐

A 型 I 式　1 件。标本 2000M31：2，瘦长形，夹砂褐陶。侈口，方唇，鼓腹，平底外折，耳残断。口径 6.5、腹径 8.5、底径 4.4、高 10.5、耳高 6.2 厘米（图五五，1；彩版三，2）。

A 型 II 式　1 件。颈部有锥状錾。标本 2000M31：1，瘦长形，夹砂褐陶。侈口，方唇，鼓腹，平底外折，耳残断。口径 7.3、腹径 8.2、底径 4.8、高 10.3、耳高 6.2 厘米（图五五，2；彩版三，3）。

三　2000M34

位于 2000T14 中部偏东，南邻 2000M35，方向约 130°（图五六）。

墓葬保存完整，盖板共用七块石板，从足至首依次叠压。石棺头、足端各立石板一块，左右

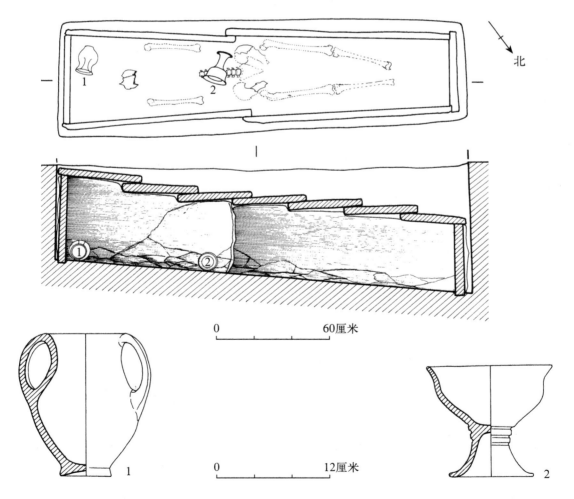

图五六　2000M34 平、剖面图及出土陶器
1. Aa 型 I 式陶双耳罐　2. A 型 I 式陶豆

两侧各用两块石板错缝相接而成，侧板顶部打制有阶梯状缺口。

墓口距地表深 0.54 米，墓底距地表深 1.08～1.38 米。墓圹长 2.25、宽 0.59～0.70、深 0.55～0.75 米。石棺长 2.17、头端宽 0.60、高 0.50、足端宽 0.48、高 0.40 米。石棺盖板坡度 7°。棺板厚 4～5 厘米。墓内有少量褐色淤泥，墓底仅存部分骨骸，从痕迹上看应为仰身直肢葬。

随葬品为 2 件陶器，散布于腰部以上。

陶双耳罐

Aa 型 I 式　1 件。标本 2000M34：1，泥质灰陶，表面磨光。平口微侈，鼓腹，最大腹径靠上，底外折内凹成矮圈足状，外底有切割同心圆。口径 9、腹径 12.6、底径 5.4、高 15.4、耳高 6.2 厘米（图五六，1；彩版三，4）。

陶豆

A 型 I 式　1 件。标本 2000M34：2，泥质磨光黑皮陶。尖唇，侈口，曲腹，喇叭形圈足，足口上翘，柄中上部有三周凹槽。口径 13.6、足径 9、高 12 厘米（图五六，2；彩版三，5）。

四　2000M35

位于 2000T14 东南角，北邻 2000M34，方向约 135°。

墓葬已被严重破坏，石棺棺板及盖板无存，仅存墓圹底部。墓圹长 2.20、头端宽 0.65、足端宽 0.54 米。墓底未见尸骨。

随葬品出土陶平底杯 2 件。

陶平底杯

I 式　2 件。夹细砂褐陶。圆唇，底外折。标本 2000M35：1，口径 9、底径 5.2、高 3.8 厘米（图五七，1）。标本 2000M35：2，口径 7、底径 3.6、高 3.9 厘米（图五七，2）。

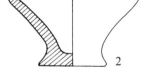

图五七　2000M35 出土陶器
1、2. I 式陶平底杯 2000M35：1、2

五　2000M44

位于 2000T16 西南部，东邻 2000M43，方向约 140°（图五八）。

墓葬保存完整，盖板共用四块石板，从足至首依次叠压。石棺头、足端各立石板一块，左右两侧各用两块石板错缝相接而成，两侧立板上端经打制成梯状缺口安置盖板。

墓口距地表深 0.40 米，墓底距地表深 0.90～1.30 米。墓圹长 2.26、宽 0.59～0.65、深 0.50～0.59 米。石棺长 2.05、头端宽 0.56、高 0.52、足端宽 0.37、高 0.30 米。石棺盖板坡度 7°。

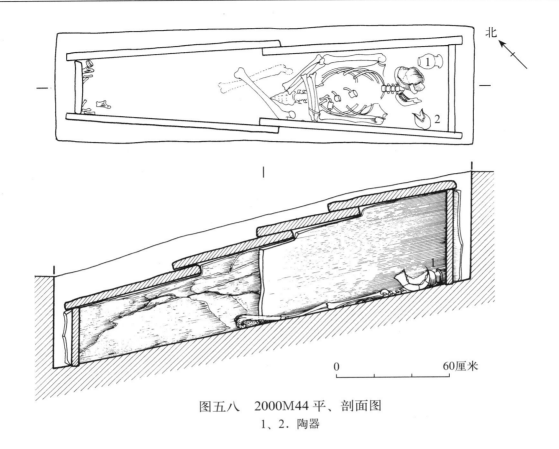

图五八　2000M44 平、剖面图
1、2. 陶器

棺板厚 3 ~ 4 厘米。墓内积有少量褐色淤泥，尸骨已扰乱，葬式不明。

随葬器物多残损，可辨器形有铜管珠、陶罐等。

六　2002M3

位于 2002T1 东南部，东邻 2002M2，南邻 2002M4，西邻 2002M5。方向 170°（图五九）。

一条现代沟打破大部墓圹，石棺破坏严重，仅存头端石板及左、右侧石板各一块。

墓口距地表深 0.10 米，墓底距地表深 0.30 米。墓圹残长 0.32、头端宽 0.40、深 0.32 米。石棺残长 0.32、头端宽 0.32、高 0.31 米。棺板厚 2 厘米。墓内填满褐色土，未见尸骨。

随葬陶器集中分布在头端附近，共 7 件，多已残损。

陶小底罐

A 型 I 式　2 件。泥质褐陶。手制。侈口，方唇，鼓腹，器表有刮抹痕。标本 2002M3：2，口径 3、腹径 4、底径 1.8、高 6.5 厘米（图六〇，1；彩版四，1）。标本 2002M3：7，口径 4、腹径 4.3、残高 6.0 厘米（图六〇，2）。

陶平底罐

A 型 II 式　3 件。夹细砂褐陶。胖体，侈口，口径略大。标本 2002M3：1，方唇，直腹。口径 8.2、腹径 8.6、底径 6.2、高 9.0 厘米（图六〇，3；彩版四，2）。标本 2002M3：4，已残，鼓腹。腹径 7.2、底径 5、残高 6.3 厘米（图六〇，4）。标本 2002M3：6，已残，鼓腹。底径 5.3、残高 4.6

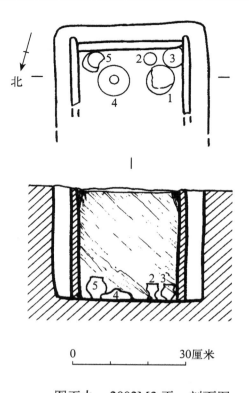

0　　　　　　　　30厘米

图五九　2002M3 平、剖面图

1、4. A型Ⅱ式陶平底罐　2. A型Ⅰ式陶小底罐　3. Ⅰ式陶小底杯　5. Ⅱ式陶小底杯

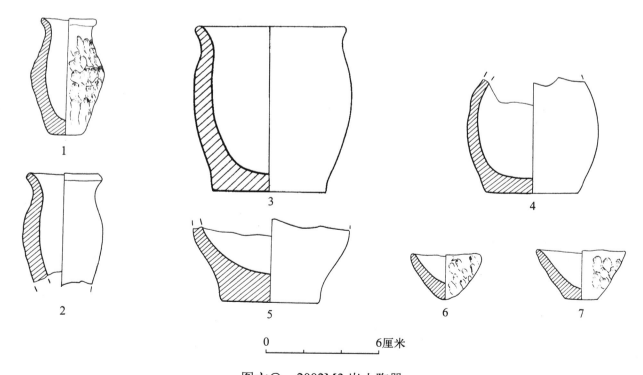

0　　　　　　　　6厘米

图六○　2002M3 出土陶器

1、2. A型Ⅰ式陶小底罐 2002M3：2、7　3～5. A型Ⅱ式陶平底罐 2002M3：1、4、6　6. Ⅰ式陶小底杯 2002M3：3　7. Ⅱ式陶小底杯 2002M3：5

厘米（图六〇，5）。

陶小底杯

Ⅰ式　1件。标本 2002M3：3，泥质褐陶。圆唇，浅腹，小底近尖，表面有刮抹痕。口径3.8、高2.5厘米（图六〇，6；彩版四，3）。

Ⅱ式　1件。标本 2002M3：5，夹砂黑褐陶。尖唇，浅腹，小平底。表面有刮抹痕。口径4.9、底径1.8、高2.7厘米（图六〇，7；彩版四，4）。

七　2002M5

位于 2002T1 南部，东邻 2002M3，东南邻 2002M4，西邻 2002M6。方向约165°（图六一）。

一条现代沟打破墓圹头端，石棺保存基本完好。盖板仅存足端一块石板。头端、足端各用一块石板，两侧立板各使用两块石板交错而成。

墓口距地表深0.35米，墓底距地表深 0.59～0.87米。墓圹长2.03、宽0.43～0.75、深0.37～0.57米。石棺长1.87、头端宽0.58、高0.54、足端宽0.30、高0.31米。棺板厚3～4厘米。墓内填满褐色扰土，墓底仅存部分头骨，葬式不明。

随葬陶器集中于头骨周围，多数已残，共8件。

陶单耳罐

A型Ⅰ式　1件。标本 2002M5：3，口部以上残，夹砂褐陶。腹微鼓，平底外折成假圈足。腹径8.8、底径5.6、残高10.2厘米（图六二，1）。

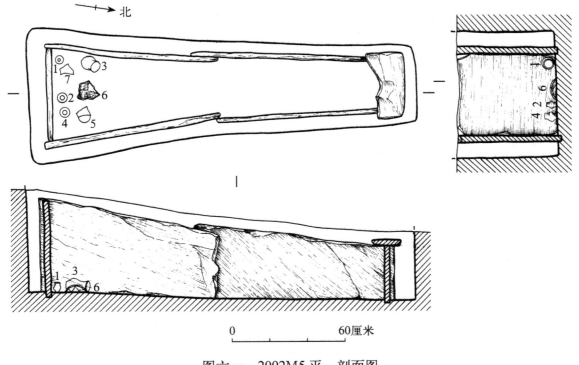

图六一　2002M5平、剖面图

1. A型Ⅱ式陶小底罐　2. A型Ⅰ式陶小底罐　3. A型Ⅰ式陶单耳罐　4～7. A型Ⅰ式陶平底罐

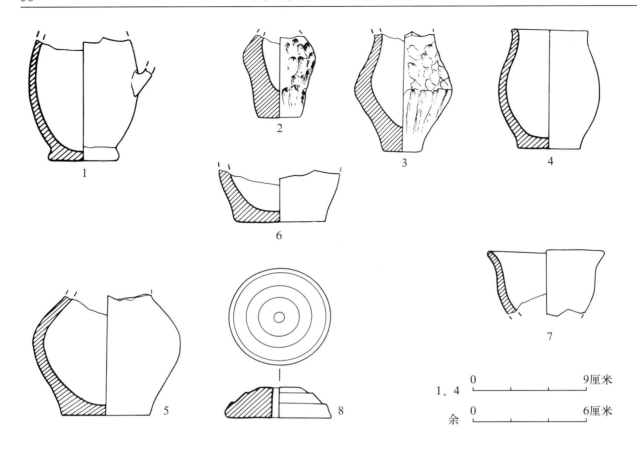

图六二　2002M5 出土陶器

1. A 型 I 式陶单耳罐 2002M5：3　2. A 型 I 式陶小底罐 2002M5：1　3. A 型 II 式陶小底罐 2002M5：5　4 ～ 7. A 型 I 式陶平底罐 2002M5：4、2、6、8　8. A 型 I 式陶纺轮 2002M5：7

　　陶小底罐

　　A 型 I 式　1 件。标本 2002M5：1，口部略残，泥质褐陶。直腹，表面有刮抹痕。腹径 3.9、底径 2.3、残高 4.5 厘米（图六二，2）。

　　A 型 II 式　1 件。标本 2002M5：5，口部残，泥质褐陶。鼓腹，表面有刮抹痕。腹径 5.3、底径 2.2、残高 6.6 厘米（图六二，3；彩版五，1）。

　　陶平底罐

　　A 型 I 式　4 件。夹砂褐陶。直口，平底外折成假圈足。标本 2002M5：4，方唇，腹微鼓。口径 6.2、腹径 8.2、底径 5.2、高 9.8 厘米（图六二，4；彩版五，2）。标本 2002M5：2，口部残，腹微鼓。腹径 7.9、底径 4.7、残高 6.8 厘米（图六二，5）。标本 2002M5：6，腹部以上残。底径 4.8、残高 2.8 厘米（图六二，6）。标本 2002M5：8，腹部以下残，圆唇，体胖。口径 6.4、残高 3.6 厘米（图六二，7）。

　　陶纺轮

　　A 型 I 式　1 件。标本 2002M5：7，泥质褐陶。截面成梯形，中部有穿孔，表面有两周折棱。上顶宽 2、底宽 5.7、高 1.7、孔径 0.3 厘米（图六二，8；彩版五，3）。

八 2002M8

位于2002T1西南部，西邻2002M7，方向约165°（图六三）。

墓中部被一条现代沟所打破，盖板缺失无存，石棺仅存足端左侧立板一块，墓圹与石棺间加垫大量小石块起固定作用。

墓口距地表深0.35米，墓底距地表深0.85米（彩版五，5）。墓圹残长1.90、宽0.45～0.65、头端深0.50米。石棺残长1.87、头端宽约0.55、足端宽0.39米。棺板厚4厘米。墓内填满浅黄色土，夹杂较多小碎石片，墓底足端仅存两截腿骨，葬式不明。

随葬器物集中于头端，多已残破，可辨器形有陶罐等。

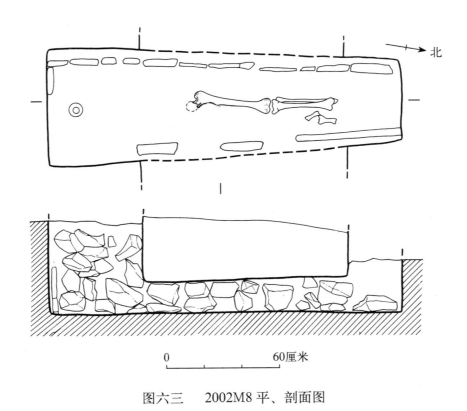

图六三 2002M8平、剖面图

九 2002M11

位于2002T8东南部，南邻2002M10，北邻2002M12，方向约75°（图六四）。

石棺腰部以上已残，盖板及头端挡板无存，足端用石板一块，左、右两侧各存石板一块，石棺足端左角与墓圹间加垫一块石块起加固作用。

墓口距地表深0.22米，墓底距地表深0.52米。墓圹长1.12、宽0.41～0.48、深0.30～0.31米。石棺残长0.61、足端宽0.37、高0.28米。棺板厚2～3厘米。墓内填满灰黑色土，未见人骨。

随葬品在棺内足端有陶双耳罐1件。

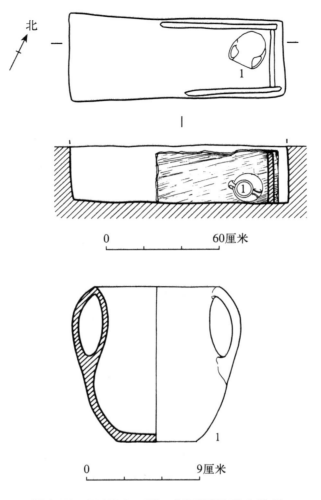

图六四　2002M11 平、剖面图及出土陶器
1. D 型陶双耳罐

陶双耳罐

D 型　1 件。标本 2002M11：1，泥质深灰陶。表面磨光，平口，体矮胖，鼓腹，平底。双大耳从口部贯通至腹部，颈内外可见轮旋痕。口径 10、腹径 11.4、底径 6.4、高 13、耳高 8.2 厘米（图六四，1；彩版五，4）。

一〇　2002M14

位于 2002T8 西北角，北邻 2002M15，方向约 80°（图六五）。

石棺保存基本完好，盖板共使用石板七块，现缺头端部分一块，从足至首依次叠压而成，用小石块或小石板垫支楔缝，石棺与墓圹之间用小石块加固。石棺头、足端各立石板一块，左侧用两块、右侧用三块石板依次错缝相接而成。

墓口距地表深 0.26 米，墓底距地表深 1.35 米。墓圹长 2.12、宽 0.51～0.52、深 0.72～0.80米。石棺长 1.94、头端宽 0.48、高 0.50、足端宽 0.46、高 0.41 米。石棺盖板坡度 11°。棺板厚 2～4

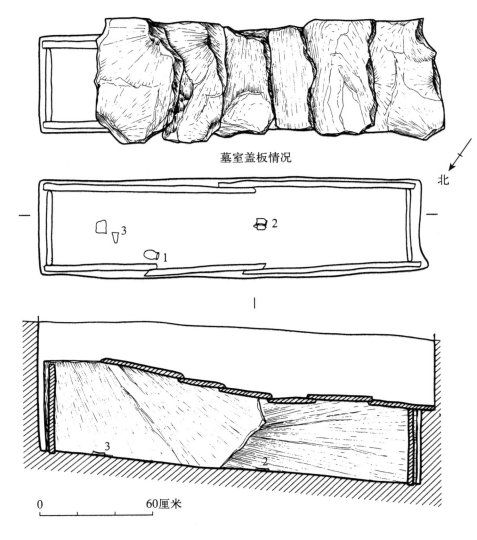

墓室盖板情况

北

0　　　　　　60厘米

图六五　2002M14 平、剖面图
1 ～ 3. 陶器

厘米。墓内填满灰黑色土，未见尸骨。

随葬器物已扰乱破碎，可辨器形有夹砂褐陶平底罐。

—— 2002M15

位于 2002T13 西南角，南邻 2002M14，方向约 80°（图六六）。

墓葬保存基本完好，盖板共存四块，头端一块缺失，从足至首依次叠压而成，以小石板填补缝隙并起支垫作用。石棺头、足两端各立石板一块，左右两侧各立两块石板错缝相接。

墓口距地表深 0.28 米，墓底距地表深 0.74 米（彩版六，1）。墓圹长 1.97、宽 0.65 ～ 0.67、深 0.39 ～ 0.51 米。石棺长 1.78、头端宽 0.46、高 0.47、足端宽 0.35、高 0.33 米。石棺盖板坡度约 8°。棺板厚 3 ～ 4 厘米。墓内填满灰黑色扰土，足端保存有零星人体肢骨，葬式不明。

随葬品仅陶长颈罐 1 件。

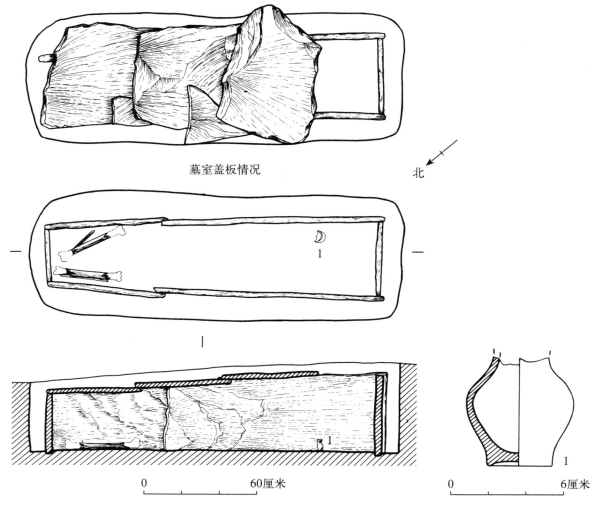

墓室盖板情况

北

0　　　　　　　60厘米

0　　　　　6厘米

图六六　2002M15 平、剖面图及出土陶器
1. Aa 型陶长颈罐

陶长颈罐

Aa 型　1件。标本 2002M15：1，口部残，泥质黑陶。鼓腹，平底内凹成矮圈足。腹径 5.7、底径 3.5、残高 6 厘米（图六六，1）。

一二　2002M29

位于 2002T9 南部，北邻 2002M30，南邻 2002M36，方向约 65°（图六七）。

墓葬破坏严重，盖板缺失无存。石棺头、足端各立石板一块，左右两侧各用两块石板交错相接而成。

墓口距地表深 0.28 米，墓底距地表深 0.72 米（彩版六，2）。墓圹长 1.42、宽 0.45～0.60、深 0.40～0.47 米。石棺长 1.29、头端宽 0.50、高 0.43、足端宽 0.37、高 0.34 米。棺板厚 3 厘米。墓底填满灰黑色土，有零星人骨，葬式不明。

随葬品无。

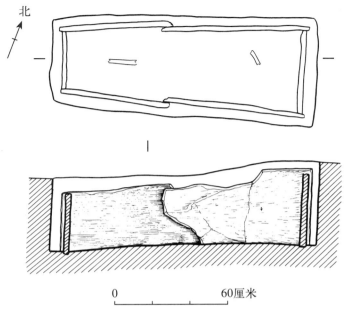

0　　　　　　　60厘米

图六七　2002M29 平、剖面图

一三 2002M40

位于 2002T9 东南角，北邻 2002M28，方向约 75°（图六八）。

墓葬保存基本完好，盖板共用石板六块，头端一块缺失，从足至首依次叠压而成。石棺头端、足端各立石板一块，左右两侧各用两块石板错缝相接而成。

墓口距地表深 0.28 米，墓底距地表深 1.45 米。墓圹长 2.27、宽 0.52～0.60、深 0.71～1.05 米。石棺长 2.03、头端宽 0.57、高 0.56、足端宽 0.46、高 0.37 米。盖板坡度 6°。棺板厚 2 厘米。棺内填满灰黑色土，尸骨集中于腰以下，应为二次葬。

随葬品无。

一四 2003M1

位于 2003T4 的西北角，西南邻 2003M2，东南邻 2003M15，方向约 115°（图六九）。

盖板存腰部以下四块，其中腰部两块已断裂垮塌于墓内，但仍可看出是从足至首依次叠压（彩版七，1）。石棺头、足端各立石板一块，左右两侧各用三块石板依次错缝相接而成。

墓口距地表深 0.20 米，墓底距地表深 0.60 米（彩版七，2）。墓圹长 2.16、宽 0.65～0.71、深 0.50～0.76 米。石棺长 2.06、头端宽 0.55、高 0.55、足端宽 0.37、高 0.35 米。棺板厚 4 厘米。墓内填满黄褐色土夹碎石片，未见尸骨。

随葬陶器 3 件。

陶器盖

B 型 I 式　1 件。标本 2003M1：3，夹砂褐陶。纽面略内凹，盘部残。

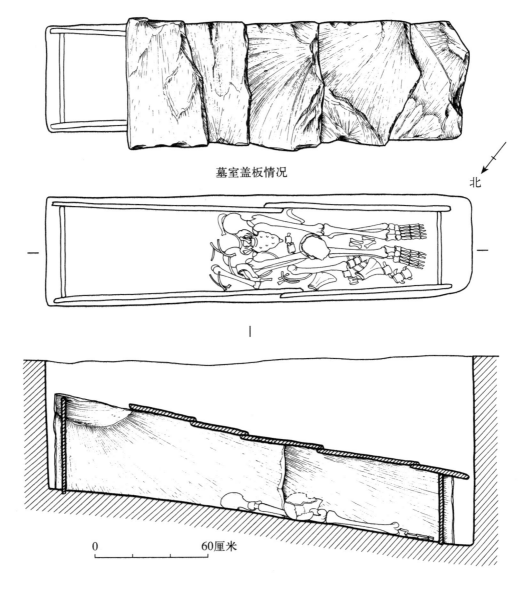

墓室盖板情况

北

0 ⎯⎯⎯⎯⎯⎯ 60厘米

图六八　2002M40 平、剖面图

陶纺轮

A 型 I 式　1件。标本 2003M1：2，略扁平。上宽 1.7、下宽 4.4、高 1.6、孔径 0.5 厘米（图六九，2）。

A 型 II 式　1件。标本 2003M1：1，中部较高。上宽 1、底宽 4、高 2.1、孔径 0.5 厘米（图六九，1）。

一五　2003M4

位于 2003T1 西南部，北邻 2003M3，方向约 105°（图七〇）。

墓葬保存完好，盖板系用六块石板从足至首依次叠压而成，其中头端第一块已残缺大部（彩

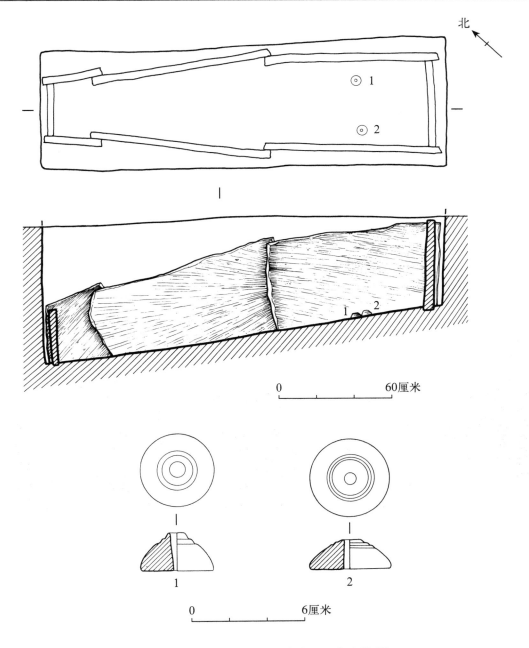

图六九　2003M1 平、剖面图及出土陶器
1. A 型 Ⅱ 式陶纺轮　2. A 型 Ⅰ 式陶纺轮

版八，1）。石棺头、足端各立石板一块，左右两侧各用两块石板错缝相接。

　　墓口距地表深 0.60 米，墓底距地表深 0.90 米（彩版八，2）。墓圹长 2.27、宽 0.60～0.64、深 0.88～1.13 米。石棺长 2.00、头端宽 0.53、高 0.52、足端宽 0.43、高 0.44 米。石棺盖板坡度 9°。棺板厚 4 厘米。石板经过精心加工，非常规整。墓内填满浅褐黄粉土夹黄土块及碎石粒，未见尸骨，似为空墓。

　　随葬品无。

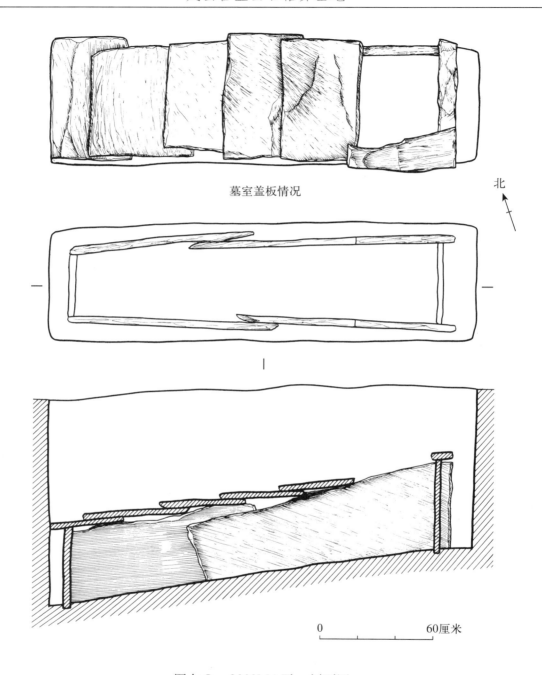

墓室盖板情况

北

0 ⸺⸺⸺⸺⸺ 60厘米

图七〇　2003M4 平、剖面图

一六　2003M5

位于 2003T3 西北部，南邻 2003M18，方向约 115°（图七一）。

墓葬保存基本完好，盖板原有七块，从足至首依次叠压而成（彩版九，1），其中自头端始第二块塌陷棺内，第三块缺失，第五、六块之间加垫一小石板。石棺头端、足端各立石板一块，左右两侧各用三块石板依次错缝相接而成，墓圹与石棺间填塞小石块起固定作用。

墓口距地表深 0.30～0.80 米，墓底距地表深 0.90～1.30 米（彩版九，2）。墓圹长 2.28、

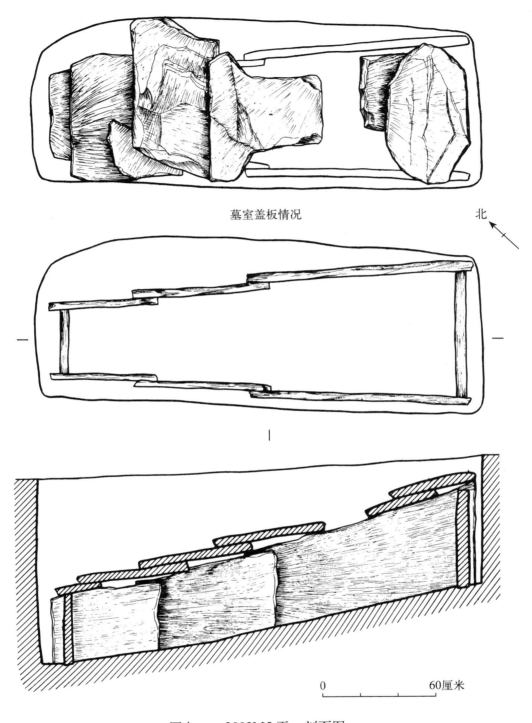

墓室盖板情况　　　　　　　　　　　北

0　　　　　　　　　60厘米

图七一　2003M5 平、剖面图

宽 0.75～0.87、深 0.70～1.00 米。石棺长 2.16、头端宽 0.80、高 0.57、足端宽 0.43、高 0.38 米。石棺盖板坡度 10°。棺板厚 4 厘米。墓内填充大量黄褐色土，夹杂较多碎石片，未见尸骨。
随葬品无。

一七　2003M10

墓葬残损严重，随葬陶器 3 件。

陶平底罐

B 型 II 式　2 件。标本 2003M10：1，夹砂褐陶。方唇，束颈，鼓腹，平底。口径 6.4、腹径 7.1、底径 3.4、高 9.1 厘米（图七二，1；彩版一〇，1）。标本 2003M10：7，泥质褐陶。卷沿，方唇，束颈，鼓腹，平底外折成假圈足。口径 6.3、腹径 7.2、底径 3.8、高 9.3 厘米（图七二，2；彩版一〇，2）。

陶纺轮

A 型 II 式　1 件。中部较高。标本 2003M10：2，泥质褐陶。螺旋状，中部有穿孔，表面有三周折棱。上宽 1.4、下宽 4、高 2、孔径 0.4 厘米（图七二，3；彩版一〇，3）。

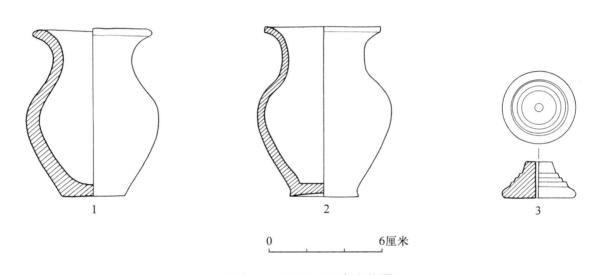

0　　　　　　　　　6厘米

图七二　2003M10 出土陶器

1、2. B 型 II 式陶平底罐 2003M10：1、7　3. A 型 II 式陶纺轮 2003M10：2

一八　2003M11

位于 2003T6 中部偏南，北邻 2003M10，南邻 2003M12，方向约 105°（图七三）。

墓葬保存基本完整，盖板多数缺失，现存头、足端及腰部石板各一块。石棺头、足两端各立石板一块，左右两侧各用两块石板错缝相接而成。左右两侧立板外与墓圹间填充若干小石块以起加固作用。

墓口距地表深 0.55 ～ 1.00 米，墓底距地表深 0.62 ～ 1.05 米。墓圹长 2.17、宽 0.62 ～ 0.96、深 0.75 ～ 1.08 米。石棺长 2.10、头端宽 0.85、高 0.57、足端宽 0.42、高 0.42 米。棺板厚 2 ～ 4 厘米。墓葬使用石板经过精心加工，较为规整。墓内填满浅褐色扰土，未见尸骨。

随葬品无。

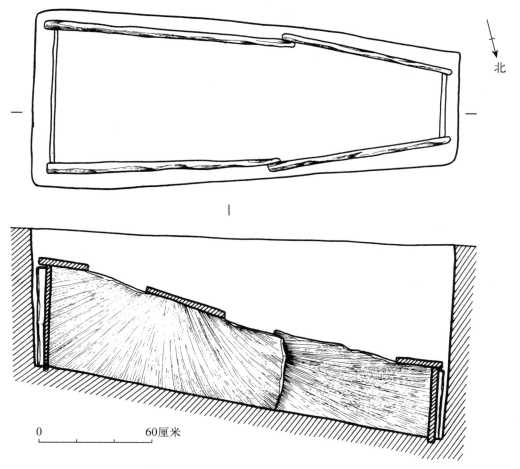

图七三　2003M11 平、剖面图

一九　2003M16

位于 2003T9 中部偏南，方向约 113°（图七四）。

大部盖板缺失，仅存足端一块（彩版一一，1）。石棺头、足端各立石板一块，左侧用石板两块错缝相接，右侧用石板三块拼接而成，其中第二块置于第一、三块外侧。

墓口距地表深 0.25 ～ 0.30 米，墓底距地表深 0.65 ～ 0.75 米（彩版一一，2）。墓圹长 1.98、宽 0.52 ～ 0.55、深 0.50 ～ 0.60 米。石棺长 1.80、头端宽 0.46、高 0.47、足端宽 0.44、高 0.45 米。棺板厚 3 ～ 4 厘米。墓内填满浅褐色花土，仅见少量人体肢骨，葬式不明。

随葬陶器已扰动，移位至腰以下部分，共 10 件，选择 7 件标本。

陶平底罐

B 型 II 式　4 件。胖体，夹细砂褐陶。侈口，卷沿，方唇，束颈，鼓腹，平底外折成假圈足。标本 2003M16：1，腹径 7.8、底径 4.3、残高 9.2 厘米（图七五，1）。标本 2003M16：5，腹径 7.5、底径 4.2、残高 8.2 厘米（图七五，2）。标本 2003M16：3，口径 5.6、腹径 7.1、底径 4.1、高 9 厘米（图七五，3；彩版一〇，4）。标本 2003M16：4，口径 5.8、腹径 7、底径 3.6、高 8.5 厘米（图七五，4）。

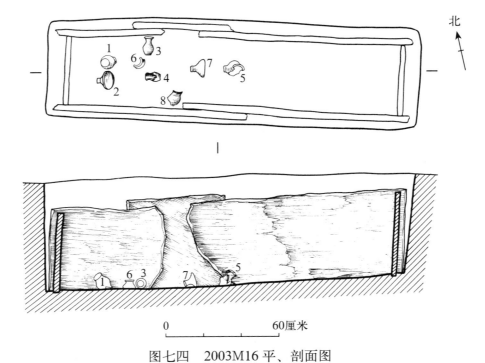

图七四　2003M16平、剖面图

1、3、4、5. B型Ⅱ式陶平底罐　2、7. Ⅰ式陶器盖　6. B型Ⅰ式陶凹底杯　8. 陶片

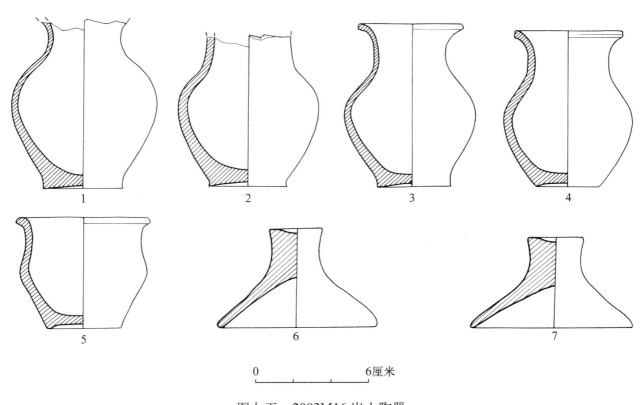

图七五　2003M16出土陶器

1～4. B型Ⅱ式陶平底罐 2003M16：1、5、3、4　5. B型Ⅰ式陶凹底杯 2003M16：6　6、7. B型Ⅰ式陶器盖 2003M16：2、7

陶凹底杯

B 型 I 式　1 件。标本 2003M16：6，泥质褐陶。直口，卷沿，圆唇，曲腹较深，平底内凹成矮圈足。口径 7.2、腹径 6.8、底径 4.1、高 6.0 厘米（图七五，5）。

陶器盖

B 型 I 式　2 件。夹细砂褐陶。圆唇，斜直壁，浅腹，柱状形实心纽，纽面内凹。标本 2003M16：2，盖口径 8.7、纽面径 2.9、高 5.3 厘米（图七五，6；彩版一〇，5）。标本 2003M16：7，盖口径 8.8、纽面径 3、高 5 厘米（图七五，7；彩版一〇，6）。

二〇　2003M19

位于 2003T13 中部，东北邻 2003M20，南邻 2003M21，方向约 145°（图七六）。

墓葬盖板多数缺失，头端仅存三块，且已垮塌于棺内。石棺腰部以下已毁，现存头端挡板及左右两侧立板各一块，墓圹与石棺之间加垫小石块起固定作用。

墓口距地表深 0.60 米，墓底距地表深 1.07 米（彩版一二、一三）。墓圹长 2.13、宽 0.54～0.63、深 0.49～0.50 米。石棺长 2.08、头端宽 0.55、高 0.35、足端宽 0.50、高 0.37 米。棺板厚 2 厘米。墓内填满黄褐色扰土，人体骨架存腰椎以下部分，应为仰身直肢葬。葬俗较为特别，棺内头端尸骨及随葬陶器以上平置石板，板上又置随葬陶器（彩版一四，1）。

随葬器物共 4 件。

陶双耳罐

Ab 型　1 件。体量较小。标本 2003M19：1，泥质灰陶，表面磨光。平口，束颈，鼓腹，最大腹径靠上，平底，双耳从口部贯至最大腹径处。口径 6.4、腹径 12、底径 6.2、高 13.4、耳高 8.8 厘米（图七七，1；彩版一四，2）。

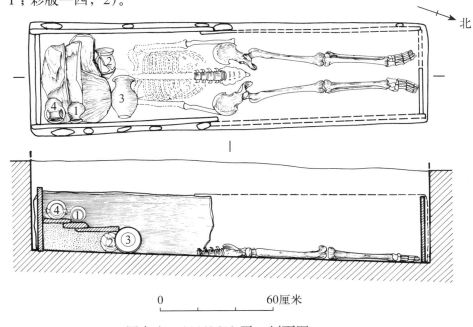

图七六　2003M19 平、剖面图
1. Ab 型陶双耳罐　2. Bb 型 II 式陶长颈罐　3. C 型 II 式陶双耳罐　4. B 型 I 式陶双耳罐

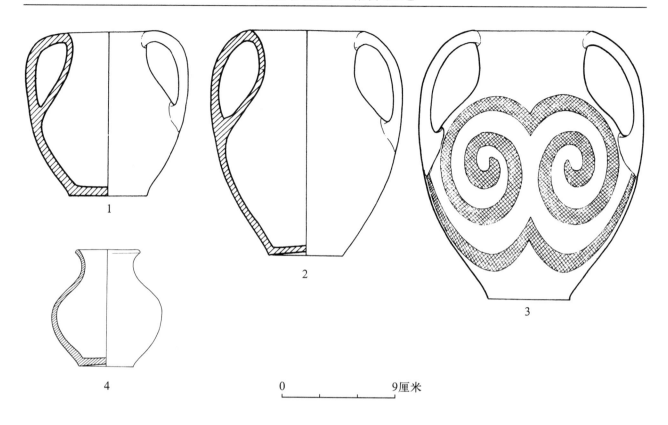

图七七　2003M19 出土陶器

1. Ab 型陶双耳罐 2003M19：1　2. B 型 I 式陶双耳罐 2003M19：4　3. C 型 II 式陶双耳罐 2003M19：3　4. Bb 型 II
式陶长颈罐 2003M19：2

B 型 I 式　1 件。素面耳。标本 2003M19：4，泥质灰陶，表面磨光。平口，束颈，鼓腹，
最大腹径靠下，平底略内凹，双耳从口部贯至最大腹径处。口径 9.4、腹径 14.8、底径 6、高
18.4、耳高 10.4 厘米（图七七，2；彩版一四，3）。

C 型 II 式　1 件。标本 2003M19：3，泥质灰陶，表面磨光。平口，束颈，鼓腹，平底，双
耳从口部贯至最大腹径处，腹表压印双涡状暗纹。口径 10、腹径 17.6、底径 6.6、高 22、耳高
12.8 厘米（图七七，3；彩版一四，4）。

陶长颈罐

Bb 型 II 式　1 件。标本 2003M19：2，泥质磨光黑皮陶。侈口，方唇，束颈，鼓腹，平底略内凹，
下腹表有一穿孔。口径 5.3、腹径 8.9、底径 4.5、高 9.5 厘米（图七七，4；彩版一四，5）。

二一　2003M28

位于 2003T21 东南部，西南邻 2003M27，方向约 145°（图七八）。

墓葬保存基本完好，盖板基本完整，第一块残缺部分，第二、三块已残断，第五块为长条形
石板并纵向置放。从足至首依次叠压而成。石棺头、足端各立石板一块，左右两侧各用两块石板
错缝相接而成。

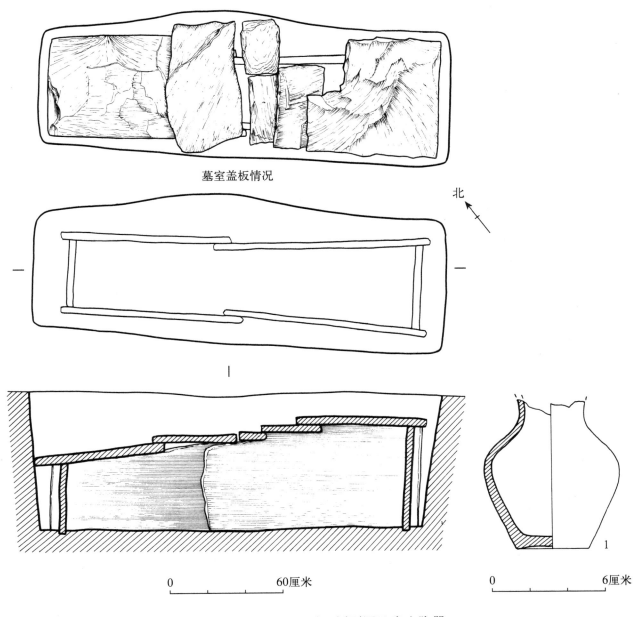

墓室盖板情况

北

0   60厘米

0   6厘米

图七八　2003M28 平、剖面图及出土陶器
1. Ba 型陶长颈罐

墓口距地表深 0.40 米，墓底距地表深 1.20 米。墓圹长 2.20、头端宽 0.75、足端宽 0.63、最大深度 0.77 米。石棺长 1.88、头端宽 0.53、高 0.56、足端宽 0.45、高 0.37 米。石棺盖板坡度 9°。棺板厚 3 厘米。棺内未见尸骨。

随葬陶器均残，可辨器形为陶长颈罐 1 件。另有陶平底罐残片。

陶长颈罐

Ba 型　1 件。标本 2003M28：1，口部已残，泥质黑陶。直颈，鼓腹，平底内凹成矮圈足。腹径 7.2、底径 3.9、残高 8.1 厘米（图七八，1）。

二二　2004M3

位于 2004T2 东北部，东北邻 2004M2，西南邻 2004M4，方向约 115°（图七九）。

盖板缺失无存，石棺头、足端各立石板一块，左右两侧各用两块石板错缝相接，两侧板上端经打制成梯形缺口安置盖板，墓圹与石棺之间加垫小石块固定。

墓口距地表深 0.35 米，墓底距地表深 0.65～0.75 米（彩版一五）。墓圹长 2.14、宽 0.50～0.61、深 0.49～0.52 米。石棺长 1.90、头端宽 0.49、高 0.50、足端宽 0.38、高 0.32 米。棺板厚 4 厘米。棺内填满灰黄色土，足端残存部分人体肢骨，葬式不明。

随葬品无。

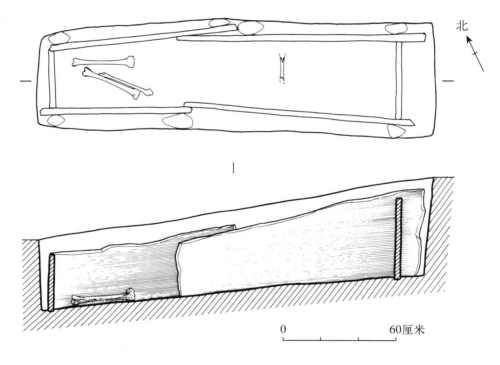

0　　　　　　60厘米

图七九　2004M3 平、剖面图

二三　2004M4

位于 2004T2 东北部，西北邻 2004M3，方向约 135°（图八〇）。

石棺腰部以下被现代沟破坏，盖板缺失无存。石棺足端立石板一块，左右两侧各残存石板一块。石棺足端挡板外侧又加贴一块小石板，小石板外左右两角放置两块石块固定。

墓口距地表深 0.35 米，墓底距地表深 0.70～0.75 米（彩版一六，1）。墓圹长 1.65、宽 0.50～0.57、深 0.47～0.51 米。石棺残长 0.91、足端宽 0.41、高 0.35 米。棺板厚 3 厘米。棺内填满灰黑色土，仅存部分腿骨，葬式不明。

随葬陶器共 5 件。

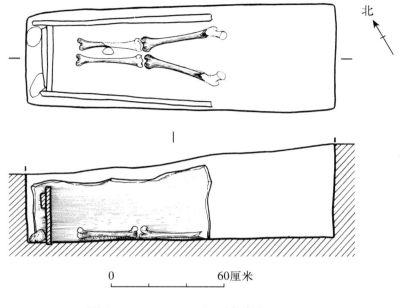

图八〇　2004M4平、剖面图

陶单耳罐

A型Ⅱ式　1件。标本2004M4：2，颈部以上已残，夹砂褐陶。鼓腹，平底。腹径8.7、底径5.4、高5.9厘米（图八一，1）。

陶小底罐

B型Ⅰ式　2件。夹砂褐陶。直口，鼓腹。标本2004M4：5，底部残，圆唇，束颈。腹径3.9、底径5.3、残高7.3厘米（图八一，2）。标本2004M4：1，颈部以上已残，最大腹径靠上。腹径5.6、底径3.2、高5.4厘米（图八一，3）。

陶小底杯

Ⅱ式　2件。小平底。夹砂褐陶。敞口，方唇，斜直壁。标本2004M4：3，底部残，内壁有

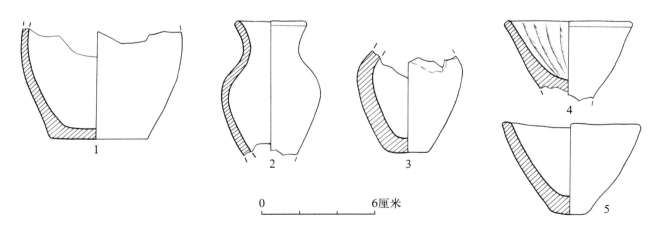

图八一　2004M4出土陶器

1. A型Ⅱ式陶单耳罐2004M4：2　2、3. B型Ⅰ式陶小底罐2004M4：5、1　4、5. Ⅱ式陶小底杯2004M4：3、4

抹划痕迹。口径6.5、残高4.3厘米（图八一，4；彩版一七，1）。标本2004M4：4，口径7.5、底径2、高4.9厘米（图八一，5）。

二四　2004M6

位于2004T2西南部，东北邻2004M5，西南邻2004M7，方向约135°（图八二）。

石棺头部被晚期沟打破，盖板缺失。石棺足端立石板一块，左侧残存一块石板，右侧立两块石板错缝相接而成，石棺与墓圹间加垫小石块固定。

墓口距地表深0.34米，墓底距地表深0.59～0.62米（彩版一六，2）。墓圹残长2.16、宽0.49～0.70、深0.32～0.36米。石棺残长2.00、足端宽0.41、高0.31米。棺板厚2厘米。墓内填满灰黄色土，墓底足端存部分肢骨，葬式不明。

随葬陶器2件。

陶尖底罐　2件。

A型I式　1件。标本2004M6：3，泥质黑陶。敛口，卷沿，尖唇，束颈，鼓腹，尖底系另外粘接而成，器表有轮旋痕。口径6.3、腹径7.1、高6.8厘米（图八二，3；彩版一七，2）。

B型　1件。小双耳。标本2004M6：4，泥质灰陶。尖唇，侈口，直颈，鼓腹，尖底，上腹有二小耳，底系另外粘接而成，器表有轮旋痕。口径4.6、腹径6.2、高7.8、耳高1.2厘米（图八二，4；彩版一七，3）。

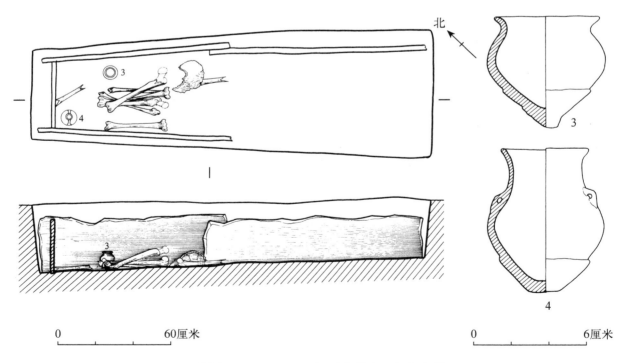

图八二　2004M6平、剖面图及出土陶器
3．A型I式陶尖底罐　4．B型陶尖底罐

二五　2004M10

位于 2004T2 西壁中部，东北邻 2004M9。方向约 135°（图八三）。

墓葬足端被压于探方西壁下，后经扩方全部揭露。盖板共七块，从足至首依次叠压而成，其中第二、三块被一现代沟破坏仅存一半。石棺头、足端各立石板一块，左右两侧各立两块石板错缝相接。

墓口距地表深 0.35 米，墓底距地表深 0.67～0.82 米。墓圹长 2.00、宽 0.70～0.75、深 0.46～0.50 米。石棺长 1.88、头端宽 0.51、高 0.44、足端宽约 0.51、高 0.29 米。盖板坡度 5°。棺板厚 2 厘米。棺内填满灰黄色土，未见尸骨。

随葬品仅见少量陶罐残片。

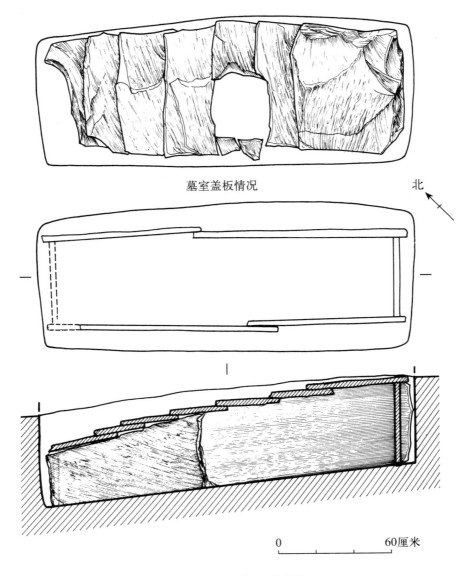

墓室盖板情况

北

0　　　　　　　60厘米

图八三　2004M10 平、剖面图

二六　2004M11

位于 2004T1 东北部，西南邻 2004M12，方向约 140°（图八四）。

墓葬扰乱严重，盖板及足端挡板缺失（彩版一八，1）。石棺头端立石板一块，左右两侧各立两块石板错缝相接，侧板上端经打制成梯形缺口安置盖板。

墓口距地表深 0.45 米，墓底距地表深 0.70～1.05 米（彩版一八，2）。墓圹长 2.30、宽 0.45～0.55、深 0.47～0.61 米。石棺残长 2.12、头端宽 0.44、高 0.52、足端宽 0.27 米。棺板较粗糙，厚 2～4 厘米。墓内填满黄褐色土，仅存少量人骨残痕，葬式不明。

随葬陶器共 3 件。

陶单耳罐

A 型 I 式　1 件。标本 2004M11：1，夹砂褐陶。侈口，方唇，鼓腹，平底。口径 7.2、腹径 9.0、底径 5.5、高 10.5 厘米（图八四，1；彩版一七，4）。

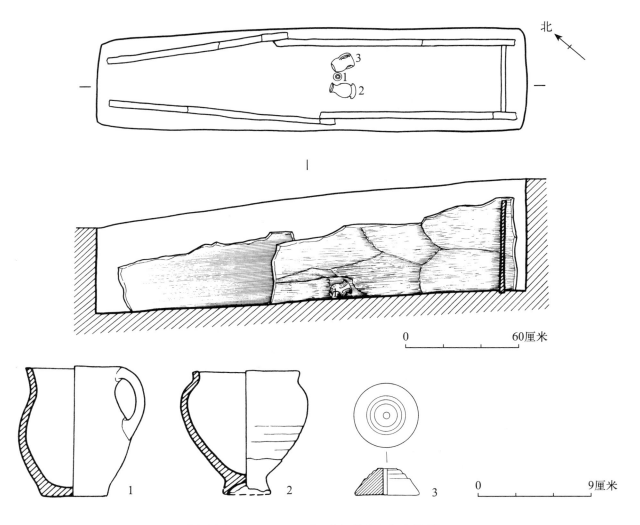

图八四　2004M11 平、剖面图及出土陶器
1. A 型 I 式陶单耳罐　2. I 式陶簋　3. A 型 II 式陶纺轮

陶簋

Ⅰ式 1件。直口，领较矮。标本 2004M11：2，圈足残，夹细砂褐陶。方唇，直口，圆腹，器表有轮旋痕。口径 8.4、腹径 10.3、残高 9.7 厘米（图八四，2；彩版一七，5）。

陶纺轮

A 型Ⅱ式 1件。标本 2004M11：3，泥质黑陶。螺旋状，中部有穿孔，器表中部凸起多道折棱。上宽 1.7、下宽 5.1、高 2.2、孔径 0.6 厘米（图八四，3；彩版一七，6）。

二七 2004M15

位于 2004T1 西南部，东北邻 2004M14，方向约 135°（图八五）。

头端盖板缺失，现存盖板五块，从足至首依次叠压而成，其中第二块已残损过半。石棺头端

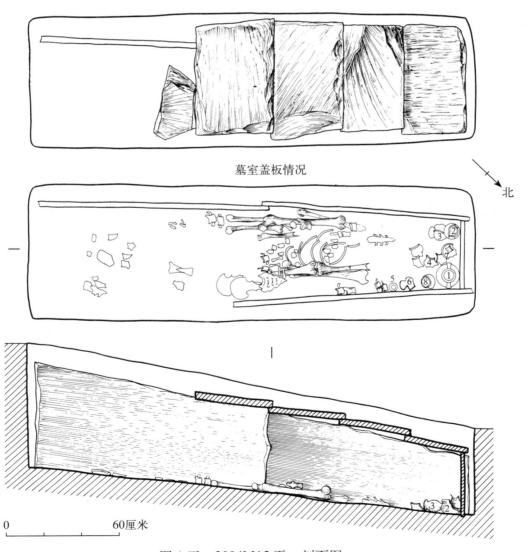

墓室盖板情况

北

0　　　　　　60厘米

图八五　2004M15 平、剖面图

1. Aa 型Ⅰ式陶双耳罐　2. Ⅰ式陶簋　3. B 型Ⅱ式陶小底罐　4. Ⅱ式陶簋　5. A 型Ⅰ式陶纺轮　6～8. A 型Ⅰ式陶凹底杯

挡板及右侧板缺失，足端立石板一块，右侧存足端石板一块，左侧立石板两块错缝相接，侧板上端经打制成梯状缺口安置盖板。

墓口距地表深 0.35 米，墓底距地表深 0.80～0.93 米（彩版一九，1）。墓圹长 2.40、宽 0.69～0.72、深 0.48～0.67 米。石棺残长 2.33、足端宽 0.42、高 0.34 米。盖板坡度 6°。棺板厚 2～3 厘米。棺内有少量褐色土，尸骨已扰乱，主要分布于腰部以下，葬式不明。

随葬器物共 8 件。

陶双耳罐

Aa 型 I 式　1 件。标本 2004M15：1，泥质灰陶。平口，圆唇，束颈，鼓腹，最大腹径靠上，底外折内凹成矮圈足，双耳从口贯至腹部。口径 9.0、腹径 13.1、底径 6.1、高 16.5、耳高 9 厘米（图八六，1；彩版一九，2）。

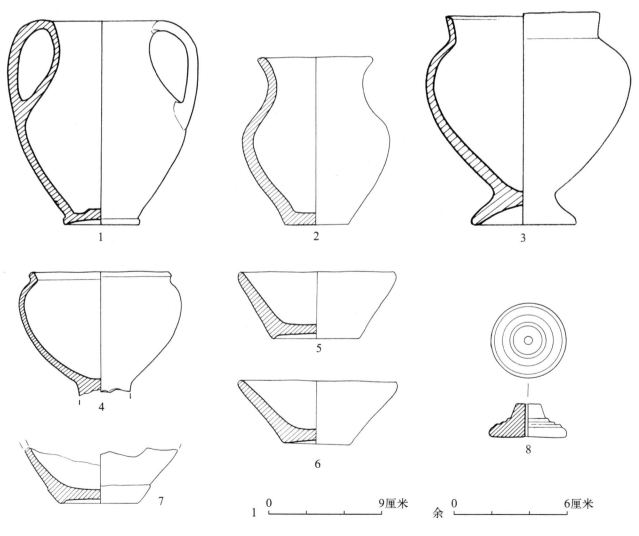

图八六　2004M15 出土陶器

1．Aa 型 I 式陶双耳罐 2004M15：1　2．B 型 II 式陶小底罐 2004M15：3　3．I 式陶簋 2004M15：2　4．II 式陶簋 2004M15：4　5～7．A 型 I 式陶凹底杯 2004M15：7、8、6　8．A 型 I 式陶纺轮 2004M15：5

陶小底罐

B型Ⅱ式　1件。标本2004M15：3，夹细砂褐陶。侈口，方唇，鼓腹，平底。口径6.2、腹径8、底径3.5、高9.2厘米（图八六，2；彩版一九，3）。

陶簋

Ⅰ式　1件。直口，领较高。标本2004M15：2，夹细砂褐陶。尖唇，圆腹，喇叭形圈足。口径8.3、腹径11、底径5.7、高11.5厘米（图八六，3；彩版一九，4）。

Ⅱ式　1件。领较矮，敛口。标本2004M15：4，底部残，夹细砂黑陶。圆唇，鼓腹，最大腹径靠上，沿下有一周凹槽，内外壁均见轮旋痕。口径7.6、腹径8.8、残高6.8厘米（图八六，4）。

陶凹底杯

A型Ⅰ式　3件。夹细砂褐陶。斜直口，圆唇。标本2004M15：7，口径8.5、底径4.7、高3.6厘米（图八六，5；彩版一九，5）。标本2004M15：8，口径8.6、底径3.7、高3.5厘米（图八六，6）。标本2004M15：6，口部已残，腹、底交接处可见明显粘接痕迹。底径4.1、残高2.9厘米（图八六，7）。

陶纺轮

A型Ⅰ式　1件。标本2004M15：5，泥质褐陶。螺旋状，中部有穿孔，器表中部凸起三道折棱。上宽1.4、下宽4.2、高1.8、孔径0.4厘米（图八六，8）。

二八　2004M31

位于2004T6西部，北邻2004M32，南邻2004M34，方向约90°（图八七）。

盖板较厚，共三块，现头端一块缺失，其余两块从足至首叠压而成，其中足端一块为长方形纵向置放。石棺头、足端各立石板一块，左、右两侧各立石板两块错缝相接，两侧板上端经打制

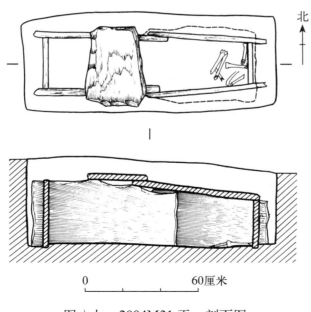

图八七　2004M31平、剖面图

成梯状缺口。

　　墓口距地表深 0.60 米，墓底距地表深 0.84～0.95 米（彩版二〇，1）。墓圹长 1.34、宽 0.47～0.48、深 0.38～0.48 米。石棺长 1.12、头端宽 0.35、高 0.37、足端宽 0.28、高 0.27 米。盖板坡度 5°。棺板厚 3～4 厘米。墓内填满灰褐色土，夹杂较多碎石片，足端零乱分布数根肢骨，葬式不明。

　　随葬品无。

二九　2006M13

　　位于 2006T5 西北角。方向约 165°（图八八）。

　　墓葬盖板缺失。石棺头端、足端各立石板一块，左、右两侧立石板两块错缝相接而成。

　　墓口距地表深 0.35 米，墓底距地表深 1.02 米（彩版二〇，2）。墓圹长 1.33、宽 0.36～0.46、深 0.63～0.70 米。石棺长 1.24、头端宽 0.42、高 0.70、足端宽 0.33、高 0.61 米。棺板厚 2～4 厘米。墓内填满褐色土，未见尸骨。

　　随葬品无。

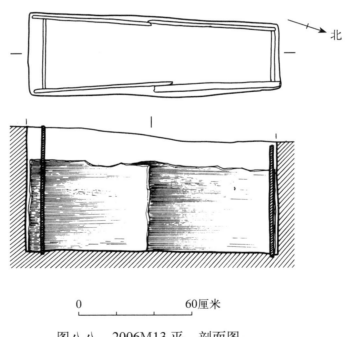

　　　　　　　0　　　　　　　　60厘米

图八八　2006M13 平、剖面图

第二节　甲B类墓

　　数量不多，共 11 座。多为成组分布。2004M12、M17、M18 均位于 2004T1 内，方向较为一致，规格短小。2004M25、M26 均位于 2004T5 内，平行排列，方向一致。2006M9、M10、

M11、M12 均为小型儿童墓，紧邻一字排列，方向一致。除 M9 未发现随葬品外，M10、M11、M12 均随葬有夹砂褐陶平底罐，M12 还随葬瘦体陶双耳罐。墓葬的规格均较小，一些墓内的人骨较为纤细，一般无随葬品，推测为儿童墓。现依照发掘先后顺序进行详细介绍。

一　2002M47

残损严重。两侧各用一块较厚的石板作侧板，头端、足端的挡板和盖板均无存，墓内不见人骨及随葬品。

二　2004M12

位于 2004T1 东北部，东北邻 2004M11，方向约 115°（图八九）。

墓葬保存完整，盖板一块，已断裂为两截，长方形纵向盖于石棺上，并于尾部压于棺足端上面横放的两块石板上。头、足端及左右两侧各立石板一块。

墓口距地表深 0.35 米，墓底距地表深 0.75～0.98 米。墓圹长 1.15、宽 0.40～0.44、深 0.22～0.27 米。石棺长 0.71、头端宽 0.30、高 0.18、足端宽 0.24、高 0.11 米。盖板坡度 6°。棺板厚 2 厘米。墓内填有少量黄褐色土，尸骨集中堆积于棺中部，骨骼较小，葬式不明。从墓葬规模短小及骨骼纤细等情况来看，应为儿童墓。

随葬品无。

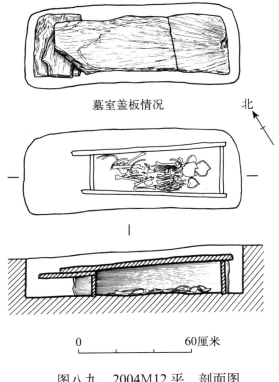

墓室盖板情况　　　　北

0　　　　　　60厘米

图八九　2004M12 平、剖面图

三　2004M17

位于 2004T1 北部，与 2004M12 相距不远，方向约 115°（图九〇）。

盖板已被扰动，残破零乱。石棺由头、足端及左右两侧各立石板一块构成。

墓口距地表深 0.35 米，墓底距地表深 0.65～0.71 米。墓圹长 0.94、宽 0.42～0.44、深 0.40～0.47 米。石棺长 0.72、头端宽 0.35、高 0.35、足端宽 0.34、高 0.25 米。棺板厚 3 厘米。墓内填满灰黄色土，未见尸骨。墓葬规模短小，虽无尸骨，但与 2004M12 邻近且方向、规格相近，故推测亦为儿童墓。

随葬品无。

四　2004M18

位于 2004T1 的中部偏东，与 2004M12、2004M17 相距不远，方向约 115°。

保存状况较差，仅存一块盖板及头端立板。

墓葬规模短小，未见尸骨及随葬品。因与 2004M12、2004M17 邻近且方向、规格相近，故推测亦为儿童墓。

五　2004M25

位于 2004T5 西南角，东北邻 2004M26，方向约 120°（图九一）。

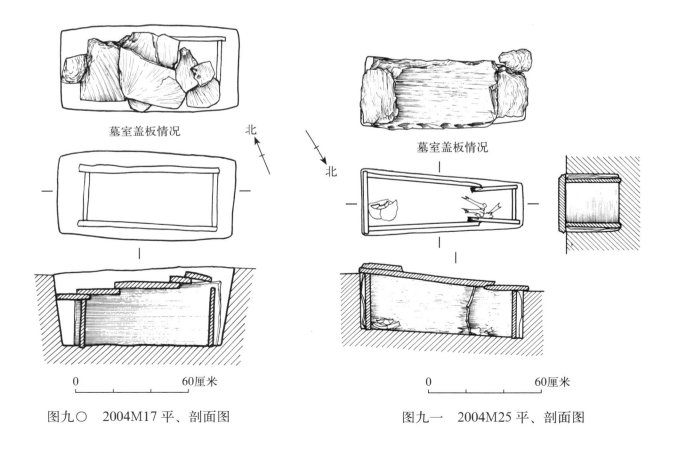

图九〇　2004M17 平、剖面图　　　　　图九一　2004M25 平、剖面图

墓葬保存完好，盖板共两块，从足至首叠压（彩版二一，1）。其中第一块为长方形纵向置放，其上又叠压小石板一块，第二块石板较小，与左角侧板上的1块石块拼接而成。石棺头、足端各立石板一块，左右两侧各立石板两块错缝相接。

墓口距地表深0.85米，墓底距地表深1.06～1.15米（彩版二一，2、二二，1）。墓圹长0.86、宽0.25～0.37、深0.26～0.30米。石棺长0.82、头端宽0.34、高0.30、足端宽0.21、高0.26米。盖板坡度7°。棺板厚2厘米。棺内填满灰褐色土，内夹页岩碎片，墓内残留部分头骨及肢骨，葬式不明。从墓葬规模短小及墓主骨骼纤细等情况来看，应为一座儿童墓。

随葬品无。

六　2004M26

位于2004T5西南角，西南邻2004M25，方向约120°（图九二）。

盖板现存足端一块（彩版二一，1）。石棺头、足端各立石板一块，左右两侧各立石板两块错缝相接。

墓口距地表深0.90米，墓底距地表深1.12～1.16米（彩版二一，2、二二，2）。墓圹长0.86、宽0.30～0.35、深0.26～0.33米。石棺长0.82、头端宽0.30、高0.33、足端宽0.30、高0.24米。棺板厚3厘米。棺内填满灰褐色扰土，墓底仅残留部分头骨，葬式不明。根据墓葬规模较小及骨骼纤细等情况，并结合与2004M25的关系分析，推测为一座儿童墓。

随葬品无。

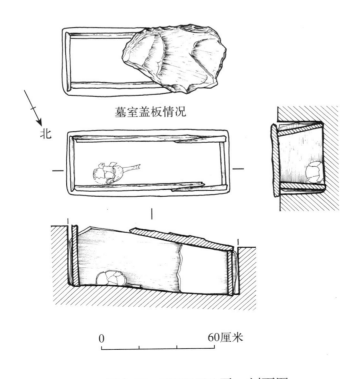

墓室盖板情况

北

0　　　　　　60厘米

图九二　2004M26平、剖面图

七　2006M9

位于 2006T5 东南角，西邻 2006M10，方向约 160°（图九三）。

墓葬盖板缺失。石棺缺失右侧足端立板一块。石棺头端、足端各立石板一块，左、右两侧立石板两块错缝相接而成。

墓口距地表深 0.18 米，墓底距地表深 0.60 米（彩版二三，1）。墓圹长 0.97、宽 0.26 ～ 0.31、深 0.32 ～ 0.42 米。石棺长 0.82、头端宽 0.28、高 0.37、足端宽 0.22、高 0.28 米。棺板厚 2 厘米。墓内填满褐色土，未见尸骨。从墓葬规模短小情况来看，应为儿童墓。

随葬品无。

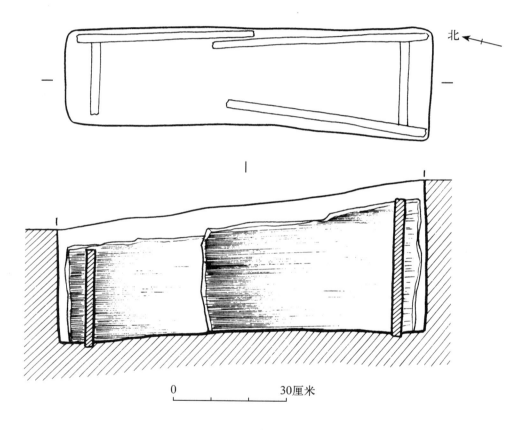

北

0　　　　　　　30厘米

图九三　2006M9 平、剖面图

八　2006M10

位于 2006T5 东南部，东邻 2006M9，西邻 2006M11，方向约 160°（图九四）。

墓葬盖板缺失。石棺头端、足端各立石板一块，左、右两侧立石板两块错缝相接而成，侧板错缝交接处的内侧左右各垫支一块石块。

墓口距地表深 0.30 米，墓底距地表深 0.66 米（彩版二三，1）。墓圹长 0.76、宽 0.25 ～ 0.28、深 0.30 ～ 0.37 米。石棺长 0.67、头端宽 0.25、高 0.26、足端宽 0.22、高 0.22 米。棺板厚 2 厘

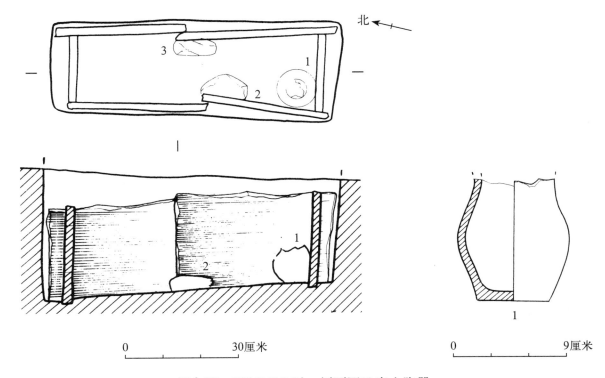

图九四　2006M10 平、剖面图及出土陶器
1. A 型 II 式陶平底罐　2、3. 石块

米。墓内填满褐色土，未见尸骨。从墓葬规模来看，应为儿童墓。

随葬有陶平底罐 1 件。

陶平底罐

A 型 II 式　1 件。标本 2006M10：1，口部已残，夹砂褐陶。鼓腹，平底外折成假圈足。腹径 9.2、底径 6、残高 10.1 厘米。

九　2006M11

位于 2006T5 南部偏东，东邻 2006M10，西邻 2006M12，方向约 160°（图九五）。

墓葬盖板缺失。石棺头端、足端各立石板一块，左、右两侧立石板两块错缝相接而成。

墓口距地表深 0.32 米，墓底距地表深 0.69 米（彩版二三，2）。墓圹长 0.89、宽 0.33～0.34、深 0.34～0.37 米。石棺长 0.80、头端宽 0.30、高 0.27、足端宽 0.30、高 0.32 米。棺板厚 2 厘米。墓内填满褐色土，墓底存部分头骨，葬式不明。从墓葬规模来看，应是为儿童墓。

随葬有陶平底罐 2 件。

陶平底罐

A 型 II 式　2 件。夹砂褐陶。圆腹，外底内凹，平底外折成假圈足。标本 2006M11：1，肩部以上已残。腹径 8.8、底径 5.2、残高 7.1 厘米（图九五，1）。标本 2006M11：2，仅存底部。

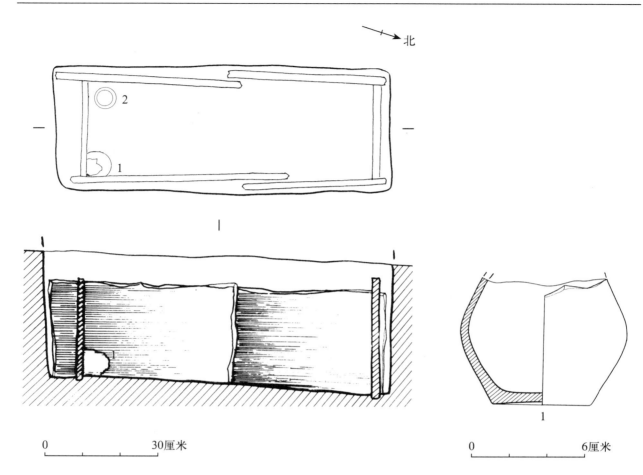

图九五　2006M11 平、剖面图及出土陶器
1、2. A 型 Ⅱ 式陶平底罐

一〇 2006M12

位于 2006T5 南部，东邻 2006M11，方向约 160°（图九六）。

墓葬盖板缺失。石棺头端、足端各立石板，左、右两侧立石板两块错缝相接而成。

墓口距地表深 0.32 米，墓底距地表深 0.83 米。墓圹长 0.93、宽 0.29～0.35、深 0.44～0.50 米。石棺长 0.90、头端宽 0.29、高 0.40、足端宽 0.28、高 0.46 米。棺板厚 2 厘米。墓内填满褐色土，未见尸骨。从墓葬规模短小情况来看，应是为儿童墓。

随葬陶器 2 件。

陶双耳罐

Ab 型　1 件。体量较小。标本 2006M12：1，泥质灰陶，表面磨光。平口，束颈，鼓腹，小平底内凹，双耳上端较斜平，耳较厚。口径 7、腹径 11、底径 4.8、高 12、耳高 7 厘米（图九六，1）。

陶平底罐

A 型 Ⅱ 式　1 件。标本 2006M12：2，口部已残，夹砂褐陶。鼓腹，平底外折成假圈足，下腹近底部有一圆形穿孔。腹径 9.2、底径 6.4、残高 8.4、孔径 0.8 厘米（图九六，2）。

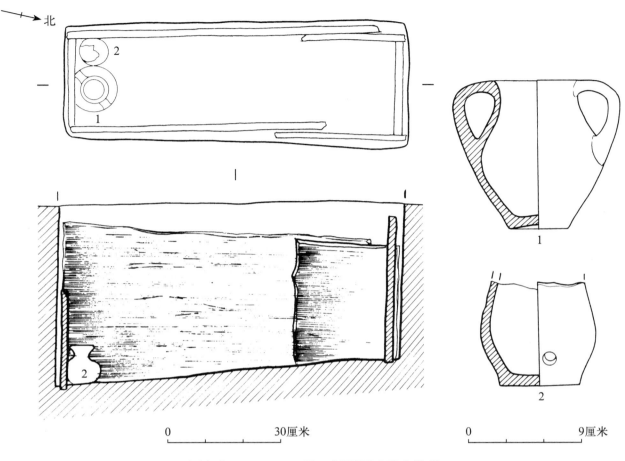

图九六　2006M12 平、剖面图及出土陶器
1. Ab 型陶双耳罐　2. A 型 II 式陶平底罐

—— 2006M16

位于 2006T7 西南部，西南角及东南角均邻残墓一座，方向约 150°（图九七）。
盖板及头、足端挡板缺失，石棺左、右两侧作用石板一块。

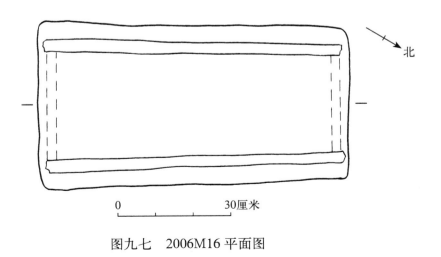

图九七　2006M16 平面图

墓口距地表深 0.35 米，墓底距地表深 0.70 米。墓圹长 0.84、宽 0.40～0.46、深 0.29～0.34 米。石棺长 0.79、头端宽 0.36、高 0.27、足端宽 0.32、高 0.28 米。棺板厚 2 厘米。墓内填满褐色土，未见尸骨。从墓葬规模短小等情况来看，应是为儿童墓。

随葬品无。

第三节　甲C类墓

共 4 座，实际为器物坑。尽管附属于邻近的石棺葬，但仍然可以划分为独立的地层单位，故予以单独命名编号。现依照发掘先后顺序进行详细介绍。

2000M1、2000M2 为上下叠压的 2 座器物坑。附近有 1 座已被盗掘一空的石棺葬，四边的石板保存较好，盖板部分缺失，并有一道头箱，不见任何随葬品。器物坑 2000M1 叠压于 2000M2 之上。

一　2000M1

2000M1 出土器物共 27 件。

陶双耳罐

E 型　1 件。标本 2000M1：16，夹砂褐陶。表面磨光，器体宽扁。侈口，颈部较长，双耳从口部弧连至下腹，最大腹径靠下，平底近圜，中腹饰一周戳印纹。口径 6.0、高 8.8、底径 4.0、耳高 6、宽 2.6 厘米（图九八，1；彩版二四，1）。

陶单耳罐

B 型Ⅲ式　1 件。侈口。标本 2000M1：22，泥质黑皮磨光陶。圆唇，曲腹，外底内凹，有切割同心圆，内底凸起。口径 5.5、腹径 5.4、底径 3、高 4.2、耳高 2.6 厘米（图一〇〇，1；彩版二四，2）。

陶长颈罐

Aa 型Ⅱ式　2 件。泥质黑陶。侈口，瘦腹，外底内凹成矮圈足。标本 2000M1：9，方唇。口径 5.7、腹径 6.2、底径 3.2、高 9 厘米（图九九，1；彩版二四，3）。标本 2000M1：28，圆唇，口略残，器表有旋纹。口径 5.6、腹径 6.6、底径 3.9、高 8.9 厘米（图九九，2；彩版二四，4）。

Aa 型Ⅲ式　3 件。外卷沿。标本 2000M1：2，泥质黑陶。圆唇，长颈，外底内凹成矮圈足，器表有轮旋痕。口径 6.6、底径 4.5、高 10.5 厘米（图九九，3；彩版二四，5）。标本 2000M1：7，泥质灰陶。长颈，瘦腹，平底，器表及外底均有轮旋痕。口径 6.2、腹径 7、底径 3.6、高 10.4 厘米（图九九，4；彩版二四，6）。标本 2000M1：15，泥质黑陶。圆唇，底外折。口径 6.6、底径 4.5、高 10.5 厘米（图九九，5；彩版二五，1）。

Ba 型Ⅱ式　1 件。侈口。标本 2000M1：23，泥质黑陶。方唇，胖腹，平底，口部有旋痕。口径 6.6、腹径 7.6、底径 4.2、高 10.2 厘米（图九九，6；彩版二五，2）。

Ba 型Ⅲ式　2 件。外卷沿。标本 2000M1：6，泥质黑陶。尖唇，胖体，平底，器表遍布轮旋痕。口径 6、腹径 6.8、底径 4.5、高 8.9 厘米（图九九，7；彩版二五，3）。标本 2000M1：3，

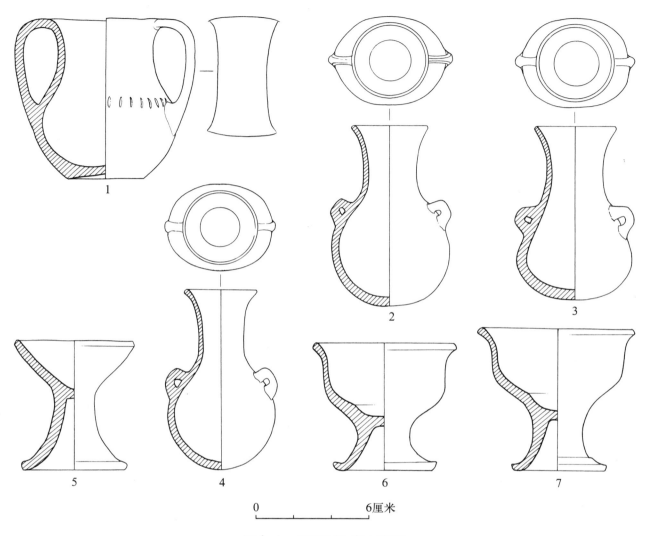

图九八　2000M1 出土陶器

1. E 型陶双耳罐 2000M1：16　2～4. 陶双耳壶 2000M1：10、19、21　5. Bb 型 Ⅱ 式陶豆 2000M1：1　6、7. Ba 型
Ⅲ式陶豆 2000M1：12、14

泥质灰陶。圆唇，颈部内凹，外底有"一"形符号。口径 5.7、底径 4.2、高 7.6 厘米（图九九，
8；彩版二五，4）。

　　陶豆

　　Ba 型 Ⅲ 式　2件。泥质黑陶。侈口，方唇，圈足口上翘，内外壁均见轮旋痕。标本
2000M1：12，口径 7.2、底径 5.6、高 7 厘米（图九八，6）。标本 2000M1：14，口径 8.1、底径 5.1、
高 7.8 厘米（图九八，7）。

　　Bb 型 Ⅱ 式　1件。标本 2000M1：1，泥质灰陶。敞口，方唇，浅盘，细长柄，喇叭形圈足。
口径 6.5、足径 5.7、高 7.0 厘米（图九九，5）。

　　陶凹底杯

　　B 型 Ⅰ 式　6件。侈口。标本 2000M1：4，泥质黑陶。圆唇，深腹，外底内凹成矮圈足。口径 8、

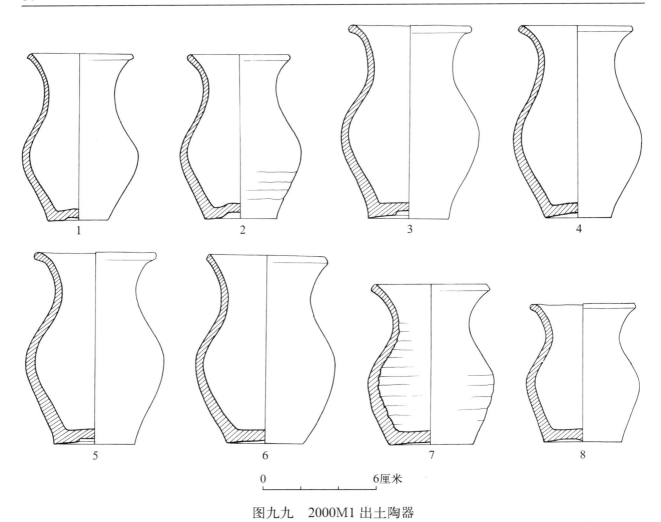

图九九　2000M1 出土陶器

1、2. Aa 型 Ⅱ 式陶长颈罐 2000M1：9、28　3～5. Aa 型 Ⅲ 式陶长颈罐 2000M1：2、7、15　6. Ba 型 Ⅱ 式陶长颈罐 2000M1：23　7、8. Ba 型 Ⅲ 式陶长颈罐 2000M1：6、3

底径 3.4、高 5.4 厘米（图一〇〇，2；彩版二五，5）。标本 2000M1：5，泥质黑陶。圆唇，外底内凹成矮圈足，腹表有一周折棱。口径 7.1、底径 3.2、高 4 厘米（图一〇〇，3；彩版二五，6）。标本 2000M1：8，泥质灰陶。外底内凹成矮圈足。口径 8.3、底径 3.6、高 5.2 厘米（图一〇〇，4；彩版二六，1）。标本 2000M1：13，泥质黑陶。圆唇，外底内凹成矮圈足。口径 7.9、底径 3.7、高 5.2 厘米（图一〇〇，5；彩版二六，2）。标本 2000M1：25，泥质黑陶。圆唇，浅腹，平底内凹。口径 7.4、底径 2.8、高 4.1 厘米（图一〇〇，6；彩版二六，3）。标本 2000M1：26，泥质黑陶。圆唇，浅腹，外底内凹成矮圈足。口径 7.5、底径 3、高 3.7 厘米（图一〇〇，7；彩版二六，4）。

B 型 Ⅲ 式　3 件。敞口。标本 2000M1：11，泥质灰陶。圆唇，曲腹，外底内凹成矮圈足。口径 7.8、底径 3.4、高 3.8 厘米（图一〇〇，8；彩版二六，5）。标本 2000M1：24，泥质黑陶。圆唇，浅腹，平底内凹。口径 7、底径 2.8、高 3.9 厘米（图一〇〇，9；彩版二六，6）。标本 2000M1：29，泥质灰陶。尖唇，浅腹，外底内凹并有 "－" 形符号，底系另外粘接而成。口径 7.6、底径 3.2、高 2.9 厘米（图一〇〇，10）。

陶双耳壶

4件。略成扁状,泥质褐陶。侈口,长颈,小双耳。标本 2000M1∶10,最大腹径居中。口径 4.1、腹长径6.1、短径4.8、高9.8厘米(图九八,2;彩版二七,1)。标本 2000M1∶18,颈部以上残,最大腹径居中。腹径6.3、残高7.0厘米(图一〇〇,11;彩版二七,2)。标本 2000M1∶19,最大腹径靠下。口径 4.4、腹长径6.3、短径4.8、高9.4厘米(图九八,3;彩版二七,3)。标本 2000M1∶21,最大腹径居中。口径3.7、腹长径5.8、短径4.8、高10厘米(图九八,4;彩版二七,4)。

双孔石饰

Ⅱ式 1件。标本 2000M1∶27,深灰色,扁长条形,通体磨光,两端较薄且各有一单向穿孔。长11.2、宽3.2、厚0.8、孔径0.3厘米(图一〇〇,12)。

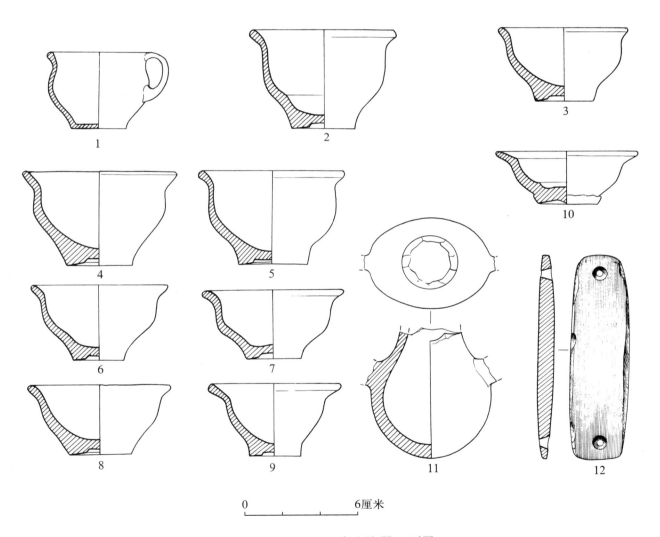

0   6厘米

图一〇〇 2000M1 出土陶器、石器

1. B型Ⅲ式陶单耳罐 2000M1∶22 2～7. B型Ⅰ式陶凹底杯 2000M1∶4、5、8、13、25、26 8～10. B型Ⅲ式陶凹底杯 2000M1∶11、24、29 11. 陶双耳壶 2000M1∶18 12. Ⅱ式双孔石饰 2000M1∶27

二　2000M2

2000M2随葬器物共52件。

陶单耳罐

B型Ⅲ式　1件。侈口。标本2000M2：28，泥质灰陶。圆唇，曲腹，平底。口径11.4、底径5.5、高8、耳高5.2厘米（图一〇一，1；彩版二八，1）。

陶乳丁罐

Ⅱ式　3件。泥质灰陶，表面磨光。束颈，鼓腹，平底，中腹表面压印交结状弧线暗纹，腹部有三个半圆形錾耳。标本2000M2：15，圆唇，卷沿，外底印"□"形符号。口径11.3、底径8.6、

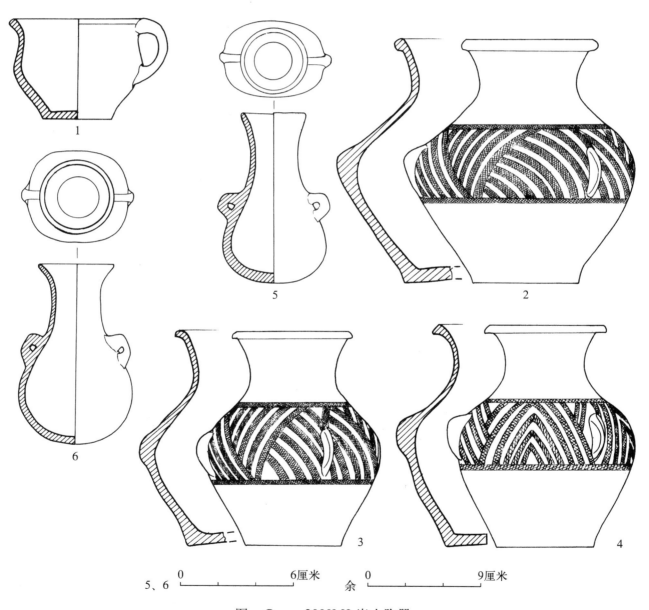

图一〇一　2000M2出土陶器

1. B型Ⅲ式陶单耳罐 2000M2：28　2～4. Ⅱ式陶乳丁罐 2000M2：15、18、40　5、6. 陶双耳壶 2000M2：8、26

高 20、銎耳高 4 厘米（图一〇一，2；彩版二八，2）。标本 2000M2：18，尖唇，外底有切割同心圆。口径 10、底径 7.6、高 17.4、銎耳高 4 厘米（图一〇一，3；彩版二八，3）。标本 2000M2：40，尖唇，卷沿，外底有切割的同心圆以及"〇"符号。口径 10.3、底径 8、高 18、銎耳高 3 厘米（图一〇一，4；彩版二八，4）。

陶长颈罐

Aa 型 II 式　7 件。侈口。标本 2000M2：2，泥质灰黑陶。圆唇，长颈，鼓腹，外底内凹成矮圈足，器表有轮旋痕。口径 6.6、腹径 8、底径 4.6、高 10.9 厘米（图一〇二，1；彩版二九，1）。标本 2000M2：6，泥质灰黑陶。表面磨光，方唇，长颈，外底略内凹，腹部有轮旋痕，外底有两周凹棱。口径 5.3、腹径 7、底径 3.6、高 9.7 厘米（图一〇二，2；彩版二九，2）。标本 2000M2：10，泥质灰黑陶。方唇，下腹内收，平底，器表有轮旋痕。口径 5.3、腹径 6.1、底径 3.2、高 8.5 厘米（图一〇二，3；彩版二九，3）。标本 2000M2：23，泥质黑陶。方唇，鼓腹，外底内凹成矮圈足，下腹表有轮旋痕。口径 6、底径 3.9、高 9.7 厘米（图一〇二，4）。标本 2000M2：29，泥质灰黑陶。圆唇，鼓腹，外底内凹成矮圈足，沿面及腹表有旋痕。口径 5.8、腹径 7、底径 3.9、高 9.0 厘米（图一〇二，5；彩版二九，4）。标本 2000M2：30，泥质灰陶。方唇，鼓腹，外底略内凹，下腹内收，器表有轮旋痕。口径 5.5、腹径 7.6、底径 4、高 9.8 厘米（图一〇二，6；彩版二九，5）。标本 2000M2：41，泥质灰黑陶。方唇，长颈，鼓腹，外底内凹成矮圈足。口径 6.5、腹径 7.7、底径 4.5、高 10.4 厘米（图一〇二，7；彩版二九，6）。

Aa 型 III 式　7 件。外卷沿。标本 2000M2：3，泥质灰黑陶。圆唇，鼓腹，外底略内凹，下腹表有轮旋痕。口径 5.7、腹径 7.0、底径 3.6、高 9.8 厘米（图一〇三，1；彩版三〇，1）。标本 2000M2：11，泥质灰陶，表面磨光。圆唇，鼓腹，外底内凹，下腹内收，腹表有划痕。口径 6.4、腹径 7.2、底径 4.5、高 9.9 厘米（图一〇三，2；彩版三〇，2）。标本 2000M2：17，泥质灰陶。尖唇，长颈，鼓腹，下腹内收，沿面有轮旋痕，下腹近底处有一周凹槽，外底内凹成矮圈足。口径 5.3、腹径 5.9、底径 3.7、高 9 厘米（图一〇三，3；彩版三〇，3）。标本 2000M2：25，泥质灰黑陶。方唇，鼓腹，外底内凹成矮圈足。口径 6、腹径 7.2、底径 4.5、高 10.4 厘米（图一〇三，4）。标本 2000M2：35，泥质灰黑陶。圆唇，鼓腹，外底略内凹，下腹表有轮旋痕。口径 5.7、腹径 6.2、底径 3.2、高 8.9 厘米（图一〇三，5；彩版三〇，4）。标本 2000M2：44，泥质灰陶。圆唇，长颈，鼓腹，下腹内收，器表有一周凹槽，外底内凹成矮圈足。口径 5.5、腹径 6.5、底径 4、高 9.5 厘米（图一〇三，6；彩版三〇，5）。标本 2000M2：45，泥质黑陶。外底内凹成矮圈足。口径 5.2、底 3.4、高 9 厘米（图一〇三，7；彩版三〇，6）。

Ba 型 I 式　1 件。直口。标本 2000M2：60，泥质灰陶。尖唇，鼓腹，平底略内凹，器表有轮旋痕。口径 6、腹径 7.2、底径 4.2、高 9.2 厘米。

Ba 型 II 式　5 件。侈口。标本 2000M2：5，泥质灰黑陶。方唇，鼓腹，外底略内凹。口径 6.3、腹径 7.1、底径 3.9、高 9.7 厘米（图一〇四，4；彩版三一，1）。标本 2000M2：13，泥质灰黑陶。尖唇，鼓腹，外底略内凹，内外壁面有轮旋痕。口径 6.4、腹径 7、底径 4.2、高 9.5 厘米（图一〇四，5；彩版三一，2）。标本 2000M2：24，泥质灰黑陶。方唇，鼓腹，外底略内凹，下

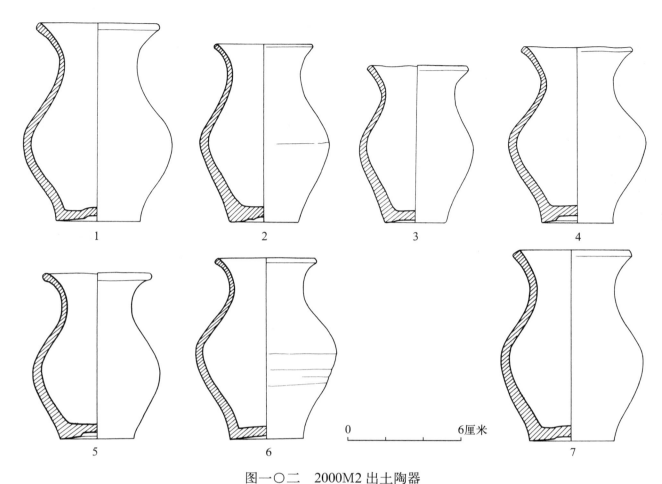

图一〇二　　2000M2 出土陶器

1～7. Aa 型Ⅱ式陶长颈罐 2000M2：2、6、10、23、29、30、41

腹有多道轮旋痕。口径 6.9、腹径 7.4、底径 4.5、高 10 厘米（图一〇四，6；彩版三一，3）。标本 2000M2：37，泥质灰黑陶。方唇，长颈，下腹鼓，器表有轮旋痕。口径 5.6、腹径 6.4、底径 3.9、高 8.6 厘米（图一〇四，7）。标本 2000M2：43，泥质灰黑陶。尖唇，鼓腹，外底略内凹，器表有轮旋痕。口径 6.8、腹径 7.5、底径 4.2、高 9.7 厘米（图一〇四，8）。

　　Ba 型Ⅲ式　3 件。外卷沿。标本 2000M2：4，泥质灰陶，表面磨光。方唇，鼓腹，外底略内凹，有切割旋痕。口径 5.2、腹径 7.5、底径 4.3、高 9.1 厘米（图一〇四，1；彩版三一，4）。标本 2000M2：14，泥质灰陶，表面磨光。方唇，鼓腹，外底略内凹。口径 5.9、腹径 7.8、底径 4.6、高 10 厘米（图一〇四，2；彩版三一，5）。标本 2000M2：27，泥质灰陶。圆唇，长颈，圆腹，最大腹径靠下部，外底内凹成矮圈足。口径 6、腹径 7、底径 4.2、高 9.3 厘米（图一〇四，3）。

　　Bc 型Ⅱ式　1 件。标本 2000M2：34，泥质磨光黑皮陶。圆唇，侈口，束颈，平底。口径 10、腹径 14.4、底径 8 厘米（图一〇四，9；彩版三一，6）。

　　陶豆

　　A 型Ⅲ式　3 件。口微敛。标本 2000M2：7，泥质磨光黑皮陶。圆唇，深腹，喇叭形圈足。口径 12.2、足径 8.6、高 13.4 厘米（图一〇五，1；彩版三二，1）。标本 2000M2：9，泥质磨光

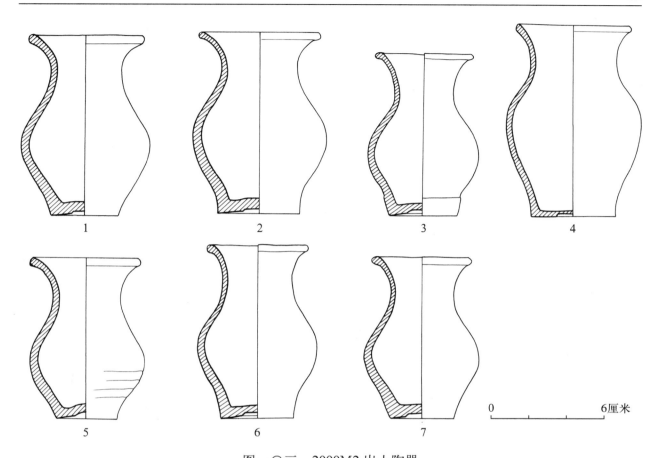

图一〇三 2000M2 出土陶器
1～7. Aa 型Ⅲ式陶长颈罐 2000M2：3、11、17、25、35、44、45

黑皮陶。圆唇，曲腹较深，喇叭形圈足。口径 12.9、足径 8.1、高 12.6 厘米（图一〇五，2）。标本 2000M2：16，泥质灰陶，表面磨光。深腹，喇叭形圈足，足口有一周凸棱。口径 13.2、足径 9.1、高 14 厘米（图一〇五，3；彩版三二，2）。

Ba 型Ⅲ式 5 件。侈口，深腹。标本 2000M2：1，泥质黑陶。方唇，喇叭形圈足。口径 8.2、足径 5.6、高 7.5 厘米（图一〇五，4）。标本 2000M2：22，泥质灰陶。尖唇，曲腹较浅，喇叭形圈足，圈足中部有一周折棱。口径 8.5、足径 5.4、高 7 厘米（图一〇五，5）。标本 2000M2：49，泥质灰陶。圈足口上翘，盘内底加贴泥饼，器表有轮旋痕。口径 8.3、足径 6、高 7 厘米（图一〇五，6）。标本 2000M2：51，泥质灰陶。方唇，喇叭状圈足。口径 7.8、足径 5.4、高 7.1 厘米（图一〇五，9）。标本 2000M2：52，泥质黑陶。方唇，曲腹，喇叭形圈足，足口上翘。口径 8.3、足径 6.3、高 7.6 厘米（图一〇五，7）。

Bb 型Ⅲ式 1 件。敛口。标本 2000M2：33，泥质褐陶。方唇，深腹，豆柄细长，喇叭形圈足。口径 7.9、足径 5.3、高 9.1 厘米（图一〇五，8）。

陶盂

Ⅱ式 1 件。直口。标本 2000M2：39，泥质磨光黑皮陶。圆唇，曲腹下收，小底内凹成矮圈足，外底有"米"字状符号。口径8.8、腹径9、底径4.9、高6厘米（图一○六，1；彩版三二，3）。

陶凹底杯

A型Ⅱ式　3件。侈口。标本2000M2∶20，泥质灰黑陶。圆唇，坦腹，平底略内凹。口径8.3、底径3.7、高3.8厘米（图一○六，2；彩版三二，4）。标本2000M2∶46，泥质灰褐陶。圆唇，浅腹，

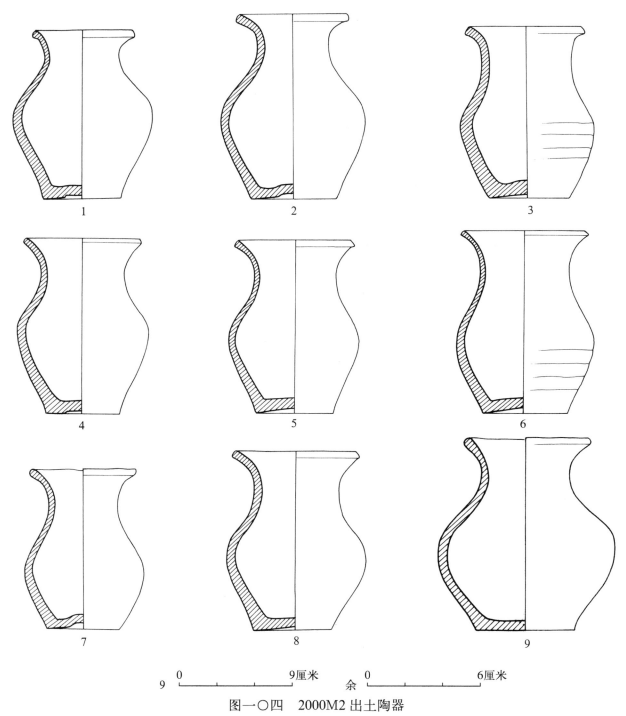

图一○四　2000M2 出土陶器

1～3. Ba 型Ⅲ式陶长颈罐 2000M2∶4、14、27　4～8. Ba 型Ⅱ式陶长颈罐 2000M2∶5、13、24、37、43　9. Bc 型Ⅱ式陶长颈罐 2000M2∶34

平底内凹。口径8.2、底径4、高4.1厘米（图一〇六，3；彩版三二，5）。标本2000M2：47，泥质灰黑陶。圆唇，坦腹，平底略内凹。口径8、底径3.9、高3.9厘米（图一〇六，4；彩版三二，6）。

　　A型Ⅲ式　3件。敞口。标本2000M2：32，泥质内黑外褐陶。圆唇，浅腹，平底内凹。口径7.9、底径4.2、高3.4厘米（图一〇六，5；彩版三三，1）。标本2000M2：36，泥质灰陶。方唇，浅

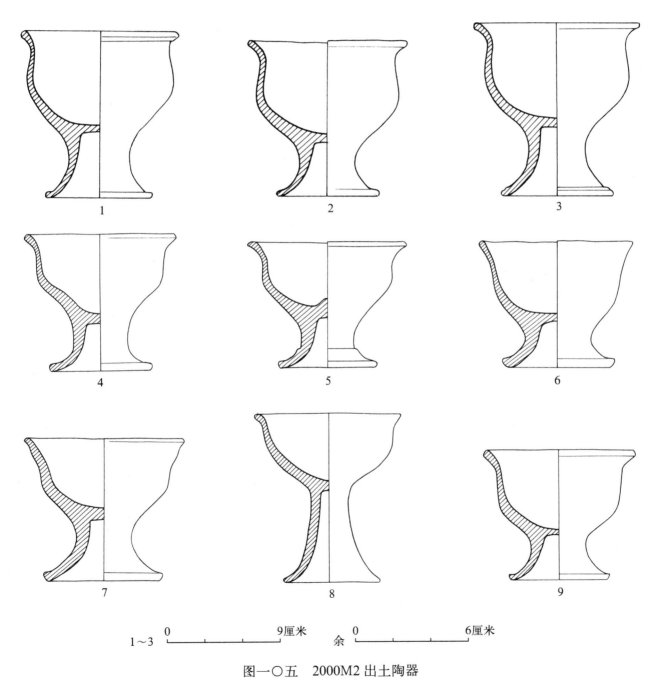

图一〇五　2000M2出土陶器

1～3. A型Ⅲ式陶豆2000M2：7、9、16　4～7、9. Ba型Ⅲ式陶豆2000M2：1、22、49、52、51　8. Bb型Ⅲ式陶豆2000M2：33

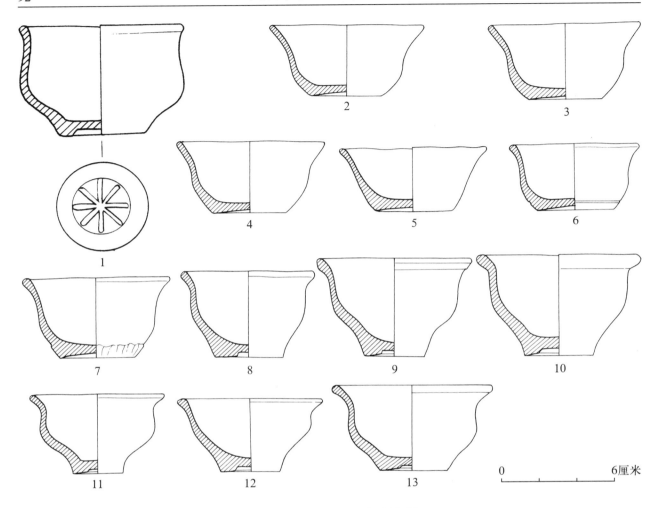

图一〇六　2000M2 出土陶器

1．Ⅱ式陶盉 2000M2∶39　2～4．A 型Ⅱ式陶凹底杯 2000M2∶20、46、47　5～7．A 型Ⅲ式陶凹底杯 2000M2∶32、36、48　8～10．B 型Ⅱ式陶凹底杯 2000M2∶12、21、42　11～13．B 型Ⅲ式陶凹底杯 2000M2∶31、38、59

腹，平底内凹，腹底交接处有一周凹弦纹。口径 7、底径 4.1、高 3.6 厘米（图一〇六，6）。标本 2000M2∶48，泥质灰黑陶。圆唇，平底略内凹，腹底交接处有明显粘接痕迹。口径 8、底径 4、高 4.3 厘米（图一〇六，7；彩版三三，2）。

　　B 型Ⅱ式　3 件。侈口。标本 2000M2∶12，泥质灰黑陶。圆唇，曲腹，外底内凹成矮圈足。口径 7.3、底径 3.7、高 4.7 厘米（图一〇六，8；彩版三三，3）。标本 2000M2∶21，泥质灰陶。尖唇，唇下有一周凸棱，外底内凹成矮圈足。口径 8.3、底径 3.2、高 5.3 厘米（图一〇六，9）。标本 2000M2∶42，泥质灰黑陶。圆唇，曲腹较深，外底内凹成矮圈足。口径 8.8、底径 3.8、高 5.5 厘米（图一〇六，10）。

　　B 型Ⅲ式　3 件。敞口。标本 2000M2∶31，泥质黑陶。圆唇，曲腹略深，外底内凹成矮圈足。口径 7.3、底径 2.7、高 4.3 厘米（图一〇六，11）。标本 2000M2∶38，泥质灰陶。方唇，深腹，平底内凹成矮圈足。口径 7.8、底径 3.2、高 4 厘米（图一〇六，12）。标本 2000M2∶59，泥质灰黑陶。圆唇，曲腹较深，底内凹成矮圈足。口径 8.7、底径 3.7、高 4.7 厘米（图一〇六，13；

彩版三三，4）。

陶双耳壶

2件。标本2000M2：8，泥质褐陶。喇叭口，长颈，扁状，圜底，最大腹径靠下，腹上部有两小耳。口径3.4、腹长径5.6、短径4.2、高9.3厘米（图一〇一，5；彩版三三，5）。标本2000M2：26，泥质褐陶。圆唇，长颈，扁状，最大腹径居中，小双耳。口径4.0、腹径6.1、高9.8厘米（图一〇一，6；彩版三三，6）。

三　2003M22

位于石棺葬2003M29的第二块盖板面上，共置5件陶器（彩版三四，1、2，三五，1）。

陶双耳罐

B型Ⅱ式　1件。标本2003M22：5，泥质磨光黑皮陶。平口，束颈，鼓腹，最大腹径靠上，平底外折略内凹，双耳从口部贯至最大腹径处。口径9.8、腹径16、底径7、高19.2、耳高10.4厘米（图一〇七，1；彩版三五，3）。

陶单耳罐

B型Ⅱ式　1件。标本2003M22：2，泥质磨光黑皮陶。尖唇，直颈，鼓腹，底外折内凹。口径10.2、腹径12、底径6.6、高10.2、耳高6.6厘米（图一〇七，2；彩版三五，2）。

陶长颈罐

Bb型Ⅱ式　1件。标本2003M22：1，口部残，泥质黑陶。表面磨光，鼓腹，最大腹径居中，

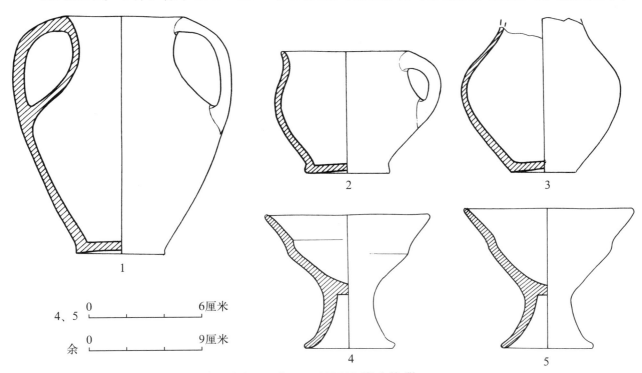

图一〇七　2003M22出土陶器

1. B型Ⅱ式陶双耳罐2003M22：5　2. B型Ⅱ式陶单耳罐2003M22：2　3. Bb型Ⅱ式陶长颈罐2003M22：1　4、5.
Ba型Ⅳ式陶豆2003M22：3、4

外底内凹。腹径12.8、底径5.2、残高12.8厘米（图一〇七，3）。

陶豆

Ba型Ⅳ式　2件。泥质黑陶。敞口，尖唇，折腹，喇叭形圈足，足口外撇。标本2003M22：3，内底有凸起。口径8.8、足径4.8、高7.2厘米（图一〇七，4；彩版三五，4）。标本2003M22：4，口径8.9、足径5.0、高7.6厘米（图一〇七，5；彩版三五，5）。

四　2003H28

器物坑2003H28位于二道头箱墓2003M25之上，共放置14件陶器（彩版三六，1、2；三七，1）。

陶长颈罐

Aa型Ⅱ式　1件。标本2003H28：4，泥质黑陶。侈口，圆唇，束颈，瘦体鼓腹，外底内凹成矮圈足。口径5.7、腹径7.2、底径4、高9.6厘米（图一〇八，1；彩版三七，2）。

Ba型Ⅱ式　2件。侈口，束颈，鼓腹。标本2003H28：13，泥质黑陶。尖唇，外底内凹。口径5.6、腹径7.7、底径4.4、高9.7厘米（图一〇八，2）。标本2003H28：6，泥质灰陶。圆唇，广肩，外底内凹成矮圈足，器表有轮旋痕。口径5.7、腹径8.2、底径4.5、高10.2厘米（图一〇八，3；

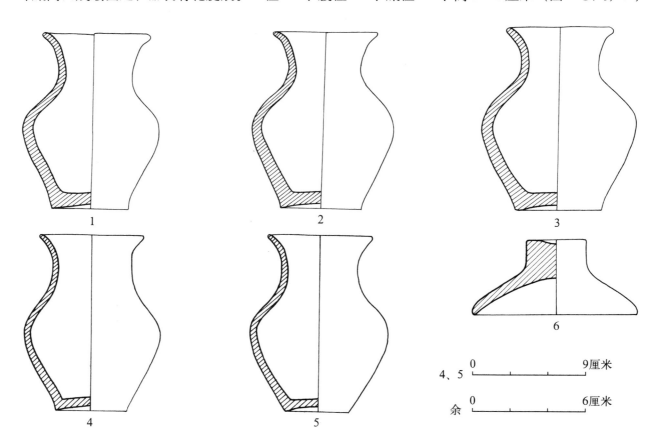

图一〇八　2003H28出土陶器

1. Aa型Ⅱ式陶长颈罐2003H28：4　2、3. Ba型Ⅱ式陶长颈罐2003H28：13、6　4、5. Bb型Ⅱ式陶长颈罐2003H28：10、5　6. B型Ⅰ式陶器盖2003H28：16

彩版三七，3）。

　　Bb型Ⅱ式　2件。泥质黑陶。侈口，尖唇，长颈，鼓腹，平底内凹。标本2003H28：10，口径8.4、腹径11、底径5.8、高14.2厘米（图一〇八，4；彩版三七，4）。标本2003H28：5，口径8.6、腹径11、底径5.2、高14.4厘米（图一〇八，5；彩版三七，5）。

　　陶豆

　　A型Ⅰ式　2件。侈口，泥质磨光黑皮陶。尖唇，曲腹较深，喇叭形圈足，柄部有三周凹槽。标本2003H28：1，口径13.6、足径9.4、高13厘米（图一〇九，1）。标本2003H28：14，口径11.1、足径7.2、高10.2厘米（图一〇九，2；彩版三八，1）。

　　Ba型Ⅱ式　4件。直口，尖唇，曲腹较深，喇叭形圈足。标本2003H28：2，泥质灰陶。盘腹表面有一周折棱。口径9.2、足径5.2、高7.5厘米（图一〇九，3；彩版三八，2）。标本2003H28：3，泥质灰陶。口径9.1、足径6.1、高8.5厘米（图一〇九，4；彩版三八，3）。标本

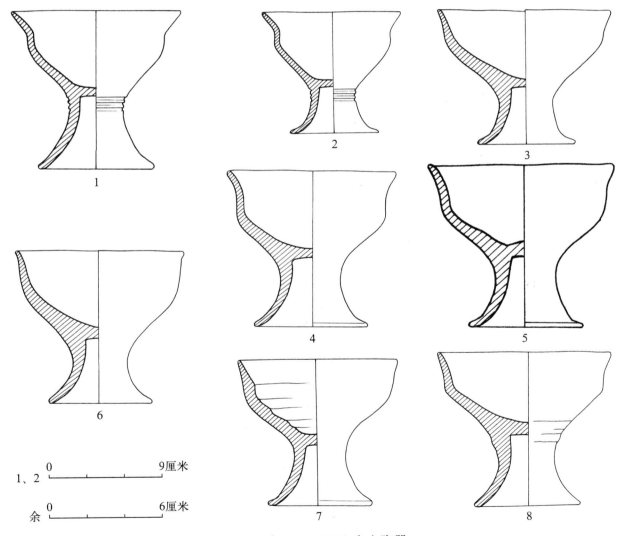

1、2
0　　　　　　　9厘米

余
0　　　　　　　6厘米

图一〇九　2003H28出土陶器

1、2. A型Ⅰ式陶豆2003H28：1、14　3～6. Ba型Ⅱ式陶豆2003H28：2、3、9、17　7、8. Ba型Ⅲ式陶豆2003H28：7、15

2003H28：9，泥质黑陶。圈足口上翘，盘内底有凸起。口径9.8、足径6.1、高9厘米(图一〇九，5)。标本 2003H28：17，泥质灰陶。盘腹表面有轮旋痕。口径9.1、足径5.1、高8.2厘米（图一〇九，6；彩版三八，4)。

Ba型Ⅲ式　2件。侈口，泥质黑陶。尖唇，曲腹较深，矮柄，喇叭形圈足。标本 2003H28：7，口径8.4、足径5.6、高8厘米（图一〇九，7；彩版三八，5)。标本 2003H28：15，下腹表有多道折棱。口径9.2、足径5.7、高8.4厘米（图一〇九，8)。

陶器盖

B型Ⅰ式　1件。标本 2003H28：16，夹细砂褐陶。敞口，尖唇，斜直腹，柱状形纽，纽面微内凹。口径9、底径3.3、高4.1厘米（图一〇八，6；彩版三八，6)。

第四章　乙类墓

共 42 座。一道头箱墓，数量丰富。现依照发掘先后顺序进行详细介绍。

一　2000M3

位于 2000T2 中部，方向约 180°（图一一〇）。

墓葬保存完整，盖板共作用六块石板，从足至首依次叠压而成（彩版三九，1）。石棺头、足端各立石板一块，左右两侧各用两块石板错缝相接，头端有用小石板隔成的头箱一道。

墓口距地表深 0.50 米，墓底距地表深 1.72 米。墓圹长 2.69、宽 0.66～0.70、深 0.72～0.80 米。石棺长 2.15、头端宽 0.59、高 0.73、足端宽 0.48、高 0.40 米。头箱宽 0.60、高 0.25 米。石棺盖板坡度 13°。棺板厚 3～4 厘米。墓内有少量褐色淤泥，足端残存部分人体腿骨，葬式不明。

随葬陶器分布在头端附近，共 11 件（彩版三九，2）。

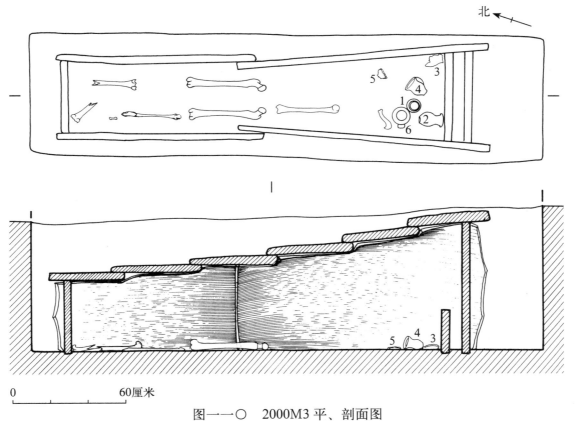

图一一〇　2000M3 平、剖面图

1、5．A 型 I 式陶凹底杯　2、3．Aa 型 III 式陶长颈罐　4．B 型 II 式陶单耳罐　6．B 型 I 式陶单耳罐

陶单耳罐

B型Ⅰ式　1件。敛口。标本2000M3：6，泥质灰陶，表面磨光。圆唇，鼓腹，平底，外底有切割的同心圆。口径8、腹径11、底径6、高11、耳高8.4厘米（图一一一，1）。

B型Ⅱ式　1件。直口。标本2000M3：4，泥质灰陶，表面磨光。圆唇，直口，曲腹下收，外底内凹成矮圈足。口径10.8、腹径10.4、底径6、高8.5、耳高7.6厘米（图一一一，2；彩版四〇，1）。

陶长颈罐

Aa型Ⅲ式　2件。沿外卷，外底内凹成矮圈足。标本2000M3：2，泥质褐陶。方唇，束颈。口径5.6、腹径6.0、底径3.8、高9.2厘米（图一一一，3；彩版四〇，2）。标本2000M3：3，泥质灰陶。圆唇，鼓腹。口径5.2、腹径6、底径3.9、高8.3厘米（图一一一，4；彩版四〇，3）。

Ba型Ⅰ式　1件。直口。标本2000M3：8，泥质褐陶。方唇，圆腹，平底微凹，腹、底交接

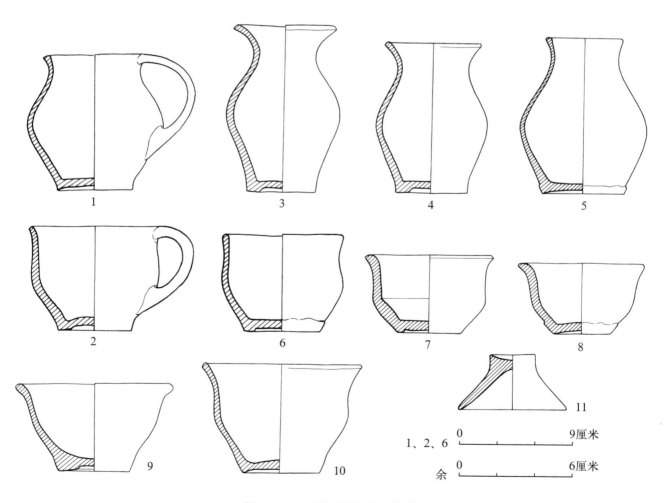

图一一一　2000M3出土陶器

1. B型Ⅰ式陶单耳罐2000M3：6　2. B型Ⅱ式陶单耳罐2000M3：4　3、4. Aa型Ⅲ式陶长颈罐2000M3：2、3　5. Ba型Ⅰ式陶长颈罐2000M3：8　6. Ⅱ式陶盉2000M3：11　7、8. A型Ⅰ式陶凹底杯2000M3：5、1　9. B型Ⅱ式陶凹底杯2000M3：7　10. Ⅳ式陶小底杯2000M3：10　11. A型Ⅰ式陶器盖2000M3：9

处有明显粘接痕迹。口径 4.2、腹径 6.8、底径 4.3、高 8.5 厘米（图一一一，5）。

陶盂

Ⅱ式　1件。直口。标本 2000M3：11，泥质褐陶。方唇，曲腹下收，外底内凹成矮圈足，腹、底交接处有明显的粘接痕迹。口径 10、底径 6.4、高 8 厘米（图一一一，6；彩版四〇，4）。

陶凹底杯

A 型 Ⅰ式　2件。斜直腹，直口。标本 2000M3：5，泥质褐陶。尖唇，折腹，外底内凹成矮圈足。口径 7、底径 3.5、高 4.2 厘米（图一一一，8；彩版四〇，5）。标本 2000M3：1，泥质褐陶。尖唇，底略内凹，腹、底交接处有明显粘接痕迹。口径 6.7、底径 3.2、高 3.8 厘米（图一一一，7；彩版四〇，6）。

B 型 Ⅱ式　1件。侈口。标本 2000M3：7，泥质灰陶。圆唇，腹微曲，外底内凹成矮圈足，腹部表面有轮旋凹槽。口径 8.5、底径 3.8、高 4.7 厘米（图一一一，9）。

陶小底杯

Ⅳ式　1件。小平底，深腹。标本 2000M3：10，泥质褐陶。侈口，方唇，曲腹，平底略内凹。口径 8.5、底径 4.2、高 6 厘米（图一一一，10）。

陶器盖

A 型 Ⅰ式　1件。体量小。标本 2000M3：9，泥质褐陶。杯形纽，斜直腹，浅盘。盖口径 5.8、纽口径 2.5、高 3 厘米（图一一一，11）。

二　2000M4

位于 2000T1 西南角，方向约 170°。

墓葬已被严重破坏，石棺棺板及盖板无存，仅存墓圹底部。头端有一道头箱。墓圹长 1.56、头端宽 0.58、足端宽 0.35 米。墓底未见尸骨。

随葬陶单耳罐 7 件。

陶单耳罐

B 型 Ⅱ式　6件。直口，均为泥质灰陶，表面磨光。卷沿，鼓腹。标本 2000M4：1，圆唇，平底略内凹。口径 10.5、腹径 10.6、底径 5.6、高 8.6、耳高 5.6 厘米（图一一二，1）。标本 2000M4：2，卷沿，圆唇，束颈，平底略内凹并有切割的同心圆。口径 10.8、腹径 11.4、底径 5.6、高 9.6、耳高 6.4 厘米（图一一二，2）。标本 2000M4：4，方唇，外底内凹成矮圈足，外底有"一"形符号。口径 10.4、腹径 10.6、底径 5.6、高 9.2、耳高 6.8 厘米（图一一二，3；彩版四一，1）。标本 2000M4：5，圆唇，平底略内凹。口径 10.4、腹径 11.6、底径 6、高 9、耳高 6.6 厘米（图一一二，4）。标本 2000M4：6，方唇，外底略内凹并有"一"字形符号。口径 10.6、腹径 12、底径 6.4、高 9.3、耳高 6.2 厘米（图一一二，5；彩版四一，2）。标本 2000M4：7，圆唇，平底略内凹。口径 11.1、腹径 11、底径 6.2、高 8.8、耳高 6 厘米（图一一二，6；彩版四一，3）。

B 型 Ⅲ式　1件。侈口。标本 2000M4：3，泥质灰陶，表面磨光。圆唇，平底，内壁有轮旋的折棱。口径 11、腹径 9.6、底径 5.8、高 8.6、耳高 5.8 厘米（图一一二，7；彩版四一，4）。

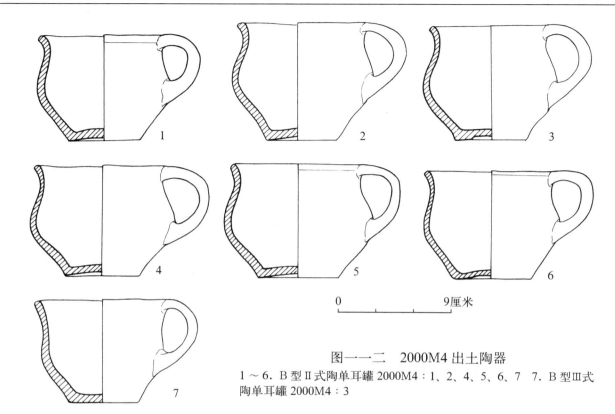

图一一二　2000M4 出土陶器

1～6. B 型 II 式陶单耳罐 2000M4：1、2、4、5、6、7　7. B 型 III 式
陶单耳罐 2000M4：3

三　2000M7

位于 2000T1 中部，方向约 160°。

墓葬已被严重破坏，石棺棺板及盖板无存，仅存墓圹底部。头端有一道头箱。

墓圹长 1.80、头端宽 0.60、足端宽 0.40 米。墓底未见尸骨。

足端有随葬陶器 9 件。

陶长颈罐

Aa 型 I 式　3 件。直口。标本 2000M7：5，泥质灰陶。方唇，最大腹径居中，平底略内凹。口径 5.4、腹径 6.6、底径 3.8、高 8.5 厘米（图一一三，1；彩版四二，1）。标本 2000M7：7，泥质灰黑陶。圆唇，最大腹径居中，平底略内凹。口径 5、腹径 6.6、底径 3.8、高 8.5 厘米（图一一三，2；彩版四二，2）。标本 2000M7：4，泥质灰陶。圆唇，圆腹，平底略内凹，颈部及腹部有多周轮旋凹槽。口径 4.8、腹径 6、底径 4、高 8.2 厘米（图一一三，3；彩版四二，3）。

Aa 型 II 式　1 件。侈口。标本 2000M7：10，泥质灰陶。尖唇，圆腹，平底内凹，底部及腹部交界处有明显的折棱。口径 6.1、腹径 6.6、底径 3.6、高 9 厘米（图一一三，4）。

Ba 型 II 式　2 件。侈口。标本 2000M7：1，泥质灰陶。方唇，圆腹，平底略内凹。口径 5.4、腹径 6.8、底径 3.8、高 9.2 厘米（图一一三，5；彩版四二，4）。标本 2000M7：3，泥质灰陶。尖唇，圆腹，平底略内凹。口径 5.3、腹径 6.6、底径 4、高 9.2 厘米（图一一三，6；彩版四二，5）。

陶豆

A 型 II 式　1 件。敛口。标本 2000M7：9，泥质磨光黑皮陶。圆唇，深腹，喇叭形圈足。口

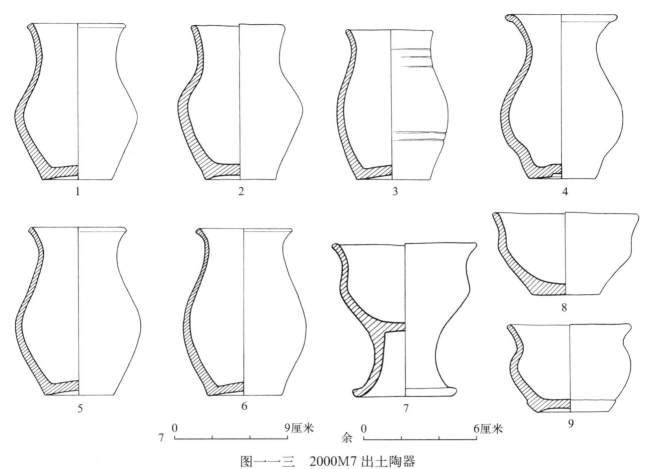

图一一三　2000M7 出土陶器

1～3. Aa 型 I 式陶长颈罐 2000M7：5、7、4　4. Aa 型 II 式陶长颈罐 2000M7：10　5、6. Ba 型 II 式陶长颈罐 2000M7：1、3　7. A 型 II 式陶豆 2000M7：9　8. B 型 I 式陶凹底杯 2000M7：8　9. B 型 II 式陶凹底杯 2000M7：2

径 11.5、腹径 10.3、足径 8.2、高 12.6 厘米（图一一三，7；彩版四二，6）。

陶凹底杯

B 型 I 式　1 件。直口。标本 2000M7：8，泥质褐陶。圆唇，曲腹，平底。口径 7.8、腹径 7.1、底径 3.6、高 4.5 厘米（图一一三，8；彩版四一，5）。

B 型 II 式　1 件。侈口。标本 2000M7：2，泥质灰黑陶。圆唇，曲腹，底内凹，腹、底交接处有明显粘接痕迹。口径 6.6、腹径 6.4、底径 3.7、高 4.9 厘米（图一一三，9；彩版四一，6）。

四　2000M8

位于 2000T1 北部偏东，方向约 162°。

墓葬已被严重破坏，石棺棺板及盖板无存，仅存墓圹底部。头端有一道头箱。

墓圹长 2.30、头、足两端宽均为 0.60 米。墓底未见尸骨。

在头端随葬 3 件陶单耳罐。

陶单耳罐

B 型 I 式　1 件。敛口。标本 2000M8：1，泥质灰陶，表面磨光。尖唇，鼓腹，平底内凹成假圈足，外底有"十"字符号。口径9.5、腹径11.5、底径6.5、高9.9、耳高6厘米（图一一四，1；彩版四三，1）。

B型Ⅱ式　1件。直口。标本2000M8：3，泥质磨光黑皮陶。尖唇，曲腹，平底。口径10、腹径11、底径6、高9.2、耳高6.3厘米（图一一四，2；彩版四三，2）。

B型Ⅲ式　1件。侈口。标本2000M8：2，泥质磨光黑皮陶。圆唇，鼓腹，平底内凹，外底有"十"字符号。口径11.6、腹径11.8、底径6.6、高7.6、耳高5.2厘米（图一一四，3；彩版四三，3）。

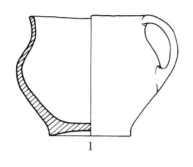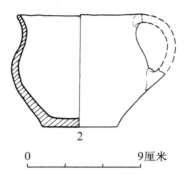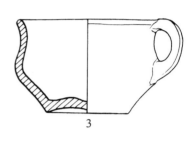

0　　　　　　　　9厘米

图一一四　2000M8 出土陶器

1. B型Ⅰ式陶单耳罐2000M8：1　2. B型Ⅱ式陶单耳罐2000M8：3　3. B型Ⅲ式陶单耳罐2000M8：2

五　2000M11

位于2000T1西北部，东邻2000M10，方向约163°。

墓葬已被严重破坏，石棺棺板及盖板无存，仅存墓圹底部。头端有一道头箱。

墓圹长1.98、头端宽0.65、足端宽0.45米。墓底未见尸骨。

头端有随葬陶器8件。

陶单耳罐

B型Ⅱ式　1件。直口。标本2000M11：7，泥质磨光黑皮陶。圆唇，鼓腹，平底内凹，器表有多道轮旋痕迹。口径10、腹径10.8、底径5.2、高8.4、耳高5.4厘米（图一一五，1；彩版四三，4）。

B型Ⅲ式　3件。侈口。标本2000M11：4，泥质磨光黑皮陶。圆唇，鼓腹，平底，有切割的同心圆。口径10、腹径10.4、底径5、高8.4、耳高5.4厘米（图一一五，2；彩版四三，5）。标本2000M11：6，泥质灰陶。圆唇，鼓腹，外底内凹。口径10、腹径10、底径5、高7.8、耳高5.2厘米（图一一五，3）。标本2000M11：8，泥质灰陶，表面磨光。方唇，鼓腹，平底。口径9.8、腹径10.4、底径4.8、高7.8、耳高5.2厘米（图一一五，4；彩版四三，6）。

陶长颈罐

Aa型Ⅱ式　1件。侈口。标本2000M11：5，泥质灰黑陶。方唇，鼓腹，外底内凹成假圈足，内底凸起。口径5.6、腹径6.3、底径3.4、高8厘米（图一一五，5；彩版四四，1）。

Aa型Ⅲ式　1件。沿外卷。标本2000M11：2，泥质灰陶。尖唇，鼓腹，外底内凹成假圈足。器表有轮旋的凹槽。口径5.4、腹径5.3、底径3.5、高7.4厘米（图一一五，6；彩版四四，2）。

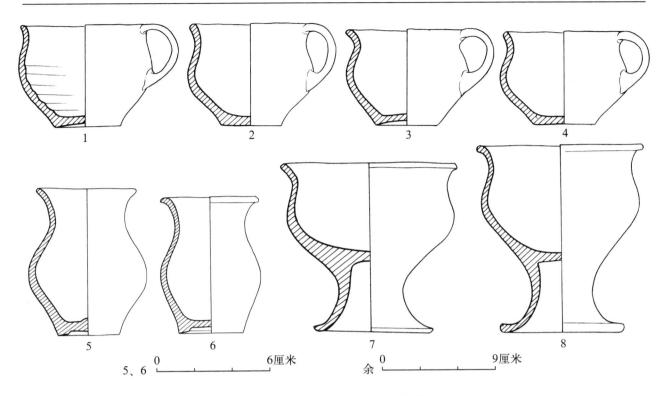

图一一五　2000M11 出土陶器

1. B 型 Ⅱ 式陶单耳罐 2000M11：7　2 ～ 4. B 型 Ⅲ 式陶单耳罐 2000M11：4、6、8　5. Aa 型 Ⅱ 式陶长颈罐 2000M11：5　6. Aa 型 Ⅲ 式陶长颈罐 2000M11：2　7、8. A 型 Ⅲ 式陶豆 2000M11：1、3

陶豆

A 型 Ⅲ 式　2 件。敛口。标本 2000M11：1，泥质灰陶，表面磨光。方唇，深腹，喇叭形圈足。口径 14.4、腹径 13.4、足径 9.6、高 13.8 厘米（图一一五，7；彩版四四，3）。标本 2000M11：3，泥质灰陶，表面磨光。圆唇，卷沿，深腹，喇叭形圈足。口径 13.7、腹径 12.8、足径 10、高 15.2 厘米（图一一五，8；彩版四四，4）。

六　2000M18

位于 2000T5 中部，方向约 165°。

墓葬已被严重破坏，石棺棺板及盖板无存，仅存墓圹底部。头端有一道头箱。

墓圹长 1.80、头端宽 0.62、足端宽 0.43 米。墓底未见尸骨。

头端放置陶器 2 件。

陶凹底杯

A 型 Ⅱ 式　1 件。侈口。标本 2000M18：1，泥质褐陶。圆唇，浅腹，外底内凹，底、腹交接处有明显粘接痕迹。口径 5.7、底径 2.8、高 2.6 厘米（图一一六，1；彩版四四，5）。

A 型 Ⅲ 式　1 件。敞口。标本 2000M18：2，泥质褐陶。圆唇，浅腹，平底，内底凸起，外底有"米"字形符号。腹部有多道轮旋凹槽。口径 5、底径 3.1、高 2.4 厘米（图一一六，2；彩版四四，6）。

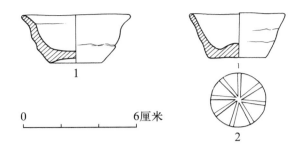

图一一六　2000M18 出土陶器

1．A 型Ⅱ式陶凹底杯 2000M18：1　2．A 型Ⅲ式陶凹底杯 2000M18：2

七　2000M25

墓葬破坏严重，头端有一道头箱。

随葬陶器 3 件。

陶长颈罐

Bb 型Ⅰ式　2 件。直口，鼓腹。标本 2000M25：3，泥质磨光黑皮陶。尖唇，底残。口径 8.2、腹径 13.2、残高 10.4 厘米（图一一七，1）。标本 2000M25：2，夹细砂褐陶。圆唇，腹部以下残。口径 7.2、残高 5.6 厘米（图一一七，2）。

陶平底杯

Ⅰ式　1 件。底较矮。标本 2000M25：1，泥质黑陶。圆唇。口径 6、底径 3.2、高 2.4 厘米（图一一七，3）。

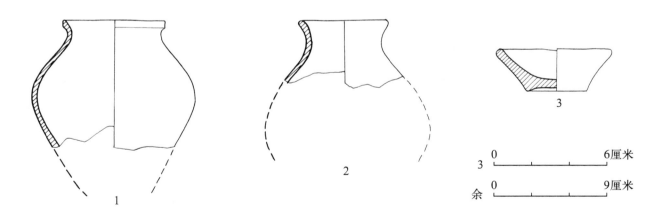

图一一七　2000M25 出土陶器

1、2．Bb 型Ⅰ式陶长颈罐 2000M25：3、2　3．Ⅰ式陶平底杯 2000M25：1

八　2000M39

位于 2000T15 中部，南邻 2000M40，方向约 125°（图一一八）。

墓葬保存完整，盖板共用五块石板，从足至首依次叠压。石棺头、足端各立石板一块，左右

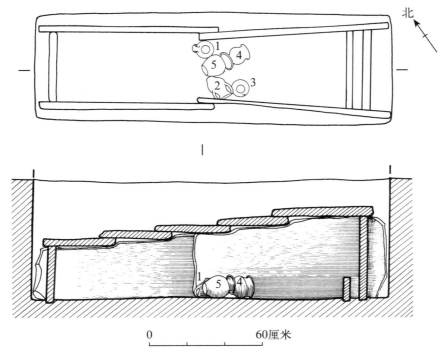

图一一八　2000M39 平、剖面图

1. B 型 II 式陶单耳罐　2. B 型 I 式陶双耳罐　3. II 式陶盂　4. III 式陶盂　5. Bc 型 III 式陶长颈罐

两侧各用两块石板错缝相接而成，头端用小石板隔成的头箱一道。

墓口距地表深 1.00～1.20 米，墓底距地表深 1.50～1.70 米（彩版四五，1）。墓圹长 1.90、宽 0.57～0.60、深 0.65～0.66 米。石棺长 1.71、头端宽 0.50、高 0.46、足端宽 0.46、高 0.30 米。头箱宽 0.05、高 0.13 米。石棺盖板坡度 10°。棺板厚 3～4 厘米。墓内有少量的褐色淤泥，墓底残存零星人骨，葬式不明。

随葬陶器已扰乱，主要分布在腰部，共 5 件。

陶双耳罐

B 型 I 式　1 件。泥质灰陶。耳部无装饰。标本 2000M39：2，表面磨光，平口，圆腹，最大腹径靠下，平底。口径 8.8、腹径 12、底径 7.4、高 14.8、耳高 9.2 厘米（图一一九，1；彩版四五，2）。

陶单耳罐

B 型 II 式　1 件。口略直。标本 2000M39：1，泥质灰陶，表面磨光。侈口，圆唇，曲腹，耳残断，外底内凹成矮圈足，外底有"三"道符号。口径 10.2、腹径 11、底径 6.6、高 6.6 厘米（图一一九，2；彩版四五，3）。

陶长颈罐

Bc 型 III 式　1 件。侈口。标本 2000M39：5，泥质灰陶，表面磨光。卷沿，尖唇，束颈，外底内凹成矮圈足，外底有"回"字形符号。口径 9.8、腹径 15、底径 8.4、高 16.4 厘米（图一一九，3）。

陶盂

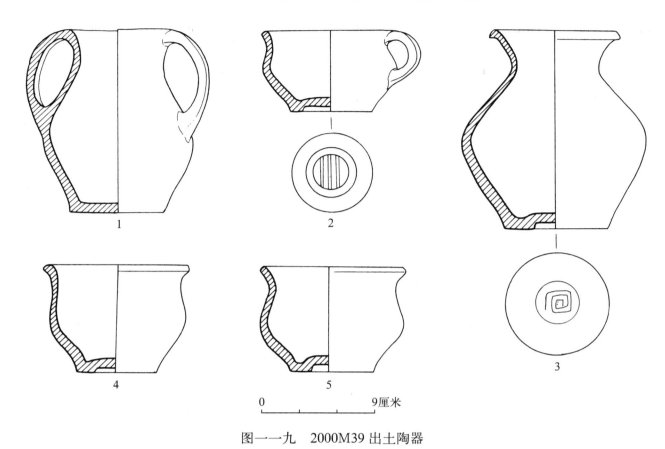

图一一九　2000M39 出土陶器

1. B 型 I 式陶双耳罐 2000M39：2　2. B 型 II 式陶单耳罐 2000M39：1　3. Bc 型 III 式陶长颈罐 2000M39：5　4. II 式陶盂 2000M39：3　5. III 式陶盂 2000M39：4

　　II 式　1 件。直口，浅腹。标本 2000M39：3，泥质灰陶。圆唇，外底内凹成矮圈足。口径 11.6、腹径 10.8、底径 6.4、高 8.8 厘米（图一一九，4；彩版四五，4）。

　　III 式　1 件。侈口，圆腹较深。标本 2000M39：4，泥质灰陶。方唇，外底内凹成矮圈足。口径 11.8、腹径 11.6、底径 6.6、高 8.6 厘米（图一一九，5；彩版四五，5）。

九　2000M42

　　位于 2000T16 东部，西邻 2000M43，方向约 165°（图一二○）。

　　墓葬保存基本完整，盖板共用八块石板，从足至首依次叠压，现第二、三块缺失，第四、五块断裂成两截。石棺头、足端各立石板一块，左右两侧各用两块石板错缝相接而成，两侧立板上端被打制成梯状缺口，头端有用小石板隔成的头箱一道。

　　墓口距地表深 0.20 米，墓底距地表深 0.70～1.00 米。墓圹长 2.35、宽 0.50～0.70、深 0.60～0.74 米。石棺长 2.18、头端宽 0.63、高 0.53、足端宽 0.33、高 0.28 米。头箱宽 0.10、高 0.24 米。石棺盖板坡度 19°。棺板厚 3～4 厘米。墓内有少量的褐色水冲淤泥，尸骨存腰部以上部分，应为仰身直肢葬。

　　随葬品无。

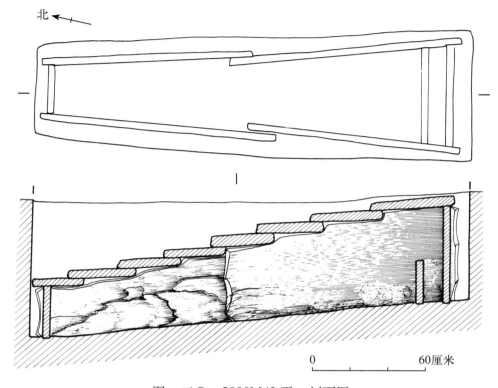

图一二〇 2000M42 平、剖面图

─○ 2002M1

位于 2002T1 东南角，西邻 2002M2，方向约 155°（图一二一）。

头端有一道头箱，一条现代沟将足端打破，仅头部、足部立板较完整，两侧立板残损过半，不见盖板（彩版四六，1）。头端、足端立板及头箱隔板均采用一块石板，两侧立板各使用两块石板交错而成，腰部及足端立板外侧以石块加固。

墓口距地表深 0.28 米，墓底距地表深 0.58 ～ 0.70 米（彩版四六，2）。墓圹长 1.97、宽 0.51 ～ 0.57、头端深 0.60 米。石棺长 1.89、头端宽 0.49、高 0.54、足端宽 0.35、残高 0.32 米。头箱宽 0.50、高 0.23 米。棺板厚 2 ～ 3 厘米。墓内有少量褐色土，墓底部保留有少量陶器残片和部分人骨，似为二次葬。

随葬陶器集中于头箱及其附近，多为残片，较完整的器形仅 1 件陶长颈罐。

陶长颈罐

B 型 1 件。标本 2002M1：3，腹部以上残，泥质褐陶。鼓腹，小底内凹，最大腹径居上部。腹径 6.8、底径 2.9、残高 6.1 厘米（图一二一，3）。

── 2002M2

位于 2002T1 东南部，东邻 2002M1，西邻小型石棺 2002M3。方向约 160°（图一二二）。

现代沟打破墓圹上半部分。石棺保存完整，头端有用小石板隔成的一道头箱（彩版四七，1）。盖板系五块石板从足至首依次叠压而成，以小石块楔缝。头端、足端立板及头箱隔板均采用一块

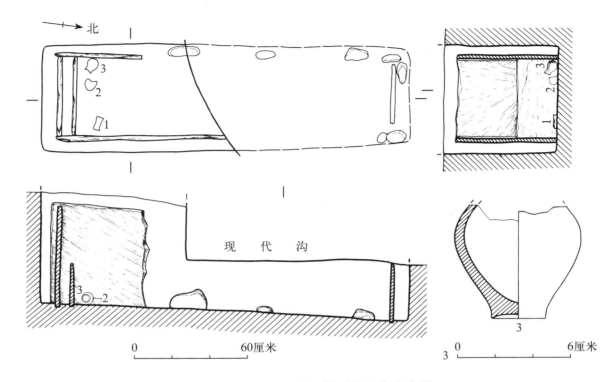

图一二一 2002M1 平、剖面图及出土陶器
1、2. 陶器 3. B 型陶长颈罐

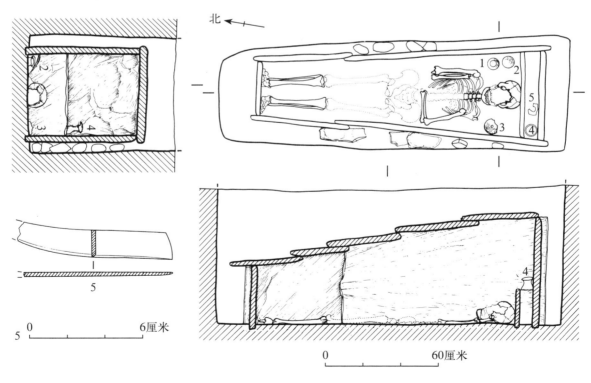

图一二二 2002M2 平、剖面图及出土陶器
1～4. 陶器 5. 铜削

石板，两侧立板各使用两块石板交错而成，腰部至头端立板外侧以石块加固。

墓口距地表深 0.30 米，墓底距地表深 0.60～0.80 米（彩版四七，2）。墓圹长 1.86、宽 0.50～0.64、深 0.70～0.77 米。石棺长 1.54、头端宽 0.56、高 0.61、足端宽 0.36、高 0.35 米。头箱宽 0.70、高 0.22 米。石棺盖板坡度 9°。棺板厚 2～3 厘米。墓内有少量褐色填土，人骨保存基本完好，葬式为仰身直肢葬。

随葬器物仅见残铜削 1 件及残陶片多件。

铜削

1 件。标本 2002M2：5，已断裂，弧形，背部有一道凹槽。残长 8、宽 1.4、厚 0.2 厘米（图一二二，5）。

一二　2002M7

位于 2002T1 西南部，东邻 2002M8，方向约 167°（图一二三）。

一条现代坑打破墓圹及石棺腰部以下。盖板仅存腰部以上叠压的两块石板。石棺头端立石板

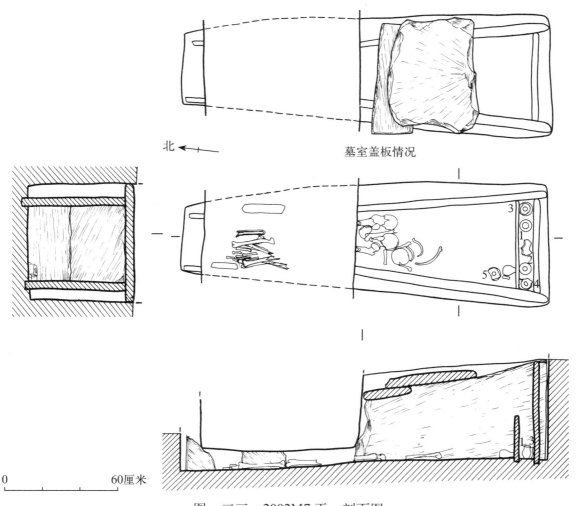

墓室盖板情况

北 ←

0 _____ 60 厘米

图一二三　2002M7 平、剖面图

1～3、5. B 型 I 式陶小底罐　4. Ⅱ式陶平底杯

一块，左右两侧存石板各一块，墓圹与石棺间填充石块加固。头端有小石板隔成的头箱一道。墓圹与石棺间填充石块加固。

墓口距地表深 0.30 米，墓底距地表深 0.44～0.84 米。墓圹残长 1.95、宽 0.37～0.69、头端深 0.55 米。石棺残长 1.91、头端宽 0.61、高 0.57、足端宽 0.32 米。头箱宽 0.80、高 0.26 米。棺板厚 2～5 厘米。墓内填土为浅黄色土夹少量碎石片。人骨零乱，集中于腰部及尾部，似二次葬。

随葬陶器集中于头箱内及附近，多数已残，共 5 件。

陶小底罐

B 型 I 式　4 件。夹砂褐陶。直口，鼓腹，小平底，器体较高，体量较大。标本 2002M7：1，口径 5、腹径 6.8、底径 3、高 9.8 厘米（图一二四，1）。标本 2002M7：2，口径 5.4、腹径 7、底径 3、高 9.4 厘米（图一二四，2）。标本 2002M7：3，口部残。腹径 6.5、底径 6、残高 13.4 厘米（图一二四，3）。标本 2002M7：5，口部残。腹径 13、底径 6、残高 7.2 厘米（图一二四，4）。

陶平底杯

II 式　1 件。标本 2002M7：4，夹砂褐陶。圆唇，浅腹，器体较高。口径 7.3、底径 4.5、高 3.5厘米（图一二四，5）。

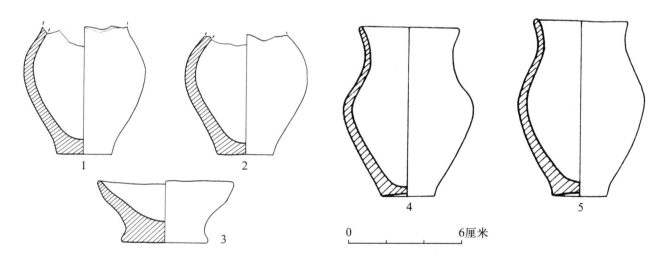

图一二四　2002M7 出土陶器
1～4. B 型 I 式陶小底罐 2002M7：1、2、3、5　5. II 式陶平底杯 2002M7：4

一三　2002M18

位于 2002T2 北部，方向约 140°（图一二五）。

保存基本完好。盖板存足端两块依次叠压（彩版四八，1）。石棺头、足端各立石板一块，左右两侧各用两块石板错缝相接而成。两侧板上端经打制成梯状缺口以安置盖板。头端有小石板隔成的头箱一道。未见尸骨。

墓口距地表深 0.80 米，墓底距地表深 1.40 米（彩版四八，2）。墓圹长 1.50、宽 0.54～0.67、深 0.42～0.60 米。石棺长 1.43、头端宽 0.58、高 0.57、足端宽 0.48、高 0.38 米。头箱宽 0.07、

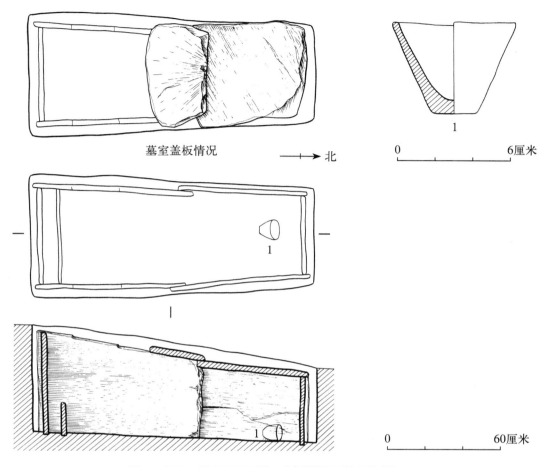

图一二五　2002M18 平、剖面图及出土陶器
1. Ⅲ式陶小底杯

高 0.18 米。石棺盖板坡度 9°。棺板厚 2 ～ 3 厘米。墓内填土为灰黄色并夹杂碎石片，未见尸骨。

随葬陶器仅存陶小底杯 1 件。

陶小底杯

Ⅲ式　1 件。标本 2002M18：1，夹砂褐陶。敞口，方唇，深腹，斜直壁。口径 6.6、底径 2.4、高 5 厘米（图一二五，1）。

一四　2002M21

位于 2002T1 西北部，西邻 2002M17，东邻 2002M22，方向约 165°（图一二六）。

石棺足端压于探方北壁下，未清理。揭露部分中仅存头端两块盖板（彩版四九，1）。石棺头端立石板一块，左、右两侧各立石板两块错缝相接而成，且两侧板上端打制成梯状以利盖板稳固。头端有用小石板隔成的一道头箱。

墓口距地表深 0.60 米，墓底距地表深 1.40 米（彩版四九，2）。墓圹残长 1.72、头端宽 0.72、深 0.80 米。石棺残长 1.61、头端宽 0.54、高 0.62 米。头箱宽 0.05、高 0.22 米。棺板厚 2 ～ 3 厘米。棺内填土为浅黄色土夹杂较大的黄土颗粒，未见尸骨。

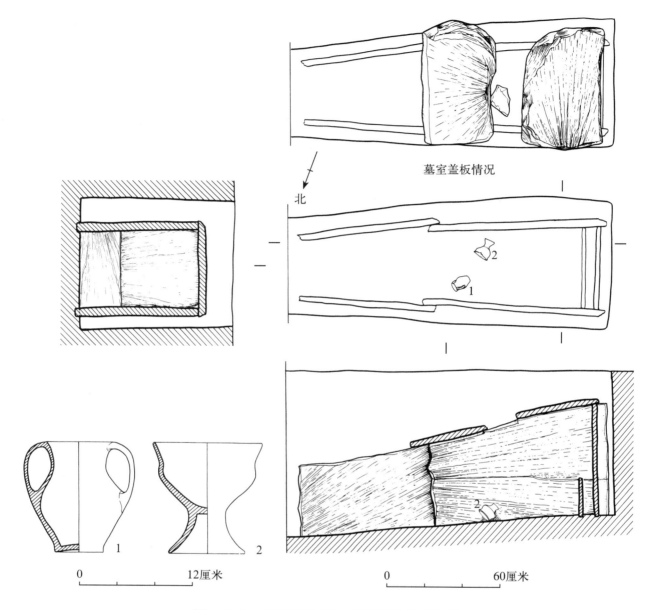

墓室盖板情况

北

图一二六　2002M21 平、剖面图及出土陶器
1. Aa 型 I 式陶双耳罐　2. A 型 I 式陶豆

墓底中部有随葬陶器 2 件。

陶双耳罐

Aa 型 I 式　1 件。体量较大。标本 2002M21：1，泥质磨光黑皮陶。体瘦长，平口，鼓腹，最大腹径居上，外底内凹成假圈足，有切割同心圆。口径 7.4、腹径 10.4、底径 5.2、高 12.4、耳高 8 厘米（图一二六，1）。

陶豆

A 型 I 式　1 件。标本 2002M21：2，泥质灰陶，表面磨光。圆唇，侈口，折腹较浅，柄略长，喇叭形圈足。口径 11.8、腹径 10.4、足径 8.2、高 12.4 厘米（图一二六，2；彩版五〇，1）。

一五 2002M22

位于 2002T1 西北部，西邻 2002M21，方向约 160°（图一二七）。

墓葬保存完好，盖板用石板六块，从足至首依次叠压而成。石棺头、足端各立石板一块，左右两侧各用两块石板错缝相接而成，且两侧板上端经打制成梯状以安置盖板。头端有用小石板隔成的一道头箱。

墓口距地表深 0.85 米，墓底距地表深 1.90 米（彩版四九，2）。墓圹长 2.27、宽 0.68 ~ 0.74、深 0.66 ~ 0.88 米。石棺长 2.11、头端宽 0.63、高 0.67、足端宽 0.48、高 0.43 米。头箱宽 0.06、高 0.14 米。石棺盖板坡度约 10°。棺板厚 2 ~ 4 厘米。棺内填土为少量灰黄色土并夹杂小碎石片，未见尸骨。

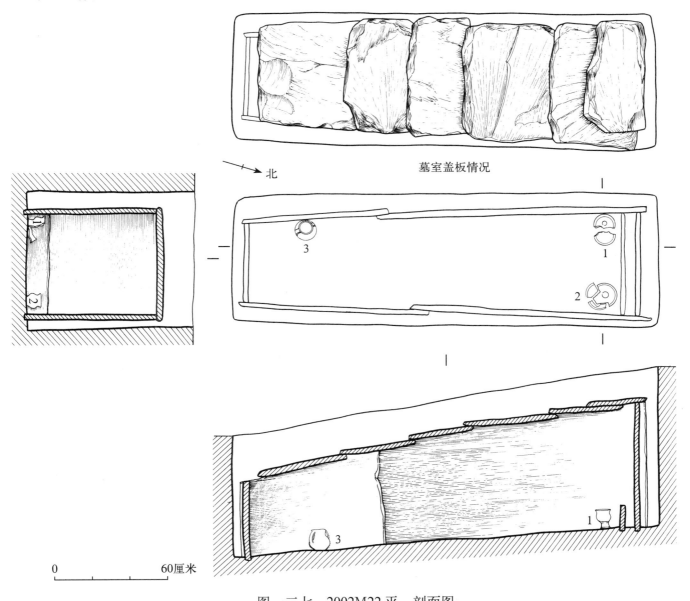

0   60厘米

图一二七 2002M22 平、剖面图
1. Ⅱ式陶豆 2. Ⅲ式陶盂 3. B 型Ⅱ式陶双耳罐

随葬器物分散于棺内头端及足端附近，多已破碎，共3件。

陶双耳罐

B型Ⅱ式　1件。标本2002M22：3，泥质磨光黑皮陶。平口，圆腹，最大腹径靠下，外底内凹，上腹近耳部有斜向划纹。口径9.2、腹径14.4、底径6.8、高15.9、耳高9.3厘米（图一二八，1；彩版五〇，2）。

陶盂

Ⅲ式　1件。标本2002M22：2，泥质磨光黑皮陶。侈口，圆唇，鼓腹，平底内凹。口径12.4、腹径13.2、底径7、高8.7厘米（图一二八，2；彩版五〇，3）。

陶豆

A型Ⅱ式　1件。标本2002M22：1，泥质磨光黑皮陶。直口，圆唇，深腹，矮柄，喇叭形圈足，足口上翘，柄上部有二周凹弦纹。口径13.2、足径9、高12厘米（图一二八，3；彩版五〇，4）。

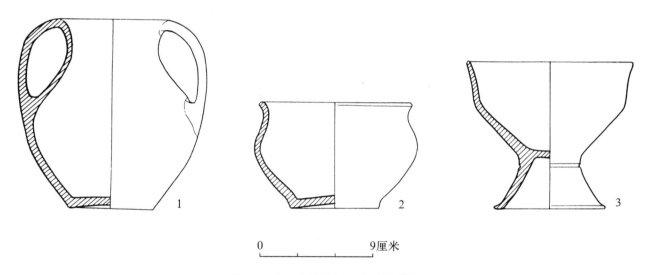

0　　　　　　　9厘米

图一二八　2002M22出土陶器

1. B型Ⅱ式陶双耳罐2002M22：3　2. Ⅲ式陶盂2002M22：2　3. A型Ⅱ式陶豆2002M22：1

一六　2002M26

位于2002T8西壁下，南邻2002M28，方向约95°（图一二九）。

墓葬保存基本完好，盖板多数已垮塌在墓内，但仍可看出是用石板六块，其中足端一块为纵向，从足至首依次叠压而成。石棺头、足端各立石板一块，左右两侧各用三块石板拼接而成，其中第二块置于第一、三块侧板的外侧。头端有用小石板隔成的头箱一道。

墓口距地表深0.32米，墓底距地表深1.42米。墓圹长2.35、宽0.75～1.17、深0.58～0.70米。石棺长2.19、头端宽0.70、高0.60、足端宽0.50、高0.37米。头箱宽0.10、高0.22米。棺板厚3～4厘米。墓内有少量灰黑色填土，未见尸骨。

随葬品无。

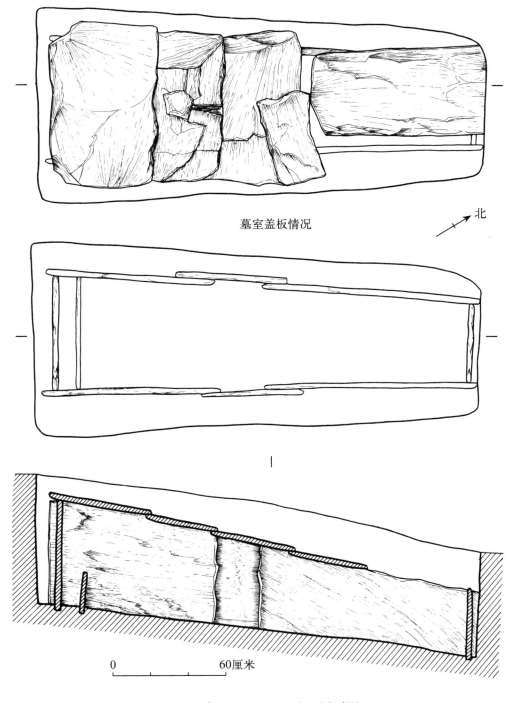

墓室盖板情况

北

图一二九 2002M26 平、剖面图

一七 2002M27

位于 2002T7 南部，北邻残墓一座，方向约 105°（图一三〇）。

墓葬保存基本完好，盖板存头端三块石板，依次叠压而成，足端挡板已失（彩版五一，1）。石棺头端立石板一块，左右两侧各用三块石板依次错缝相接而成。头端有用小石板隔成的头箱一道。

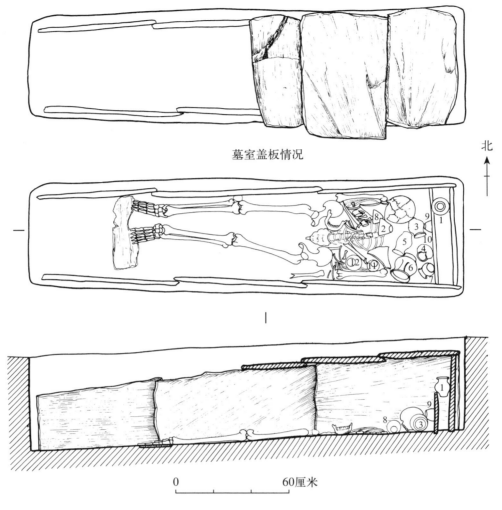

墓室盖板情况

北

0　　　　　　60厘米

图一三〇　2002M27平、剖面图

1、3～5. B型Ⅱ式陶平底罐　2、9～11. Ⅲ式陶小底杯　6. Aa型Ⅰ式陶双耳罐　7. Aa型Ⅰ式陶罐　8. Bc型Ⅰ式陶罐

　　墓口距地表深0.71米，墓底距地表深1.15米（彩版五一，2）。墓圹长2.31、头端宽0.54～65、深0.51～0.52米。石棺残长2.20、头端宽0.57、高0.42、足端高0.30米。头箱宽0.08、高0.23米。石棺盖板坡度7°。棺板厚2～3厘米。墓内有少量灰黑色填土夹杂小碎石片，人体骨架腰部以上已扰乱，可辨认出为仰身直肢葬。

　　随葬器物集中在墓底腰部以上，共13件（彩版五二，1、2、五三，1）。

　　陶双耳罐

　　Aa型Ⅰ式　1件。标本2002M27：6，泥质灰褐陶。表面磨光，平口，鼓腹，最大腹径靠上，外底内凹有切割同心圆。口径9.4、腹径12、底径6.4、高16.2、耳高9厘米（图一三一，1；彩版五三，2）。

　　陶长颈罐

　　Aa型Ⅰ式　1件。标本2002M27：7，泥质褐陶。直口，方唇，长颈，鼓腹，平底内凹成矮圈足，外底有"米"字形符号。口径5.2、腹径6.4、底径3.5、高8.5厘米（图一三一，2；彩版五三，3）。

Bc型Ⅰ式 1件。标本2002M27：12，体量大，腹部以上残，夹砂褐陶。平底。底径4.6、残高6.4厘米（图一三一，3）。

陶平底罐

B型Ⅱ式 4件。夹细砂褐陶。沿外卷，鼓腹，平底外折成假圈足。标本2002M27：1，圆唇，内底凸起，中腹有一周折棱。口径5.9、腹径8.5、底径4.8、高9.5厘米（图一三一，4；彩版五三，4）。标本2002M27：3，方唇，颈上部有一周折棱，腹、底交接处有明显粘贴痕迹。口径4.9、腹径6.8、底径4.4、高8.6厘米（图一三一，5；彩版五三，5）。标本2002M27：4，圆唇，平底内凹。口径5.2、腹径8.2、底径3.8、高9.4厘米（图一三一，6；彩版五四，1）。标本2002M27：5，圆唇，底、腹交接处有明显粘接痕迹。口径5.5、腹径7.3、底径4.7、高8.7

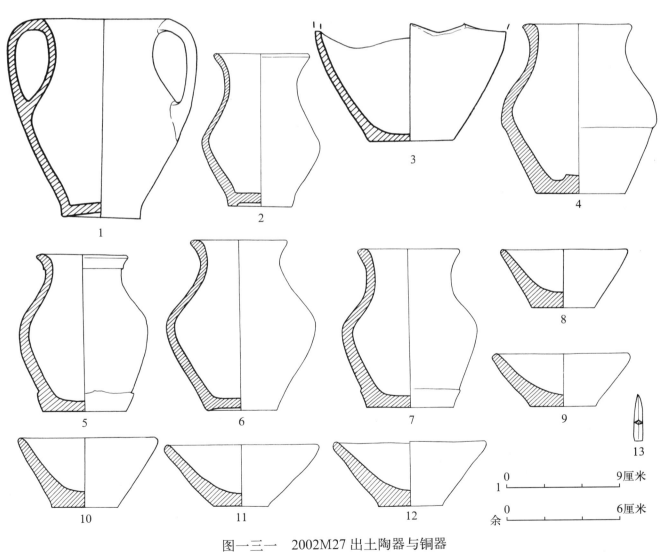

图一三一 2002M27出土陶器与铜器

1. Aa型Ⅰ式陶双耳罐2002M27：6 2. Aa型Ⅰ式陶长颈罐2002M27：7 3. Bc型Ⅰ式陶长颈罐2002M27：12 4～7. B型Ⅱ式陶平底罐2002M27：1、3、4、5 8～12. Ⅲ式陶小底杯2002M27：2、8、10、9、11 13. 铜镞2002M27：13

厘米（图一三一，7；彩版五四，2）。

陶小底杯

Ⅲ式　5件。夹细砂褐陶。圆唇，敞口，斜直壁，坦腹较浅，小平底。标本 2002M27：2，口径6.8、底径3.4、高3.2厘米（图一三一，8；彩版五四，3）。标本 2002M27：8，口径7.4、底径3.6、高2.9厘米（图一三一，9；彩版五四，4）。标本 2002M27：9，口径8.3、底径3、高3.4厘米（图一三一，11；彩版五四，5）。标本 2002M27：10，口径7.5、底径3.5、高3.8厘米（图一三一，10）。标本 2002M27：11，口径8.3、底径3.5、高3.5厘米（图一三一，12；彩版五四，6）。

铜镞

1件。标本 2002M27：13，长条形，横截面成菱形。长2.6、宽0.5厘米（图一三一，13）。

一八　2002M28

位于2002T8西壁下，北邻2002M26，南邻2002M40，方向约70°（图一三二）。

墓葬保存基本完好，盖板已毁（彩版五五，1）。石棺头、足端各立石板一块，左右两侧各用三块石板依次错缝相接而成。头端用小石板隔成头箱一道。

墓口距地表深0.30米，墓底距地表深1.60米（彩版五五，2）。墓圹长2.14、宽0.61～0.72、

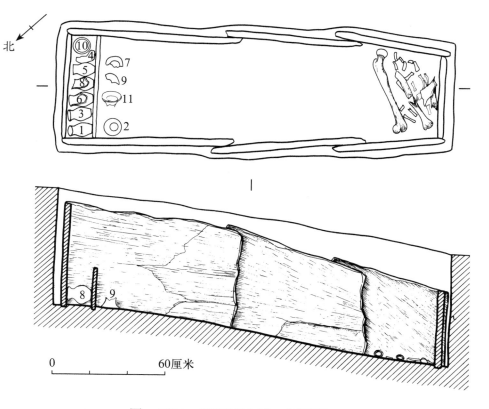

图一三二　2002M28平、剖面图
1～6、8. B型Ⅱ式陶平底罐　7、9～11. Ⅱ式陶平底杯

深 0.60～0.65 米。石棺长 2.06、头端宽 0.65、高 0.58、足端宽 0.51、高 0.42 米。头箱宽 0.14、高 0.23 米。棺板厚 2～5 厘米。棺内填土为灰黑色，尸骨仅存足端部分肢骨，葬式不明。

随葬陶器集中于头箱及头端附近，共 12 件（彩版五六，1）。

陶小底罐

B 型 I 式　1 件。标本 2002M28：12，夹细砂褐陶。直口，尖唇，广肩，鼓腹，小平底。口径 4.1、腹径 6.6、底径 3.5、高 9 厘米（图一三三，1）。

陶平底罐

B 型 II 式　7 件。夹细砂褐陶。口径略小，侈口，卷沿，方唇，广肩，鼓腹，瘦体。标本 2002M28：1，口径 6.5、腹径 8.2、底径 5.4、高 9.1 厘米（图一三三，2；彩版五六，2）。标本 2002M28：2，口径 5.1、腹径 7、底径 5.2、高 8 厘米（图一三三，3；彩版五六，3）。标本

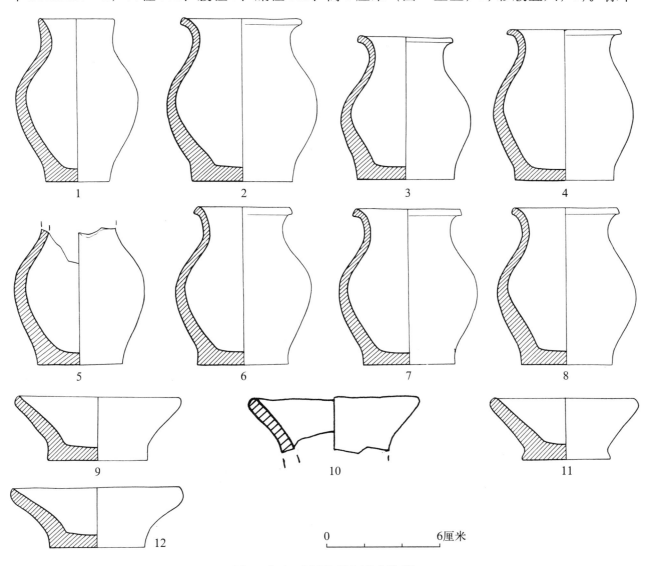

图一三三　2002M28 出土陶器

1. B 型 I 式陶小底罐 2002M28：12　2～8. B 型 II 式陶平底罐 2002M28：1、2、3、4、5、6、8　9～12. I 式陶平底杯 2002M28：7、9、10、11

2002M28：3，口径6.2、腹径7.5、底径5.3、高8.5厘米（图一三三，4；彩版五六，4）。标本2002M28：4，腹径7、底径4.6、残高7.4厘米（图一三三，5）。标本2002M28：5，口径5.3、腹径7.4、底径5、高8.7厘米（图一三三，6；彩版五六，5）。标本2002M28：6，口径5.8、腹径7.5、底径5、高8.6厘米（图一三三，7；彩版五七，1）。标本2002M28：8，口径5.7、腹径7.5、底径5、高8.7厘米（图一三三，8；彩版五七，2）。

陶平底杯

Ⅰ式　4件。底较矮。均夹细砂褐陶。敞口，斜直壁，浅腹，平底外折成假圈足。标本2002M28：7，尖唇。口径8.8、底径5.4、残高3.5厘米（图一三三，9；彩版五七，3）。标本2002M28：9，底残，圆唇。口径9、残高3厘米（图一三三，10）。标本2002M28：10，圆唇。口径7.4、底径4.8、高3.4厘米（图一三三，11；彩版五七，4）。标本2002M28：11，尖唇。口径9、底径5.1、高3.4厘米（图一三三，12；彩版五七，5）。

一九　2002M30

位于2002T9中部，南邻2002M29，方向约65°（图一三四）。

墓葬保存基本完好，盖板存头端依次叠压的三块石板。石棺头、足端各立石板一块，左右两侧各用三块石板依次交错相接而成。头端有用小石板隔成的头箱一道。

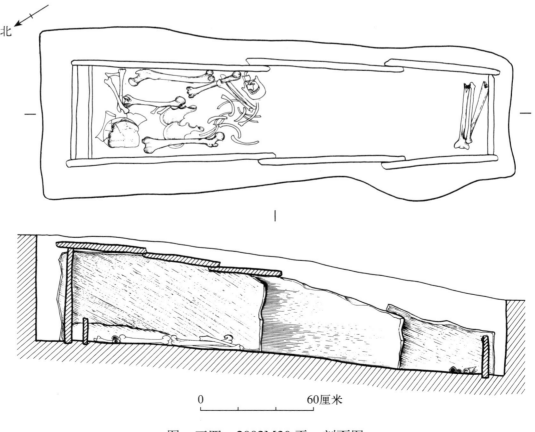

图一三四　2002M30平、剖面图

墓口距地表深 0.34 米，墓底距地表深 0.86 米（彩版五八，1、2）。墓圹长 2.49、宽 0.67～0.95、深 0.40～0.58 米。石棺长 2.25、头端宽 0.60、高 0.52、足端宽 0.52、高 0.26 米。头箱宽 0.06、高 0.15 米。棺板厚 4 厘米。棺内填土灰黑色，人骨多集中在头端，似为二次葬。

随葬品无。

二〇　2002M34

位于 2002T1 北面扩方的东北部，方向约 160°（图一三五）。

石棺足端部分被压于探方北壁下，未作清理。揭露部分中盖板仅存足端一块石板。石棺头端立石板一块，左右两侧残存两块石板交错相接而成。头端用小石板隔成头箱一道。

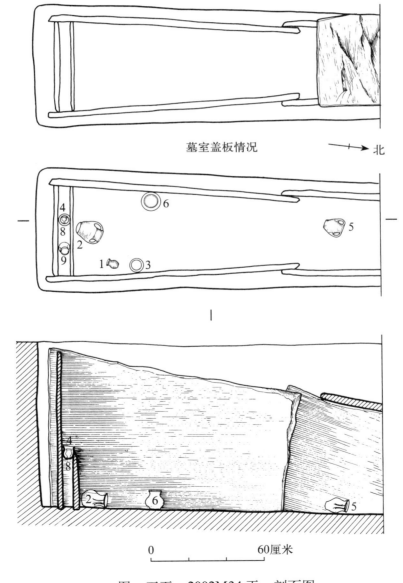

图一三五　2002M34 平、剖面图

1．残陶器　2、5．C 型陶双耳罐　3、8、9．B 型Ⅲ式陶杯　4．Ⅲ式陶盉　6、7．Ba 型Ⅱ式陶罐

墓口距地表深 0.80 米，墓底距地表深 1.70 米（彩版五九，1）。墓圹揭露部分长 1.83、头端宽 0.67、深 0.90 米。石棺揭露部分长 1.74、头端宽 0.56、高 0.87 米。头箱宽 0.06、高 0.30 米。棺板厚 2～4 厘米。棺内填土为浅黄色土夹杂黄土颗粒，未见尸骨。

随葬陶器散布于墓底，共 8 件。

陶双耳罐

C 型 I 式　2 件。双耳均为素面，泥质灰陶，表面磨光。平口，直颈，鼓腹，平底略内凹，双耳从口部贯至腹部，颈部压交错斜向暗条纹，腹部压印双旋涡纹。标本 2002M34：2，外底有"十"字形符号及切割同心圆。口径 9、腹径 14.4、底径 7.2、高 15.4、耳高 9.2 厘米（图一三六，1；彩版五九，2、3）。标本 2002M34：5，外底有切割同心圆。口径 9、腹径 15.6、底径 7.6、高 17.2、耳高 10.4 厘米（图一三六，2；彩版五九，4）。

陶长颈罐

Ba 型 II 式　2 件。侈口，沿外卷，方唇，长颈，鼓腹下收，外底内凹成矮圈足状。标本 2002M34：6，泥质灰陶。下腹略胖。口径 5.2、腹径 7.2、底径 4.5、高 8.7 厘米（图一三六，3；

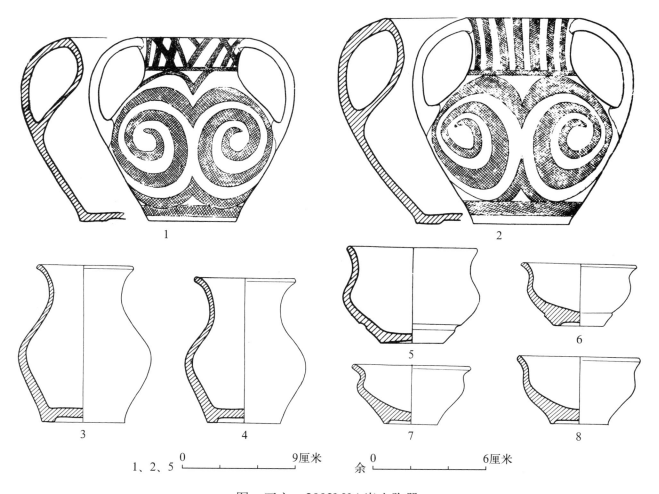

图一三六　2002M34 出土陶器

1、2. C 型 I 式陶双耳罐 2002M34：2、5　3、4. Ba 型 II 式陶长颈罐 2002M34：6、7　5. III 式陶盂 2002M34：4　6～8. B 型 III 式陶凹底杯 2002M34：3、8、9

彩版六〇，1）。标本2002M34：7，泥质黑陶。下腹划有多周凹弦纹。口径5.5、腹径6.6、底径4、高8厘米（图一三六，4；彩版六〇，2）。

陶盂

Ⅲ式　1件。标本2002M34：4，泥质灰褐陶。侈口，圆唇，曲腹，平底微内凹且有切割同心圆，下腹表有多周划纹及凹槽一道。口径10.4、腹径11、底径5、高8厘米（图一三六，5；彩版五九，5）。

陶凹底杯

B型Ⅲ式　3件。敞口，泥质黑陶。曲腹，外底内凹成矮圈足状。标本2002M34：3，方唇，底、腹交接处有明显粘接痕迹。口径6.2、腹径5.6、底径2.7、高3.4厘米（图一三六，6；彩版六〇，3）。标本2002M34：8，圆唇。口径6.3、腹径5.7、底径3、高3.2厘米（图一三六，7；彩版六〇，4）。标本2002M34：9，口径6.6、腹径6、底径3.1、高3.7厘米（图一三六，8；彩版六〇，5）。

二一　2002M35

位于2002T18东北部，方向约170°（图一三七）。

墓葬足端压于探方北壁下，揭露部分为腰部以上，盖板缺失无存。石棺头端立石板一块，左右两侧残存一块石板，并被打制成阶梯状台面以安置盖板。头端用小石板隔成头箱一道。

墓口距地表深0.50米，墓底距地表深2.10米。墓圹揭露部分长1.69、头端宽0.87、深1.61米。石棺揭露部分长1.47、头端宽0.64、高0.85米。头箱宽0.06、高0.35米。棺板厚2～3厘米。墓内填土为黄色粉状并夹杂黄土颗粒，仅见零星骨渣，葬式不明。

墓底散布有白色小石子、骨珠、陶纺轮、铜泡、铜管珠等随葬品，无陶容器，以装饰品居多，共计约70余件。

陶纺轮

A型Ⅱ式　3件。螺旋状，器体较瘦高，中间凸起。标本2002M35：1～3，泥质褐陶。表面有四道折棱，中间有穿孔。上宽1.6、下宽4.4、高1.6

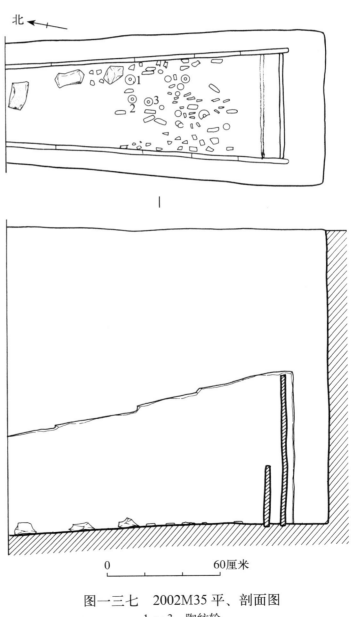

图一三七　2002M35平、剖面图

1～3. 陶纺轮

厘米（图一三八，1～3）。

铜管珠

6件。标本2002M35：4－1～4－6，壁薄，内夹竹子朽物，应系青铜薄皮包卷于竹棍之类

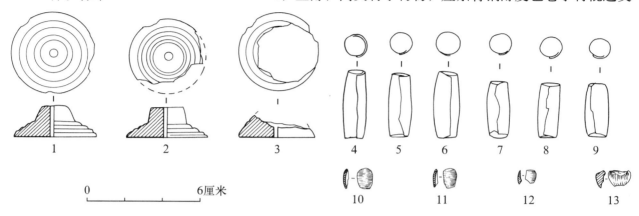

0　　　　　　6厘米

图一三八　2002M35出土陶器与铜器、贝甲

1～3. A型Ⅱ式陶纺轮 2002M35：1-3、-2、-1　4～9. 铜管珠 2002M35：4-1～4-6　10～13. 贝甲、牙类 2002M35：5-1～5-4

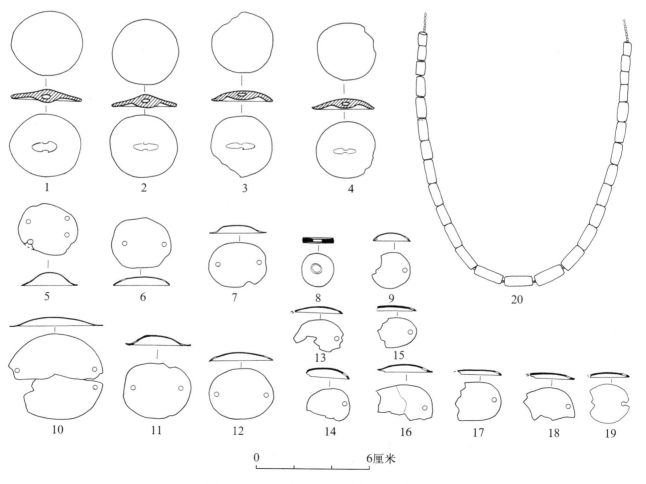

0　　　　　　6厘米

图一三九　2002M35出土铜器及骨器

1～19. 铜泡钉及铜帽形器 2002M35：6-1～6-19　20. 骨管珠 2002M35：7-1～7-27

物体表面。直径分别为 1.2、1.2、1.3、1.2、1.2、1.1、长 3.8、3.4、3.7、3.2、3.1、2.9 厘米（图一三八，4～9）。

铜泡钉、帽形器

19 件。标本 2002M35：6－1～6－19（图一三九，1～19）。

骨管珠

27 件。标本 2002M35：7－1～7－27，大小不等，组合成项链状串饰（图一三九，20）。

贝甲、牙类

4 件。标本 2002M35：5－1～5－4（图一三八，10～13）。

二二　2002M36

位于 2002T9 西南角，南邻 2002M29，方向约 68°（图一四○）。

盖板缺失无存。石棺头端、足端各立石板一块，左右两侧各立三块石板依次错缝相接，头端用小石板隔成头箱一道。

墓口距地表深 0.30 米，墓底距地表深 0.90 米。墓圹长 2.71、宽 0.73～0.83、深 0.50～0.67米。石棺长 2.48、头端宽 0.66、高 0.61、足端宽 0.54、高 0.45 米。头箱宽 0.09、高 0.23 米。棺板厚 3 厘米。棺内有少量灰黑色填土，人骨保存较完整，为仰身直肢葬（彩版六一，1）。

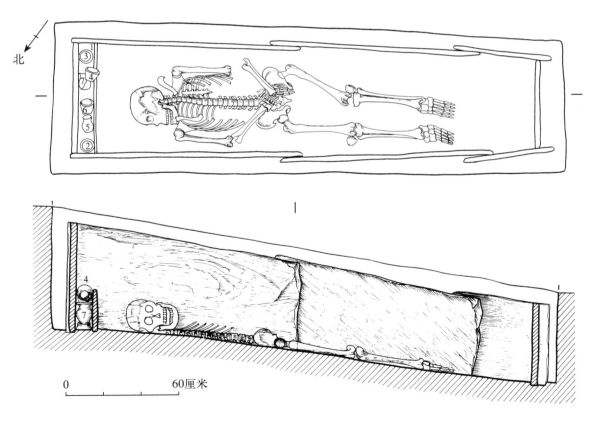

图一四○　2002M36 平、剖面图
1、2、7. Aa 型 I 式陶罐　3、4、6. II 式陶平底杯　5. Ba 型 I 式陶罐

随葬陶器置于头箱内，共 7 件。

陶长颈罐

Aa 型 I 式　3 件。直口，瘦体小型罐。夹砂褐陶。方唇，长颈，腹微鼓，小平底。标本 2002M36：1，口部残残。腹径 6.5、底径 3、残高 7.6 厘米（图一四一，1）。标本 2002M36：2，口径 4.7、腹径 6.6、底径 2.7、高 9 厘米（图一四一，2；彩版六一，2）。标本 2002M36：7，口径 4.7、腹径 6.2、底径 3.1、高 9.1 厘米（图一四一，3）。

Ba 型 I 式　1 件。直口，胖体小型罐。标本 2002M36：5，夹砂褐陶。圆唇，折沿，平底，底、腹交接处有明显粘接痕迹。口径 5.2、腹径 7.1、底径 4.4、高 8.7 厘米（图一四一，4；彩版六一，3）。

陶平底杯

II 式　3 件。器体较高。夹砂褐陶。口径较大，敞口，方唇，腹较深，斜壁，底较厚外折成假圈足状。标本 2002M36：3，口径 8.2、底径 4.2、高 5.7 厘米（图一四一，5；彩版六一，4）。标本 2002M36：4，口径 7.2、底径 3、高 5.7 厘米（图一四一，6）。标本 2002M36：6，口径 7.6、底径 4.5、高 5.5 厘米（图一四一，7；彩版六一，5）。

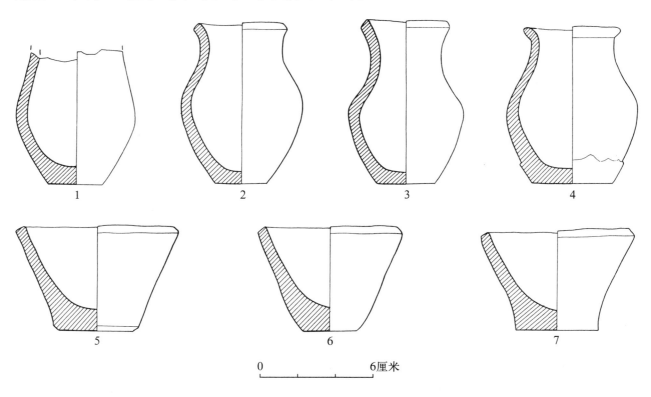

图一四一　2002M36 出土陶器

1～3. Aa 型 I 式陶长颈罐 2002M36：1、2、7　4. Ba 型 I 式陶长颈罐 2002M36：5　5～7. II 式陶平底杯 2002M36：3、4、6

二三　2002M37

位于 2002T1 北面扩方的西北角，东邻 2002M38，方向约 160°（图一四二）。

足端被叠压于在探方北壁下，未作清理。墓葬盖板已失。石棺头端立石板一块，左右两侧各残存两块石板交错相接，其上端经打制成阶梯状以安置盖板。头端用小石板隔成头箱一道。

墓口距地表深 0.70 米，墓底距地表深 1.83 米。墓圹揭露部分长 1.61、头端宽 0.75、深 1.00 米。石棺揭露部分长 1.54、头端宽 0.55、高 0.75 米。头箱宽 0.07、高 0.26 米。棺板厚 2 厘米。棺内填土为浅黄色土并夹黄土颗粒，未见人骨。

随葬陶器位于头端，包括陶双耳罐 2 件（其中 1 件已残）。

陶双耳罐

B 型 II 式 2 件。标本 2002M37：2，泥质灰陶，表面磨光。平口，胖体，圆腹，最大腹径靠下，双耳从口沿贯至腹部，平底微凹有切割同心圆，耳下端表面戳印两圆圈纹。口径 9.2、腹径 15、底径 8.4、高 16.4、耳高 11 厘米（图一四二，2）。

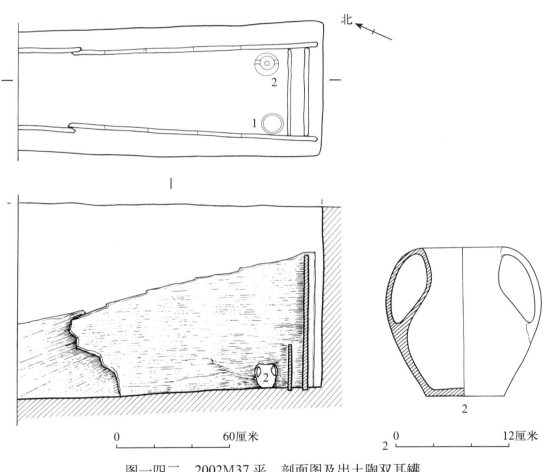

图一四二 2002M37 平、剖面图及出土陶双耳罐
1、2. B 型 II 式陶双耳罐

二四 2002M41

位于 2002T24 中部偏东，东邻 2002M42，方向约 141°（图一四三）。

墓葬保存基本完好，盖板共用石板八块，现存足端以下六块，从足至首依次叠压而成（彩版

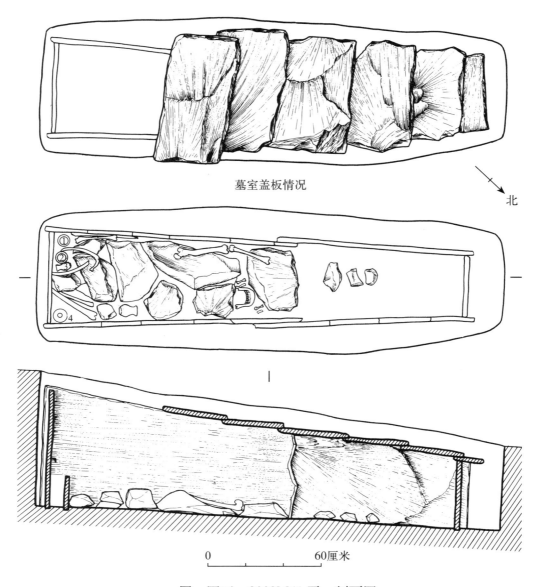

墓室盖板情况

北

0   60厘米

图一四三　2002M41平、剖面图

1. B 型 Ⅱ 式陶杯　2. Ⅳ式陶小底杯　3. Ba 型 Ⅱ 式陶罐　4. Bc 型 Ⅱ 式陶罐

六二，1）。石棺头、足端各立石板一块，左右两侧各用两块石板依次交错相接，其上端经打制成梯形缺口以安放盖板，头端用小石板隔成头箱一道。

墓口距地表深 0.54 米，墓底距地表深 1.14 米（彩版六二，2）。墓圹长 2.48、宽 0.55 ～ 0.70、深 0.47 ～ 0.75 米。石棺长 2.23、头端宽 0.57、高 0.69、足端宽 0.39、高 0.38 米。头箱宽 0.10、高 0.17 米。盖板坡度 9°。棺板厚 3 厘米。棺内填土为灰黑色并夹杂碎石片，墓底放置大量石块或小石板，人骨散乱置于腰部以上的石块或石板之上，应为二次葬。

随葬陶器集中于头端附近，共 10 件（彩版六三，1）。

陶长颈罐

Ba 型 Ⅱ 式　5 件。夹细砂褐陶。侈口，束颈，鼓腹，外底内凹成矮圈足状。标本

2002M41：3，方唇，腹部表面有划痕。口径6.6、腹径8.6、底径5.2、高10.8厘米（图一四四，1；彩版六四，1）。标本2002M41：5，方唇。口径5.8、腹径8.6、底径5.4、高10.4厘米（图一四四，2；彩版六四，2）。标本2002M41：7，方唇。口径6、腹径8.4、底径5.6、高10.4厘米（图一四四，3；彩版六四，3）。标本2002M41：9，尖唇。口径6.4、腹径9、底径5.4、高10.8厘米（图一四四，4；彩版六四，4）。标本2002M41：10，方唇，口径6、腹径8.6、底径5.2、高10.6厘米（图一四四，5；彩版六四，5）。

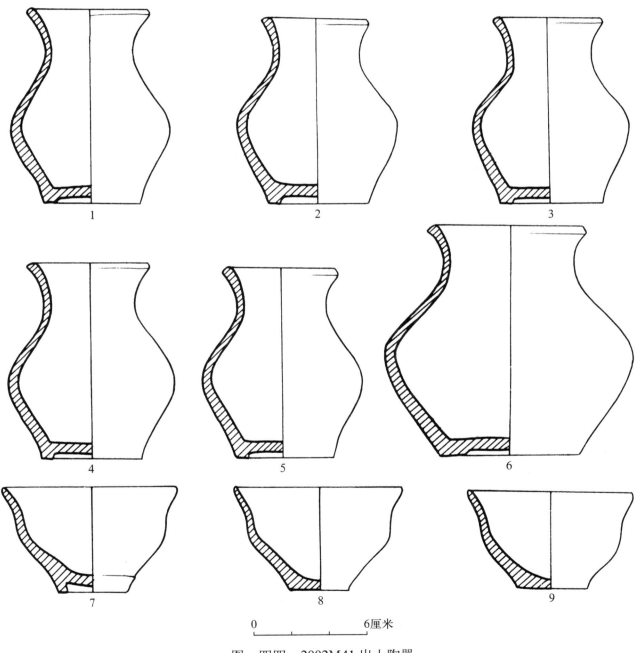

0 ———————— 6厘米

图一四四　2002M41 出土陶器

1～5．Ba型Ⅱ式陶长颈罐2002M41：3、5、7、9、10　6．Bc型Ⅱ式陶长颈罐2002M41：4　7．B型Ⅱ式陶凹底杯2002M41：1　8、9．Ⅳ式陶小底杯2002M41：2、6

Bc 型Ⅱ式　1件。标本 2002M41：4，夹细砂褐陶。侈口，方唇，束颈，广肩，鼓腹，外底内凹，肩及下腹表有划纹。口径 8.6、腹径 13.2、底径 7.6、高 12.8 厘米（图一四四，6；彩版六四，6）。

陶凹底杯

B 型Ⅱ式　1件。标本 2002M41：1，夹细砂褐陶。侈口，尖唇，腹较深，外底内凹成矮圈足状，底、腹交接处有明显粘接痕迹。口径 9.2、腹径 8、底径 3.6、高 6 厘米（图一四四，7；彩版六三，2）。

陶小底杯

Ⅳ式　3件。夹细砂褐陶。敞口，尖唇，曲腹较深。标本 2002M41：2，口径 9、腹径 7.4、底径 3.2、高 5.8 厘米（图一四四，8；彩版六三，3）。标本 2002M41：6，口径 8.8、腹径 7.5、底径 3.8、高 5.4 厘米（图一四四，9；彩版六三，4）。标本 2002M41：8，口径 8.6、腹径 7.6、底径 4.2、高 5.6 厘米（彩版六三，5）。

二五　2002M42

位于 2002T24 东北部，西邻 2002M41，方向约 129°（图一四五）。

墓葬保存基本完好，盖板已扰乱，现存足端三块，散乱置放（彩版六五，1）。石棺头端、足端各立石板一块，左右两侧各用两块石板依次交错相接。头端用小石板隔成头箱一道。

墓口距地表深 0.50 米，墓底距地表深 1.18 米（彩版六五，2）。墓圹长 2.16、宽 0.70～0.82、

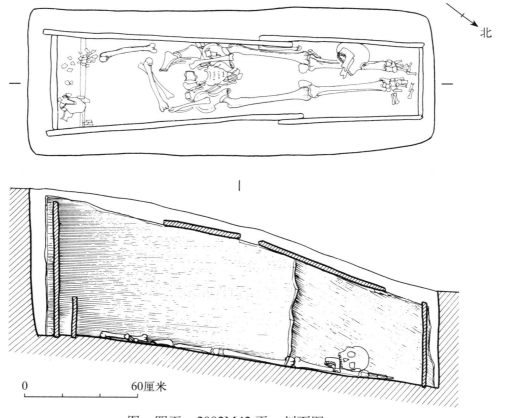

图一四五　2002M42 平、剖面图

深 0.53 ～ 0.81 米。石棺长 1.98、头端宽 0.59、高 0.75、足端宽 0.42、高 0.45 米。头箱宽 0.13、高 0.22 米。棺板厚 3 厘米。人骨散乱于棺内，由于后期积水浸泡后扰乱，葬式应为仰身直肢葬。棺内填土为灰黑色，墓底放置大量小碎石块。

随葬品仅 1 件陶罐，已破碎。

二六　2003M15

位于 2003T4 东部，西部及西北分别与 2003M2 和 2003M1 相邻，方向约 115°（图一四六）。

墓葬保存基本完好，盖板系用七块石板从足至首依次叠压而成，其中头端第一块盖板缺失，第二、三块间加垫一小石板（彩版六六，1）。石棺头、足两端各立石板一块，左右两侧各用三块

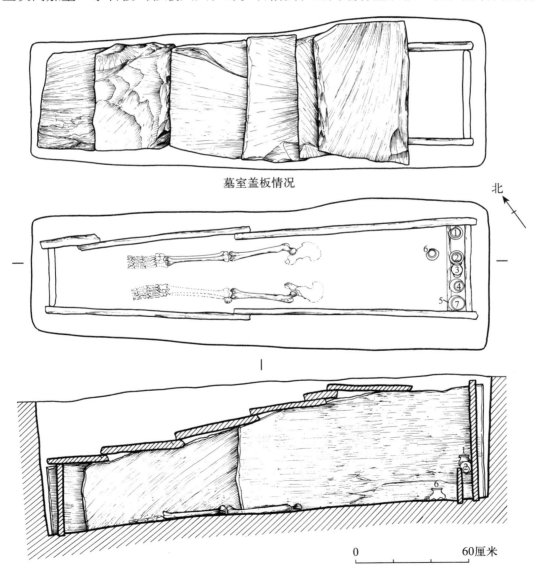

墓室盖板情况

北

图一四六　2003M15 平、剖面图
1、2、7. B 型 I 式陶凹底杯　3 ～ 5. Aa 型 I 式陶长颈罐　6. A 型 I 式陶豆

石板依次错缝相接而成。头端有用小石板隔成的头箱一道。

墓口距地表深 0.25 米,墓底距地表深 0.91 米(彩版六六,2)。墓圹长 2.44、宽 0.63 ~ 0.81、深 0.67 ~ 0.74 米。石棺长 2.25、头端宽 0.55、高 0.66、足端宽 0.40、高 0.38 米。头箱宽 0.08、高 0.20 米。石棺盖板坡度 10°。棺板厚 2 ~ 4 厘米。墓内填土为黄褐色并夹杂碎石片,墓底存有股骨、胫骨及趾骨等部分人体肢骨,应为仰身直肢葬。

随葬陶器多集中在头箱及其附近,共 7 件。

陶长颈罐

Aa 型 I 式　3 件。直口。夹细砂褐陶。方唇,长颈,鼓腹,最大腹径居中,平底内凹。标本 2003M15:3,口径 5.6、腹径 7.4、底径 4、高 10.7 厘米(图一四七,1;彩版六七,1)。标本 2003M15:4,口径 5.7、腹径 7、底径 4.3、高 10.1 厘米(图一四七,2;彩版六七,2)。标本 2003M15:5,口径 5.6、腹径 7.5、底径 4.4、高 10.4 厘米(彩版六七,3)。

陶豆

A 型 I 式　1 件。标本 2003M15:6,柄残,泥质磨光黑皮陶。圆唇,曲腹外凸。口径 14.2、腹径 13.0、残高 9.3 厘米(图一四七,3)。

陶凹底杯

B 型 I 式　3 件。直口,曲腹较深,平底内凹成矮圈足。标本 2003M15:1,夹细砂褐陶。方唇,曲腹下收。口径 6.6、腹径 6.4、底径 3.9、高 5 厘米(图一四七,4;彩版六七,4)。标本

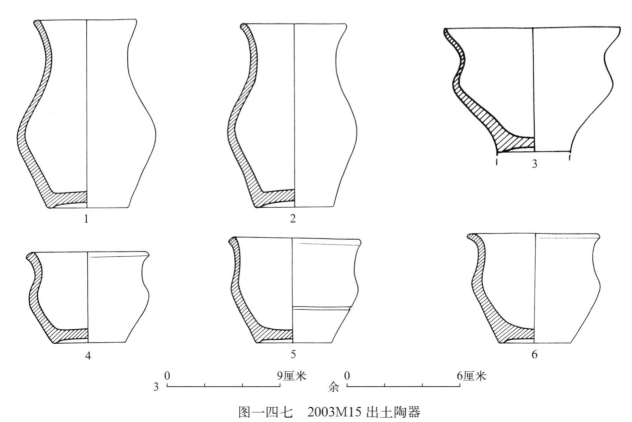

图一四七　2003M15 出土陶器

1、2. Aa 型 I 式陶长颈罐 2003M15:3、4　3. A 型 I 式陶豆 2003M15:6　4 ~ 6. B 型 I 式陶凹底杯 2003M15:1、2、7

2003M15：2，夹细砂褐陶。方唇，下腹表面有凹槽。口径7.2、腹径6.8、底径4.1、高5.8厘米（图一四七，5；彩版六七，5）。标本2003M15：7，泥质褐陶。圆唇。口径7.2、腹径6.8、底径4、高6厘米（图一四七，6；彩版六七，6）。

二七　2003M21

位于2003T13南部，方向约133°（图一四八）。

西南邻残墓一座。盖板缺失无存。墓圹足端中部有一突出的榫头，似与盖板之间为榫卯结构。石棺头、足端各立石板一块，左右两侧各用两块石板错缝相接而成，头端有用小石板隔成头箱一道。

墓口距地表深0.35米，墓底距地表深0.94米（彩版六八，1）。墓圹长2.25、宽0.65～0.74、深0.62～0.70米。石棺长2.05、头端宽0.56、高0.62、足端宽0.42、高0.54米。头箱宽0.11、高0.20米。棺板厚3厘米。未见尸骨，葬式不明。

墓底腰部散布有3块白石，随葬陶器2件。

陶双耳罐

C型Ⅰ式　1件。标本2003M21：2，上腹已残，泥质磨光黑皮陶。鼓腹，平底略内凹，耳面压印暗线条纹，腹表压印双漩涡状暗纹。腹径15.7、底径6.7、残高10厘米（图一四八，2）。

陶长颈罐

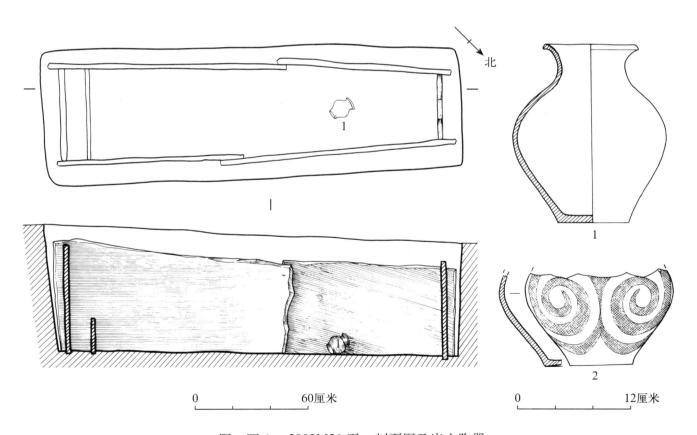

图一四八　2003M21平、剖面图及出土陶器
1. Bc型Ⅲ式陶长颈罐　2. C型Ⅰ式陶双耳罐

Bc 型Ⅲ式　1件。标本 2003M21：1，泥质灰陶，表面磨光。侈口，卷沿，方唇，侈口，束颈，圆腹，平底。口径 10.2、腹径 16.6、底径 7.7、高 19.4 厘米（图一四八，1；彩版六八，2）。

二八　2003M24

位于 2003T16 北部，西南邻 2003M23，方向约 120°（图一四九）。

盖板缺失无存，石棺头、足端各立石板一块，左右两侧各用两块石板错缝相接而成，头端有用小石板隔成的头箱一道。

墓口距地表深 0.15～0.45 米，墓底距地表深 0.70～0.80 米（彩版六九，1）。墓圹长 2.24、宽 0.57～0.82、深 0.60～0.68 米。石棺长 2.07、头端宽 0.71、高 0.58、足端宽 0.44、高 0.45 米。头箱宽 0.10、高 0.15 米。棺板厚 3～4 厘米。墓内填满浅褐色土，未见尸骨。

随葬陶器已扰乱，散布于墓底腰部以上部分，较完整陶器 13 件。

陶长颈罐

Aa 型Ⅱ式　1件。标本 2003M24：5，泥质灰陶。侈口，方唇，束颈，鼓腹，平底内凹，底、腹交接处有明显粘接痕迹。口径 4.9、腹径 6.6、底径 4.1、高 9.3 厘米（图一五〇，1；彩版七〇，1）。

Ba 型Ⅱ式　3件。泥质灰陶。侈口，束颈，胖体鼓腹，平底。标本 2003M24：1，圆唇。口径 6.2、腹径 7.9、底径 3.6、高 9.5 厘米（图一五〇，2；彩版七〇，2）。标本 2003M24：6，圆唇。口径 5.9、腹径 8、底径 4.1、高 9.1 厘米（图一五〇，3；彩版七〇，3）。标本 2003M24：11，方唇，外底内凹成矮圈足，近底表面有凹槽。口径 5.6、腹径 8、底径 3.8、高 8.7 厘米（图一五〇，

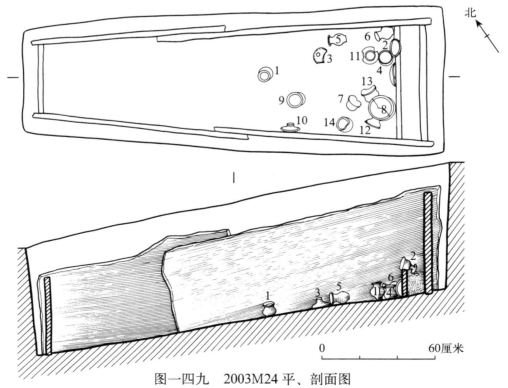

图一四九　2003M24 平、剖面图

1、6、11. Ba 型Ⅱ式陶长颈罐　2、3、4、10、12、13. A 型Ⅱ式陶器盖　5. Aa 型Ⅱ式陶长颈罐　7. B 型Ⅱ式陶凹底杯　8. Ⅰ式陶盉　9. Ba 型Ⅳ式陶豆

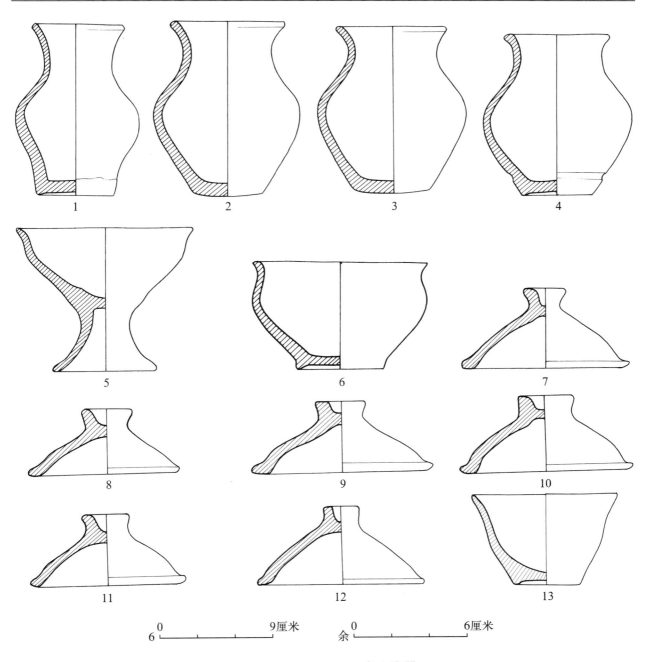

图一五〇 2003M24 出土陶器

1. Aa 型 II 式陶长颈罐 2003M24：5 2～4. Ba 型 II 式陶长颈罐 2003M24：1、6、11 5. Ba 型 IV 式陶豆 2003M24：9 6. I 式陶盉 2003M24：8 7～12. A 型 II 式陶器盖 2003M24：2、3、10、12、13、14 13. B 型 II 式陶凹底杯 2003M24：7

4；彩版七〇，4）。

陶豆

Ba 型 IV 式 1 件。标本 2003M24：9，泥质褐陶。敞口，尖唇，折腹，喇叭形圈足。口径 9.4、足径 5.5、高 7.8 厘米（图一五〇，5；彩版七〇，5）。

陶盉

Ⅰ式　1件。标本 2003M24：8，泥质灰陶，表面磨光。卷沿，尖唇，鼓腹，平底略内凹。口径 14.2、腹径 14、底径 7、高 8.8 厘米（图一五〇，6；彩版七〇，6）。

陶器盖

A 型Ⅱ式　6件。体量较大，泥质褐陶。盖口尖唇，外折上翘，腹略深。标本 2003M24：2，纽口径 2.3、盖口径 9、高 4.4 厘米（图一五〇，7；彩版六九，2）。标本 2003M24：3，纽口径 2.8、盖口径 8.3、高 3.5 厘米（图一五〇，8；彩版六九，3）。标本 2003M24：10，纽口径 2.7、盖口径 9.8、高 4 厘米（图一五〇，9；彩版六九，4）。标本 2003M24：12，纽口径 3、盖口径 9.4、高 4.3 厘米（图一五〇，10）。标本 2003M24：13，纽口径 2.6、盖口径 8.4、高 3.8 厘米（图一五〇，11）。标本 2003M24：14，纽口径 2、盖口径 9.1、高 4.2 厘米（图一五〇，12；彩版六九，5）。

陶凹底杯

B 型Ⅱ式　1件。标本 2003M24：7，泥质褐陶。侈口，尖唇，折腹较深，平底内凹。口径 7.8、腹径 6.1、底径 3.6、高 4.9 厘米（图一五〇，13）。

二九　2003M27

位于 2003T21 南部，东邻 2003M28，方向约 145°（图一五一）。

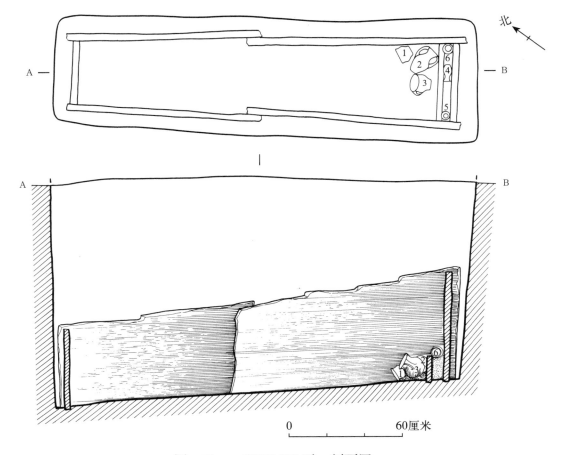

图一五一　2003M27 平、剖面图

1. A 型Ⅱ式陶豆　2. Aa 型Ⅰ式陶双耳罐　3. B 型Ⅰ式陶单耳罐　4、5. Aa 型Ⅱ式陶长颈罐　6. Ba 型Ⅱ式陶长颈罐

　　盖板缺失无存。石棺头、足端各立石板一块，左右两侧各用两块石板错缝相接而成。两侧立板上端被打制成梯状缺口安放盖板。头端有用小石板隔成的头箱一道。

　　墓口距地表深 0.40 米，墓底距地表深 1.20 米（彩版七一，1）。墓圹长 2.25、宽 0.58～0.68、深 1.09～1.24 米。石棺长 2.06、头端宽 0.51、高 0.62、足端宽 0.43、高 0.47 米。头箱宽 0.06、高 0.14 米。棺板厚 3～4 厘米。墓内填满黄褐色土，未见尸骨。

　　随葬器物集中在头箱及附近，共 7 件（彩版七一，2）。

　　陶双耳罐

　　Aa 型 I 式　1 件。标本 2003M27：2，泥质灰陶，表面磨光。平口，长颈，鼓腹，下腹内收，平底略内凹，双耳从口部贯至中腹。口径 8.4、腹径 12.4、底径 6.2、高 16.6、耳高 8.3 厘米（图一五二，1；彩版七二，1）。

　　陶单耳罐

　　B 型 I 式　1 件。标本 2003M27：3，泥质灰陶，表面磨光。侈口，尖唇，下腹内收成平底，外底略内凹并有轮制切割同心圆。口径 10.8、腹径 11.6、底径 6、高 10.8 厘米（图一五二，2；彩版七二，2）。

　　陶长颈罐

　　Aa 型 II 式　2 件。侈口，泥质黑陶。瘦腹。标本 2003M27：4，方唇，长颈，平底内凹，器

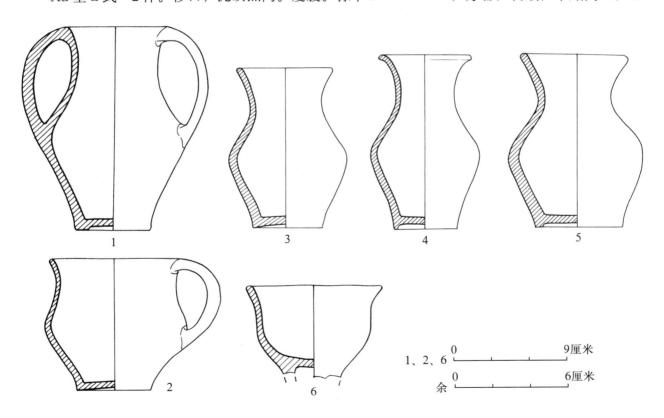

图一五二　2003M27 出土陶器

1. Aa 型 I 式陶双耳罐 2003M27：2　2. B 型 I 式陶单耳罐 2003M27：3　3、4. Aa 型 II 式陶长颈罐 2003M27：4、5　5. Ba 型 II 式陶长颈罐 2003M27：6　6. A 型 II 式陶豆 2003M27：1

表有轮旋痕及划痕。口径5.2、腹径6.3、底径3.7、高8.8厘米（图一五二，3；彩版七二，3）。标本2003M27：5，尖唇，最大腹径居中，平底内凹成矮圈足。口径5、腹径5.9、底径3.4、高9.5厘米（图一五二，4；彩版七二，4）。

Ba型Ⅱ式　1件。标本2003M27：6，口部烧制变形，泥质黑陶。侈口，圆唇，长颈，鼓腹，最大腹径靠下，平底内凹成矮圈足。口径5.8、腹径7.3、底径4.6、高9.4厘米（图一五二，5；彩版七二，5）。

陶豆

A型Ⅱ式　1件。标本2003M27：1，柄残，泥质灰陶，表面磨光。侈口，圆唇，曲腹较深。口径10.8、腹径9、残高7.6厘米（图一五二，6）。

铜管珠

1件。标本2003M27：7，已残断。

三〇　2003M29

位于2003T14西部，东邻2003M25，方向约120°（图一五三）。

保存基本完好，盖板共用六块石板，现缺头端第一块，从足至首依次叠压而成，第二块盖板面上放置陶器5件（编号为器物坑2003M22），石棺头、足端各立石板一块，左右两侧各用两块石板错缝相接而成。头端有用小石板隔成头箱一道。

墓口距地表深1.05米，墓底距地表深1.50～1.95米。墓圹长2.80、宽0.72～0.80、深0.76～1.10米。石棺长2.60、头端宽0.68、高0.70、足端宽0.51、高0.50米。头箱宽0.09、高0.20米。石棺盖板坡度8°。棺板厚4厘米。墓内填满褐色土，未见尸骨。

随葬陶器多置于头箱内，共13件。

陶长颈罐

Aa型Ⅱ式　2件。均为泥质黑陶。侈口，圆唇，瘦体鼓腹。标本2003M29：4，小平底内凹，下腹表有轮旋痕。口径5.3、腹径7、底径3.1、高9.2厘米（图一五四，1；彩版七三，1）。标本2003M29：9，小平底并有切割同心圆。口径5.2、腹径6.9、底径3.4、高8.8厘米（图一五四，2；彩版七三，2）。

Ab型Ⅱ式　1件。标本2003M29：2，泥质黑陶。侈口，尖唇，瘦体鼓腹，小平底内凹成矮圈足，沿下有一周折痕。口径6.2、腹径7.7、底径3.9、高10.6厘米（图一五四，3；彩版七三，3）。

Ba型Ⅱ式　1件。标本2003M29：1，泥质黑陶。侈口，圆唇，圆腹，小平底内凹。口径5.2、腹径7.4、底径3.3、高9.4厘米（图一五四，4；彩版七三，4）。

Ba型Ⅲ式　1件。标本2003M29：3，泥质黑陶。沿外卷，尖唇，鼓腹，小平底，器表有轮旋痕。口径5.7、腹径7.6、底径3、高9.6厘米（图一五四，5；彩版七三，5）。

Bb型Ⅱ式　2件。泥质黑陶。侈口，胖体鼓腹，小平底内凹。标本2003M29：5，方唇。口径6.2、腹径8、底径3.8、高10.9厘米（图一五四，6）。标本2003M29：6，圆唇，器表有轮旋痕。口径7.2、腹径9.1、底径4、高11.8厘米（图一五四，7；彩版七三，6）。

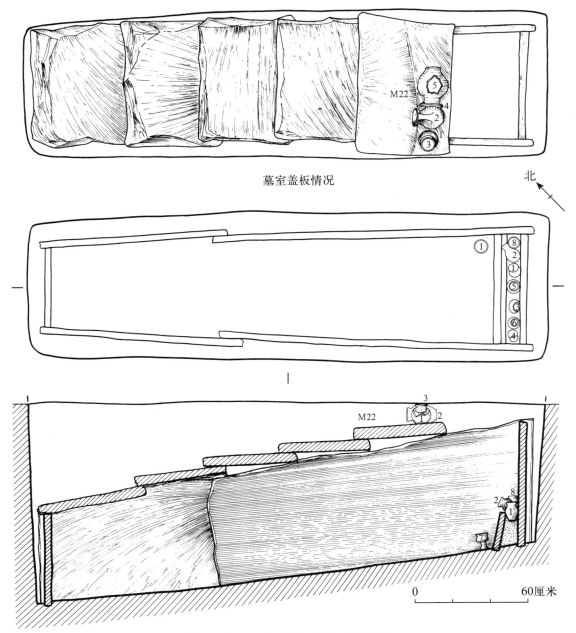

墓室盖板情况

北

图一五三　2003M29 平、剖面图

M22：1. Bb 型 Ⅱ 式陶双耳罐　2. B 型 Ⅱ 式陶双耳罐　3、4. Ba 型 Ⅳ 式陶豆　5. B 型 Ⅱ 式陶单耳罐　M29：1. Ba 型 Ⅱ 式陶罐　2. Ab 型 Ⅱ 式陶长颈罐　3. Ba 型 Ⅲ 式陶长颈罐　4. Aa 型 Ⅱ 式陶长颈罐　5、6. Bb 型 Ⅱ 式陶长颈罐　7、8. Ba 型 Ⅳ 式陶豆

陶豆

Ba 型 Ⅳ 式　6 件。泥质黑陶。敞口，尖唇，折腹，喇叭形圈足。标本 2003M29：7，口径 8.3、足径 5.3、高 7.3 厘米（图一五五，1；彩版七四，1）。标本 2003M29：8，口径 8.7、足径 5.1、高 7.7 厘米（图一五五，2；彩版七四，2）。标本 2003M29：10，口径 8.7、足径 4.7、高 6.7 厘米（图一五五，3；彩版七四，3）。标本 2003M29：11，口径 8.1、足径 5.1、高 7.2 厘米（图一五五，4；彩版七四，4）。标本 2003M29：12，口径 8.5、足径 5、高 7.3 厘米（图一五五，5；彩版七四，5）。

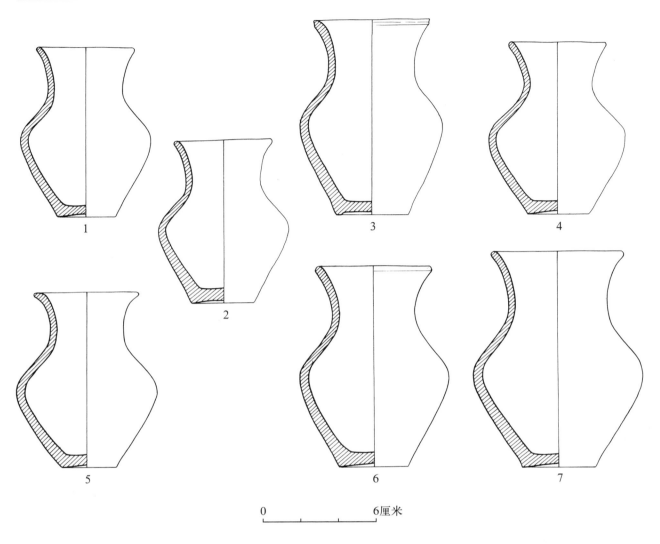

图一五四　2003M29 出土陶长颈罐

1、2. Aa 型 Ⅱ 式 2003M29：4、9　3. Ab 型 Ⅱ 式 2003M29：2　4. Ba 型 Ⅱ 式 2003M29：1　5. Ba 型 Ⅲ 式 2003M29：3
6、7. Bb 型 Ⅱ 式 2003M29：5、6

标本 2003M29：13，口径 9、足径 4.9、高 7.7 厘米（图一五五，6；彩版七四，6）。

三一　2003M30

位于 2003T7 西北部，东南邻 2003M8，东北邻残墓一座，方向约 115°（图一五六）。

盖板打制较为规整，原有八块，现缺失第二、三块，从足至首依次叠压而成。石棺头、足端各立石板一块，左右两侧各用三块石板依次错缝相接而成，头端有用小石板隔成的头箱一道。

墓口距地表深 0.35 米，墓底距地表深 1.10 米。墓圹长 2.53、宽 0.75～0.85、深 0.70～1.00 米。石棺长 2.20、头端宽 0.59、高 0.52、足端宽 0.47、高 0.32 米。头箱宽 0.08、高 0.21 米。石棺盖板坡度 9°。棺板厚 2 厘米。墓内填满浅褐色土，人骨架残存下部肢骨，应为仰身直肢葬。

随葬品无。

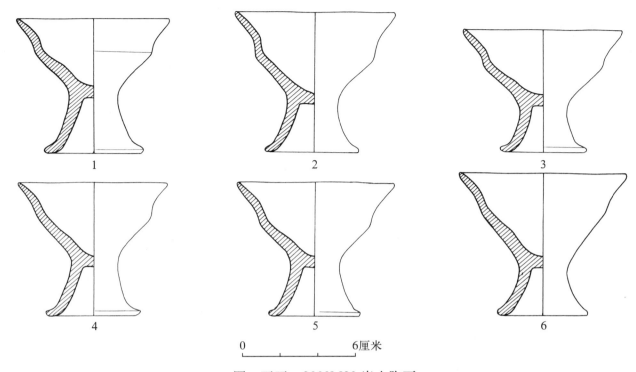

图一五五　2003M29 出土陶豆

1～6. Ba 型Ⅳ式 2003M29：7、8、10、11、12、13

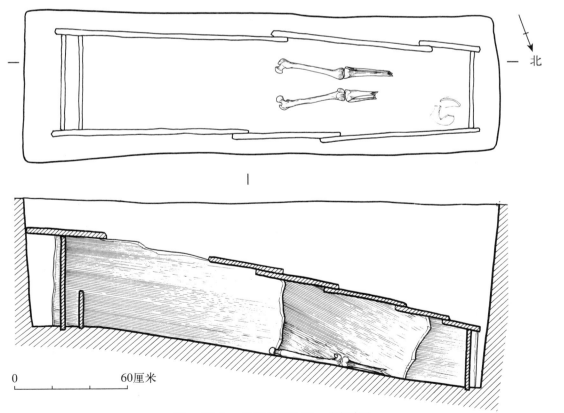

图一五六　2003M30 平、剖面图

三二 2003M37

位于 2003T33 东南部，东北邻 2003M38，西南邻残墓一座，方向约 130°（图一五七）。

保存完好。盖板共六块，从足至首依次叠压而成（彩版七五，1）。其中第一块与第二块交接处有打制成环形缺口痕迹，第二与第三块，第四与第五块盖板加垫有小石板或小石块。石棺头、足端各立石板一块，左侧用两块石板，右侧用三块石板错缝相接而成。头端有用小石板隔成头箱一道。

墓口距地表深 0.35～0.85 米，墓底距地表深 0.80～1.18 米（彩版七五，2）。墓圹长 2.22、宽 0.65～0.75、深 0.56～0.61 米。石棺长 2.04、头端宽 0.52、高 0.47、足端宽 0.36、高 0.33 米。头箱宽 0.08、高 0.08 米。石棺盖板坡度 7°。棺板厚 2～3 厘米。棺内人体骨架保存完好，仰身直肢葬，其中右手置于右腿侧，左手置于腹部。

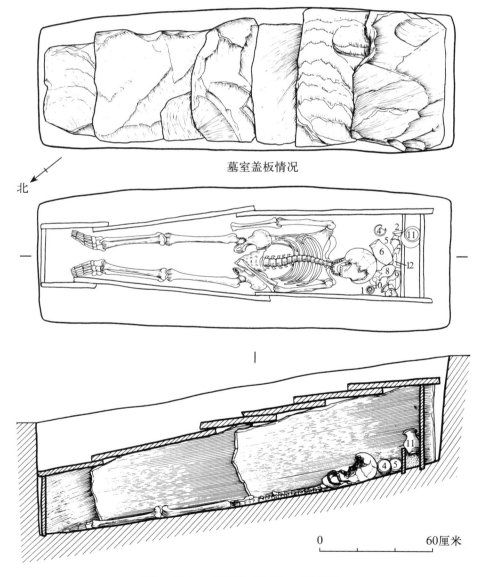

图一五七 2003M37 平、剖面图

1、2．A 型 Ⅱ 式陶纺轮 3．Ba 型 Ⅲ 式陶长颈罐 4、5．B 型 Ⅱ 式陶凹底杯 6、7、9．陶筒形罐 8、11．Bb 型 Ⅱ 式陶长颈罐 10．Ⅳ 式陶小底杯 12．Bb 型陶豆

随葬陶器集中于头端及头箱内，共 12 件（彩版七六，1、2）。

陶长颈罐

Ba 型Ⅲ式　1 件。标本 2003M37：3，泥质黑陶。侈口，卷沿，圆唇，长颈，鼓腹，平底内凹。口径 5.2、腹径 6.3、底径 4.1、高 7.9 厘米（图一五八，1；彩版七七，1）。

Bb 型Ⅱ式　2 件。泥质黑陶。侈口，圆唇，直颈，鼓腹，平底内凹。标本 2003M37：8，口径 6.8、腹径 8.1、底径 4、高 10.6 厘米（图一五八，2；彩版七七，2）。标本 2003M37：11，最大腹径靠下。口径 5.7、腹径 8.3、底径 4.5、高 10.2 厘米（图一五八，3；彩版七七，3）。

陶筒形罐

3 件。泥质黑陶。直口，尖唇，直腹，小平底。标本 2003M37：6，器表有多周轮旋痕。口径 4.4、腹径 6.9、底径 3.2、高 10.7 厘米（图一五八，4；彩版七七，4）。标本 2003M37：7，口径 5、腹径 6.5、底径 3.1、高 9.6 厘米（图一五八，5；彩版七七，5）。标本 2003M37：9，口径 4.2、腹径 6.1、底径 3、高 10.1 厘米（图一五八，6；彩版七七，6）。

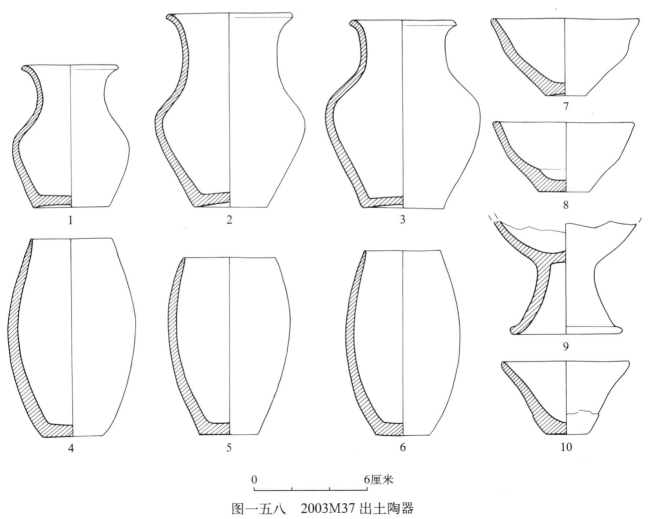

0　　　　　　6厘米

图一五八　2003M37 出土陶器

1. Ba 型Ⅲ式陶长颈罐 2003M37：3　2、3. Bb 型Ⅱ式陶长颈罐 2003M37：8、11　4～6. 陶筒形罐 2003M37：6、7、9　7、8. B 型Ⅱ式陶凹底杯 2003M37：4、5　9. Bb 型陶豆 2003M37：12　10. Ⅳ式陶小底杯 2003M37：10

陶凹底杯

B 型 II 式　2 件。泥质黑陶。敞口，方唇，曲腹，小平底。标本 2003M37：4，底内凹。口径 8、底径 2.2、高 4.2 厘米（图一五八，7；彩版七八，1）。标本 2003M37：5，口径 7.7、底径 2.7、高 3.8 厘米（图一五八，8；彩版七八，2）。

陶小底杯

IV 式　1 件。标本 2003M37：10，泥质褐陶。尖唇，瘦腹，小平底，底、腹交接处有明显粘接痕迹。口径 6.9、底径 2.3、高 4 厘米（图一五八，10；彩版七八，3）。

陶豆

Bb 型　1 件。标本 2003M37：12，盘口部分残，泥质黑陶。细长柄，喇叭形圈足，足口上翘，盘内底凸起。足径 6、残高 6 厘米（图一五八，9）。

陶纺轮

A 型 II 式　2 件。器体较瘦高，中间凸起，泥质黑陶。螺旋状，截面成梯形，中有穿孔，表面有三周折棱。标本 2003M37：1，上宽 1.6、下宽 4.3、高 1.6、孔径 0.2 厘米（图一五九，1；彩版七八，4）。标本 2003M37：2，上宽 1.6、下宽 4.4、高 1.8、孔径 0.2 厘米（图一五九，2；彩版七八，5）。

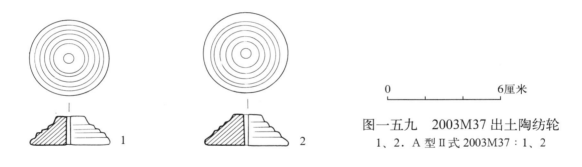

0　　　　　　　　6厘米

图一五九　2003M37 出土陶纺轮
1、2. A 型 II 式 2003M37：1、2

三三　2003M39

位于 2003T35 南部，方向约 160°（图一六〇）。

盖板缺失无存，石棺头、足端各立石板一块，左右两侧各用两块石板错缝相接而成。头端有用小石板隔成的头箱一道。

墓口距地表深 0.58 米，墓底距地表深 1.28 米（彩版七九，1）。墓圹长 2.13、宽 0.55～0.77、深 0.57～0.73 米。石棺长 1.89、头端宽 0.62、高 0.70、足端宽 0.39、高 0.54 米。头箱宽 0.10、高 0.32 米。棺板厚 3～4 厘米。棺内填满黑褐色土，未见尸骨。

随葬陶器集中于头箱及头端附近，可辨器形者 11 件（彩版七九，2）。

陶双耳罐

Aa 型 II 式　1 件。标本 2003M39：6，泥质磨光黑皮陶。平口，鼓腹，平底内凹并有切割同心圆，双耳从口部贯至腹部，耳面下端戳印有两圆圈纹。口径 9.4、腹径 12.6、底径 5.8、高 15.4、耳高 8.6 厘米（图一六一，1；彩版八〇，1）。

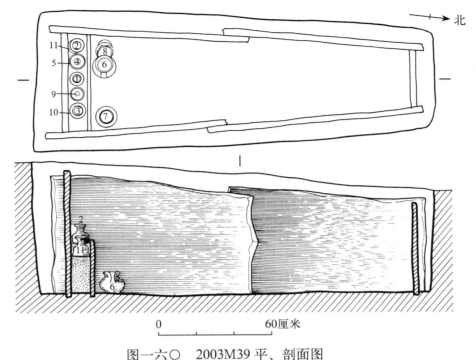

图一六〇　2003M39 平、剖面图

1、3、5、10. Aa 型 Ⅲ 式陶长颈罐　2. B 型 Ⅲ 式陶器盖　4、9. B 型 Ⅱ 式陶凹底杯　6. Aa 型 Ⅱ 式陶双耳罐　7、8.
Bb 型 Ⅲ 式陶长颈罐　11. A 型 Ⅰ 式陶豆

陶长颈罐

Aa 型 Ⅲ 式　4 件。沿外卷。标本 2003M39：1，口部已残，泥质黑陶。瘦体鼓腹，平底
内凹成矮圈足，下腹表有一周折棱。腹径 6.5、底径 3.5、残高 6 厘米（图一六一，2）。标本
2003M39：3，泥质黑陶。圆唇，束颈，鼓腹，矮圈足，器内外表均有轮旋痕，外底有"O"字形符号。
口径 5.7、腹径 6.9、底径 4、高 9.5 厘米（图一六一，3；彩版八〇，2）。标本 2003M39：5，口
部已残，泥质褐陶。斜直壁，腹较深，底内凹成矮圈足状，外底戳印指甲纹。底径 3.4、残高 4.3
厘米（图一六一，4）。标本 2003M39：10，口部已残，泥质黑陶。瘦体鼓腹，平底内凹成矮圈足。
腹径 7、底径 4、残高 7.7 厘米（图一六一，5）。

Bb 型 Ⅲ 式　2 件。沿外卷。均泥质黑陶。鼓腹，平底内凹成矮圈足状。标本 2003M39：7，
方唇，束颈，器表有轮旋痕，外底有"O"字形符号。口径 8、腹径 11.6、底径 5.6、高 14 厘米
（图一六一，6；彩版八〇，3）。标本 2003M39：8，颈部以上已残。腹径 9.4、底径 5.7、残高 7.8
厘米（图一六一，7）。

陶豆

A 型 Ⅰ 式　1 件。标本 2003M39：11，柄部残，泥质磨光黑皮陶。侈口，尖唇，折腹。口径
10.3、残高 3.4 厘米（图一六一，8）。

陶凹底杯

B 型 Ⅱ 式　2 件。侈口，圆唇，曲腹较深。标本 2003M39：4，泥质黑陶。矮圈足，外底有
"O"字形符号。口径 7.8、腹径 7、底径 4.3、高 5.4 厘米（图一六一，9；彩版八〇，4）。标本
2003M39：9，底部已残，泥质褐陶。口径 7.5、腹径 6.2、残高 3.6 厘米（图一六一，10）。

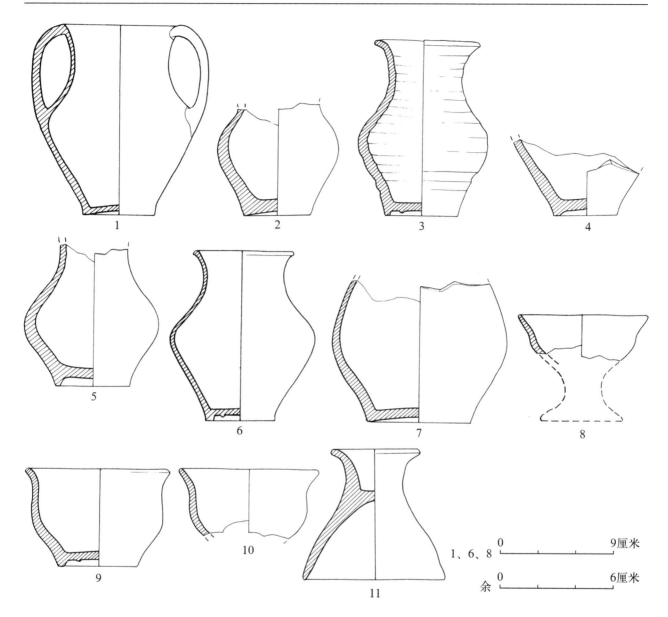

图一六一　2003M39 出土陶器

1. Aa 型 Ⅱ 式陶双耳罐 2003M39：6　2 ～ 5. Aa 型 Ⅲ 式陶长颈罐 2003M39：1、3、5、10　6、7. Bb 型 Ⅲ 式陶长颈
罐 2003M39：7、8　8. A 型 Ⅰ 式陶豆 2003M39：11　9、10. B 型 Ⅱ 式陶凹底杯 2003M39：4、9　11. B 型 Ⅲ 式陶器
盖 2003M39：2

陶器盖

B 型 Ⅲ 式　1 件。标本 2003M39：2，泥质灰陶。尖唇，斜直壁，深腹。盖口径 4.8、纽
口径 7.7、高 7.2 厘米（图一六一，11；彩版八〇，5）。

三四　2004M13

位于 2004T1 中部，方向约 130°（图一六二）。

保存基本完整。盖板用石板五块，从足至首依次叠压而成，其中第二、三块被晚期坑打破损

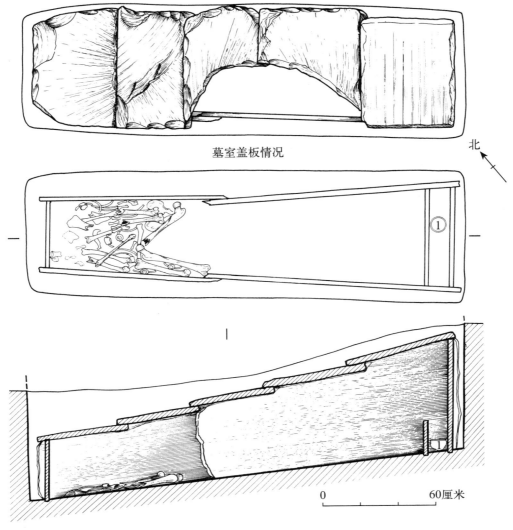

墓室盖板情况

北

图一六二 2004M13平、剖面图
1. 残陶罐

毁一半（彩版八一，1）。石棺头、足端各立石板一块，左右两侧各立石板两块错缝相接。头端有用小石板隔成的头箱一道。

墓口距地表深0.53米，墓底距地表深0.93～1.16米（彩版八一，2）。墓圹长2.33、宽0.64～0.72、深0.60～0.70米。石棺长2.17、头端宽0.60、高0.62、足端宽0.42、高0.34米。头箱宽0.10、高0.20米。盖板坡度14°。棺板厚3厘米。棺内填满灰黄色土，人体尸骨集中堆积于下半部分且十分零乱，二次葬痕迹明显。

随葬陶器仅1件残陶罐。

三五　2004M23

位于2004T8北部，南邻2004M33，方向约105°（图一六三）。

保存基本完整，头端盖板缺失三块，现存腰部以下四块，从足至首依次叠压而成（彩版

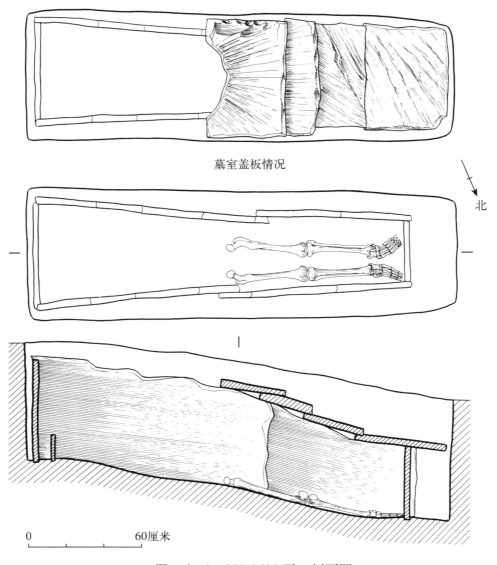

墓室盖板情况

北

0　　　　　60厘米

图一六三　　2004M23 平、剖面图

八二，1）。石棺为头端、足端各立石板一块，左右两侧各立石板两块错缝相接而成，两侧立板上端被打制成梯状缺口安置盖板。头端有小石板隔成的头箱一道。

　　墓口距地表深 0.25 米，墓底距地表深 0.65～0.71 米（彩版八二，2）。墓圹长 2.29、宽 0.62～0.73、深 0.66～0.67 米。石棺长 2.00、头端宽 0.62、高 0.59、足端宽 0.40、高 0.40 米。头箱宽 0.06、高 0.15 米。盖板坡度 12°。棺板厚 4 厘米。棺内填满灰褐色土，人体尸骨腰部以上已缺失，现存下体肢骨，应为仰身直肢葬。

　　随葬陶器位置已扰动，共 2 件。

　　陶单耳罐

　　B 型Ⅱ式　　1 件。标本 2004M23：1，底部残，泥质灰陶，表面磨光。侈口，方唇，折腹。口径 9.2、腹径 10、残高 5.6 厘米（图一六四，2）。

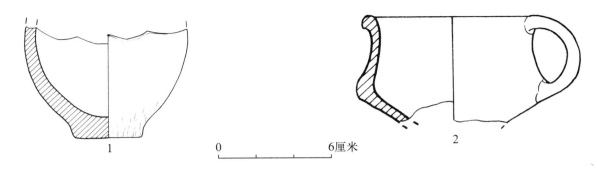

图一六四　2004M23 出土陶器

1. B 型 Ⅲ 式陶小底罐 2004M23：2　2. B 型 Ⅱ 式陶单耳罐 2004M23：1

陶小底罐

B 型 Ⅲ 式　1 件。标本 2004M23：2，口部已残，夹砂褐陶。鼓腹，平底。腹径 8.8、底径 3.7、残高 6 厘米（图一六四，1）。

三六　2004M30

位于 2004T4 的西南角，东北与 2004M28 相邻，西南部邻 2004M22，方向约 90°（图一六五）。

盖板头端部分缺失，现存四块，从足端至头端依次部分叠压而成，各盖板间加垫有小石片（彩版八三，1）。石棺头、足端各立石板一块，左侧立三块石板，右侧立石板两块错缝相接，侧板上端有打制的梯状缺口。头端用小石板隔成头箱一道。

墓口距地表深 0.45 米，墓底距地表深 0.87～0.97 米（彩版八三，2）。墓圹长 1.95、宽 0.67～0.70、深 0.60～0.65 米。石棺长 1.69、头端宽 0.47、高 0.54、足端宽 0.38、高 0.44 米。头箱宽 0.08、高 0.16 米。盖板坡度 8°。棺板厚 3～4 厘米。墓内填满灰褐色土，未见尸骨。

随葬陶器置于头箱及头端附近，共 9 件（彩版八四，1）。

陶单耳罐

B 型 Ⅱ 式　1 件。标本 2004M30：1，泥质灰陶，表面磨光。侈口，圆唇，瘦鼓腹，外底内凹成矮圈足。口径 10.1、腹径 10.2、底径 5.9、高 8 厘米（图一六六，1；彩版八四，2）。

陶长颈罐

Aa 型 Ⅲ 式　2 件。侈口，沿外卷，圆唇，长颈，鼓腹，外底内凹。标本 2004M30：5，泥质灰陶。颈部有多道凸弦纹。口径 5.2、腹径 6.5、底径 4.4、高 8.7 厘米（图一六六，2；彩版八四，3）。标本 2004M30：7，泥质黑陶。内外壁面可见轮旋痕。口径 4.6、腹径 5.6、底径 4.1、高 8 厘米（图一六六，3；彩版八四，4）。

陶豆

Ba 型 Ⅰ 式　1 件。标本 2004M30：8，泥质褐陶。敞口，圆唇，斜直壁，深腹。口径 7.1、足径 3、高 4.5 厘米（图一六六，4；彩版八五，5）。

陶盂

Ⅱ 式　1 件。直口。标本 2004M30：2，泥质灰陶，表面磨光。卷沿，圆唇，深腹，平底。口

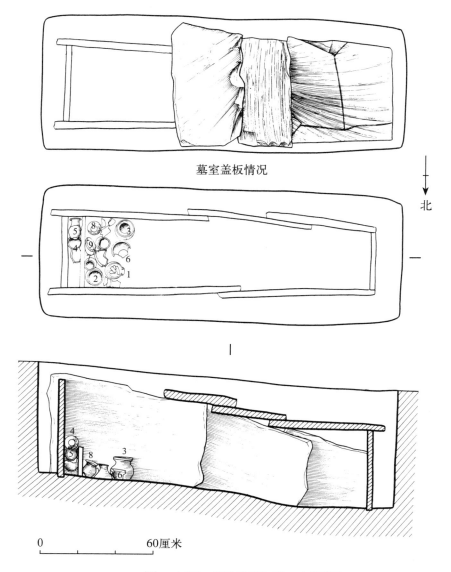

墓室盖板情况

北

0 　　　　　　60厘米

图一六五　　2004M30平、剖面图

1. B型Ⅱ式陶单耳罐　2. Ⅱ式陶盂　3、6. Ⅲ式陶盂　4、9. B型Ⅱ式陶盖　5、7. Aa型Ⅲ式陶长颈罐　8. Ba型Ⅰ式陶豆

径12.3、腹径12.3、底径7.2、高8.8厘米（图一六六，5；彩版八四，5）。

　　Ⅲ式　2件。泥质灰陶，表面磨光。侈口，外底内凹成矮圈足状。标本2004M30∶3，圆唇，束颈，瘦深腹，内底凸起。口径12.2、腹径12.4、底径6.4、高9.8厘米（图一六六，6；彩版八五，1）。标本2004M30∶6，方唇，侈口，束颈，瘦鼓腹。口径9.7、腹径10.1、底径5.4、高8.6厘米（图一六六，7；彩版八五，2）。

　　陶器盖

　　B型Ⅱ式　2件。泥质灰陶。敞口，圆唇，外底内凹。标本2004M30∶4，曲腹。盖口径6.2、纽口径3.7、高5厘米（图一六六，8；彩版八五，3）。标本2004M30∶9，已烧制变形，腹微折，两端上翘，内壁有轮旋痕。盖口径6.8、纽口径4.5、高4.7厘米（图一六六，9；彩版八五，4）。

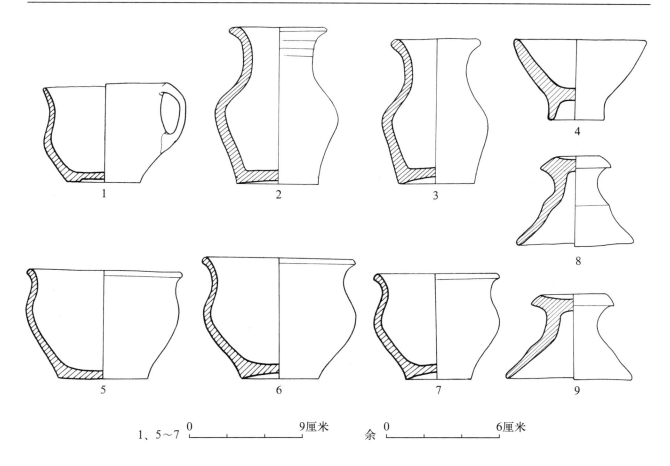

1、5～7 0 9厘米   余 0 6厘米

图一六六 2004M30 出土陶器

1．B 型Ⅱ式陶单耳罐 2004M30：1 2、3．Aa 型Ⅲ式陶长颈罐 2004M30：5、7 4．Ba 型Ⅰ式陶豆 2004M30：8 5．Ⅱ式陶盂 2004M30：2 6、7．Ⅲ式陶盂 2004M30：3、6 8、9．B 型Ⅱ式陶器盖 2004M30：4、9

三七 2004M32

位于 2004T6 西北角，北邻 2004M22，南邻 2004M31，方向约 128°（图一六七）。

盖板缺失大半，现存腰部两块，依次叠压而成（彩版八六，1）。石棺头、足端各立石板一块，左、右两侧各立石板两块错缝相接，两侧板上端有打制的梯状缺口安置盖板。头端有用小石板隔成的头箱一道。

墓圹长 2.61、宽 0.65～0.77、深 0.57～0.85 米（彩版八六，2）。石棺长 2.41、头端宽 0.65、高 0.76、足端宽 0.50、高 0.44 米。头箱宽 0.09、高 0.24 米。棺板厚 2～4 厘米。墓内填满灰褐色土，尸骨散乱堆积于足端，似为二次葬。

随葬陶豆 2 件。

陶豆

Ba 型Ⅲ式 2 件。侈口。标本 2004M32：1，泥质灰陶，表面磨光。圆唇，深腹，喇叭形圈足，足口外敞。口径 8.6、足径 5.7、高 7.8 厘米（图一六七，1）。标本 2004M32：2，柄上部已残，夹砂褐陶。喇叭形圈足。足径 5.1、残高 3.9 厘米（图一六七，2）。

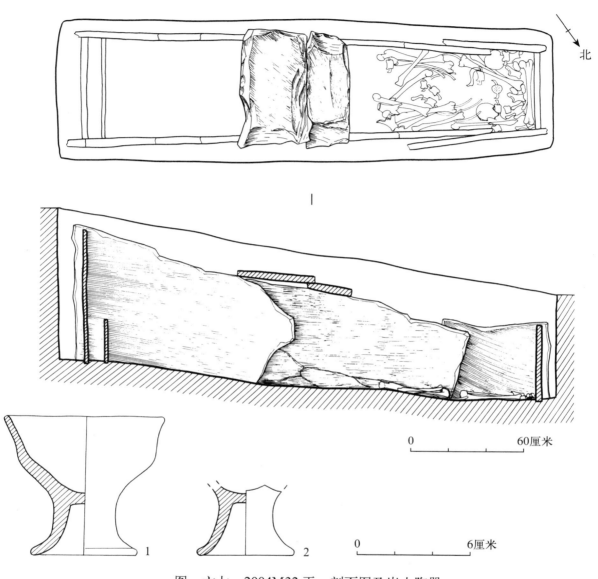

图一六七　2004M32 平、剖面图及出土陶器
1、2. Ba 型Ⅲ式陶豆

三八　2004M43

位于 2004T9 西北角，西南邻 2004M42，方向约 125°（图一六八）。

墓葬保存完整，盖板共七块，从足端至头端依次部分叠压，各板间加垫小石片（彩版八七，1）。石棺头、足端各立石板一块，左、右两侧各立石板两块错缝相接。头端有用小石板隔成的头箱一道。

墓口距地表深 0.84 米，墓底距地表深 0.94 米（彩版八七，2）。墓圹长 2.20、宽 0.76 ～ 0.82、深 0.46 ～ 0.70 米。石棺长 2.07、头端宽 0.67、高 0.61、足端宽 0.53、高 0.39 米。头箱宽 0.08、高 0.23 米。盖板坡度 7°。棺板厚 2 ～ 4 厘米。墓内有少量褐色土，人骨仅存零星残渣，葬式不明。

随葬陶器放置于头箱内，共 12 件。

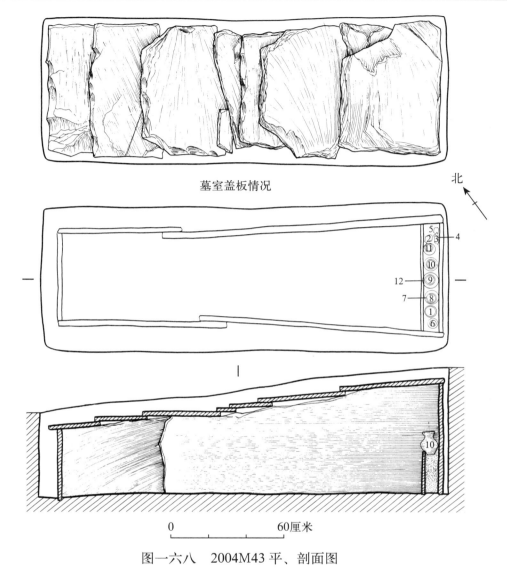

图一六八   2004M43 平、剖面图

1～4. A 型 I 式陶器盖 5. Aa 型 II 式陶长颈罐 6～11. B 型 II 式陶小底罐 12. B 型 II 式陶凹底杯

陶长颈罐

Aa 型 II 式   1 件。标本 2004M43：5，泥质灰陶。侈口，圆唇，束颈较长，瘦体，鼓腹，平底略内凹，器表有轮旋痕。口径 5.8、腹径 7、底径 4、高 10.5 厘米（图一六九，1；彩版八八，1）。

陶小底罐

B 型 II 式   6 件。夹砂褐陶。侈口，圆唇，束颈，鼓腹，小底近平。标本 2004M43：6，口径 6.2、腹径 6.5、底径 3.8、高 8.2 厘米（图一六九，2）。标本 2004M43：7，腹径 6.6、底径 3.4、残高 7.7 厘米（图一六九，3）。标本 2004M43：8，口径 6、腹径 6.4、底径 3.9、高 7.8 厘米（图一六九，4；彩版八八，2）。标本 2004M43：9，口径 6.2、腹径 6.4、底径 3.6、高 8.3 厘米（图一六九，5；彩版八八，3）。标本 2004M43：10，颈部以上已残。腹径 6.5、底径 2.6、残高 5.4 厘米（图一六九，6）。标本 2004M43：11，颈部以上已残。腹径 6.7、底径 3.8、残高 5.5 厘米（图一六九，7）。

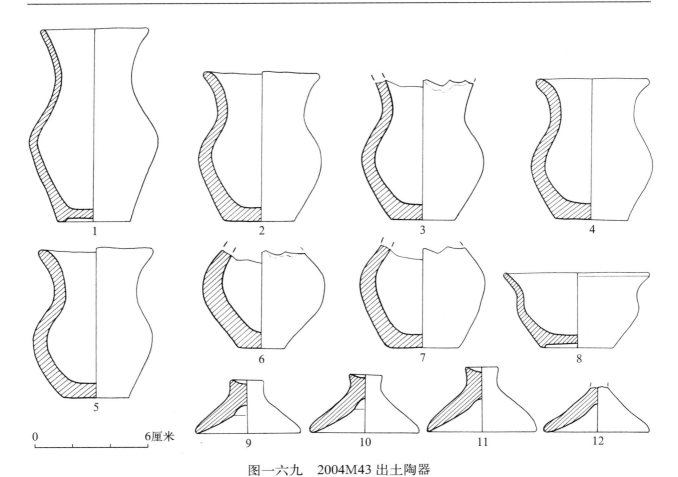

图一六九　　2004M43 出土陶器

1. Aa 型 Ⅱ 式陶长颈罐 2004M43：5　2～7. B 型 Ⅱ 式陶小底罐 2004M43：6～11　8. B 型 Ⅱ 式陶凹底杯 2004M43：12　9～12. A 型 Ⅰ 式陶器盖 2004M43：1～4

陶凹底杯

B 型 Ⅱ 式　1 件。标本 2004M43：12，泥质黑陶。侈口，圆唇，曲腹较浅，平底略内凹。口径 7.8、腹径 6.6、底径 4.0、高 4.2 厘米（图一六九，8；彩版八八，4）。

陶器盖

A 型 Ⅰ 式　4 件。体量小。均为夹砂褐陶。杯形纽，盖口外撇，圆唇，斜直腹。标本 2004M43：1，纽口径 1.8、盖口径 5.7、高 2.9 厘米（图一六九，9；彩版八八，5）。标本 2004M43：2，纽口径 1.8、盖口径 5.9、高 3.2 厘米（图一六九，10）。标本 2004M43：3，纽口径 1.8、盖口径 5.9、高 3.6 厘米（图一六九，11；彩版八八，6）。标本 2004M43：4，盖口径 5.8、残高 2.5 厘米（图一六九，12）。

三九　2006M1

位于 2006T1 中部偏东，东北邻 2006M3，西南邻 2006M2，方向约 140°（图一七〇）。

盖板原用五块石板，现存腰部以下三块，从足至首依次叠压而成（彩版八九，1）。石棺头、足端各立石板一块，左侧立石板三块，右侧立石板两块错缝相接，头端有小石板隔成的头箱一道。

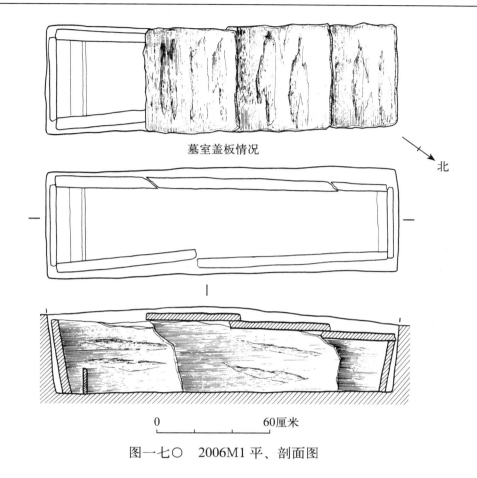

墓室盖板情况

北

0　　　　　　　60厘米

图一七〇　2006M1平、剖面图

墓口距地表深 0.75 米,墓底距地表深 1.25 米(彩版八九,2)。墓圹长 1.90、宽 0.56 ～ 0.59、深 0.36 ～ 0.43 米。石棺长 1.85、头端宽 0.53、高 0.40、足端宽 0.41、高 0.27 米。头箱宽 0.09、高 0.14 米。石棺盖板坡度 6°。棺板厚 3 ～ 7 厘米。墓内填满黑褐色土,未见尸骨。

随葬品无。

四〇　2006M5

位于 2006T3 西北角,方向 125°。

墓葬足端压于探方西壁下,墓圹已毁,仅存底部,石棺盖板、头足端挡板及两侧立板缺失无存(彩版九〇,1)。

墓圹揭露长 1.90、头端宽 0.40 米。墓底未见尸骨。

随葬器物 15 件,可辨器形者 10 件。

陶乳丁罐

Ⅱ式　1 件。标本 2006M5:4,底部已残,泥质磨光黑皮陶。侈口,方唇,鼓腹,腹部有三个纵向扁状錾。口径 9.8、腹径 13.4、残高 16 厘米(图一七一,1)。

陶长颈罐

Aa 型Ⅱ式　1 件。标本 2006M5:7,泥质磨光黑皮陶。口微侈,圆唇,长颈,鼓腹,平底。

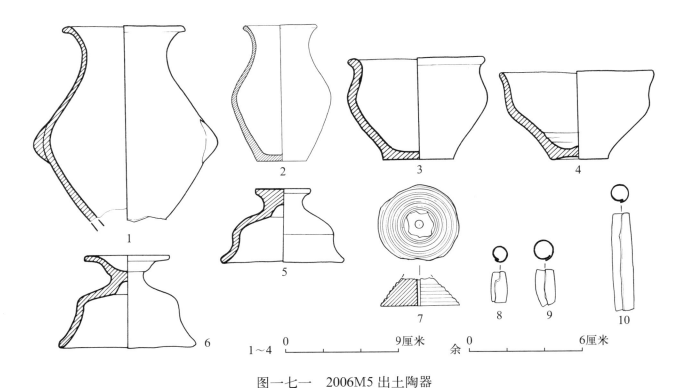

图一七一　2006M5 出土陶器

1. Ⅱ式陶乳丁罐 2006M5：4　2. Aa 型Ⅱ式陶长颈罐 2006M5：7　3. Ⅱ式陶盂 2006M5：2　4. Ⅳ式陶盂 2006M5：4　5、6. B 型Ⅲ式陶器盖 2006M5：3、5　7. A 型Ⅱ式陶纺轮 2006M5：8　8～10. 铜管珠 2006M5：12～14

口径 6、腹径 8、底径 4、高 11．2 厘米（图一七一，2；彩版九〇，2）。

陶盂

Ⅱ式　1件。直口。标本 2006M5：2，泥质磨光黑皮陶。圆唇，鼓腹，平底。口径 11、腹径 11.2、底径 5.6、高 8.2 厘米（图一七一，3；彩版九〇，3）。

Ⅳ式　1件。敞口。标本 2006M5：4，泥质灰褐陶。尖唇，曲腹下收，外底略内凹，内底有凸起。口径 12.4、最大腹径 11.4、底径 4.5、高 7 厘米（图一七一，4）。

陶器盖

B 型Ⅲ式　2件。泥质灰陶。侈口，圆唇，折腹。标本 2006M5：3，纽顶为平面。口径 6.6、纽口径 2.9、高 3.9 厘米（图一七一，5；彩版九〇，4）。标本 2006M5：5，柄较细。口径 7.4、纽口径 4.6、高 4.9 厘米（图一七一，6；彩版九〇，5）。

陶纺轮

A 型Ⅱ式　1件。标本 2006M5：8，顶部已残，泥质灰褐陶。螺旋状，中部有穿孔，器表面有多道折棱。下宽 4.2、残高 1.6、孔径 0.1 厘米（图一七一，7）。

铜管珠

3件。系用较薄的铜皮卷成，内部保留有已朽的竹木芯残片。标本 2006M5：12，直径 0.9、残长 1.7 厘米（图一七一，8）。标本 2006M5：13，直径 1.1、残长 2 厘米（图一七一，9）。标本 2006M5：14，直径 1、长 5.5 厘米（图一七一，10）。

四一 2006M14

位于 2006T7 中部偏西，东邻 2006M15，西北邻 2006M17，西南邻 2006M16，方向约 160°（图一七二）。

墓葬盖板仅存腰部三块，从足端至头端依次叠压。石棺头端、足端各立石板一块，左、右两侧立石板两块错缝相接而成。头端有用小石板隔成的头箱一道。

墓口距地表深 0.40 米，墓底距地表深 1.05 米。墓圹长 2.32、宽 0.60～0.70、深 0.57～0.65 米。石棺长 2.16、头端宽 0.53、高 0.55、足端宽 0.52、高 0.51 米。棺板厚 3～4 厘米。墓内填满褐色土，未见尸骨。

随葬品无。

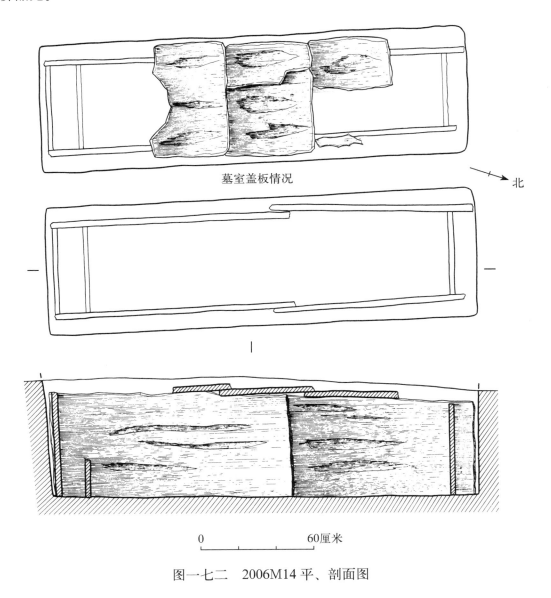

墓室盖板情况

北

0 　　　　　60厘米

图一七二　2006M14 平、剖面图

第五章　丙类墓

共 15 座。形制规整，随葬器物丰富。现依照发掘先后顺序进行介绍。

一　2000M20

位于 2000T10 西南部，方向约 120°（图一七三）。

石棺盖板缺失无存，头、足端各立石板一块，左右两侧各用两块石板错缝相接而成，两侧板上端经打制成梯状缺口安置盖板。头端有用小石板隔成的头箱两道。

墓口距地表深 0.40 米，墓底距地表深 0.90 米。墓圹长 2.00、宽 0.66～0.76、深 0.60～0.64 米。石棺长 1.85、头端宽 0.64、高 0.54、足端宽 0.49、高 0.25 米。第一道头箱宽 0.04、高 0.16 米。第二道头箱宽 0.05、高 0.13 米。棺板厚 3～4 厘米。棺内填满黑褐色土，仅见部分头骨，葬式不明。

随葬陶器分布在头箱及头端附近，包括陶豆 2 件。

陶豆

Ba 型 I 式　2 件。夹细砂褐陶。敞口，尖唇。标本 2000M20：1，斜直腹，喇叭形圈足。口径 7、

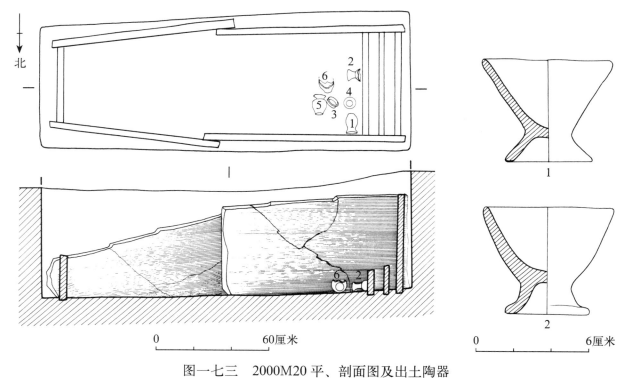

图一七三　2000M20 平、剖面图及出土陶器
1、2. Ba 型 I 式陶豆　3～6. 残陶器

足径4.7、高5.5厘米（图一七三，1）。标本2000M20：2，弧壁，喇叭形圈足，足口上翘。口径7.1、足径4.6、高5.8厘米（图一七三，2）。

二 2002M17

位于2002T1西北，东邻2002M21，南邻2002M7，方向约165°（图一七四）。

墓葬保存基本完好，足端部分未揭露。共用盖板六块，现存五块，头端一块缺失，从足至首

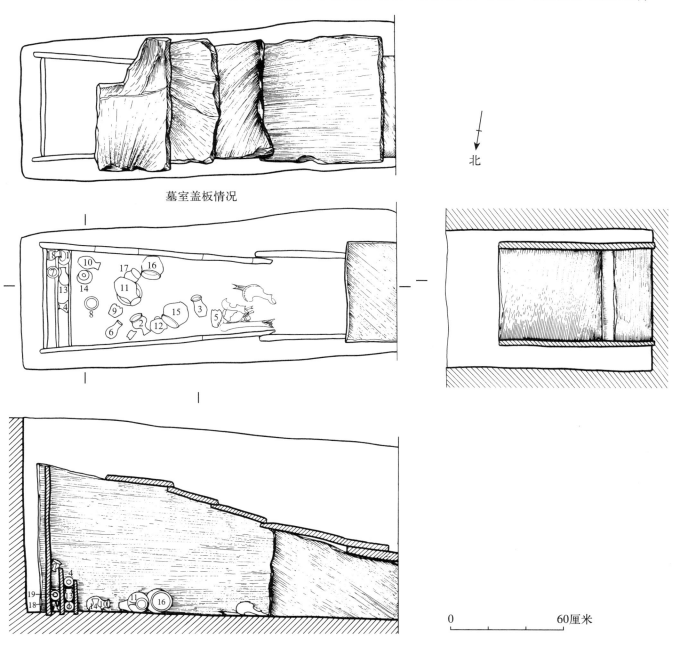

图一七四 2002M17平、剖面图

1. B型Ⅱ式陶双耳罐 2、4、7、8、13、14. A型Ⅳ式陶豆 3、5、6、9. Aa型Ⅲ式陶罐 10. Ba型Ⅲ式陶罐 11. Aa型Ⅱ式陶双耳罐 12、17. Bb型Ⅲ式陶罐 15. Ⅰ式陶盂 16. Ⅱ式陶盂 18、19. 陶器

依次叠压而成（彩版九一，1）。石棺头、足端立石板一块，左右两侧各用石板两块错缝相接而成，两侧板上端经打制成梯状缺口以利于盖板稳固。头端有用小石板隔成的两道头箱。

墓口距地表深 0.80 米，墓底距地表深 1.90 米（彩版九一，2）。墓圹长 1.97、宽 0.77 ～ 0.79、深 0.95 ～ 1.08 米。石棺长 1.86、头端宽 0.62、高 0.84 米。第一道头箱宽 0.05、高 0.27 米，第二道头箱宽 0.05、高 0.20 米。石棺盖板坡度约 11°。棺板厚 2 ～ 3 厘米。棺内填满黄褐色土，近足端处保存零星肢骨、髋骨，葬式不明。

随葬陶器集中分布在墓葬腰部以上及头箱内，共 17 件（彩版九二，1）。

陶双耳罐

Aa 型 II 式　1 件。标本 2002M17：11，泥质灰陶，表面磨光。平口，鼓腹下收，最大腹径居上，底外折成假圈足，并有切割同心圆，双耳从口贯至上腹，耳下端表面戳印有横向两个圆圈。口径 8.4、腹径 15.4、底径 7、高 18.4、耳高 9.8 厘米（图一七五，1；彩版九二，2、3）。

B 型 II 式　1 件。标本 2002M17：1，泥质灰陶，表面磨光。平口，体矮胖，鼓腹，最大腹径靠下，外底内凹，并有切割同心圆并戳印十二个圆圈，双耳从口贯至上腹，耳上端表面戳印有三个圆圈，下端两个圆圈。口径 9、腹径 13、底径 7、高 13.4、耳高 8 厘米（图一七五，2）。

陶长颈罐

Aa 型 III 式　4 件。泥质灰黑陶。沿外卷，长颈，鼓腹，小底内凹。标本 2002M17：3，圆唇。口径 5.6、腹径 7.4、底径 4.2、高 9.5 厘米（图一七六，1；彩版九二，4）。标本 2002M17：5，尖唇，底、腹交接处有明显粘接痕迹。口径 5.4、腹径 8、底径 4.4、高 10.1 厘米（图一七六，2）。标本 2002M17：6，尖唇，内底凸起。口径 6、腹径 8.2、底径 4.4、高 10 厘米（图一七六，3）。标本 2002M17：9，尖唇。口径 5.2、腹径 7.2、底径 4、高 9.8 厘米（图一七六，4；彩版九二，5）。

Ba 型 III 式　1 件。沿外卷。标本 2002M17：10，泥质灰黑陶。尖唇，圆腹，平底内凹。口径

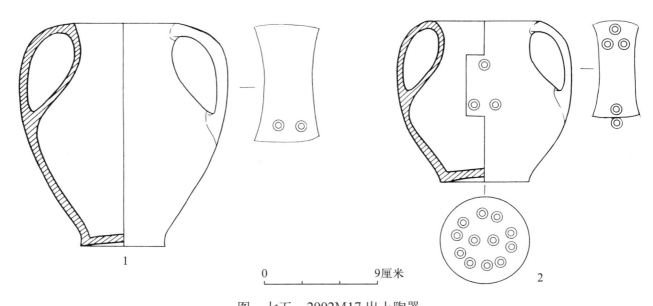

0　　　　　　　　9厘米

图一七五　2002M17 出土陶器

1. Aa 型 II 式陶双耳罐 2002M17：11　2. B 型 II 式陶双耳罐 2002M17：1

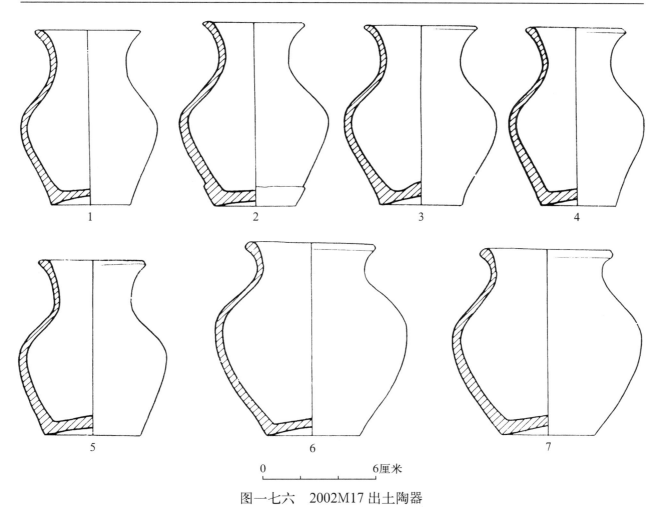

0   6厘米

图一七六   2002M17 出土陶器

1～4. Aa 型Ⅲ式陶长颈罐 2002M17：3、5、6、9 5. Ba 型Ⅲ式陶长颈罐 2002M17：10 6、7. Bb 型Ⅲ式陶长颈罐 2002M17：17、12

5.8、腹径 8、底径 5.2、高 9.8 厘米（图一七六，5；彩版九三，1）。

Bb 型Ⅲ式 2件。泥质灰黑陶。直口，卷沿，圆唇，广肩，鼓腹，外底内凹。标本 2002M17：17，口径 7、腹径 10.4、底径 5、高 10.8 厘米（图一七六，6；彩版九三，2）。标本 2002M17：12，器表有划抹痕。口径 7.2、腹径 10.2、底径 5、高 10.4 厘米（图一七六，7）。

陶豆

Ba 型Ⅳ式 6件。泥质灰黑陶。敞口，尖唇，深腹，喇叭形圈足。标本 2002M17：2，圈足中部表面有一道折棱，器表面有划痕。口径 8.8、腹径 7.8、足径 5.2、高 8 厘米（图一七七，1）。标本 2002M17：4，圈足残，腹表面有划痕。口径 9.4、腹径 8.6、残高 8.2 厘米（图一七七，2；彩版九三，3）。标本 2002M17：7，豆盘与柄有粘接痕迹明显，表面有划痕。口径 9.2、腹径 8.4、足径 6、高 8.2 厘米（图一七七，3）。标本 2002M17：8，豆盘与柄部粘接痕迹明显，表面有划痕。口径 9、腹径 8、足径 5.6、高 8.4 厘米（图一七七，4）。标本 2002M17：13，表面有划痕，豆盘内底有凸起。口径 10、腹径 8.4、足径 5.4、高 8.4 厘米（图一七七，5）。标本 2002M17：14，口径 9.8、腹径 8.6、足径 6.4、高 8.5 厘米（图一七七，6；彩版九三，4）。

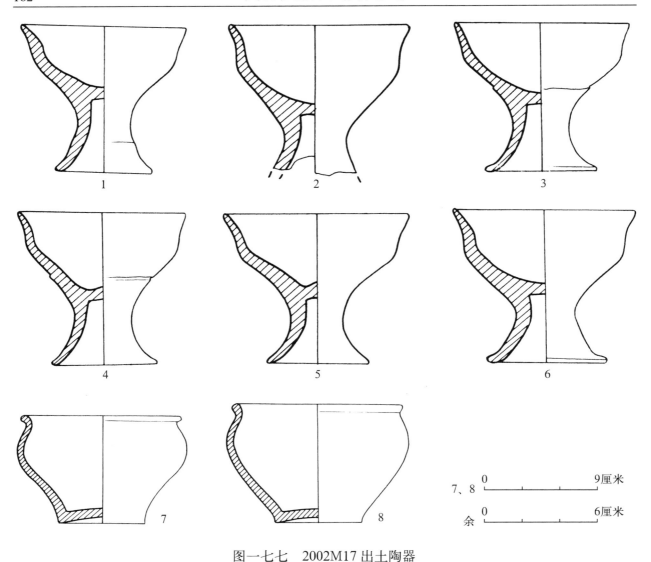

7、8 ⊢————————————————┤ 9厘米
余 ⊢————————————————┤ 6厘米

图一七七　2002M17 出土陶器

1～5. Ba 型Ⅳ式陶豆 2002M17：2、4、7、8、13、14　6. Ⅰ式陶盂 2002M17：15　7. Ⅱ式陶盂 2002M17：16

陶盂

Ⅰ式　1件。敛口。标本 2002M17：15，泥质磨光黑皮陶。卷沿，圆唇，下腹内收，外底内凹，内底有乳突。口径 12.8、腹径 13.6、底径 7、高 9 厘米（图一七七，7；彩版九三，5）。

Ⅱ式　1件。直口。标本 2002M17：16，泥质灰陶，表面磨光。圆唇，深腹，外底略内凹，有切割的同心圆。口径 13.8、腹径 14.6、底径 7、高 10 厘米（图一七七，8；彩版九三，6）。

三　2002M33

位于 2002T1 北部扩方的北部，西邻 2002M38，方向约 160°（图一七八）。

足端部分被压于探方北壁下，仅揭露出墓葬腰部以上部分。盖板存腰部以上依次叠压的石板三块，头端一块缺失。石棺头端立石板一块，左右两侧揭露出石板一块，墓圹与石棺之间填浅黄土和小石块以加固。头端有用小石板隔成的头箱两道。

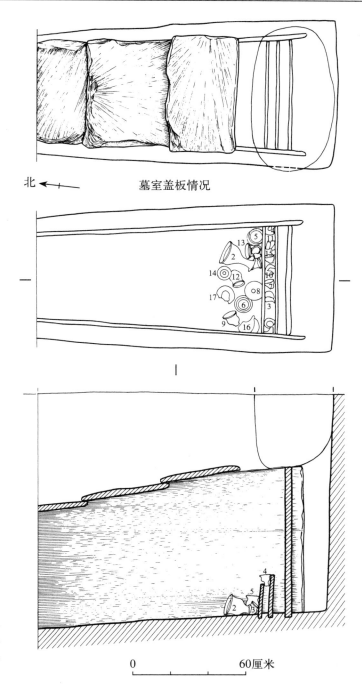

图一七八　2002M33 平、剖面图

1. Bb 型 I 式陶罐　2、4. II 式陶簋　3、12～14、16. Aa 型 II 式陶罐　5、9、17. II 式陶小底杯　6. I 式陶簋　7、10、11、15. 残陶器　8. II 式陶尖底罐

墓口距地表深 0.80 米，墓底距地表深 2.10 米（彩版九四，1）。墓圹揭露部分长 1.59、头端宽 0.82、深 1.20 米。石棺揭露部分长 1.36、头端宽 0.65、高 0.83 米。第一道头箱宽 0.07、高 0.23 米。第二道头箱宽 0.06、高 0.19 米。棺板厚 2～3 厘米。棺底填满浅黄色土，揭露部分未见尸骨。

随葬陶器集中在头箱内及头端附近，共 13 件。

陶长颈罐

Aa 型 II 式　5 件。侈口，长颈，瘦体，鼓腹，小平底。标本 2002M33：3，腹下部已残，泥质褐陶。圆唇。口径 6、腹径 7、残高 7.7 厘米（图一七九，1）。标本 2002M33：12，泥质黑褐陶。圆唇。

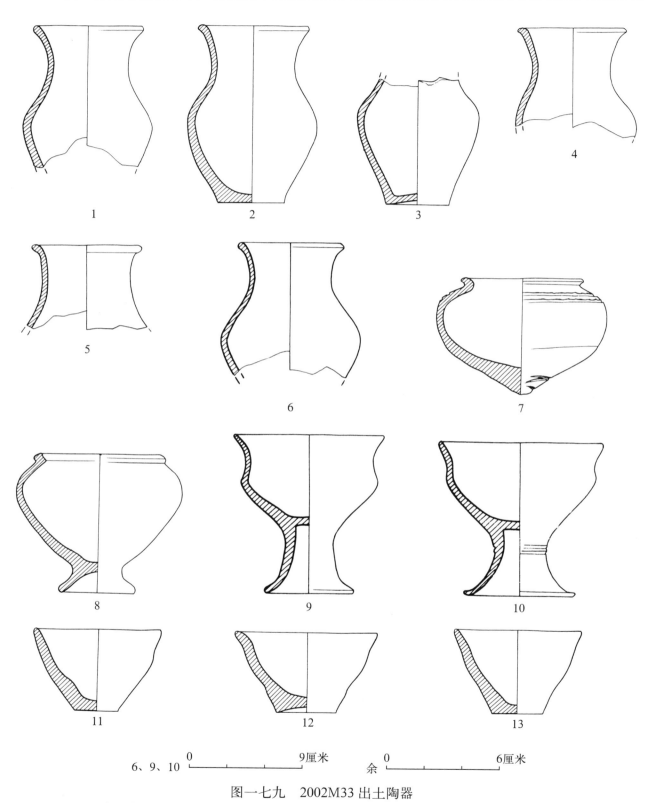

6、9、10 ⎣0　　　　　　　9厘米⎦　　余 ⎣0　　　　　　6厘米⎦

图一七九　2002M33 出土陶器

1～5. Aa 型 Ⅱ式陶长颈罐 2002M33：3、12、13、14、16　6. Bb 型 Ⅰ式陶长颈罐 2002M33：1　7. Ⅱ式陶尖底罐 2002M33：8　8. Ⅰ式陶簋 2002M33：6　9、10. A 型 Ⅱ式陶豆 2002M33：2、4　11～13. Ⅱ式陶小底杯 2002M33：5、9、17

口径 6、腹径 7、底径 3.6、高 9.8 厘米（图一七九，2；彩版九四，2）。标本 2002M33：13，口部残，泥质黑褐陶。底内凹。腹径 6.5、底径 3.4、残高 7 厘米（图一七九，3）。标本 2002M33：14，腹部以下残，泥质褐陶。尖唇。口径 5.9、残高 6.0 厘米（图一七九，4）。标本 2002M33：16，腹部以下残，泥质黑褐陶。圆唇。口径 5.9、残高 4.6 厘米（图一七九，5）。

Bb 型 I 式　1 件。直口。标本 2002M33：1，腹部以下残，泥质褐陶。方唇，长颈，鼓腹。口径 8.4、腹径 11.2、残高 10.6 厘米（图一七九，6）。

陶尖底罐

II 式　1 件。标本 2002M33：8，夹细砂褐陶。敛口，卷沿，圆唇，广肩，鼓腹，尖底，粘接痕迹明显，上腹表有两周凹弦纹，下腹表有一周折棱。口径 6.4、腹径 9、高 6.3 厘米（图一七九，7；彩版九四，3）。

陶簋

I 式　1 件。直口，沿较矮。标本 2002M33：6，夹细砂黑褐陶。方唇，上腹鼓，下腹内收。口径 6.6、腹径 9、足径 4.2、高 7.7 厘米（图一七九，8；彩版九四，4）。

陶豆

A 型 II 式　2 件。侈口，泥质磨光黑皮陶。折腹较浅，喇叭形圈足。标本 2002M33：2，尖唇，细柄略长。口径 12.2、腹径 11、足径 7.2、高 13.4 厘米（图一七九，9）。标本 2002M33：4，圆唇，圈足口上翘，柄中部有二周凹弦纹。口径 13.4、腹径 12.2、足径 9、高 12.8 厘米（图一七九，10；彩版九四，5）。

陶小底杯

II 式　3 件。小平底，直口，浅腹。均为夹细砂褐陶。尖唇。标本 2002M33：5，小底近平。口径 6.8、腹径 5.8、底径 2.4、高 4.5 厘米（图一七九，11）。标本 2002M33：9，尖唇，小底略凹。口径 7.6、腹径 5.4、底径 3.2、高 4.4 厘米（图一七九，12）。标本 2002M33：17，尖唇，小底近平。口径 6.8、腹径 5.6、底径 2.7、高 4.6 厘米（图一七九，13）。

四　2002M38

位于 2002T1 北扩方北部，东邻 2002M33，西邻 2002M37，方向约 162°（图一八〇）。

足端部分叠压于探方北壁下，揭露部分为腰部以上，头端上方有一盗洞。石棺盖板存四块，其中三块已垮塌于棺内，但仍可看出为从足至首依次叠压的迹象（彩版九五，1）。墓腰部盖板之上平放两根长柱形卵石（彩版九六，1），卵石一侧经加工打制平整，推测卵石原本站立放置于盖板之上。石棺头端立石板一块，左右两侧各揭露出一块石板，其上端经打制成梯状缺口以安置盖板。头端有用小石板隔成的头箱两道。

墓口距地表深 0.80 米，墓底距地表深 1.88 米（彩版九五，2）。墓圹揭露长部分 1.41、头端宽 0.70、头端深 1.17 米。石棺揭露部分长 1.24、头端宽 0.57、高 0.77 米。第一道头箱宽 0.05、高 0.30 米。第二道头箱宽 0.06、高 0.26 米。棺板厚 2 ~ 3 厘米。棺内填满浅黄色土，未见人骨。

随葬陶器散布于头端及腰部，共 5 件。

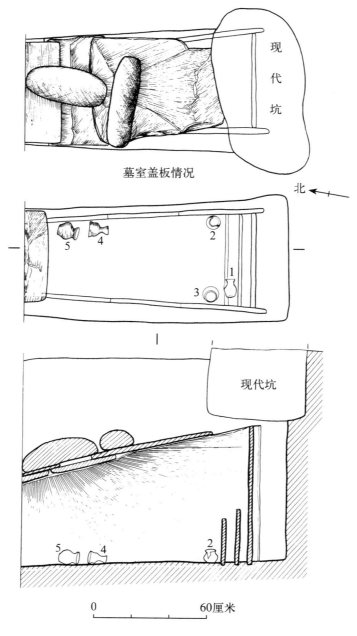

墓室盖板情况

北←

现代坑

0 —————————— 60厘米

图一八〇　2002M38平、剖面图
1、2.Aa型Ⅱ式陶长颈罐　3.Ab型Ⅱ式陶长颈罐　4.A型Ⅰ式陶豆　5.Bc型Ⅱ式陶长颈罐

陶长颈罐

Aa型Ⅱ式　2件。侈口。均为泥质褐陶。翻沿，方唇，长颈，瘦腹，外底内凹。标本2002M38：1，沿下有一周凸棱。口径6.5、腹径6.8、底径4、高9.9厘米（图一八一，1；彩版九六，2）。标本2002M38：2，口部以上已残。腹径6.8、底径3.9、残高7厘米（图一八一，2）。

Ab型Ⅱ式　1件。标本2002M38：3　瘦体中型罐，泥质灰黑陶。侈口，方唇，长颈，瘦鼓腹，外底微内凹。口径8、腹径10.6、底径5.4、高14厘米（图一八一，3；彩版九六，3）。

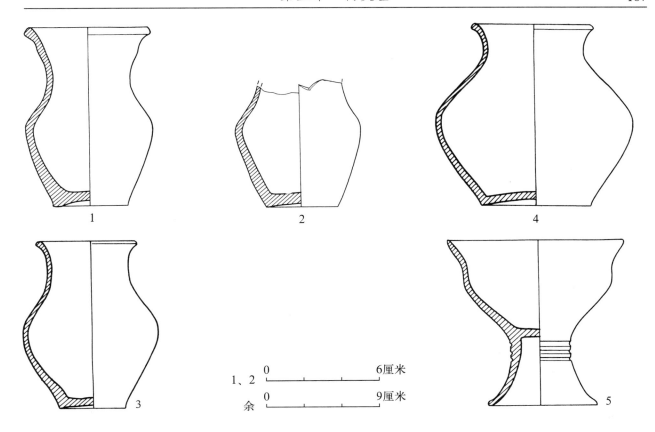

图一八一　2002M38 出土陶器

1、2. Aa 型 Ⅱ 式陶长颈罐 2002M38：1、2　3. Ab 型 Ⅱ 式陶长颈罐 2002M38：3　4. Bc 型 Ⅱ 式陶长颈罐 2002M38：5　5. A 型 Ⅰ 式陶豆 2002M38：4

Bc 型 Ⅱ 式　1 件。标本 2002M38：5，泥质灰陶，表面磨光。侈口，圆唇，束颈，广肩，鼓腹，外底内凹有切割同心圆。口径 10、腹径 16、底径 8.8、高 15 厘米（图一八一，4；彩版九六，4）。

陶豆

A 型 Ⅰ 式　1 件。标本 2002M38：4，泥质磨光黑皮陶。侈口，尖唇，曲腹较浅，喇叭形圈足，柄上端饰三周凹弦槽。口径 14.2、足径 9、高 14 厘米（图一八一，5；彩版九六，5）。

五　2002M45

位于 2002T25 西北部，西南邻 2002M46，方向约 120°（图一八二）。

墓葬盖板缺失无存。石棺头端、足端各立石板一块，左右两侧各用两块石板交错相接（彩版九七，1）。头端用小石板隔成头箱两道。

墓口距地表深 0.40 米，墓底距地表深 0.86 米（彩版九七，2）。墓圹长 2.11、宽 0.50～0.69、深 0.35～0.57 米。石棺长 1.91、头端宽 0.59、高 0.50、足端宽 0.42、高 0.31 米。第一道头箱宽 0.03、高 0.20 米。第二道头箱宽 0.06、高 0.17 米。棺板厚 3 厘米。墓内填满灰黑色扰土，部分人骨散乱于墓底中部，葬式不明。

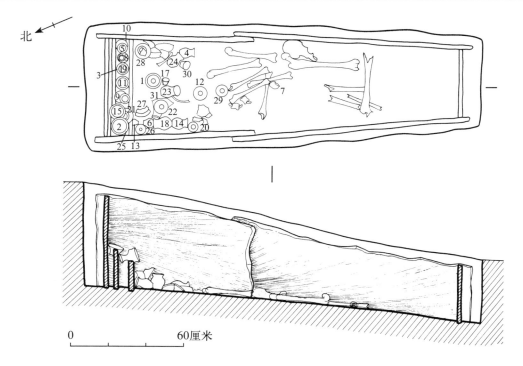

图一八二　2002M45 平、剖面图

1、2、11、15、16、19. Ⅲ式陶小底杯　3、4、6 ～ 10. B 型Ⅲ式陶小底罐　12. Ⅱ式陶盉　13、14、18、21、23 ～ 25. B 型Ⅱ式陶小底罐　17、20、22、26、28、31. 27. A 型Ⅰ式陶器盖　29. B 型Ⅰ式陶凹底杯　30. B 型Ⅱ式陶凹底杯

　　随葬陶器置放于头箱及其附近，共 31 件。

　　陶小底罐

　　B 型Ⅱ式　7 件。夹细砂褐陶。侈口，鼓腹，小平底较厚。标本 2002M45∶13，尖唇。口径 5、腹径 5.7、底径 3、高 7 厘米（图一八三，1；彩版九八，1）。标本 2002M45∶14，圆唇。口径 5.5、腹径 6.1、底径 3.1、高 7.4 厘米（图一八三，2）。标本 2002M45∶18，尖唇。口径 4.9、腹径 5.9、底径 2.8、高 7.8 厘米（图一八三，3；彩版九八，2）。标本 2002M45∶21，圆唇。口径 4.8、腹径 5.7、底径 2.8、高 7.1 厘米（图一八三，4）。标本 2002M45∶23，圆唇。口径 5.3、腹径 6.5、底径 3、高 8.1 厘米（图一八三，5）。标本 2002M45∶24，尖唇。口径 4.6、腹径 5.3、底径 2.6、高 7.3 厘米（图一八三，6）。标本 2002M45∶25，尖唇。口径 5.2、腹径 5.9、底径 3.5、高 7.1 厘米（图一八三，7）。

　　B 型Ⅲ式　7 件。夹细砂褐陶。沿外卷，长颈，鼓腹，小平底。标本 2002M45∶3，尖唇。口径 5.4、腹径 6.4、底径 2.6、高 9 厘米（图一八三，8）。标本 2002M45∶4，尖唇。口径 6.4、腹径 7.0、底径 2.8、高 9.2 厘米（图一八三，9）。标本 2002M45∶6，尖唇。口径 5.0、腹径 6.4、底径 2.6、高 8.6 厘米（图一八三，10；彩版九八，3）。标本 2002M45∶7，尖唇。口径 6.0、腹径 7.4、底径 2.8、高 8.8 厘米（图一八三，11）。标本 2002M45∶8，尖唇。口径 7、腹径 8.6、底径 3.6、高 9.6 厘米（图一八三，12）。标本 2002M45∶9，圆唇。口径 7、腹径 8.8、底径 4、高 12 厘米（图一八三，13）。标本 2002M45∶10，圆唇。口径 7、腹径 8.6、底径 4、高 11.4 厘米（彩版九八，4）。

陶小底杯

Ⅲ式　7件。夹细砂褐陶。敞口，斜直壁，浅腹，小平底。标本2002M45：1，圆唇。口径9.2、底径2.6、高3.1厘米（图一八四，1）。标本2002M45：2，圆唇。口径8.8、底径3.3、高2.9厘米（图一八四，2；彩版九八，5）。标本2002M45：5，圆唇，口部有一周旋纹。口径7.2、底径2.4、高3.5厘米（图一八四，3）。标本2002M45：11，圆唇。口径7.7、底径2.2、高2.8厘米（图一八四，4；彩版九八，6）。标本2002M45：15，尖唇。口径7.6、底径2.7、高3.2厘米

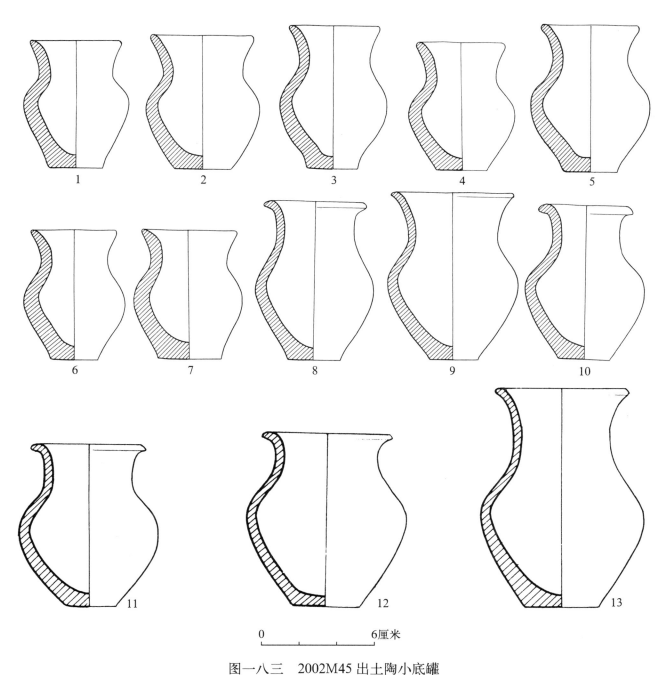

图一八三　2002M45出土陶小底罐

1～7. B型Ⅱ式2002M45：13、14、18、21、23～25　8～13. B型Ⅲ式2002M45：3、4、6～9

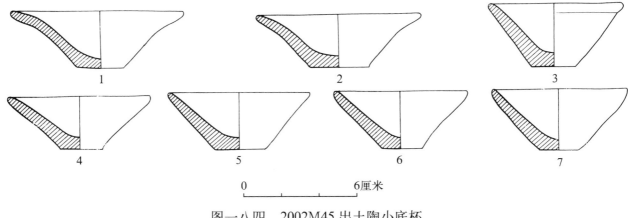

图一八四　2002M45 出土陶小底杯

1～7．Ⅲ式 2002M45：1、2、5、11、15、16、19

（图一八四，5）。标本 2002M45：16，尖唇。口径 7.1、底径 2.2、高 3.3 厘米（图一八四，6）。标本 2002M45：19，尖唇。口径 7.2、底径 2.1、高 3.4 厘米（图一八四，7）。

　　陶器盖

　　A 型Ⅰ式　7 件。体量小，夹细砂褐陶。盖口圆唇，浅腹，斜直壁。标本 2002M45：17，纽口径 1.4、盖口径 4.6、高 2.5 厘米（图一八五，1；彩版九九，1）。标本 2002M45：20，纽口径 1.6、盖口径 5.3、高 2.8 厘米（图一八五，2）。标本 2002M45：22，纽口径 1.5、盖口径 5.4、高 2.7 厘米（图一八五，3；彩版九九，2）。标本 2002M45：26，纽口径 1.5、盖口径 5、高 2.6 厘米（图一八五，4）。标本 2002M45：28，纽口径 1.5、盖口径 4.9、高 2.6 厘米（图一八五，5）。标本 2002M45：31，纽口径 1.4、盖口径 5、高 2.7 厘米（图一八五，6；彩版九九，3）。标本 2002M45：27，纽口径 1.8、盖口径 5、高 2.6 厘米（图一八五，7；彩版九九，4）。

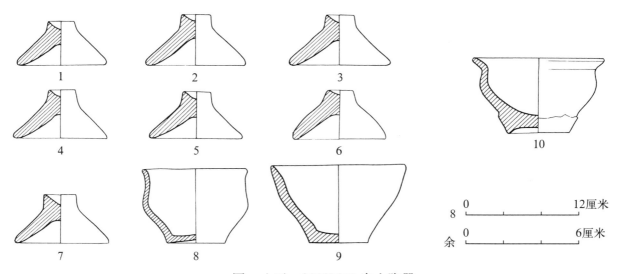

图一八五　2002M45 出土陶器

1～7．A 型Ⅰ式陶器盖 2002M45：17、20、22、26、28、31、27　8．Ⅱ式陶盂 2002M45：12　9．B 型Ⅰ式陶凹底杯
2002M45：29　10．B 型Ⅱ式陶凹底杯 2002M45：30

以上 14 件陶小底罐应与 7 件陶小底杯、7 件 A 型陶器盖一一相配，即 1 件杯或盖均置于罐口（盖倒置），位于二道头箱之上，但出土时部分遗物已被扰动。

陶盂

Ⅱ式　1 件。直口。标本 2002M45：12，泥质褐陶。圆唇，曲腹，外底内凹有切割同心圆。口径 11.4、腹径 11.2、底径 6.2、高 8.4 厘米（图一八五，8；彩版九九，5）。

陶凹底杯

B 型Ⅰ式　1 件。直口。标本 2002M45：29，夹细砂褐陶。尖唇，浅腹，小平底。口径 7.2、腹径 6.3、底径 3.1、高 4.2 厘米（图一八五，9）。

B 型Ⅱ式　1 件。侈口。标本 2002M45：30，夹细砂褐陶。圆唇，折沿，曲腹较深，外底内凹成矮圈足状，沿下有一周旋纹，腹、底交接处有明显粘接痕迹。口径 7、腹径 6.1、底径 3.3、高 4 厘米（图一八五，10；彩版九九，6）。

六　2002M46

位于 2002T25 西北部，经扩方清理完毕，东北邻 2002M45，方向约 120°（图一八六）。

墓葬保存基本完好，盖板现存头端以下四块石板，从足至首依次叠压，用小石板垫支填缝（彩版九七，1）。石棺头、足端各立石板一块，左右两侧各用两块石板错缝相接。头端用小石板隔成头箱两道。

墓口距地表深 0.38 米，墓底距地表深 0.90 米（彩版九七，2）。墓圹长 2.21、宽 0.58～0.64、深 0.42～0.53 米。石棺长 1.80、头端宽 0.49、高 0.44、足端宽 0.34、高 0.32 米。第一道头箱宽 0.05、高 0.24 米。第二道头箱宽 0.05、高 0.17 米。盖板坡度约 8°。棺板厚 3 厘米。棺内填土为灰黑色土，人骨散乱于墓底中部，应为二次葬。

随葬陶器置放于头箱及头端附近，共 29 件（彩版一〇〇，1）。

陶小底罐

B 型Ⅱ式　7 件。侈口，夹细砂褐陶。圆唇，束颈，鼓腹，小平底。标本 2002M46：5，口径 4.5、腹径 5、底径 2.5、高 6.7 厘米（图一八七，1）。标本 2002M46：11，口径 4.7、腹径 5.6、底径 2.7、高 7 厘米（图一八七，2）。标本 2002M46：12，口径 5.1、腹径 6.2、底径 3.4、高 7.6 厘米（图一八七，3）。标本 2002M46：14，口径 5.5、腹径 6.1、底径 3、高 8 厘米（图一八七，4；彩版一〇〇，2）。标本 2002M46：16，口径 5.3、腹径 5.7、底径 3、高 7.6 厘米（图一八七，5）。标本 2002M46：28，口径 4.2、腹径 5.4、底径 2.4、高 7 厘米（图一八七，6）。标本 2002M46：29，口径 5.1、腹径 6.1、底径 2.8、高 7.8 厘米（图一八七，7；彩版一〇〇，3）。

B 型Ⅲ式　5 件。沿外卷，夹细砂褐陶。长颈，鼓腹，小平底。标本 2002M46：2，尖唇。口径 5.9、腹径 7.4、底径 2.8、高 9 厘米（图一八七，8）。标本 2002M46：4，圆唇。口径 6、腹径 6.6、底径 3、高 9 厘米（图一八七，9）。标本 2002M46：6，圆唇。口径 5.8、腹径 6.7、底径 3.1、高 9.3 厘米（图一八七，10；彩版一〇〇，4）。标本 2002M46：24，尖唇。口径 5.9、腹径 6.9、底径 2.8、高 9.3 厘米（图一八七，11）。标本 2002M46：25，尖唇。口径 5.8、腹

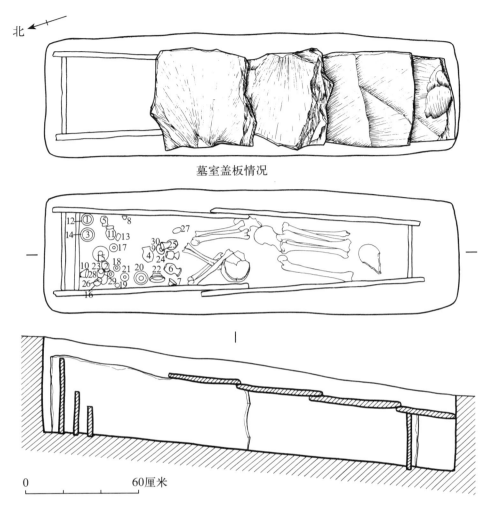

图一八六　2002M46 平、剖面图

5、11、12、14、16、28、29. B 型 II 式陶小底罐　2、4、6、24、25. B 型 III 式陶小底罐　1、3、10、15、20、22. III 式陶小底杯　7、9、13、17、18、21、23、26. A 型 I 式陶器盖　8. A 型 I 式陶纺轮　19. B 型陶纺轮　27. A 型 II 式陶纺轮

径 7.4、底径 3.2、高 9.7 厘米（图一八七，12；彩版一〇〇，5）。

陶小底杯

III 式　6 件。夹细砂褐陶。敞口，圆唇，斜直壁，浅腹，平底。标本 2002M46：1，口径 7.4、底径 2.6、高 3 厘米（图一八八，1）。标本 2002M46：3，口径 7.6、底径 2.5、高 2.5 厘米（图一八八，2；彩版一〇一，1）。标本 2002M46：10，口径 8.5、底径 2.5、高 2.8 厘米（图一八八，3）。标本 2002M46：15，口径 7.1、底径 2.2、高 3.2 厘米（图一八八，4）。标本 2002M46：20，口径 7.3、底径 3.4、高 2.9 厘米（图一八八，5）。标本 2002M46：22，口径 8.1、底径 2.3、高 3 厘米（图一八八，6；彩版一〇一，2）。

陶器盖

A 型 I 式　8 件。夹细砂褐陶。盖口圆唇，斜直壁，浅腹。标本 2002M46：7，纽口径 1.5、盖口径 5.2、高 2.5 厘米（图一八九，1；彩版一〇一，3）。标本 2002M46：9，纽口径 1.6、盖口径 5.5、高 2.8 厘米（图一八九，2；彩版一〇一，4）。标本 2002M46：13，纽口径 1.6、盖口径 4.8、高 2.7 厘米（图一八九，3）。标本 2002M46：17，纽口径 1.5、盖口径 5.4、高 2.8 厘米（图一八九，4）。标本 2002M46：18，纽口径 1.3、盖口径 4.2、高 2.4 厘米（图一八九，5）。标本 2002M46：21，纽口径 1.5、盖口径 5.2、高 2.4 厘米（图一八九，6；彩版一〇一，5）。标本 2002M46：23，纽口径 1.5、盖口径 4.8、高 2.5 厘米（图一八九，7）。标本 2002M46：26，纽口径 1.4、盖口径 5、高 2.7 厘米（图一八九，8）。

以上 12 件陶小底罐（因被盗，缺 2 件罐）与 6 件敞口陶小底杯、8 件 A 型陶器盖一一相配，即 1 件杯或盖均置于罐口（盖倒置），位于二道头箱之上，但出土时部分遗物已被扰动。

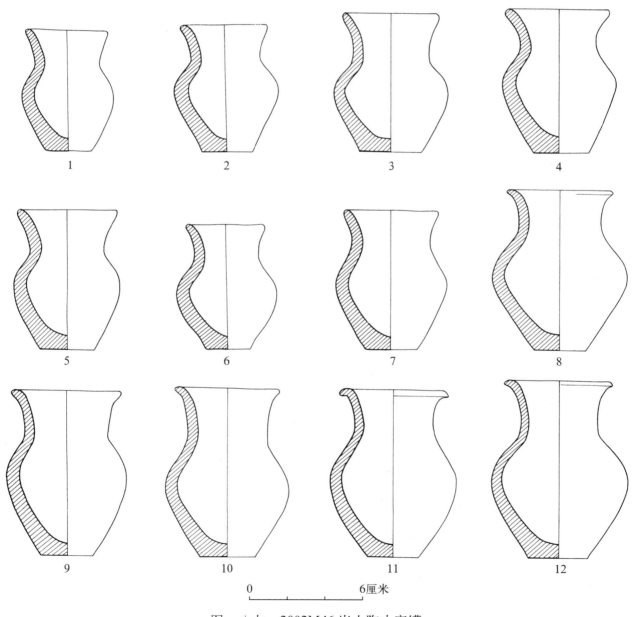

0　　　　　　　6厘米

图一八七　2002M46 出土陶小底罐

1～7. B 型Ⅱ式 2002M46：5、11、12、14、16、28、29　8～12. B 型Ⅲ式 2002M46：2、4、6、24、25

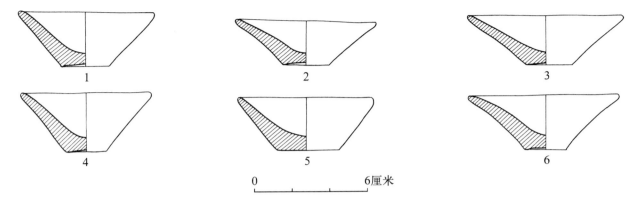

图一八八　2002M46 出土陶小底杯
1～6．Ⅲ式 2002M46：1、3、10、15、20、22

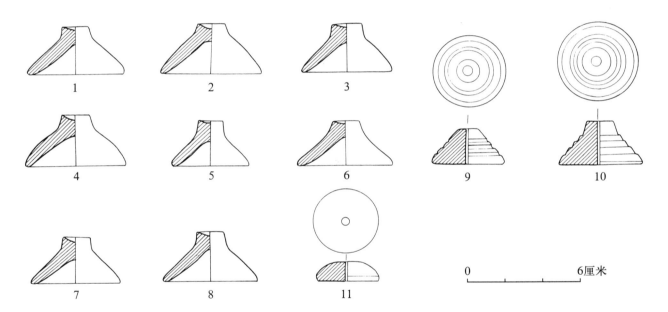

图一八九　2002M46 出土陶器
1～8．A 型 I 式陶器盖 2002M46：7、9、13、17、18、21、23、26　9．A 型 I 式陶纺轮 2002M46：8　10．A 型 Ⅱ 式陶纺轮 2002M46：27　11．B 型陶纺轮 2002M46：19

陶纺轮

A 型 I 式　1 件。略成扁平状。标本 2002M46：8，泥质黑陶。截面成梯形，中间有穿孔，器表面有三周凹槽。上宽 1.1、下宽 3.9、高 2、孔径 0.2 厘米（图一八九，9；彩版一○一，6）。

A 型 Ⅱ 式　1 件。器体较瘦高，中间凸起。标本 2002M46：27，泥质黑陶。中截面成梯形，中间有穿孔，器表面有四周折棱。上宽 1.5、下宽 4.5、高 2.4、孔径 0.2 厘米（图一八九，10；彩版一○一，7）。

B 型　1 件。扁平算珠状。标本 2002M46：19，泥质黑陶。中部有穿孔。上宽 1.5、下宽 3.3、高 1.1、孔径 0.2 厘米（图一八九，11；彩版一○一，8）。

2002M46 与 2002M45 的关系非常密切，位置、方向、形制、随葬品的种类和数量均相似。

七　2002M48

位于 2002T26 西北部，东邻 2002M49。大部叠压于探方西、北壁下，后经扩方清理完毕，东、南、西三面均邻残墓一座，方向约 142°（图一九〇）。

墓葬保存完好，盖板共用石板九块，从足至首依次叠压而成（彩版一〇二，1）。石棺头端、足端各立石板一块，左右两侧各用两块石板交错相接而成，两侧板上端经打制成梯状缺口安置盖板。头端用小石板隔成头箱两道。

墓口距地表深 0.40 米，墓底距地表深 1.00 米（彩版一〇二，2）。墓圹长 2.58、宽 0.81～0.82、深 0.53～0.72 米。石棺长 2.41、头端宽 0.54、高 0.64、足端宽 0.40、高 0.47 米。第一道头箱宽 0.05、高 0.34 米。第二道头箱宽 0.06、高 0.22 米。石棺盖板坡度约 7°。棺板厚 3 厘米。棺内填满红褐色黏土夹杂小碎石屑，未见人骨。

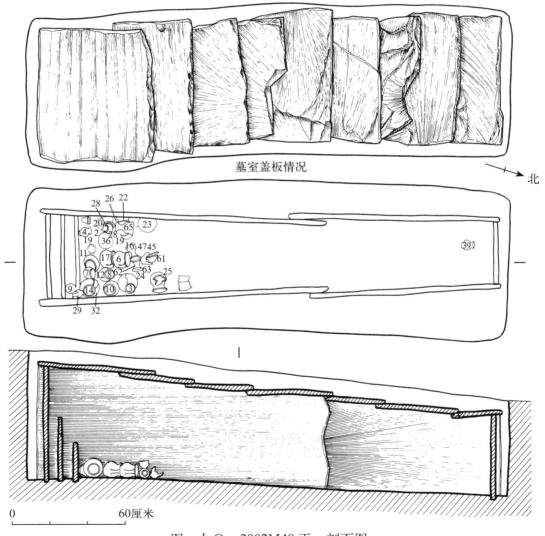

图一九〇　2002M48 平、剖面图

1、4、9、29、32、39. A a 型 Ⅲ 式陶长颈罐　2、6、17、23、25. B 型 Ⅲ 式陶单耳罐　3、10. B c 型 Ⅲ 式陶长颈罐　5. 铜帽形器　7、11、20、36. B 型 Ⅱ 式陶单耳罐　8、12. Ⅲ 式陶盂　14. B 型 Ⅰ 式陶双耳罐　16、65. A 型 Ⅲ式陶豆　19、22、24、26、34、45、47、61、62、63. B 型 Ⅲ 式陶凹底杯　28. A 型 Ⅲ 式陶凹底杯

随葬器物多集中于头端附近，可辨器形者共 34 件（彩版一○三，1）。

陶双耳罐

B 型 I 式　1 件。标本 2002M48：14，泥质灰陶，表面磨光。平口，束颈，鼓腹，最大腹径靠下，外底内凹有切割同心圆，双耳从口部贯通至腹部，耳面上端戳印圆圈纹。口径 9.2、腹径 15.4、底径 8.4、高 16.2、耳高 10 厘米（图一九一，1；彩版一○三，2）。

陶单耳罐

B 型 II 式　4 件。直口，泥质磨光黑皮陶。尖唇，曲腹下收，外底内凹成矮圈足状。标本 2002M48：7，口径 10.4、腹径 11、底径 5、高 8.8、耳高 5.8 厘米（图一九一，2）。标本 2002M48：11，外底有刻划符号。口径 10.8、腹径 11.4、底径 6.4、高 8.6、耳高 6 厘米（图一九一，3）。标本 2002M48：20，口径 10.4、腹径 12、底径 6、高 9.2、耳高 6 厘米

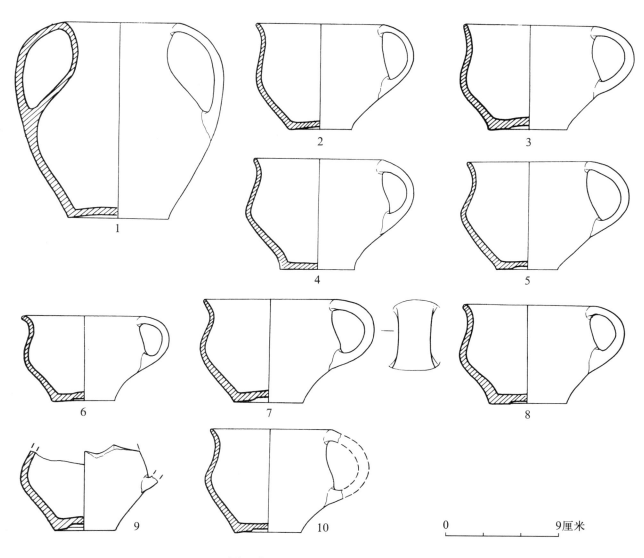

图一九一　2002M48 出土陶器

1. B 型 I 式陶双耳罐 2002M48：14　2～5. B 型 II 式陶单耳罐 2002M48：7、11、20、36　6～10. B 型 III 式陶单耳罐 2002M48：2、6、17、23、25

（图一九一，4）。标本 2002M48：36，口径 10、腹径 11.4、底径 5、高 9、耳高 6 厘米（图一九一，5；彩版一○三，3）。

　　B 型Ⅲ式　5 件。侈口，泥质磨光黑皮陶。尖唇，鼓腹，平底内凹成矮圈足状。标本 2002M48：2，底有"一"字形符号。口径 10、腹径 10.2、底径 5.2、高 7、耳高 4.6 厘米（图一九一，6；彩版一○三，4）。标本 2002M48：6，口径 10.4、腹径 11.4、底径 5.8、高 8.6、耳高 5.6 厘米（图一九一，7）。标本 2002M48：17，外底有"二"字形符号。口径 10.6、腹径 11.2、底径 6.4、高 8.2、耳高 5.6 厘米（图一九一，8）。标本 2002M48：23，上腹残。腹径 10.4、底径 5、残高 7.2 厘米（图一九一，9）。标本 2002M48：25，耳已残。口径 10、腹径 10.6、底径 5.8、高 8.8、耳高 6.2 厘米（图一九一，10；彩版一○三，5）。

陶长颈罐

　　Aa 型Ⅲ式　6 件。沿外卷。均为侈口，长颈，瘦腹，外底内凹成矮圈足状。标本 2002M48：1，泥质黑陶。圆唇。口径 5.4、腹径 7.2、底径 3.8、高 8.8 厘米（图一九二，1）。标本 2002M48：4，口部残，泥质黑陶。腹径 6.1、底径 4、残高 5.3 厘米（图一九二，2）。标本 2002M48：9，泥质黑陶。圆唇，沿下有两周凹弦纹，器表有轮旋痕。口径 5.1、腹径 6.7、底径 4.1、高 9.3 厘米（图一九二，3；彩版一○四，1）。标本 2002M48：29，泥质褐陶。方唇。口径 5.8、腹径 6.5、底径 4.1、高 8.9 厘米（图一九二，4）。标本 2002M48：32，口部残，泥质黑陶。外底有"十"字形符号。腹径 6.1、底径 3.9、残高 7.7 厘米（图一九二，5）。标本 2002M48：39，口部残，泥质黑陶。中腹表面有一周折棱。腹径 6.8、底径 4、残高 8.6 厘米（图一九二，6）。

　　Bc 型Ⅲ式　2 件。泥质磨光黑皮。沿外卷，鼓腹，外底内凹。标本 2002M48：3，方唇。口径 10.2、腹径 17、底径 8.6、高 19 厘米（图一九二，7；彩版一○四，2）。标本 2002M48：10，圆唇，下腹内收，外底内凹有切割同心圆。口径 9.8、腹径 16、底径 8.2、高 17.4 厘米（图一九二，8）。

陶豆

　　A 型Ⅲ式　2 件。敛口。泥质磨光黑皮陶。卷沿，圆唇，曲腹较深。标本 2002M48：16，柄部残断，盘内底有凸起。口径 11.4、腹径 10.6、残高 8 厘米（图一九三，1）。标本 2002M48：65，喇叭形圈足。口径 14、腹径 13.2、足径 9.6、高 15.8 厘米（图一九三，2；彩版一○四，3）。

陶盂

　　Ⅲ式　2 件。侈口，圆唇，曲腹，外底内凹成矮圈足状。标本 2002M48：8，泥质黑陶。底、腹交接处有明显粘接痕迹。口径 12.4、腹径 11、底径 4.8、高 6.6 厘米（图一九三，3）。标本 2002M48：12，泥质磨光黑皮陶。近底表面有二周凹槽。口径 12、腹径 12.4、底径 6.4、高 9.4 厘米（图一九三，4；彩版一○四，4）。

陶凹底杯

　　A 型Ⅲ式　1 件。敞口。标本 2002M48：28，泥质黑陶。薄胎，尖唇，外底内凹成矮圈足，

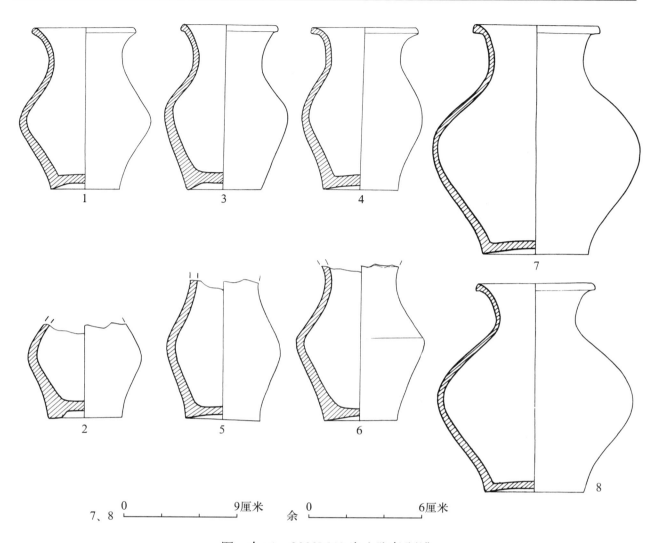

图一九二 2002M48 出土陶长颈罐

1～6. Aa 型Ⅲ式 2002M48：1、4、9、29、32、39 7、8. Bc 型Ⅲ式 2002M48：3、10

内底有切割同心圆。口径5.4、底径2.5、高2.7厘米（图一九三，5）。

B 型Ⅲ式 10件。敞口。均为泥质黑陶。曲腹，外底内凹成矮圈足状。标本 2002M48：61，圆唇，沿下有一道弦纹。口径6.9、腹径6、底径3、高4厘米（图一九三，6）。标本 2002M48：63，圆唇，底、腹交接处有明显粘接痕迹。口径6、腹径5.3、底径3.5、高3.4厘米（图一九三，7）。标本 2002M48：19，圆唇，底、腹交接处有明显粘接痕迹。口径6.2、腹径5.7、底径2.8、高3.6厘米（图一九三，8；彩版一〇四，5）。标本 2002M48：22，尖唇，底、腹交接处有一周折棱。口径5.6、腹径5.5、底径2.5、高4.1厘米（图一九三，9）。标本 2002M48：62，圆唇。口径6.8、腹径5.2、底径3.2、高4.0厘米（图一九三，10）。标本 2002M48：24，圆唇，底、腹交接处有一周折棱。口径7、腹径5.9、底径2.6、高3.9厘米（图一九三，11）。标本 2002M48：26，尖唇。口径6.2、腹径5.5、底径3.5、高3.4厘米（图一九三，12；彩版一〇四，6）。标本 2002M48：34，圆唇，底、腹交接处有明显粘接痕迹。口

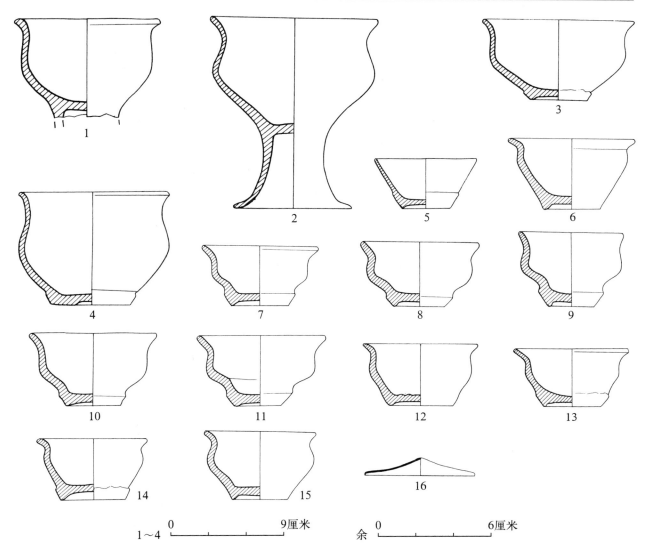

图一九三　2002M48 出土陶器与铜器

1、2. A 型Ⅲ式陶豆 2002M48：16、65　3、4. Ⅲ式陶盉 2002M48：8、12　5. A 型Ⅲ式陶凹底杯 2002M48：28　6 ～ 15. B 型Ⅲ式陶凹底杯 2002M48：61、63、19、22、62、24、26、34、45、47　16. 铜帽形器 2002M48：5

径 6.3、腹径 5.1、底径 3.2、高 3.1 厘米（图一九三，13）。标本 2002M48：45，圆唇。口径 6、腹径 5.2、底径 3.5、高 3.2 厘米（图一九三，14）。标本 2002M48：47，圆唇。口径 6、腹径 5.8、底径 3、高 3.7 厘米（图一九三，15）。

铜帽形器

1 件。标本 2002M48：5，斗笠状，内有半圆状纽。直径 6、高 1 厘米（图一九三，16）。

八　2003M6

位于 2003T8 南部，北邻 2003M7，方向约 112°（图一九四）。

墓葬保存基本完好，盖板系用七块石板从足至首依次叠压而成。其中自头端始第一块断裂成二截，第二块被扰动移位，第三块与第四块、第六块与第七块间加垫小石块，第七块左角压一小石板。石棺头、足端各立石板一块，左右两侧各用三块石板依次错缝相接而成。头端有用小石板隔成的头箱两道，箱上中部平放一块石块，其上放置1件实心柱状高纽陶器盖及1件陶平底罐。

墓口距地表深0.20～0.40米，墓底距地表深0.80～0.90米。墓圹长2.57、宽0.70～0.74、深0.55～0.70米。石棺长2.30、头端宽0.54、高0.59、足端宽0.52、高0.39米。第一道头箱宽0.10、高0.15米。第二道头箱宽0.07、高0.15米。石棺盖板坡度6°。棺板厚4厘米。棺内填满黄褐色土，墓底现存两截人体肢骨，葬式不明。

随葬器物多集中在头箱及其附近，共15件。

陶单耳罐

A型Ⅱ式　1件。标本2003M6：2，夹砂褐陶。侈口，方唇，鼓腹，最大径居中，平底，颈部有锥状小乳丁。口径8.2、腹径9.1、底径4.3、高11.5、耳高6.5厘米（图一九五，1；彩版

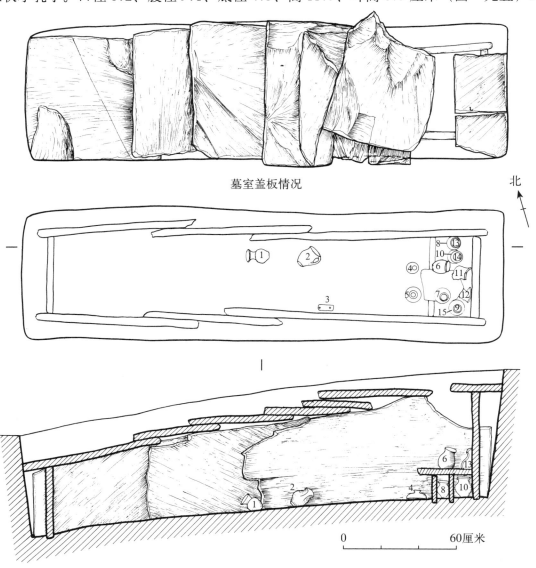

墓室盖板情况

北

图一九四　2003M6平、剖面图

1、5、8、10、11、12、15. B型Ⅱ式陶平底罐　2. A型Ⅱ式陶单耳罐　4、7、9. B型Ⅰ式陶器盖　6. B型Ⅰ式陶平底罐　13. B型Ⅱ式陶凹底杯　14. B型Ⅰ式陶凹底杯

一〇五，1）。

陶平底罐

B 型 I 式　1件。直口。标本 2003M6 : 6，夹砂褐陶。方唇，鼓腹，平底。口径 5.7、腹径 7.9、底径 4.7、高 7.4 厘米（图一九五，2；彩版一〇五，2）。

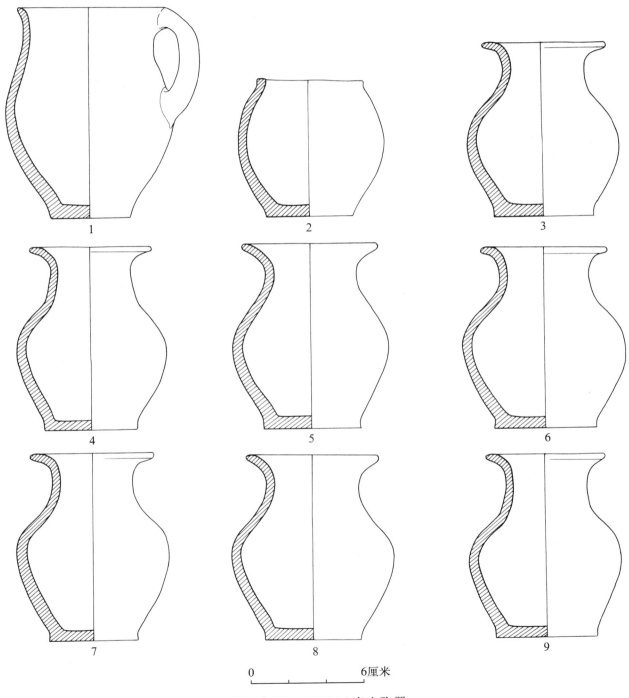

0　　　　　　6厘米

图一九五　2003M6 出土陶器

1．A 型 II 式陶单耳罐 2003M6 : 2　2．B 型 I 式陶平底罐 2003M6 : 6　3～9．B 型 II 式陶平底罐 2003M6 : 1、5、8、10、11、12、15

　　B型Ⅱ式　7件。侈口，卷沿。均为夹砂褐陶。束颈，鼓腹，最大腹径靠下，平底。标本2003M6：1，圆唇。口径6.7、腹径8.1、底径5.4、高9.5厘米（图一九五，3；彩版一〇五，3）。标本2003M6：5，圆唇。口径6.6、腹径8.1、底径5、高10厘米（图一九五，4）。标本2003M6：8，圆唇。口径7.3、腹径8.4、底径5.2、高10.1厘米（图一九五，5）。标本2003M6：10，圆唇。口径6.8、腹径8.8、底径5.5、高10厘米（图一九五，6）。标本2003M6：11，圆唇。口径6.7、腹径8.1、底径4.8、高10.2厘米（图一九五，7；彩版一〇五，4）。标本2003M6：12，尖唇。口径7.2、腹径8.8、底径5.2、高10.1厘米（图一九五，8）。标本2003M6：15，圆唇。口径6.4、腹径8.2、底径5.5、高9.9厘米（图一九五，9）。

　　陶凹底杯

　　B型Ⅰ式　1件。直口。标本2003M6：14，夹细砂褐陶。尖唇，腹略深，外底内凹成矮圈足状。口径6.4、腹径6.3、底径4、高4.8厘米（图一九六，1；彩版一〇五，5）。

　　B型Ⅱ式　1件。侈口。标本2003M6：13，泥质褐陶。尖唇，深腹，外底内凹成矮圈足状，底、腹交接处有明显粘接痕迹。口径7.7、腹径6.8、底径3.5、高5.1厘米（图一九六，2）。

　　陶器盖

　　B型Ⅰ式　3件。夹砂褐陶。尖唇，浅盘，斜直腹，纽面略内凹。标本2003M6：4，盖口径3.4、纽口径8.7、高4厘米（图一九六，3；彩版一〇五，6）。标本2003M6：7，盖口径3.5、纽口径9.2、高4.4厘米（图一九六，4）。标本2003M6：9，盖口径3.6、纽口径8.8、高4.2厘米（图一九六，5）。

　　双孔石饰

　　Ⅱ式　1件。标本2003M6：3，深灰色，长条形，通体磨光，两端各有一单向圆形穿孔，一侧两端靠近穿孔处有二凹槽，似为绑缚之处。长8.8、宽2.5、厚度0.7、孔径0.5厘米（图一九六，6）。

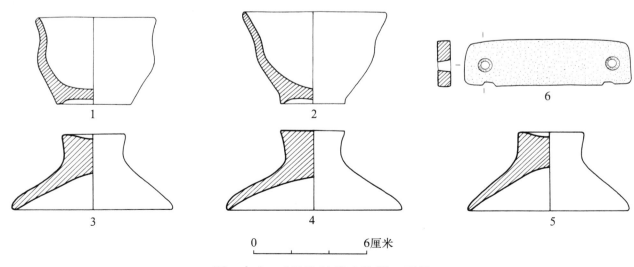

图一九六　2003M6出土陶器、石器

1．B型Ⅰ式陶凹底杯2003M6：14　2．B型Ⅱ式陶凹底杯2003M6：13　3～5．B型Ⅰ式陶器盖2003M6：4、7、9　6．Ⅱ式双孔石饰2003M6：3

九　2003M25

位于 2003T14 中部偏西，西邻墓葬 2003M29 及其器物坑 2003M22，方向约 145°（图一九七）。

保存基本完好，盖板系用六块打制十分规整的石板从足至首依次叠压而成（彩版一〇六，1），

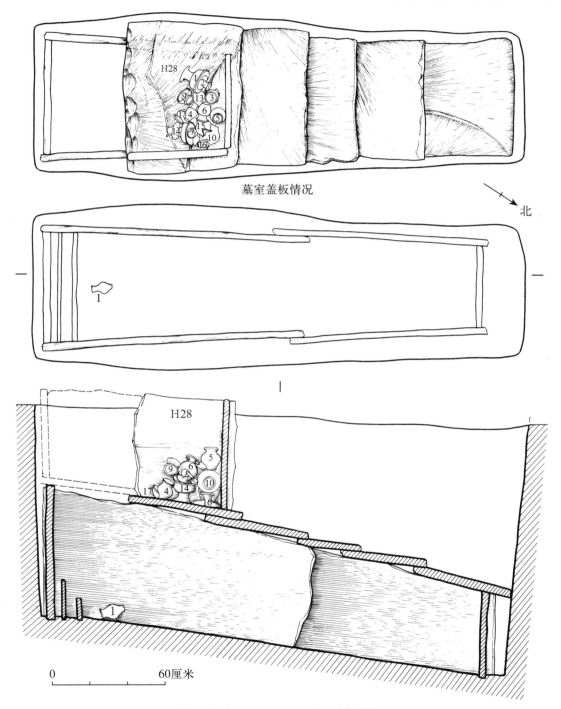

墓室盖板情况

北

图一九七　2003M25 平、剖面图

M25：5. Ba 型Ⅲ式陶长颈罐　H28：1、14. A 型Ⅰ式陶豆　2、3、9、17. Ba 型Ⅱ式陶豆　4. Aa 型Ⅱ式陶长颈罐　5、10. Bb 型Ⅱ式陶长颈罐　6、13. Ba 型Ⅱ式陶长颈罐　7、15. Ba 型Ⅲ式陶豆　16. B 型Ⅰ式陶器盖　8、11、12. 残陶器（压于 10 下）

现缺头端第一块，第二块盖板上有器物坑（编号为2003H28）。石棺头、足端各立石板一块，左右两侧各用两块石板错缝相接而成。头端有用小石板隔成的头箱两道。

墓口距地表深0.50米，墓底距地表深1.40～1.70米（彩版一〇六，2）。墓圹长2.63、宽0.73～0.81、深1.16～1.37米。石棺长2.35、头端宽0.70、高0.75、足端宽0.54、高0.47米。第一道头箱宽0.04、高0.22米。第二道头箱宽0.07、高0.11米。石棺盖板坡度7°。棺板厚3厘米。墓内填满黄褐五花土，未见尸骨。

头箱附近仅有陶长颈罐1件。

陶长颈罐

Ba型Ⅲ式　1件。标本2003M25：1，泥质黑陶。卷沿，尖唇，长颈，鼓腹，平底内凹。口径5.6、腹径7.7、底径4.1、高9.7厘米。

一〇　2003M26

位于2003T20东北部，方向约105°（图一九八）。

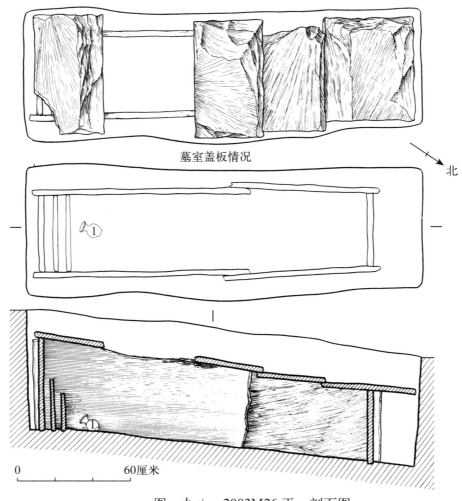

墓室盖板情况

北

0　　　　　　60厘米

图一九八　2003M26平、剖面图

1. 陶罐

保存基本完好，盖板原系用六块石板从足至首依次叠压而成，现自头端始第二、三块缺失，第五块一侧陷落棺内。石棺头、足端各立石板一块，左右两侧各用两块石板错缝相接而成。两侧立板上端经打制成梯状缺口安置盖板，头端有用小石板隔成的头箱两道。

墓口距地表深 0.65 米，墓底距地表深 1.15 米。墓圹长 2.10、宽 0.66～0.72、深 0.60～0.66 米。石棺长 1.79、头端宽 0.49、高 0.51、足端宽 0.47、高 0.40 米。第一道头箱宽 0.06、高 0.29 米。第二道头箱宽 0.05、高 0.20 米。盖板坡度 10°。棺板厚 3 厘米。墓内填满浅黄色土，未见尸骨。

随葬品仅存残陶罐 1 件。

── 2003M31

位于 2003T21 西北角，东南邻 2003M27，方向约 150°（图一九九）。

保存完好，盖板共用打制规整的厚度石板七块，从足至首依次叠压而成，其中第三、四块间加垫有小石板。石棺头、足端各立石板一块，左右两侧各用两块石板错缝相接而成，头端有用小石板隔成的头箱两道，墓圹与石棺间加过塞小石块起支撑作用。

墓口距地表深 0.60～1.50 米，墓底距地表深 1.26～1.90 米（彩版一〇七，1）。墓圹长 2.50、宽 0.72～0.87、深 0.75～1.40 米。石棺长 2.36、头端宽 0.67、高 0.67、足端宽 0.50、高 0.39 米。第一道头箱宽 0.04、高 0.26 米。第二道头箱宽 0.04、高 0.21 米。石棺盖板坡度 7°。棺板厚 4 厘米。棺内无填土，未见尸骨。

随葬陶器集中于头端附近，可辨器形者共 19 件（彩版一〇七，2）。

陶平底罐

B 型 Ⅱ 式　9 件。夹细砂褐陶。瘦体，卷沿，长颈，鼓腹，平底外折成假圈足底。标本 2003M31：1，方唇。口径 5.6、腹径 6.7、底径 3.7、高 9.2 厘米（图二〇〇，1；彩版一〇八，1）。标本 2003M31：2，方唇。口径 5.8、腹径 7.5、底径 3.6、高 9.6 厘米（图二〇〇，2；彩版一〇八，2）。标本 2003M31：7，圆唇。口径 5.7、腹径 7.3、底径 4.8、高 9.9 厘米（图二〇〇，3）。标本 2003M31：9，口部残。腹径 6.4、底径 3.6、残高 6.1 厘米（图二〇〇，4）。标本 2003M31：10，方唇。口径 6.6、腹径 7.2、底径 3.6、高 9.2 厘米（图二〇〇，5）。标本 2003M31：11，圆唇。口径 5.8、腹径 6.9、底径 3.9、高 9.4 厘米（图二〇〇，6）。标本 2003M31：12，方唇。口径 5.5、腹径 7.1、底径 4、高 9.9 厘米（图二〇〇，7）。标本 2003M31：13，方唇。口径 6.1、腹径 7.3、底径 3.6、高 9.7 厘米（图二〇〇，8；彩版一〇八，3）。标本 2003M31：14，方唇。口径 5.5、腹径 7.3、底径 4.2、高 9.4 厘米（图二〇〇，9）。

陶器盖

B 型 Ⅰ 式　9 件。夹细砂褐陶。敞口，尖唇，斜直腹，纽面略内凹。标本 2003M31：3，盖口径 8.5、纽口径 3.2、高 5.1 厘米（图二〇一，2；彩版一〇八，4）。标本 2003M31：4，盖口径 8.2、纽口径 3.2、高 5 厘米（图二〇一，3）。标本 2003M31：6，盖口径 7.8、纽口径 2.8、高 5 厘米（图二〇一，4；彩版一〇八，5）。标本 2003M31：8，盖口径 7.6、纽口径 2.8、高 5 厘米（图二〇一，5）。标本 2003M31：15，盖口径 8、纽口径 2.8、高 5 厘米（图二〇一，6）。

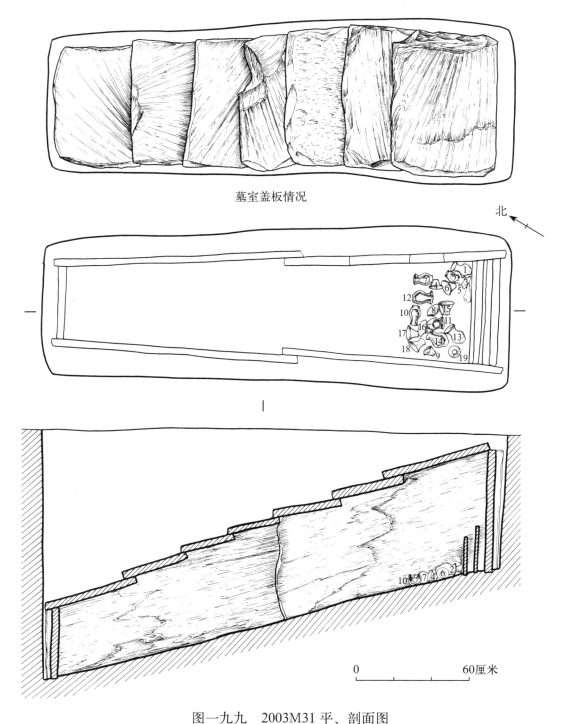

墓室盖板情况

北

图一九九　2003M31 平、剖面图

1、2、7、9～14. B 型 II 式陶平底罐　3、4、6、8、15～19. B 型 I 式陶器盖　5. A 型 I 式陶器盖

标本 2003M31：16，盖口径 7.8、纽口径 2.9、高 5 厘米（图二〇一，7；彩版一〇八，6）。标本 2003M31：17，盖口径 8.1、纽口径 3、高 4.8 厘米（图二〇一，8）。标本 2003M31：19，纽略残。盖口径 7.6、残高 4.4 厘米（图二〇一，9）。标本 2003M31：18，纽已残。盖口径 8、高 3.2 厘米（图二〇一，10）。

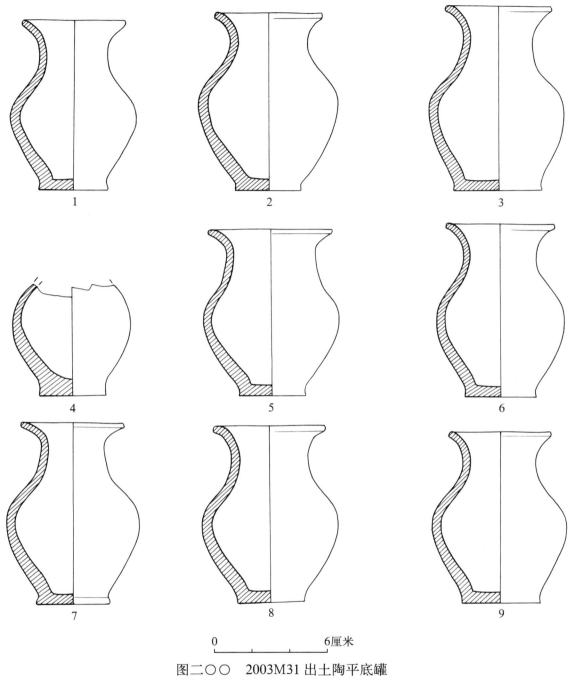

图二〇〇　2003M31 出土陶平底罐

1～9. B 型 II 式 2003M31：1、2、7、9～14

　　以上 9 件陶平底罐与 9 件 B 型陶器盖应是一一相配，即 1 件盖置于 1 件罐口（盖倒置），但出土时部分遗物已均被扰动。

　　陶器盖

　　A 型 I 式　　1 件。标本 2003M31：5，泥质黑陶。杯形矮纽，纽口外撇，盘口尖唇，外折上翘，弧腹略深。纽口径 2.8、口径 9.2、高 4.3 厘米（图二〇一，1）。

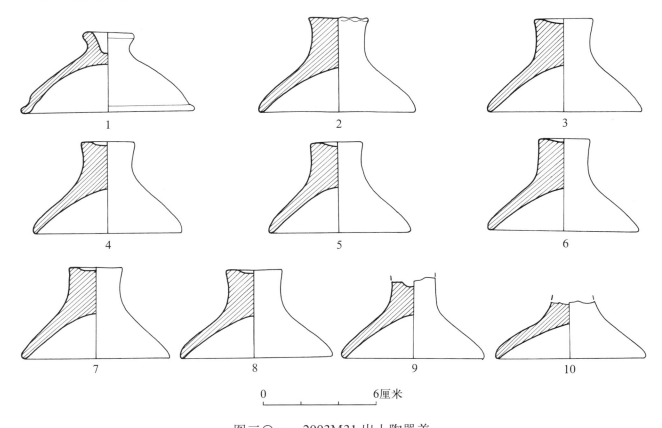

图二〇一　2003M31 出土陶器盖

1. A 型 I 式 2003M31：5　2～10. B 型 I 式 2003M31：3、4、6、8、15～17、19、18

一二　2003M34

位于 2003T31 东北部，东邻残墓一座，西北邻 2003M36，方向约 160°（图二〇二）。

墓葬足端压于探方北壁下，未作全部揭露。盖板缺失无存。石棺头端立石板一块，左右两侧各用两块石板错缝相接而成，两侧立板上端经打制成梯状缺口安置盖板，头端有小石板隔成的头箱两道。

墓口距地表深 0.50 米，墓底距地表深 1.60 米。墓圹揭露部分长 1.69、头端宽 0.82、深 0.76 米。石棺揭露部分长 1.59、头端宽 0.72、高 0.73 米。第一道头箱宽 0.02、高 0.15 米。第二道头箱宽 0.05、高 0.14 米。棺板厚 1～3 厘米。墓内填满褐色土，仅见部分头骨，葬式不明。

随葬陶器经扰动已移位，散布于墓底，共 14 件。

陶长颈罐

Aa 型 II 式　2 件。侈口。均为泥质黑陶。方唇，长颈，鼓腹，平底内凹成矮圈足状。标本 2003M34：1，下腹内折收。口径 5.2、腹径 6.7、底径 3.7、高 8.4 厘米（图二〇三，1；彩版一〇九，1）。标本 2003M34：5，器表有轮旋痕。口径 5、腹径 5.6、底径 4、高 7.9 厘米（图二〇三，2）。

Aa 型 III 式　1 件。沿外卷。标本 2003M34：14，泥质黑陶。侈口，尖唇，长颈，瘦腹，平底内凹成矮圈足状。口径 4.7、腹径 5.7、底径 3.1、高 9.1 厘米（图二〇三，3；彩版一〇九，2）。

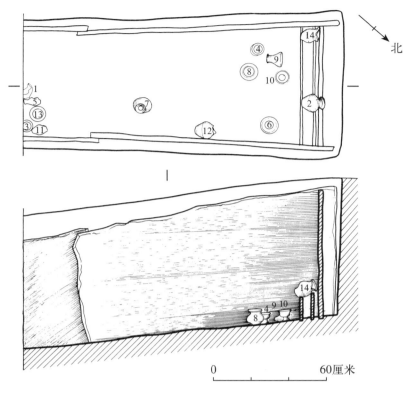

图二〇二　2003M34 平、剖面图

1、5. Aa 型 II 式陶长颈罐　2、7. Ab 型 II 式陶长颈罐　3、13. B 型 II 式陶凹底杯　4、9、10. B a 型 II 式陶豆　6.
B a 型 IV 式陶豆　8. Bb 型 II 式陶罐　11、12. Ba 型 II 式陶长颈罐　14. Aa 型 III 式陶长颈罐

Ab 型 II 式　2 件。侈口。标本 2003M34：2，泥质黑陶。圆唇，长颈，广肩，瘦体鼓腹，小底内凹成矮圈足状。口径 7.1、腹径 8.3、底径 3.5、高 10.5 厘米（图二〇三，4；彩版一〇九，3）。标本 2003M34：7，泥质黑陶。方唇，长颈，鼓腹，平底略内凹，器表有轮旋痕。口径 7.2、腹径 8.9、底径 4.3、高 11.6 厘米（图二〇三，5）。

Ba 型 II 式　2 件。侈口。标本 2003M34：12，泥质黑陶。圆唇，长颈，鼓腹，平底内凹成矮圈足，器表有轮旋痕。口径 5.6、腹径 6.3、底径 4.3、高 8.4 厘米（图二〇三，6；彩版一〇九，4）。标本 2003M34：11，口部残，泥质黑陶。直颈，鼓腹，平底内凹成矮圈足。腹径 6.3、底径 4、残高 7.7 厘米（图二〇三，7）。

Bb 型 II 式　1 件。侈口。标本 2003M34：8，泥质黑陶。尖唇，长颈，鼓腹，平底略内凹，下腹表有明显粘接痕迹。口径 6.9、腹径 8.1、底径 4.3、高 10.1 厘米（图二〇三，8）。

陶豆

Ba 型 II 式　3 件。直口。均为泥质黑陶。喇叭形圈足。标本 2003M34：4，尖唇，深腹下收，盘内底下凹。口径 7.6、足径 4.8、高 7 厘米（图二〇四，1）。标本 2003M34：9，圆唇，腹微曲，内壁有旋痕。口径 7.9、足径 5.5、高 7.6 厘米（图二〇四，2；彩版一〇九，5）。标本 2003M34：10，尖唇，深腹下收。口径 7.3、足径 4.4、高 7 厘米（图二〇四，3）。

Ba 型 IV 式　1 件。敞口，器体略高。标本 2003M34：6，泥质黑陶。尖唇，折腹较深，喇叭形圈足。

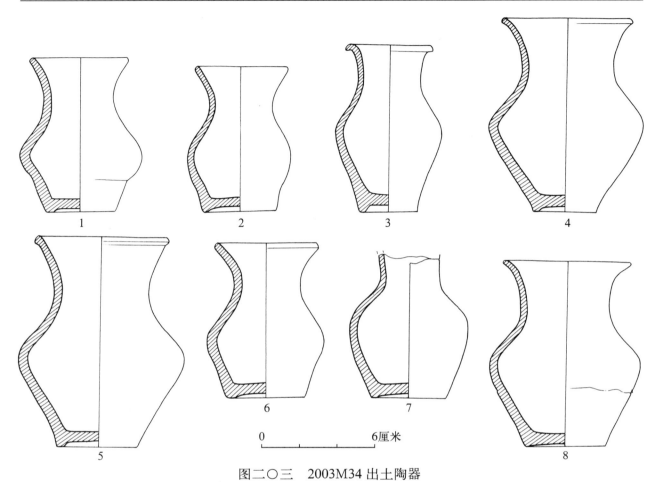

图二〇三　2003M34 出土陶器

1、2. Aa 型Ⅱ式陶长颈罐 2003M34：1、5　3. Aa 型Ⅲ式陶长颈罐 2003M34：14　4、5. Ab 型Ⅱ式陶长颈罐
2003M34：2、7　6、7. Ba 型Ⅱ式陶长颈罐 2003M34：12、11　8. Bb 型Ⅱ式陶长颈罐 2003M34：8

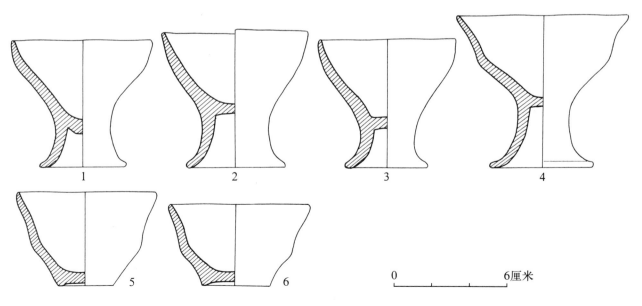

图二〇四　2003M34 出土陶器

1～3. Ba 型Ⅱ式陶豆 2003M34：4、9、10　4. Ba 型Ⅳ式陶豆 2003M34：6　5、6. B 型Ⅱ式陶凹底杯 2003M34：3、13

口径9.2、足径5.5、高8.2厘米（图二〇四，4；彩版一〇九，6）。

陶凹底杯

B型Ⅱ式　2件。侈口。均为泥质黑陶。尖唇，小平底内凹。标本2003M34：3，口径7.6，底径3、高5.2厘米（图二〇四，5）。标本2003M34：13，口径7.6，底径3.7、高4.4厘米（图二〇四，6）。

一三　2004M38

位于2004T12西南角，方向约150°（图二〇五）。

头端叠压于探方南壁下，后经扩方清理完毕。盖板保存基本完好，原系七块石板构成，现头

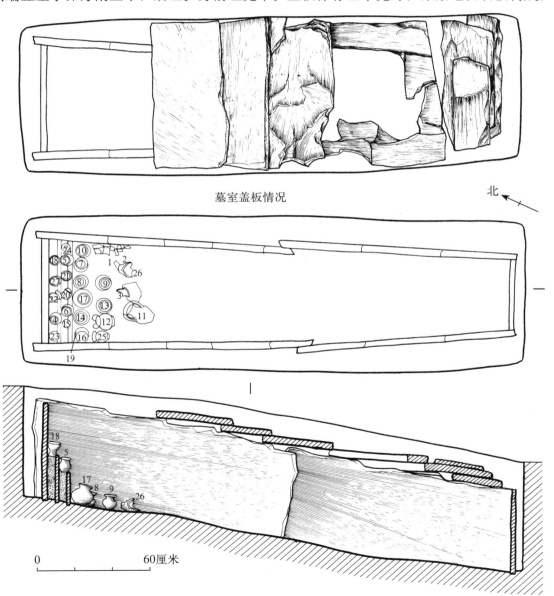

墓室盖板情况

北

图二〇五　2004M38平、剖面图

1～3. 陶片（压于26下）　4、6、10、13、25. Ba型Ⅱ式陶长颈罐　5、7、8、9、14、19. Ba型Ⅲ式陶长颈罐　11. Aa型Ⅱ式陶双耳罐　12. Bb型Ⅱ式陶长颈罐　15、20、21、24、26. Ba型Ⅲ式陶豆　16、27. A型Ⅲ式陶凹底杯　17. Ba型Ⅰ式陶长颈罐　18、22、23. Ba型Ⅰ式陶豆

端两块缺失，腰部一块残断，足端板又叠压两块石板，各盖板间加垫小石片（彩版一一〇，1）。石棺头、足端各立石板一块，左、右两侧各立石板两块错缝相接，侧板上端有打制的梯状缺口。头端有用小石板隔成的头箱两道。

墓圹长 2.68、宽 0.78～0.80、深 0.60～0.70 米（彩版一一〇，2）。石棺长 2.52、头端宽 0.65、高 0.54、足端宽 0.47、高 0.46 米。第一道头箱宽 0.05、高 0.26 米。第二道头箱宽 0.05、高 0.17 米。盖板坡度 9°。棺板厚 3～4 厘米。棺内填满灰褐色扰土，未见人骨。

随葬器物十分丰富，集中分布于头箱及头端附近，可辨器形者 24 件（彩版一一一，1）。

陶双耳罐

Aa 型 II 式　1 件。标本 2004M38：11，泥质磨光黑皮陶。平口，束颈，鼓腹，最大腹径靠上，底外折略内凹，并有切割同心圆，双耳从口部贯至腹部。口径 8.6、腹径 12.8、底径 5.2、高 15.5、耳高 8.4 厘米（图二〇六，1；彩版一一一，2）。

陶长颈罐

Ba 型 I 式　1 件。直口。标本 2004M38：17，夹细砂褐陶。敛口，方唇，束颈，鼓腹，平底。口径 6.7、腹径 10.3、底径 5.5、高 9.7 厘米（图二〇六，2；彩版一一一，3）。

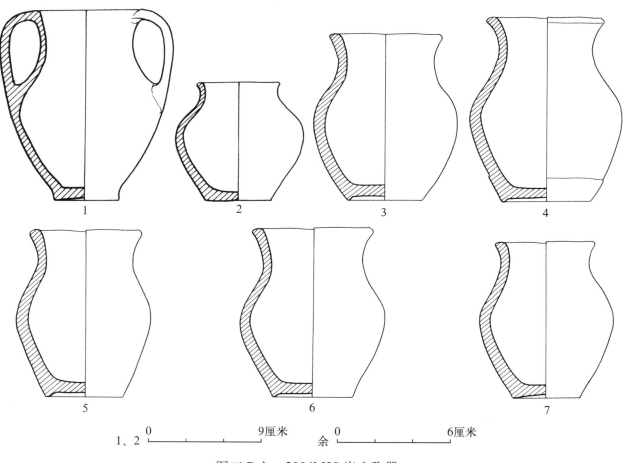

图二〇六　2004M38 出土陶器

1. Aa 型 II 式陶双耳罐 2004M38：11　2. Ba 型 I 式陶长颈罐 2004M38：17　3～7. Ba 型 II 式陶长颈罐 2004M38：4、6、10、13、25

　　Ba 型 II 式　5件。侈口。夹细砂褐陶。鼓腹，外底内凹。标本 2004M38：4，方唇。口径 6.2、腹径 7.8、底径 4.1、高 9.1 厘米（图二〇六，3；彩版一一一，4）。标本 2004M38：6，尖唇，下腹表面有折棱，底、腹交接处有明显粘接痕迹。口径 6.5、腹径 8.3、底径 5、高 10.3 厘米（图二〇六，4）。标本 2004M38：10，方唇。口径 6.2、腹径 7.2、底径 4.2、高 9 厘米（图二〇六，5）。标本 2004M38：13，尖唇。口径 6.6、腹径 7.8、底径 4.4、高 9.3 厘米（图二〇六，6）。标本 2004M38：25，方唇。口径 5.4、腹径 7.3、底径 3.7、高 8.5 厘米（图二〇六，7；彩版一一一，5）。

　　Ba 型 III 式　6件。沿外卷。均为长颈，鼓腹，外底内凹成矮圈足状。标本 2004M38：5，泥质黑陶。圆唇，下腹表面有多周折棱。口径 7.1、腹径 8、底径 4.3、高 11.3 厘米（图二〇七，1）。标本 2002M38：7，泥质黑陶。方唇。口径 6.5、腹径 7.8、底径 4.8、高 10.6 厘米（图二〇七，2）。标本 2004M38：8，泥质黑陶。尖唇，下腹表面有多周折棱。口径 7.1、腹径 8.4、底径 5、高 11.3 厘米（图二〇七，3；彩版一一二，1）。标本 2004M38：9，泥质黑陶。尖唇。口径 6.5、

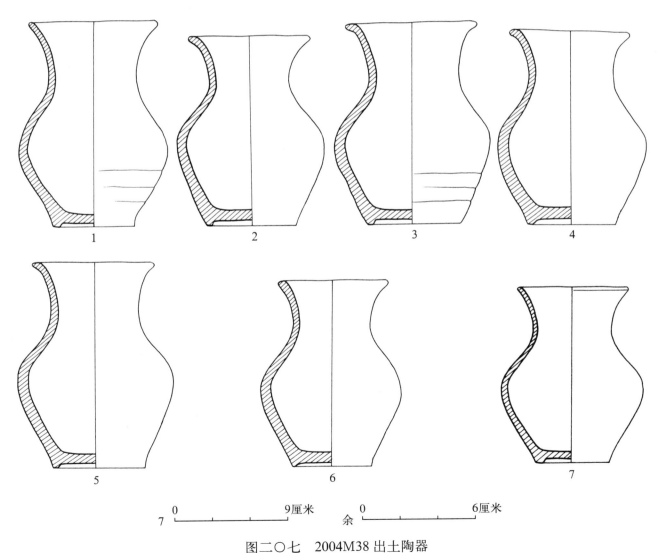

图二〇七　2004M38 出土陶器

1～6. Ba 型 III 式陶长颈罐 2004M38：5、7～9、14、19　7. Bb 型 II 式陶长颈罐 2004M38：12

腹径8.1、底径4.8、高10.6厘米(图二〇七,4)。标本2004M38:14,泥质灰陶。尖唇。口径6.6、腹径8.4、底径5、高11.2厘米（图二〇七,5）。标本2004M38:19,泥质黑陶。尖唇,颈部表面有多周轮旋痕。口径6、腹径7.6、底径4.3、高10.3厘米（图二〇七,6;彩版一一二,2）。

Bb型Ⅱ式　1件。中型罐,侈口。标本2004M38:12,泥质黑陶。方唇,束颈,鼓腹,外底内凹成矮圈足。口径9、腹径11.5、底径6、高14.4厘米（图二〇七,7;彩版一一二,3）。

陶豆

Ba型Ⅰ式　3件。体矮胖。均为夹细砂褐陶。直口,尖唇,斜直壁,腹较浅,喇叭形圈足。标本2004M38:18,口径6.8、足径4、高4.8厘米（图二〇八,1;彩版一一二,4）。标本2004M38:22,盘腹表面有多周折棱。口径6.9、足径4.4、高4.8厘米（图二〇八,2）。标本2004M38:23,圈足表面有一周折棱。口径7.2、足径4.6、高4.9厘米（图二〇八,3）。

Ba型Ⅲ式　5件。侈口,曲腹,喇叭形圈足,足口上翘。标本2004M38:15,泥质灰陶。方唇,内底有凸起。口径8、足径6、高6.4厘米（图二〇八,4;彩版一一二,5）。标本2004M38:20,泥质灰陶。尖唇。口径7.6、足径5、高6.4厘米（图二〇八,5）。标本2004M38:21,泥质灰陶。方唇,圈足表面有一周折棱。口径7.1、足径5.1、高5.5厘米（图二〇八,6）。标本2004M38:24,泥质灰陶。方唇。口径8.2、足径5.2、高6.8厘米（图二〇八,7）。标本2004M38:26,仅余圈足,泥质黑陶。圈足表面有折棱及弦纹。足径5.7、残高3.1厘米（图二〇八,8）。

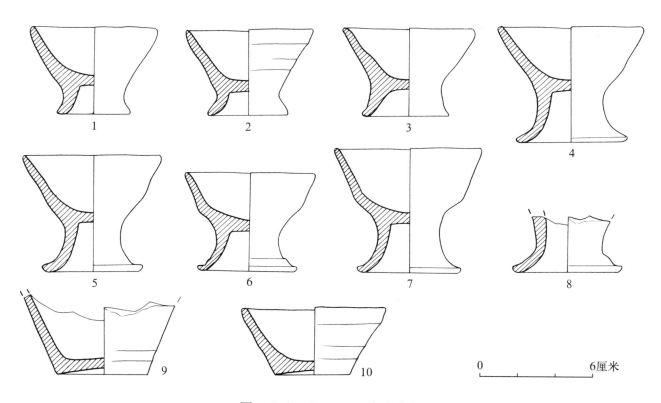

图二〇八　2004M38 出土陶器

1～3.Ba型Ⅰ式陶豆2004M38:18、22、23　4～8.Ba型Ⅲ式陶豆2004M38:15、20、21、24、26　9、10.A型Ⅲ式陶凹底杯2004M38:16、27

陶凹底杯

A 型 Ⅲ 式　2 件。敞口。均为泥质黑陶。方唇，斜直壁，腹略深，外底内凹。标本 2004M38：16，口部残，内底凸起，内外壁有轮旋痕。底径 5、残高 4.2 厘米（图二〇八，9）。标本 2004M38：27，内底有切割同心圆，腹表面有三周折棱。口径 7.8、底径 4.1、高 3.6 厘米（图二〇八，10；彩版一一二，6）。

一四　2006M2

位于 2006T1 西南部，东北邻 2006M1，方向约 130°（图二〇九）。

盖板头端部分缺失，现存腰部以下四块，从足至首依次叠压而成。石棺头端、足端各立石板一块，左、右两侧立石板两块错缝相接。头端有用小石板隔成的头箱二道。

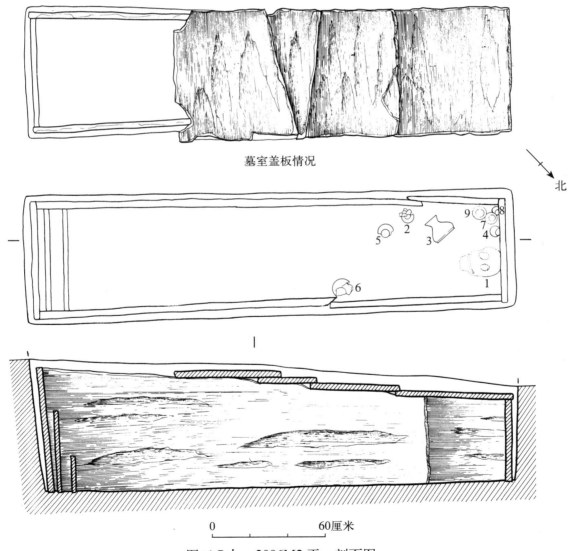

图二〇九　2006M2 平、剖面图

1、2. A 型 Ⅴ 式陶小底杯　3. A 型 Ⅳ 式陶豆　4、7、9. Ba 型 Ⅲ 式陶长颈罐　5. Aa 型 Ⅲ 式陶长颈罐　6. Bc 型 Ⅲ 式陶长颈罐　8. Ba 型 Ⅱ 式陶豆

墓口距地表深 0.75 米，墓底距地表深 1.45 米（彩版一一三，1）。墓圹长 2.61、宽 0.67～0.71、深 0.52～0.73 米。石棺长 2.51、头端宽 0.65、高 0.69、足端宽 0.57、高 0.45 米。第一道头箱宽 0.06、高 0.44 米。第二道头箱宽 0.09、高 0.20 米。石棺盖板坡度 6°。棺板厚 3～4 厘米。墓内填满黑褐色土，仅见头颅残渣，葬式不明。

随葬陶器已扰动移位在足端附近，共 9 件。

陶长颈罐

Aa 型Ⅲ式　1 件。标本 2006M2：5，口部已残，夹细砂褐陶。长颈，鼓腹，外底内凹，内底有乳凸，器表有轮旋痕。腹径 8、底径 3.9、残高 8.5 厘米（图二一〇，1）。

Ba 型Ⅲ式　3 件。沿外卷，鼓腹，外底内凹成矮圈足状。标本 2006M2：4，夹细砂褐陶。圆唇，长颈。口径 5.9、腹径 8.2、底径 3.9、高 10.3 厘米（图二一〇，2）。标本 2006M2：7，口部已残，夹砂褐陶。内底有乳突。腹径 9、底径 5、残高 7.6 厘米（图二一〇，3）。标本 2006M2：9，泥质磨光黑皮陶。圆唇。口径 7.8、腹径 10.2、底径 5.2、高 12 厘米（图二一〇，4）。

Bc 型Ⅲ式　1 件。标本 2006M2：6，口部已残，泥质灰陶，表面磨光。圆腹，外底内凹成矮圈足状，内底有乳凸。腹径 14.2、底径 6.8、残高 12.4 厘米（图二一〇，5）。

陶豆

A 型Ⅳ式　1 件。标本 2006M2：3，泥质磨光灰陶。敛口，尖唇，深腹，喇叭形圈足，足口上翘，盘腹表有多周轮旋痕，柄上部有三周凹弦纹。口径 12.6、腹径 13、足径 9、高 12.4 厘米（图

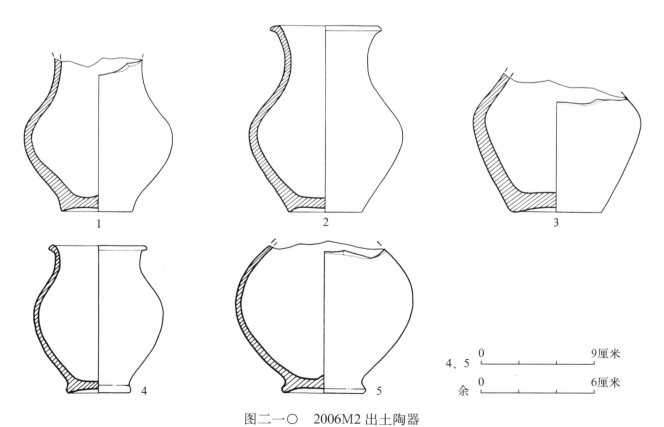

图二一〇　2006M2 出土陶器

1. Aa 型Ⅲ式陶长颈罐 2006M2：5　2～4. Ba 型Ⅲ式陶长颈罐 2006M2：4、7、9　5. Bc 型Ⅲ式陶长颈罐 2006M2：6

二一一，1；彩版一一三，2）。

Ba 型Ⅱ式　1件。直口，深腹。标本 2006M2：8,夹细砂褐陶。尖唇，喇叭形圈足。口径 7.9、足径 5.3、高 5.3 厘米（图二一一，2；彩版一一三，3）。

陶小底杯

Ⅴ式　2件。敞口，尖唇，深腹。标本 2006M2：2,夹细砂褐陶。小底内凹，底、腹交接处有粘接痕迹。口径 9、腹径 7.9、底径 3.2、高 5.2 厘米（图二一一，3；彩版一一三，4）。标本 2006M2：1,腹部以下已残，泥质褐陶。口径 9.3、腹径 8.4、残高 2.7 厘米（图二一一，4）

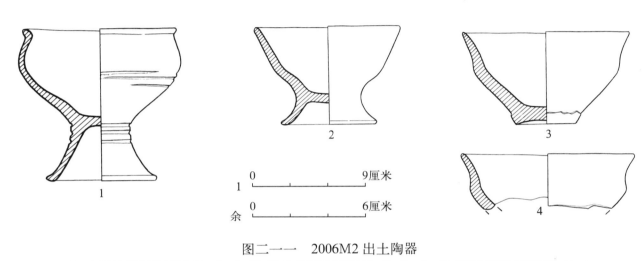

图二一一　2006M2 出土陶器

1. A 型Ⅳ式陶豆 2006M2：3　2. Ba 型Ⅱ式陶豆 2006M2：8　3、4. Ⅴ式陶小底杯 2006M2：2、1

一五　2006M19

位于 2006T4 西北角，足端部分被压于探方北壁及西壁下，未作全面揭露。方向约 120°（图二一二）。

揭露部分盖板缺失，石棺现存头端挡板一块，左、右两侧立板一块。头端有用小石板隔成的头箱两道。

墓口距地表深 0.34 米,墓底距地表深 0.90 米。墓圹揭露部分长 1.22、头端宽 0.71、最深 0.56米。石棺揭露部分长 1.20、头端宽 0.66、高 0.50 米。第一道头箱宽 0.04、高 0.21 米。第二道头箱宽 0.05、高 0.18 米。棺板厚 1～4 厘米。墓内填满褐色土，未见尸骨。

随葬陶器 11 件。

陶小底罐

B 型Ⅲ式　7件。卷沿，鼓腹，小平底。标本 2006M19：1,夹细砂褐陶。尖唇。口径 6、腹径 6.5、底径 3.2、高 8 厘米（图二一三，1）。标本 2006M19：5,腹以上已残，泥质褐陶。底径 3.5、残高 2.1 厘米（图二一三，2）。标本 2006M19：7,肩部以上已残，泥质褐陶。底径 3、残高 4.2 厘米（图二一三，3）。标本 2006M19：9,口部已残，泥质褐陶。腹径 7.4、底 4.1、残高 5.3 厘米（图二一三，4）。标本 2006M19：11,腹以下已残，泥质褐陶。体矮胖，尖唇，束颈。

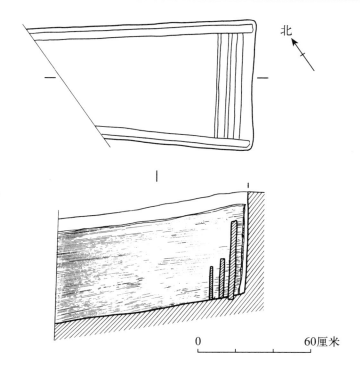

图二一二　2006M19 平、剖面图

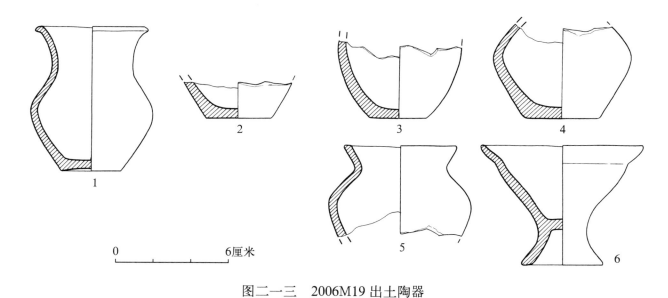

图二一三　2006M19 出土陶器

1～5. B 型Ⅲ式陶小底罐 2006M19：1、5、7、9、11　6. Ba 型Ⅳ式陶豆 2006M19：4

口径 6、腹径 7.5、残高 4.9 厘米（图二一三，5）。标本 2006M19：8、10，均口部已残，泥质褐陶。

陶豆

Ba 型Ⅳ式　4 件。敞口，折腹。均为泥质褐陶。尖唇，喇叭形圈足。标本 2006M19：4，口径 8.7、足径 4.4、高 6.5 厘米（图二一三，6）。标本 2006M19：2、3、6，均已残。

第六章　其他墓

共 33 座。因残损严重，难以进行分类。按照发掘先后顺序进行介绍。

一　2000M27

因被盗扰，形制分类不详。

随葬陶单耳罐 1 件。

陶单耳罐

A 型 I 式　1 件。标本 2000M27：1，瘦长形，夹砂褐陶。侈口，方唇，鼓腹，平底外折。口径 7.2、腹径 8.5、底径 4.7、高 10.5、耳高 6.2 厘米（图二一四，1）。

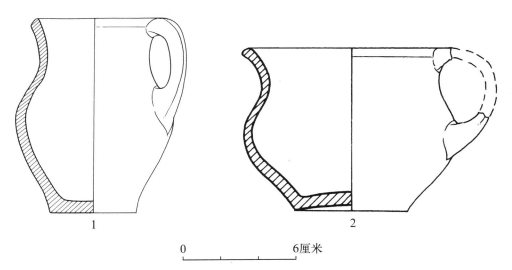

图二一四　2000M27、M29 出土陶单耳罐
1. A 型 I 式 2000M27：1　2. B 型 Ⅲ 式 2000M29：1

二　2000M29

因被盗扰，形制分类不详。

随葬陶单耳罐 1 件。

陶单耳罐

B 型 Ⅲ 式　1 件。标本 2000M29：1，泥质磨光黑皮陶。方唇，侈口，鼓腹，平底内凹，外底有"一"字符号，耳略残。口径 11.2、腹径 11.4、底径 6、高 9、耳高 6.2 厘米（图二一四，2）。

三　2000M40

因被盗扰，形制分类不详。

随葬6件陶器。

陶长颈罐

Aa型Ⅱ式　1件。侈口。标本2000M40：6，泥质灰黑陶。方唇，鼓腹下收，底内凹成矮圈足状。口径5.5、腹径6.8、底径4.2、高8.6厘米（图二一五，1）。

Ba型Ⅱ式　1件。侈口。标本2000M40：1，泥质灰陶。方唇，圆腹，内底凸起，外底内凹成假圈足状，内外壁面均见轮旋痕。口径5.8、腹径7.3、底径4.3、高9.7厘米（图二一五，2）。

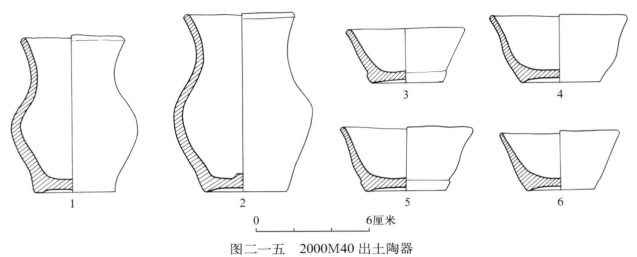

图二一五　2000M40出土陶器

1. Aa型Ⅱ式陶长颈罐2000M40：6　2. Ba型Ⅱ式陶长颈罐2000M40：1　3～6. A型Ⅰ式陶凹底杯2000M40：2～5

陶凹底杯

A型Ⅰ式　4件。直口，外底内凹成矮圈足状。标本2000M40：2，泥质灰陶。圆唇，腹、底交接处有明显粘接痕迹。口径6.4、腹径5.3、底径3.9、高3厘米（图二一五，3）。标本2000M40：3，泥质黑陶。圆唇。口径7.2、腹径6.2、底径4.1、高3.8厘米（图二一五，4）。标本2000M40：4，泥质灰陶。尖唇，底、腹交接处有明显的粘接痕迹。口径7、腹径6、底径4.2、高3.5厘米（图二一五，5）。标本2000M40：5，泥质灰陶。尖唇。口径6.4、腹径5.4、底径3.6、高3.3厘米（图二一五，6）。

四　2000M41

残损严重。

随葬陶器仅存陶豆盘2件。

陶豆盘

B型Ⅰ式　2件。圆唇，口微侈，曲腹较浅，柄部残断。标本2000M41：2，泥质黑陶。口径8.4、腹径7.4、残高4.3厘米（图二一六，1）。标本2000M41：3，泥质褐陶。口径9.4、腹径7.5、残高4.6厘米（图二一六，2）。

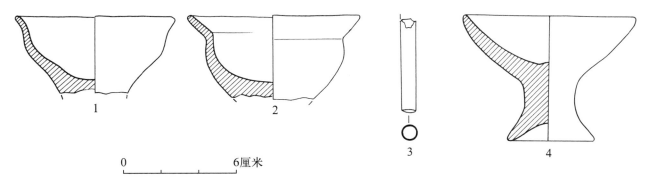

图二一六　2000M41 等出土陶器、铜器

1、2. B 型 I 式陶豆盘 2000M41：2、3　3. 铜管珠 2000M43：1、2　4. Bb 型 I 式陶豆 2000M48：1

五　2000M43

位于 2000T16 西南部，东邻 2000M42，西邻 2000M44，方向约 155°。

墓葬盖板缺失无存。石棺头、足端各立石板一块，左右两侧各用两块石板错缝相接而成。

墓口距地表深 0.23 米，墓底距地表深 0.69 ～ 0.98 米。墓圹长 2.25、宽 0.52 ～ 0.68、深 0.46 ～ 0.75 米。石棺长 2.08、头端宽 0.62、高 0.51、足端宽 0.35、高 0.30 米。棺板厚 3 ～ 4 厘米。墓内填满褐色土，未见尸骨。随葬品仅见铜管珠 2 件。

铜管珠

2 件。标本 2000M43：1、2，细长柱状，略残，内有朽竹痕迹。直径 0.8、残长 5.1 厘米（图二一六，3）。

六　2000M48

残损严重，形制分类不详。

随葬陶器仅见陶豆 1 件。

陶豆

Bb 型 I 式　1 件。标本 2000M48：1，夹细砂褐陶。口微侈，圆唇，曲腹较浅，实心柄，喇叭形圈足。口径 9.3、足径 4.7、高 6.7 厘米（图二一六，4）。

七　2002M10

位于 2002T4 东北部，北邻 2002M11，方向约 75°（图二一七）。

石棺盖板存四块，从足至首依次叠压而成，第三块上压小石板两块。头端挡板已毁，足端用石板一块，两侧石板各存两块，错缝交接而成。

墓口距地表深 0.24 米，墓底距地表深 0.66 米。墓圹长 2.28、宽 0.56 ～ 0.71、深 0.36 ～ 0.45 米。石棺残长 1.50、足端宽 0.47、高 0.34 米。棺板厚 3 ～ 4 厘米。墓内填满灰黑色土。墓底残存人头骨及部分腿骨，多分散在腰至足端，葬式不明。

出土 A 型 II 式黑陶纺轮 1 件。

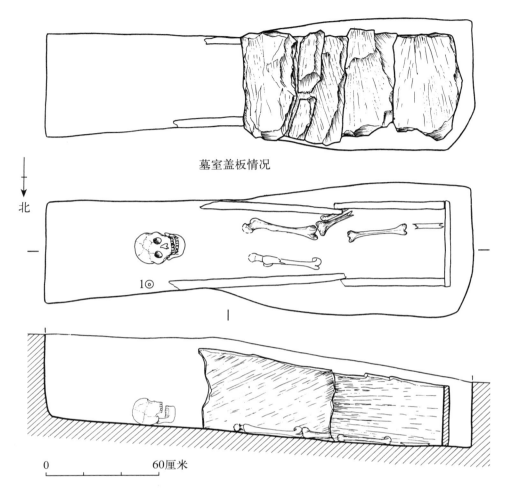

墓室盖板情况

北

1⊙

0　　　　　　　60厘米

图二一七　2002M10 平、剖面图
1. 陶纺轮

八　2002M12

位于 2002T8 中部，南邻 2002M11，方向约 60°（图二一八）。

石棺腰部以上被晚期坑打破，盖板仅存足端三块，从足至首依次叠压。足端立石板一块，右侧立板存一块，左侧立板存两块，错缝交接而成。石棺侧板与墓圹之间加垫小石块起固定作用。

墓口距地表深 0.20 米，墓底距地表深 0.52 米。墓圹长 2.06、宽 0.48～0.66、深 0.35～0.36米。石棺残长 1.45、足端宽 0.43、高 0.33 米。棺板厚 3～4 厘米。棺内扰土为灰黑色土。墓内填满灰黑色土，墓底腰部以下残存零乱肢骨，葬式不明。

随葬品无。

九　2002M13

位于 2002T13 东南角，方向约 70°（图二一九）。

仅发掘下半部分，墓大部被压于东、南壁下，盖板损毁无存。石棺足端未立挡板，左右两侧

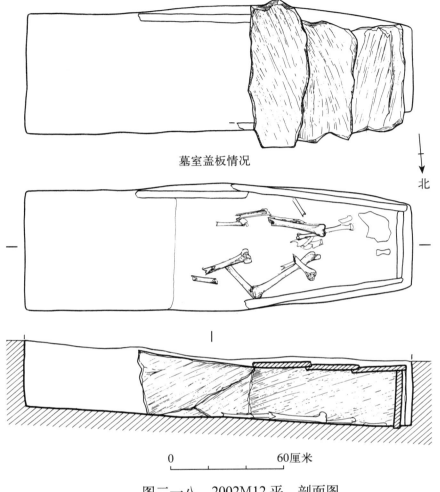

墓室盖板情况

北

0　　　　　　　60厘米

图二一八　2002M12平、剖面图

揭露出石板各一块。在近足端约18厘
米处横置小石板一块，其上再压小石板
一块，与墓圹后壁共同构成一小足箱。

　　墓口距地表深0.16米，墓底距地
表深0.46米。墓圹揭露部分长0.86、
足端宽0.44、深0.40米。石棺揭露部
分长0.80、足端宽0.37、高0.25米。
足龛宽0.29、高0.12米。棺板厚4厘
米。墓内填满灰黑色土。近足端残存人
体肢骨2截，葬式不明。

　　随葬品无。

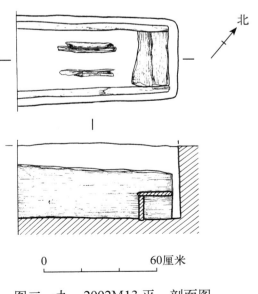

北

0　　　　　　60厘米

图二一九　2002M13平、剖面图

一〇　2002M16

位于 2002T13 中部靠北，方向约 80°（图二二〇）。

墓葬破坏严重，盖板及头端挡板无存。石棺足端立石板一块，左右两侧各用三块石板依次错缝相接而成，墓圹与石棺间加塞小石块起固定作用。

墓口距地表深 0.26 米，墓底距地表深 0.76 米。墓圹残长 2.39、宽 0.60 ～ 0.70、深 0.37 ～ 0.53 米。石棺残长 2.30、头端宽 0.59、高 0.46、足端宽 0.51、高 0.36 米。棺板厚 4 ～ 5 厘米。墓内填满灰黑色土。墓底残存零星人体肢骨，葬式不明。

随葬品无。

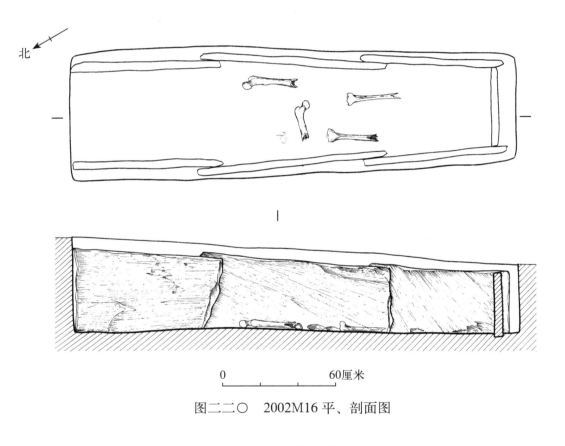

图二二〇　2002M16 平、剖面图

一一　2002M20

位于 2002T10 西南部角，方向约 139°（图二二一）。

石棺头端压于探方西壁下，未作揭露。揭露部分中盖板存四块，从足至首依次叠压而成。石棺足端立石板一块，左右两侧各存石板一块。

墓口距地表深 1.10 米，墓底距地表深 1.98 米。墓圹残长 2.16、足端宽 0.64、深 0.77 米。石棺残长 0.95、足端宽 0.56、高 0.52 米。石棺盖板坡度 10°。棺板厚 2 厘米。棺内填满灰黄色土夹杂小碎石片，未见尸骨。

随葬品无。

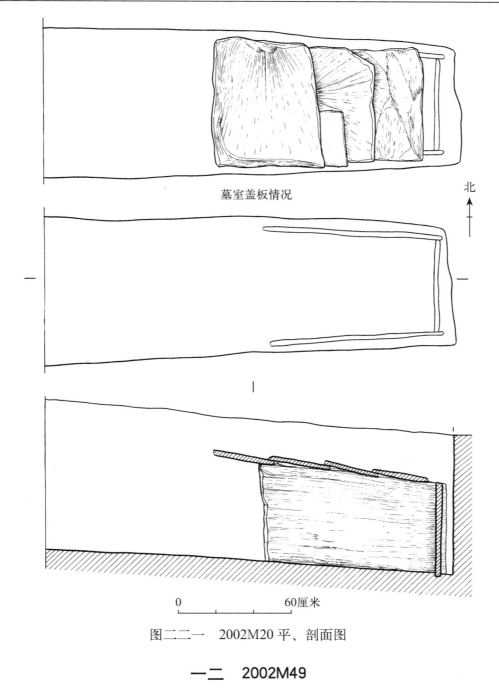

墓室盖板情况

北

0　　　　　　　60厘米

图二二一　2002M20平、剖面图

一二　2002M49

位于2002T26北部，西邻2002M49，方向约140°。

墓葬腰部以下压于探方北壁下，揭露部分扰乱严重，盖板、棺板缺失无存，仅存墓圹底部。

墓圹残长残长0.60、头端宽0.30米。棺内未见尸骨。

随葬器物集中分散于头端附近，共6件。

陶小底罐

B型Ⅰ式　2件。直口。标本2002M49：5，腹部以上残，夹细砂褐陶。底外表有轮旋痕。底径3.2、残高4.2厘米（图二二二，1）。标本2002M49：6，夹砂褐陶。圆唇，鼓腹，瘦体。口径

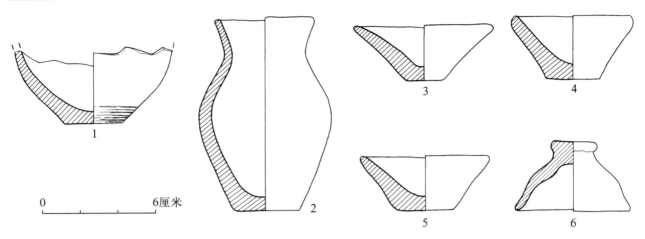

图二二二　2002M49 出土陶器

1、2. B 型 I 式陶小底罐 2002M49：5、6　3～5. Ⅲ式陶小底杯 2002M49：1、3、4　6. B 型Ⅱ式陶器盖 2002M49：2

5.3、腹径 7、底径 3.5、高 10.7 厘米（图二二二，2）。

陶小底杯

Ⅲ式　3 件。敞口，坦腹。夹细砂褐陶。厚胎，圆唇，斜直壁，手制。标本 2002M49：1，口径 7.5、底径 2、高 3.1 厘米（图二二二，3）。标本 2002M49：3，口径 6.2、底径 2.8、高 3.6 厘米（图二二二，4）。标本 2002M49：4，口径 6.8、底径 3、高 3 厘米（图二二二，5）。

陶器盖

B 型Ⅱ式　1 件。标本 2002M49：2，泥质黑陶。敞口，尖唇，曲腹，器表有旋痕，底、腹交接处有明显粘接痕迹。盖口径 6.2、纽径 2.5、高 3.8 厘米（图二二二，6）。

一三　2003M8

位于 2003T7 东部，西北邻 2003M30，方向约 105°（图二二三）。

墓葬头端被压于探方东壁下，揭露清理出盖板五块，从足至首依次叠压，各张石板间加垫有小石片或小石块。石棺足端立石板一块，左右两侧各用三块石板依次错缝相接而成。

墓口距地表深 0.40 米，墓底距地表深 0.86 米。墓圹揭露部分长 1.69、足端宽 0.65、深 0.68 米。石棺揭露部分长 1.58、足端宽 0.32、高 0.29 米。石棺盖板坡度约 7°。棺板厚 3 厘米。棺内填满灰褐色粉土夹杂碎石片，未见尸骨。

随葬品无。

一四　2003M10

盖板无存，近头端的挡板、侧板均不见。

随葬陶器存 3 件。

陶平底罐

B 型Ⅱ式　2 件。侈口，卷沿，方唇，束颈，鼓腹，平底外折成假圈足。标本 2003M10：1，夹砂褐陶。口径 6.4、腹径 7.1、底径 3.4、高 9.1 厘米。标本 2003M10：7，泥质褐陶。口径 6.3、

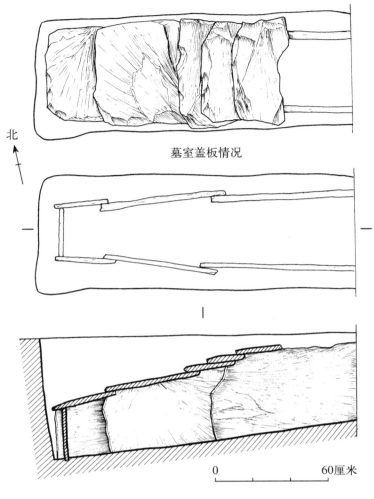

墓室盖板情况

北

0　　　　　　60厘米

图二二三　　2003M8 平、剖面图

腹径 7.2、底径 3.8、高 9.3 厘米。

陶纺轮

A 型 Ⅱ 式　1 件。标本 2003M10：2，泥质褐陶。螺旋状，中部有穿孔，表面有三周折棱。上宽 1.4、下宽 4、高 2、孔径 0.4 厘米。

一五　2003M13

位于 2003T2 中部偏南，方向约 105°（图二二四）。

墓葬遭到严重破坏，盖板缺失无存。石棺仅存足端挡板及两侧立板各一块。

墓口距地表深 0.76 米，墓底距地表深 1.16 米。墓圹长 2.53、宽 0.55～0.66、深 0.64～0.88 米。石棺残长 1.06、足端宽 0.44、高 0.43 米。棺板厚 4 厘米。墓内填满浅褐色土，未见尸骨。

部分随葬陶器已被扰动至足端，共 13 件。

陶双耳罐

B 型 Ⅱ 式　1 件。标本 2003M13：5，腹及双耳已残，泥质灰陶，表面磨光。平口，束颈。口

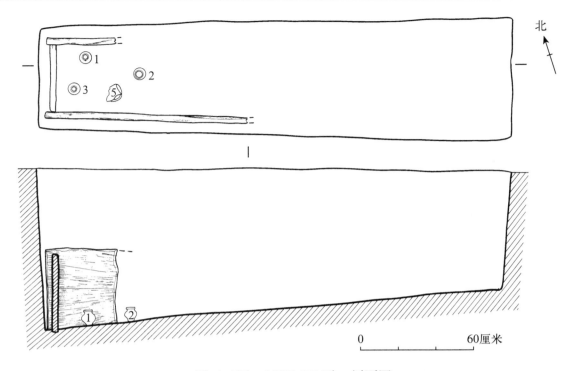

图二二四　2003M13 平、剖面图

1、2. Ba 型Ⅲ式陶长颈罐　3. Ｂa 型Ⅲ式陶豆　5. Ｂ型Ⅱ式陶双耳罐

径 8.3、残高 8.5 厘米（图二二五，1）。

陶长颈罐

Aa 型Ⅲ式　2 件。沿外卷，尖唇，束颈，鼓腹，底外折并内凹成矮圈足状。标本 2003M13：6，底部已残，泥质黑陶。口径 5.9、腹径 7.7、残高 8.1 厘米（图二二五，2）。标本 2003M13：11，泥质灰陶。下腹表有轮旋痕，外底有切割同心圆。口径 6.2、腹径 7.8、底径 4.8、高 8.9 厘米（图二二五，3）。

Ba 型Ⅲ式　2 件。小罐，沿外卷，长颈，鼓腹，外底内凹成矮圈足状并有切割同心圆。标本 2003M13：1，泥质灰陶。圆唇。口径 6、腹径 7.6、底径 4.1、高 8.3 厘米（图二二五，4）。标本 2003M13：2，泥质黑陶。尖唇。口径 6、腹径 7.7、底径 4.5、高 8.7 厘米（图二二五，5）。

Bb 型Ⅲ式　2 件。中型罐，沿外卷，泥质灰陶。尖唇，束颈，鼓腹，外底内凹成矮圈足状。标本 2003M13：12，外底有切割同心圆及折棱，内底有凸起。口径 10.2、腹径 12.1、底径 5.8、高 14.1 厘米（图二二五，6）。标本 2003M13：13，口部已残，泥质灰陶。腹径 10.8、底径 5.9、残高 10.1 厘米（图二二五，7）。

陶豆

A 型Ⅰ式　1 件。标本 2003M13：4，泥质灰陶。尖唇，侈口，折腹较浅，喇叭形圈足，足口上翘，表面有轮旋痕，柄上有三周凹槽。口径 13.7、足径 8.9、高 11.9 厘米（图二二五，8）。

Ba 型Ⅱ式　2 件。直口，深腹。均为泥质黑陶。尖唇。标本 2003M13：7，圈足已残。口径 7.7、残高 3.5 厘米（图二二五，9）。标本 2003M13：15，喇叭形圈足，足口上翘。口径 7.3、足径 4.9、高 5.1 厘米（图二二五，10）。

Ba型Ⅲ式 3件。侈口,曲腹。均为泥质黑陶。尖唇,喇叭形圈足,足口上翘。标本 2003M13:3,盘内底凸起。口径7.4、足径4.6、高5.5厘米(图二二五,11)。标本 2003M13:9,口径7.2、足径4.9、高6.4厘米(图二二五,12)。标本 2003M13:10,盘口已残。足径5.2、残高5厘米(图二二五,13)。

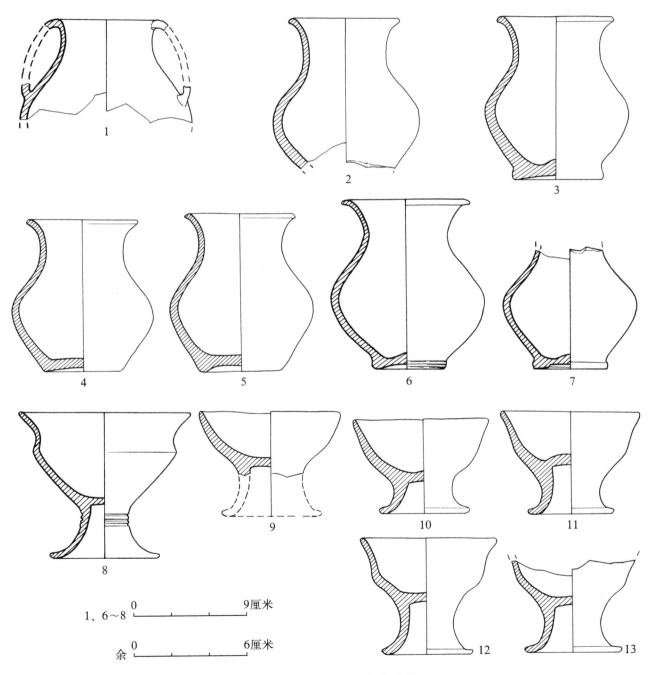

图二二五 2003M13出土陶器

1. B型Ⅱ式陶双耳罐2003M13:5 2、3. Aa型Ⅲ式陶长颈罐2003M13:6、11 4、5. Ba型Ⅲ式陶长颈罐 2003M13:1、2 6、7. Bb型Ⅲ式陶长颈罐2003M13:12、13 8. A型Ⅰ式陶豆2003M13:4 9、10. Ba型Ⅱ式陶 豆2003M13:7、15 11~13. Ba型Ⅲ式陶豆2003M13:3、9、10

一六　2003M14

位于 2003T11 西南角，方向约 145°（图二二六）。

墓葬头端右角压在探方东壁下，盖板缺失无存，石棺被破坏严重，现仅存足端挡板及右侧立板一块。

墓口距地表深 0.65 米，墓底距地表深 1.05 米。墓圹长 2.48、宽 0.60～0.72、深 0.54～0.60 米。石棺复原长 2.41、头端宽 0.68、足端宽 0.54、高 0.44 米。棺板厚 3 厘米。墓内填满红褐色土，墓底足端存人体股骨、胫骨及趾骨，推测为仰身直肢葬。

随葬器物仅见铜镞 1 件。

铜镞

1 件。标本 2003M14：1，圆铤略残，双翼斜长，镞身有血槽。残长 8.0、宽 1.8 厘米（图二二六，1）。

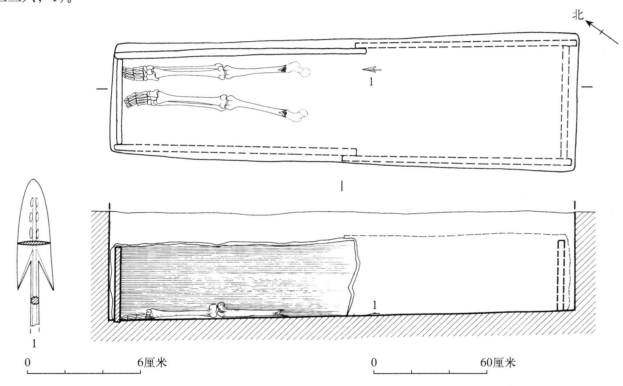

图二二六　2003M13 平、剖面图及出土铜镞
1. 铜镞

一七　2003M20

位于 2003T13 东北部，西南邻 2003M19，方向约 150°（图二二七）。

墓葬破坏严重，盖板、挡板及侧板全部缺失无存。墓圹长 1.93、头端宽 0.66、足端宽 0.55 米。墓内人体骨架保存较好，为仰身直肢葬。

随葬陶器放置于头端，共 4 件，可辨器形 3 件。

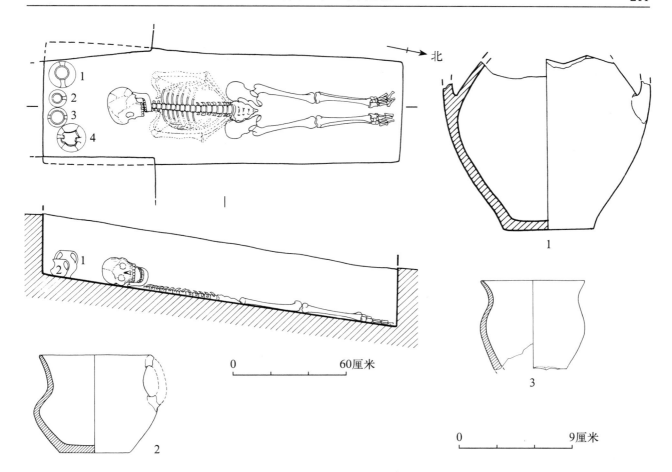

图二二七 2003M20 平、剖面图及出土陶器
1. B 型 I 式陶双耳罐 2. B 型 II 式陶单耳罐 3. III 式陶盂 4. 残陶器

陶双耳罐

B 型 I 式 1 件。标本 2003M20：1，颈部及耳已残，泥质灰陶，表面磨光。鼓腹下收，平底，底有"〕〔"符号。腹径 16、底径 7.2、残高 14.4 厘米（图二二七，1）。

陶单耳罐

B 型 II 式 1 件。标本 2003M20：2，耳已残，泥质灰陶，表面磨光。圆唇，侈口，曲腹，平底。口径 9.4、腹径 10、底径 5.6、高 8.1 厘米（图二二七，2）。

陶盂

III 式 1 件。标本 2003M20：3，底部残，泥质黑陶。圆唇，侈口，束颈，鼓腹下收。口径 8.4、腹径 8.5、残高 7.2 厘米（图二二七，3）。

一八 2003M33

位于 2003T14 南扩方东南角，方向约 155°（图二二八）。

墓葬头端压于扩方的东、南壁下，未作全部揭露。盖板缺失无存。石棺足端立石板一块，左右两侧各用两块石板错缝相接而成。

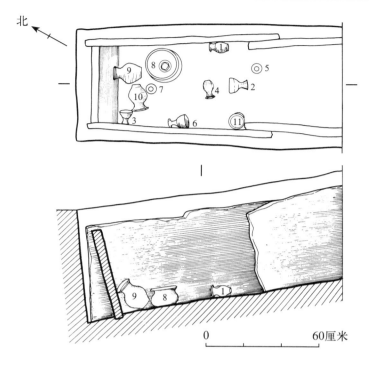

图二二八　2003M33 平、剖面图

1、4、5、7. Aa 型 II 式陶长颈罐　2、3、6、11. Ba 型 III 式陶豆　8. I 式陶盂　9、10. Bc 型 II 式陶长颈罐

　　墓口距地表深 1.30 米，墓底距地表深 1.80 米（彩版一一四，1）。墓圹揭露部分长 1.41、足端宽 0.62、深 0.63 米。石棺揭露部分长 1.34、足端宽 0.50、高 0.55 米。棺板厚 3～5 厘米。墓内填满褐色土，未见尸骨。

　　随葬陶器经扰动，散布墓底腰部以下，共 13 件（彩版一一四，2）。

　　陶长颈罐

　　Aa 型 II 式　4 件。侈口。均为泥质黑陶。鼓腹。标本 2003M33：1，方唇，平底内凹成矮圈足状，下腹表有折痕。口径 5.5、腹径 6.8、底径 4.3、高 9.4 厘米（图二二九，1；彩版一一五，1）。标本 2003M33：4，圆唇，平底内凹成矮圈足状。口径 5.4、腹径 6.6、底径 3.6、高 8.6 厘米（图二二九，2；彩版一一五，2）。标本 2003M33：5，圆唇，最大腹径靠上，平底。口径 4.7、腹径 6.6、底径 3.9、高 9 厘米（图二二九，3）。标本 2003M33：7，腹部以下残，圆唇。口径 5.4、腹径 7.3、残高 7.3 厘米（图二二九，4）。

　　Bc 型 II 式　2 件。侈口，泥质灰陶，表面磨光。圆唇，束颈，鼓腹，平底内凹成矮圈足状。标本 2003M33：9，口径 9.6、腹径 14.2、底径 7.6、高 16.2 厘米。标本 2003M33：10，口径 9、腹径 13.6、底径 7.4、高 16.4 厘米（图二二九，5；彩版一一五，3）。

　　陶豆

　　Ba 型 III 式　6 件。泥质黑陶。侈口，尖唇，折腹较深，喇叭形圈足。标本 2003M33：2，口径 9.2、足径 4.9、高 7.7 厘米（图二三〇，1；彩版一一五，4）。标本 2003M33：3，口径 9.1、足径 4.4、高 7.3 厘米（图二三〇，2）。标本 2003M33：6，口径 8.9、足径 5.1、高 7.4 厘米（图二三〇，

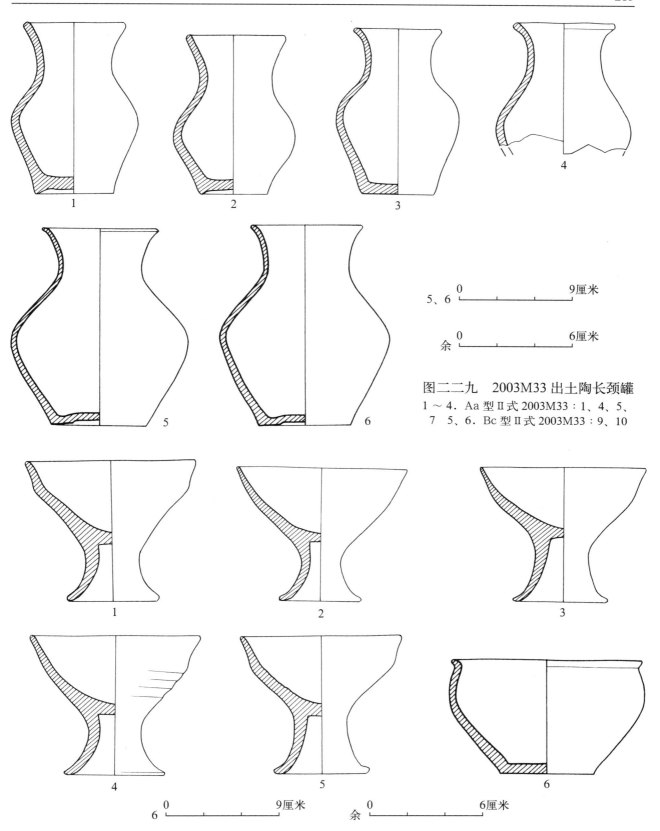

5、6 ⌐0────────9厘米

余 ⌐0────────6厘米

图二二九　2003M33 出土陶长颈罐

1～4. Aa 型 II 式 2003M33：1、4、5、
7　5、6. Bc 型 II 式 2003M33：9、10

6 ⌐0────────9厘米　　余 ⌐0────────6厘米

图二三〇　2003M33 出土陶器

1～5. Ba 型 III 式陶豆 2003M33：2、3、6、11、12　6. I 式陶盂 2003M33：8

3）。标本 2003M33：11，盘表面有多道折棱。口径 9.2、足径 5.5、高 7.6 厘米（图二三〇，4；彩版一一五，5）。标本 2003M33：12，口径 8.6、足径 4.9、高 7.6 厘米（图二三〇，5）。标本 2003M33：13，口径 8.7、足径 5.2、高 7.5 厘米。

陶盂

Ⅰ式　1件。敛口。标本 2003M33：8，泥质磨光黑皮陶。卷沿，圆唇，鼓腹，平底。口径 15.2、腹径 15.6、底 7.4、高 9.4 厘米（图二三〇，6；彩版一一五，6）。

一九　2004M9

位于 2004T2 西部，西南邻 2004M10，方向约 135°（图二三一）。

墓葬遭到严重损毁，盖板、头、足端挡板缺失，左右两侧各立石板两块错缝相接而成。

墓口距地表深 0.60 米，墓底距地表深 0.87～0.90 米。墓圹长 2.46、宽 0.69～0.82、深 0.34～0.35 米。石棺长 2.29、头宽 0.74、高 0.35、足端宽 0.53、高 0.31 米。棺板厚 3 厘米。墓内填满灰黄色扰土，部分人体肢骨散布于墓底中部，葬式不明。

随葬陶器仅见少量陶片。

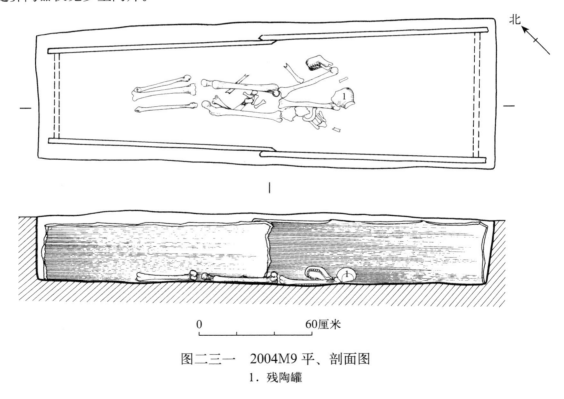

图二三一　2004M9 平、剖面图
1. 残陶罐

二〇　2004M24

位于 2004T8 中部偏南，东北邻 2004M33，方向约 110°（图二三二）。

盖板现存足端三块，从足至首依次叠压而成。石棺头端挡板缺失，足端立石板一块，左右两侧各立石板两块错缝相接，两侧立板上端经打制成梯状缺口安置盖板。

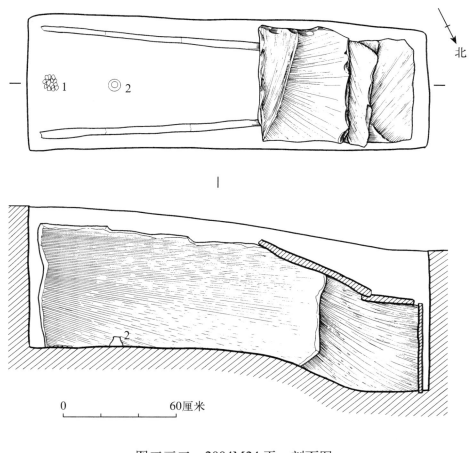

图二三二　2004M24 平、剖面图
1. 白色小石块　2. 陶纺轮

　　墓口距地表深 0.30 米，墓底距地表深 0.80 ～ 0.96 米。墓圹长 2.14、宽 0.65 ～ 0.75、深 0.77 ～ 0.78 米。石棺长 2.00、头端宽 0.62、高 0.68、足端宽 0.46、高 0.49 米。棺板厚 4 厘米。棺内填满灰褐色土，未见尸骨。墓底头端中部放置白色小石粒一堆，

　　随葬陶器仅见泥质黑陶纺轮 1 件。

二一　2004M27

　　位于 2004T6 西南角，西南邻 2004M19，方向约 120°（图二三三）。

　　盖板打制规整，厚薄匀称，原系六块石板从足端至头端叠压而成，现头端缺失两块（彩版一一六，1）。石棺头端挡板缺失，足端立石板一块，左右两侧各立石板两块错缝相接，侧板顶部打制有梯状缺口。

　　墓口距地表深 0.20 米，墓底距地表深 0.70 ～ 0.78 米（彩版一一六，2）。墓圹长 2.08、宽 0.68 ～ 0.75、深 0.60 ～ 0.70 米。石棺长 2.02、头端宽 0.57、高 0.59、足端宽 0.48、高 0.41 米。盖板坡度 5°。棺板厚 3 ～ 4 厘米。棺内填满灰褐色土夹杂碎石片，墓底残留部分人骨，葬式不明。

　　头部左角堆放一堆白色小石子，随葬器物有青铜管珠、陶纺轮、贝壳等。

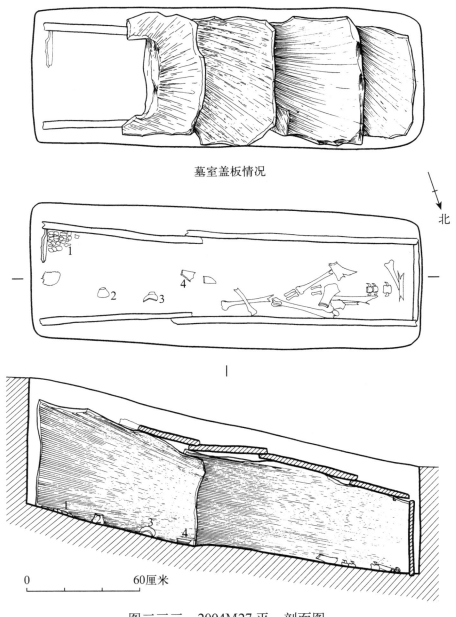

墓室盖板情况

北

0 _____ 60厘米

图二三三　2004M27 平、剖面图
1. 白色小石块　2. 陶纺轮　3、4. 陶片

二二　2004M35

已盗扰，收集随葬器物共 6 件。

陶单耳罐

B 型 I 式　1 件。敛口。标本 2004M35：4，泥质磨光黑皮陶。圆唇，短颈，鼓腹，外底内凹成矮圈足状。口径 7.8、腹径 10.6、底径 5.4、高 9.9、耳高 6.7 厘米（图二三四，1）。

B 型 III 式　2 件。侈口。标本 2004M35：5，泥质磨光黑皮陶。圆唇，曲腹，小平底。口径 12、腹径 10.6、底径 4.5、高 7.5、耳高 5.3 厘米（图二三四，2）。标本 2004M35：9，耳部已残，

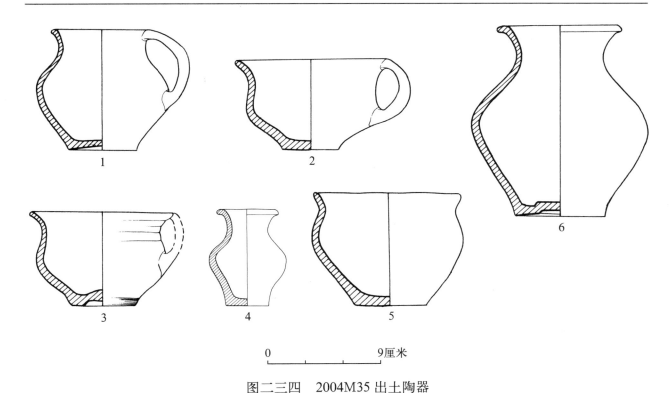

图二三四　2004M35 出土陶器

1. B 型 I 式陶单耳罐 2004M35：4　2、3. B 型Ⅲ式陶单耳罐 2004M35：5、9　4. Aa 型Ⅲ式陶长颈罐 2004M35：3
5. Ⅲ式陶盂 2004M35：2　6. Bb 型Ⅲ式陶长颈罐 2004M35：7

泥质褐陶。尖唇，鼓腹，外底内凹成矮圈足状，内底凸起，内外壁均有轮旋痕。口径 11.5、腹径
10.5、底径 5.2、高 7.8 厘米（图二三四，3）。

　　陶长颈罐

　　Aa 型Ⅲ式　1 件。沿外卷。标本 2004M35：3，泥质黑陶。圆唇，束颈，鼓腹，下腹内收，
小平底。口径 5、腹径 6.2、底径 3.4、高 8 厘米（图二三四，4）。

　　Bb 型Ⅲ式　1 件。沿外卷。标本 2004M35：7，泥质磨光黑皮陶。尖唇，束颈，鼓腹，外底
内凹成矮圈足状。口径 9.8、腹径 14.1、底径 7.1、高 15.8 厘米（图二三四，6）。

　　陶盂

　　Ⅲ式　1 件。标本 2004M35：2，泥质灰陶，表面磨光。圆唇，侈口，鼓腹较深，平底。口径
11.8、腹径 12、底径 5.6、高 9.3 厘米（图二三四，5）。

二三　2004M37

已盗扰，收集随葬陶双耳罐 1 件（彩版一一七，1）。

　　陶双耳罐

　　C 型Ⅱ式　1 件。标本 2004M37：1，泥质灰陶，表面磨光。制作精美，平口，束颈，鼓腹，
平底，双耳从口部贯至腹部，颈部压印纵向平行斜线纹，腹部压印双涡纹，耳面压印暗线条纹。
口径 11.5、腹径 18.5、底径 8.1、高 21.4、耳高 12.3 厘米（图二三五；彩版一一七，2、3）。

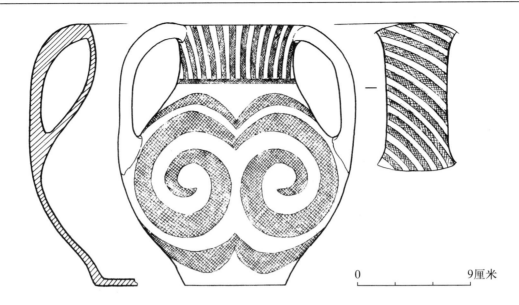

图二三五　陶双耳罐 2004M37：1

二四　2004M39

位于 2004T13 东南角，西邻 2004M40，方向 160°。

墓葬遭到严重破坏，石棺盖板、棺板缺失无存，墓圹亦仅存底部，未见尸骨。墓圹长 2.15、头端宽 0.50、足端宽 0.70 米。

出土随葬陶器共 5 件。

陶长颈罐

Aa 型 II 式　1 件。侈口。标本 2004M39：4，泥质黑陶。圆唇，长颈，瘦腹，外底内凹。口径 5.4、腹径 6、底径 4.2、高 9.6 厘米（图二三六，1）。

陶豆

Ba 型 I 式　1 件。敞口。标本 2004M39：1，泥质黑陶。尖唇，腹微曲，喇叭口矮圈足，盘

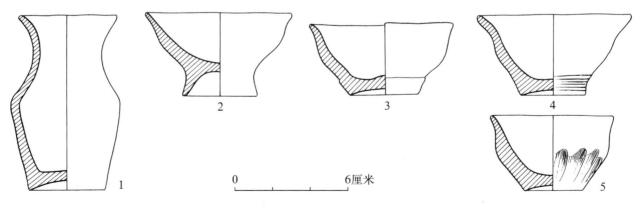

图二三六　2004M39 出土陶器

1. Aa 型 II 式陶长颈罐 2004M39：4　2. Ba 型 I 式陶豆 2004M39：1　3、4. B 型 II 式陶凹底杯 2004M39：2、3　5. B 型 III 式陶凹底杯 2004M39：5

腹表面有轮旋痕。口径 8、足径 4.1、高 4.6 厘米（图二三六，2）。

陶凹底杯

B 型 Ⅱ 式　2 件。侈口，尖唇，外底内凹。标本 2004M39：2，泥质黑陶。曲腹，腹、底交接处有明显粘接痕迹。口径 7.8、腹径 6.8、底径 3.8、高 4 厘米（图二三六，3）。标本 2004M39：3，泥质灰黑陶。深腹微曲，内外壁有刮抹痕。口径 6.7、腹径 6.2、底径 3.2、高 4.1 厘米（图二三六，5）。

B 型 Ⅲ 式　1 件。敞口。标本 2004M39：5，泥质黑陶。尖唇，曲腹，外底内凹，内、外壁有轮旋痕。口径 8.3、腹径 6.3、底径 3.6、高 4.4 厘米（图二三六，4）。

二五　2004M40

位于 2004T13 南部，东邻 2004M39，方向 156°。

墓葬头端部分压于探方南壁下。揭露部分遭到严重破坏，石棺盖板、棺板缺失无存，墓圹亦仅存底部，墓圹揭露部分长 2.00、足端宽 0.90 米。墓底未见尸骨。

随葬陶器共 3 件。

陶长颈罐

Aa 型 Ⅱ 式　1 件。侈口。标本 2004M40：1，泥质黑陶。口部已残，长颈，瘦腹，平底内凹。腹径 6.6、底径 4、残高 8.7 厘米（图二三七，1）。

陶凹底杯

B 型 Ⅱ 式　2 件。泥质黑陶。侈口，尖唇，曲腹较深，外底内凹，内、外壁面均有轮旋痕。标本 2004M40：2，口径 8.2、腹径 7.4、底径 4.7、高 5 厘米（图二三七，2）。标本 2004M40：3，口径 8.5、腹径 6.8、底径 3.2、高 4.5 厘米（图二三七，3）。

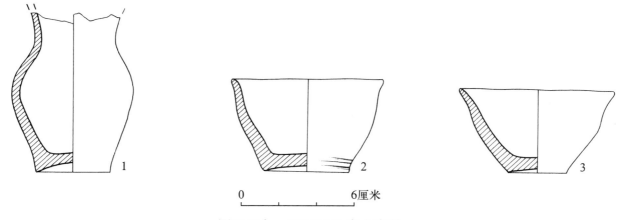

0　　　　　　　6厘米

图二三七　2004M40 出土陶器

1. Aa 型 Ⅱ 式陶长颈罐 2004M40：1　2、3. B 型 Ⅱ 式陶凹底杯 2004M40：2、3

二六　2004M42

位于 2004T9 西部，北邻 2004M43，南邻残墓一座，方向 115°。

墓葬足端部分压于探方西壁下。揭露部分遭到严重破坏，石棺盖板、头、足挡板及两侧立板缺失无存，墓圹亦仅存底部，墓圹揭露部分长 2.25、头端宽 0.65 米。墓底未见尸骨。

仅出土陶簋 1 件。

陶簋

Ⅰ式　1 件。标本 2004M42：1，器身已残，夹砂褐陶。喇叭形圈足。足径 4.5、残高 2.1 厘米。

二七　2006M3

位于 2006T1 东北角，西南邻 2006M1，头端部分被压于探方东壁下，方向约 135°（图二三八）。

揭露足端盖板三块，从足至首依次叠压而成。石棺足端立石板一块，左、右两侧各存立板一块。

墓口距地表深 0.73 米，墓底距地表深 1.28 米。墓圹揭露部分长 1.50、足端宽 0.54、深 0.59 米。石棺揭露部分长 1.37、足端宽 0.46、高 0.49 米。棺板厚 3 厘米。墓内填满黑褐色土，人骨仅见部分股骨和胫骨，葬式不明。

随葬陶器经扰动，共 11 件，可辨器形 9 件。

陶长颈罐

Aa 型　2 件。夹细砂褐陶。标本 2006M3：7，口部已残，鼓腹，外底内凹。腹径 7.8、

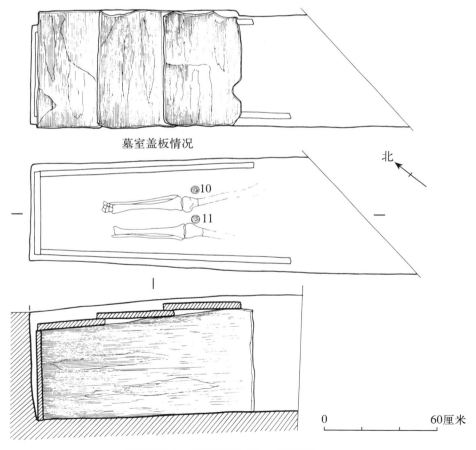

图二三八　2006M3 平、剖面图
10、11. A 型 Ⅱ 式陶纺轮

底径 4.4、残高 7.3 厘米（图二三九，1）。标本 2006M3：8，腹部以上已残，下腹折收，小平底。底径 3.2、残高 2.8 厘米（图二三九，2）。

Bb 型 II 式　1 件。侈口。标本 2006M3：2，底部已残，泥质灰陶。方唇，鼓腹。口径 7.4、腹径 9.4、残高 9.5 厘米（图二三九，3）。

Bb 型 III 式　2 件。沿外卷，颈部以下已残，泥质磨光黑皮陶。尖唇，直颈。标本 2006M3：1，口径 10、残高 2.5 厘米（图二三九，4）。标本 2006M3：5，口径 10、残高 3 厘米。

陶盂

II 式　1 件。直口。标本 2006M3：4，腹部以下已残，泥质磨光黑皮陶。圆唇，下腹折收，腹表有圆圈戳印纹。口径 12、残高 8.0 厘米（图二三九，5）。

III 式　1 件。侈口。标本 2006M3：6，泥质褐陶。底部已残，圆唇，下腹内收。口径 13.1、残高 8.4 厘米（图二三九，6）。

陶纺轮

A 型 II 式　2 件。泥质灰褐陶。螺旋状，中部有穿孔。标本 2006M3：10，表面有五道折棱。上宽 1.6、下宽 4.3、高 1.8、孔径 0.3 厘米（图二三九，7）。标本 2006M3：11，表面有六道折棱。上宽 1.7、下宽 4.5、高 1.7、孔径 0.2 厘米（图二三九，8）。

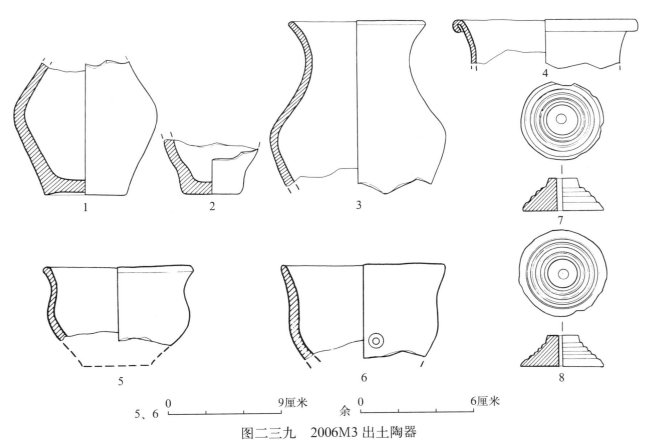

图二三九　2006M3 出土陶器

1、2. Aa 型陶长颈罐 2006M3：7、8　3. Bb 型 II 式陶长颈罐 2006M3：2　4. Bb 型 III 式陶长颈罐 2006M3：1　5. II 式陶盂 2006M3：4　6. III 式陶盂 2006M3：6　7、8. A 型 II 式陶纺轮 2006M3：10、11

二八　2006M6

位于 2006T2 中部，东北、西南各邻残墓一座，方向 125°。

墓葬遭到严重破坏，墓圹已毁，仅存底部，石棺盖板、头足端挡板及两侧立板缺失无存。墓圹 2.60、头端宽 0.95、足端宽 0.94 米。墓底未见尸骨。

随葬器物仅见陶盂 1 件。

陶盂

Ⅲ式　1 件。口微侈。标本 2006M6：1，泥质灰陶，表面磨光。圆唇，折腹，外底内凹。口径 19、腹径 20、底径 12.4、高 12.2 厘米（图二四〇）。

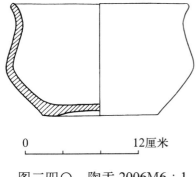

0　　　　　12厘米

图二四〇　陶盂 2006M6：1

二九　2006M8

位于 2006T4 南部，东北邻 2006M7，头端部分被压于探方南壁下，方向约 140°（图二四一）。

墓葬盖板缺失无存。石棺足端立石板一块，左、右两侧各存足端立板一块。

墓口距地表深 0.27 米，墓底距地表深 0.63 米。墓圹揭露部分长 1.67、足端宽 0.51、深 0.37 米。石棺揭露部分残长 1.00、足端宽 0.43、高 0.35 米。棺板厚 4 厘米。墓内填满褐色土，墓底保存人体腰部以下部分骨骼，应为仰身直肢葬。

随葬品无。

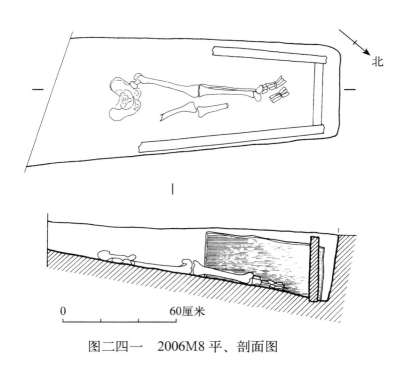

北

0　　　　　60厘米

图二四一　2006M8 平、剖面图

三〇　2006M15

位于 2006T7 中部偏东，西邻 2006M14，东邻残墓一座。方向约 155°（图二四二）。

墓葬残损过半，盖板存足端两块，从足端起依次叠压。石棺现存足端及左、右两侧石板各一块，其中足端挡板上端作出较宽的榫头（高出于盖板），与最后一张盖板的缺槽相契合。

墓口距地表深 0.39 米，墓底距地表深 1.00 米。墓圹长 2.49、宽 0.69～0.70、深 0.50～0.60 米。石棺残长 1.10、足端宽 0.53、高 0.46 米。棺板厚 3 厘米。墓内填满褐色土，未见尸骨。

随葬器物仅见陶双耳罐 1 件。

陶双耳罐

Ab 型　1 件。体量较小。标本 2006M15：1，底部及双耳已残，泥质灰褐陶。体量较小，平口，束颈，腹微鼓。口径 6.1、腹径 8.5、残高 7.5 厘米（图二四三，1）。

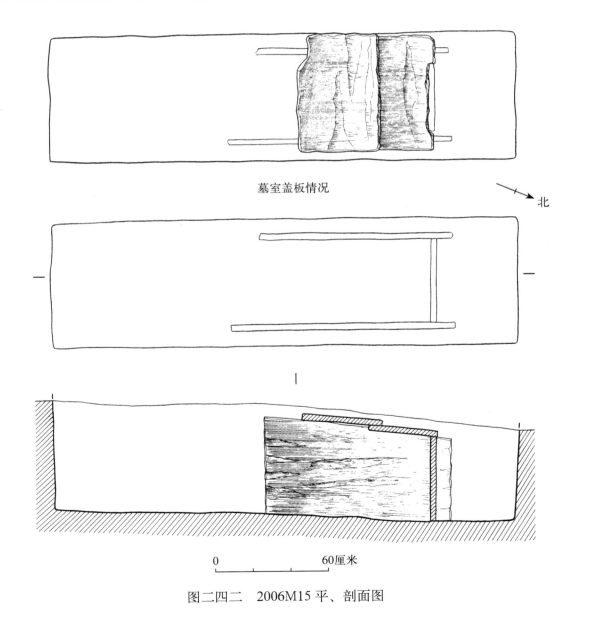

墓室盖板情况

北

0 ————————— 60厘米

图二四二　2006M15 平、剖面图

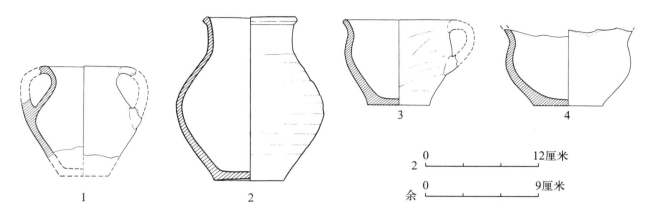

图二四三　2006M15 等出土陶器

1. Ab 型陶双耳罐 2006M15：1　2. Bc 型 II 式陶长颈罐 2006M17：1　3、4. B 型 III 式陶单耳罐 2006M18：1、2

三一　2006M17

位于 2006T7 西北角，东南邻 2006M14。方向约 150°（图二四四）。

墓葬大部分被压于探方北壁及西壁下。石棺揭露部分有头端挡板一块及左右两侧第一块立板的大部分，墓圹与石棺间加垫有石块固定。

墓口距地表深 0.34 米，墓底距地表深 1.36 米。墓圹揭露部分长 1.07、头端宽 0.70、深 1.00米。石棺揭露部分长 0.87、头端宽 0.49、高 0.39 米。棺板厚 2～3 厘米。墓内填满褐色土，未见尸骨。

随葬器物仅见 Bc 型 II 式胖体大陶长颈罐 1 件。

陶长颈罐

Bc 型 II 式　1 件。口微侈。标本 2006M17：1，泥质灰陶，表面磨光。火候较高，方唇，鼓腹，平底，颈部、腹部内外壁面均有多道轮旋痕。口径 10、腹径 15.6、底径 7.2、高 18厘米（图二四三，2）。

三二　2006M18

位于 2006T6 南部，头端部分被压于探方南壁下，未作全面揭露，方向约 170°（图二四五）。

揭露部分盖板缺失，石棺现存足端挡板一块，左、右两侧错缝相接的立板两块。墓口距地表深 0.35 米，墓底距地表深 0.75 米。墓圹揭露部分长 1.05、足端宽 0.50、深 0.41 米。石棺揭露部分长 1.03、足端宽 0.47、高 0.39 米。棺板厚 2 厘米。墓内填满黄褐色土，未见尸骨。

随葬陶单耳罐 3 件。

陶单耳罐

B 型 III 式　3 件。侈口。均为夹细砂褐陶。圆唇，平底略外折。标本 2006M18：1，耳已残，腹微曲，器表有多道划痕。口径 9、腹径 8.7、底径 5、高 7 厘米（图二四三，3）。标本2006M18：2，口部及耳已残，鼓腹。腹径 10、底径 5.7、残高 6.2 厘米（图二四三，4）。标本2006M18：3，耳已残，腹微曲，器表有多道划痕。

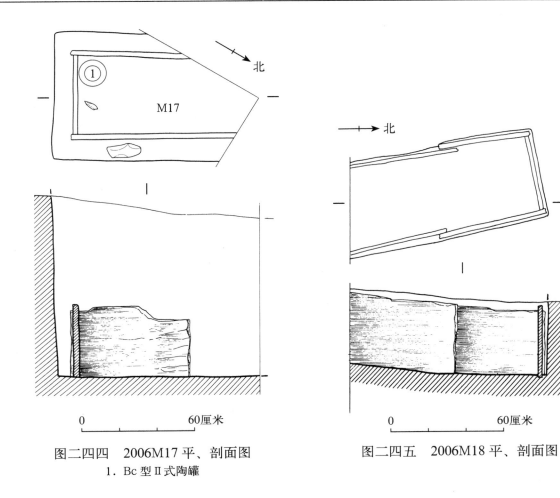

图二四四　2006M17 平、剖面图
1. Bc 型 II 式陶罐

图二四五　2006M18 平、剖面图

第七章 地层出土器物及采集品

营盘山石棺葬墓地范围内历年来的农田改土基本建设活动对一些墓葬造成了扰动和破坏，因此，营盘山遗址晚期地层出土陶器中有部分器物明确属于石棺葬的随葬品。经过对比观察发现，同一地层单位出土的这类陶器多系同一墓葬的随葬品，应为有组合关系的器物群，具有一定的参考价值，故在此按照发掘年度先后顺序分地层单位进行详细介绍。

第一节 陶器

一 2002T23③层

出土石棺葬随葬陶器 7 件。

陶双耳罐

Aa 型 I 式 1 件。瘦体。标本 2002T23③：63，泥质灰陶，表面磨光。平口，直颈，腹微鼓，最大腹径靠上，外底内凹成矮圈足，双耳从口贯至上腹。口径 8.6、腹径 12.7、底径 5.4、高 17、耳高 9.7 厘米（图二四六，1；彩版一一八，1）。

陶单耳罐

B 型 II 式 3 件。胖体，直口，泥质灰陶。表面磨光。标本 2002T23③：60，尖唇，鼓腹，内底凸起，外底内凹有"米"字形符号。口径 9.4、腹径 11.4、底径 6、高 8.8、耳高 6 厘米（图二四六，2）。标本 2002T23③：62，圆唇，短颈，曲腹，外底内凹。口径 11、腹径 10.6、底径 5.2、高 7.2、耳高 6 厘米（图二四六，3；彩版一一八，2）。标本 2002T23③：66，底部已残，圆唇，曲腹。口径 10.5、腹径 11.5、残高 7.9、耳高 5 厘米（图二四六，4）。

B 型 III 式 3 件。胖体，侈口，泥质灰陶。表面磨光。标本 2002T23③：58，圆唇，曲腹，外底内凹。口径 10、腹径 9.2、底径 4.4、高 6.6、耳高 4.2 厘米（图二四六，5；彩版一一八，3）。标本 2002T23③：59，尖唇，曲腹，平底。口径 12、腹径 11、底径 5.2、高 7.4、耳高 5.4 厘米（图二四六，6；彩版一一八，4）。标本 2002T23③：61，耳部残，尖唇，曲腹，外底内凹。口径 10、腹径 10、底径 5、高 6.8 厘米（图二四六，7；彩版一一八，5）。

二 2002T4②层

出土石棺葬随葬陶器 5 件。

陶小底罐

　　B 型 II 式　2 件。侈口。标本 2002T4 ②：101，夹砂褐陶。圆唇，鼓腹，瘦体。口径 5.7、腹径 7.3、底径 3.5、高 9 厘米（图二四七，1）。标本 2002T4 ②：107，口部残。

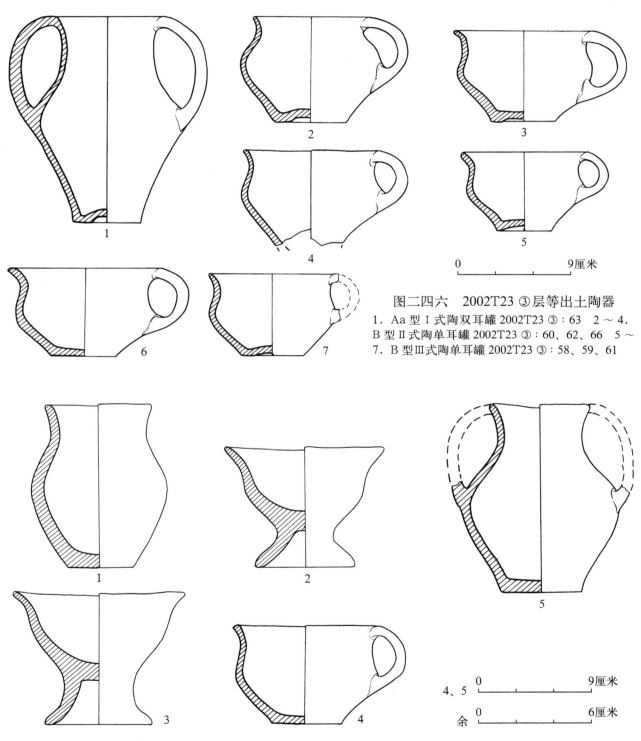

图二四六　2002T23 ③层等出土陶器

1. Aa 型 I 式陶双耳罐 2002T23 ③：63　2～4.
B 型 II 式陶单耳罐 2002T23 ③：60、62、66　5～
7. B 型 III 式陶单耳罐 2002T23 ③：58、59、61

图二四七　2002T4 ②层等出土陶器

1. B 型 II 式陶小底罐 2002T4 ②：101　2、3. Ba 型 I 式陶豆 2002T4 ②：103、104　4. B 型 III 式陶单耳罐 2002T23 ④：25
5. Aa 型 I 式陶双耳罐 2002T28 ②：101

陶豆

Ba 型 I 式　3 件。夹砂褐陶。敞口，尖唇，曲腹较深，矮圈足，足口外撇。标本 2002T4 ②：103，口径 8.5、腹径 6.5、足径 5.3、高 6.5 厘米（图二四七，2）。标本 2002T4 ②：104，口径 9.2、腹径 7.2、足径 5.7、高 7.1 厘米（图二四七，3）。标本 2002T4 ②：105，仅存圈足。

三　2002T23④层

出土陶单耳罐 1 件。

陶单耳罐

B 型 III 式　1 件。胖体，侈口，泥质灰陶。表面磨光。标本 2002T23 ④：25，方唇，鼓腹，平底。口径 11.5、腹径 11.6、底径 5.6、高 8.2、耳高 5.5 厘米（图二四七，4；彩版一一八，6）。

四　2002T28②层

出土陶双耳罐 1 件。

陶双耳罐

Aa 型 I 式　1 件。瘦体。标本 2002T28 ②：101，双耳残，烧制变形，泥质灰陶，表面磨光。火候较高，平口，束颈，鼓腹，平底外折，最大腹径靠上，双耳从口贯至腹部。口径 8.2、腹径 13.2、底径 6.4、高 15.4 厘米（图二四七，5）。

五　2003T3②层

出土石棺葬随葬陶器共 5 件。

陶长颈罐

Ba 型 II 式　3 件。泥质褐陶。侈口，圆唇，鼓腹，小平底。标本 2003T3 ②：101，口径 6.5、腹径 7.3、底径 3.3、高 8.9 厘米（图二四八，1）。标本 2003T3 ②：102，口径 6、腹径 7.2、底径 3.5、高 9.4 厘米（图二四八，2）。标本 2003T3 ②：103，口部残。腹径 6.9、底径 3.2、残高 8.7 厘米（图二四八，3）。

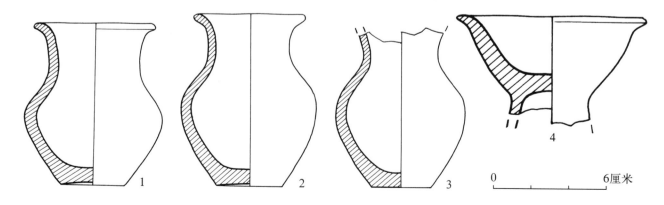

图二四八　2003T3 ②层出土陶器

1 ～ 3．Ba 型 II 式陶长颈罐 2003T3 ②：101、102、103　4．Ba 型 I 式陶豆 2003T3 ②：104

陶豆

Ba 型 I 式　2 件。敞口。均为夹砂褐陶。标本 2003T3 ②：104，柄部残，尖唇，胎较厚，浅腹。口径 10、残高 5.9 厘米（图二四八，4）。标本 2003T3 ②：105，柄残断。

六　2003T5③A层

出土石棺葬随葬陶器共 4 件。

陶长颈罐

Ba 型 II 式　1 件。侈口。标本 2003T5 ③ A：15，泥质灰陶。方唇，束颈，鼓腹，外底内凹成矮圈足并有"一"字形符号，内底凸起，底腹交接处有一周凸棱。口径 5.8、腹径 7.4、底径 4.9、高 9.3 厘米（图二四九，1）。

陶盂

I 式　1 件。敛口。标本 2003T5 ③ A：13，泥质磨光黑皮陶。方唇，鼓腹，外底内凹成矮圈足。口径 12、腹径 13.6、底径 6.6、高 9 厘米（图二四九，2）。

III 式　1 件。侈口。标本 2003T5 ③ A：14，泥质灰陶，表面磨光。圆唇，鼓腹，外底内凹，内底凸起。口径 11.6、腹径 11.8、底径 5.8、高 8 厘米（图二四九，3）。

陶凹底杯

B 型 II 式　1 件。标本 2003T5 ③ A：16，泥质黑灰陶。方唇，侈口，曲腹较深，外底内凹成矮圈足，并有"一"字形符号。口径 6.8、腹径 5.3、底径 3、高 4.5 厘米（图二四九，4）。

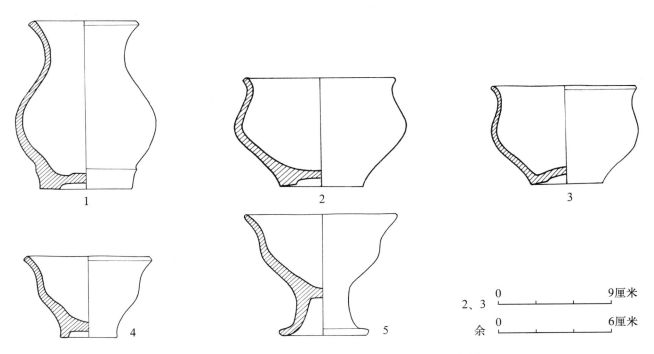

图二四九　2003T5 ③ A、T25 ③ A 层出土陶器

1. Ba 型 II 式陶长颈罐 2003T5 ③ A：15　2. I 式陶盂 2003T5 ③ A：13　3. III 式陶盂 2003T5 ③ A：14　4. B 型 II 式陶凹底杯 2003T5 ③ A：16　5. Ba 型 IV 式豆 2003T25 ③ A：1

七　2003T14②层

出土陶盂1件。

陶盂

Ⅰ式　1件。标本2003T14②：13，泥质灰陶，表面磨光。尖唇，卷沿，敛口，曲腹，外底内凹并有切割同心圆，内底凸起。口径13.2、腹径14.4、底径6.4、高10.2厘米（图二五〇，1）。

八　2003T14③A层

出土石棺葬随葬陶器共8件。

陶单耳罐

A型Ⅰ式　1件。瘦体。标本2003T14③A：124，夹砂褐陶。方唇，侈口，束颈，鼓腹，最大腹径靠上，小平底，耳从口部贯至最大腹径。口径6.8、腹径8.5、底径4、高10、耳高6厘米（图二五〇，3；彩版一一九，1）。

B型Ⅰ式　2件。胖体，泥质灰陶，表面磨光。敛口，方唇，束颈，鼓腹。标本2003T14③A：125，平底略内凹。口径7.4、腹径9.4、底径5.2、高8.8、耳高6.6厘米（图二五〇，2；彩版一一九，2）。标本2003T14③A：126，耳部已残，平底。口径8.2、腹径10.6、底径6、高9.6厘米（图二五〇，4）。

陶长颈罐

Aa型Ⅱ式　1件。瘦体，侈口。标本2003T14③A：2，方唇，鼓腹，最大腹径靠下，平底内凹成矮圈足，并有"十"字形符号，内底凸起。口径5.9、腹径7.2、底径3.7、高9.2厘米（图二五一，1；彩版一一九，3）。

Ab型Ⅱ式　1件。瘦体中型罐，侈口。标本2003T14③A：101，泥质黑陶。方唇，直颈较长，鼓腹，平底略内凹并有切割同心圆。口径9.2、腹径13、底径6.6、高16.2厘米（图二五一，2；彩版一一九，4）。

Ba型Ⅱ式　1件。胖体，侈口。标本2003T14③A：1，泥质灰陶，表面磨光。方唇，束颈，鼓腹，平底内凹成矮圈足，内底凸起。口径6.4、腹径9.6、底径6、高11.2厘米（图二五一，3；

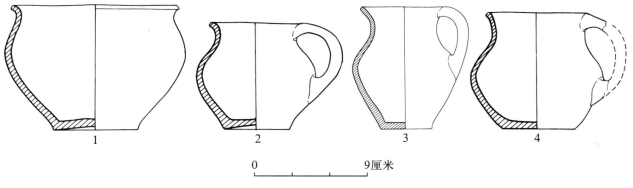

0 ————— 9厘米

图二五〇　2003T14②、③A层出土陶器

1. Ⅰ式陶盂 2003T14②：13　2、4. B型Ⅰ式陶单耳罐 2003T14③A：125、126　3. A型Ⅰ式陶单耳罐 2003T14③A：124

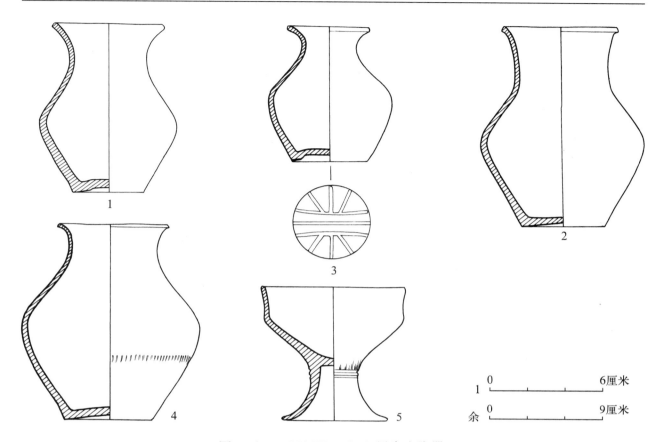

图二五一　2003T14 ③ A 层出土陶器

1. Aa 型 Ⅱ 式陶长颈罐 2003T14 ③ A：2　2. Ab 型 Ⅱ 式陶长颈罐 2003T14 ③ A：101　3. Ba 型 Ⅱ 式陶长颈罐 2003T14 ③ A：1　4. Bb 型 Ⅱ 式陶长颈罐 2003T14 ③ A：128　5. A 型 Ⅱ 式陶豆 2003T14 ③ A：127

彩版一一九，5）。

　　Bb 型 Ⅱ 式　1 件。胖体中型罐，侈口。标本 2003T14 ③ A：128，泥质黑陶。圆唇、束颈，鼓腹，外底略内凹，中腹表面有一周暗压印纹。口径 8.8、腹径 14、底径 7、高 16.2 厘米（图二五一，4）。

　　陶豆

　　A 型 Ⅱ 式　1 件。标本 2003T14 ③ A：127，泥质磨光黑皮陶。尖唇，直口，折腹较深，喇叭形圈足，柄上端有二周凹槽。口径 11.4、腹径 11、足径 8.4、高 11.2 厘米（图二五一，5；彩版一一九，6）。

九　2003T21 ② 层

　　出土石棺葬随葬陶器共 18 件。

　　陶长颈罐

　　Aa 型 Ⅱ 式　4 件。瘦体，侈口，长颈，鼓腹。标本 2003T21 ②：109，夹细砂褐陶。方唇，平底内凹成矮圈足。口径 5.4、腹径 7.2、底径 4.4、高 10.3 厘米（图二五二，1；彩版一二〇，1）。标本 2003T21 ②：110，泥质黑陶。圆唇，外底内凹并有"十"字形符号。口径 4.6、腹径

5.7、底径 3.3、高 8.4 厘米（图二五二，2）。标本 2003T21 ②：114，泥质黑陶。方唇，外底内凹成矮圈足，外底有符号。口径 4.7、腹径 5.5、底径 3.3、高 8.9 厘米（图二五二，3）。标本 2003T21 ②：115，颈部已残，泥质黑陶。平底内凹成矮圈足。腹径 6.2、底径 3.3、残高 6.8 厘米（图二五二，4）。

Ab 型 II 式　1 件。瘦体中型罐，侈口。标本 2003T21 ②：116，夹砂褐陶。圆唇，束颈，鼓腹，小平底，颈部有两个角状鋬。口径 7.7、腹径 10.6、底径 5.3、高 12 厘米（图二五二，5）。

陶凹底杯

B 型 II 式　1 件。侈口。标本 2003T21 ②：103，夹细砂褐陶。圆唇，曲腹，平底。口径 5.4、腹径 5.3、底径 2.6、高 4.3 厘米（图二五二，6）。

B 型 III 式　4 件。泥质黑陶。敞口，尖唇，曲腹较深。标本 2003T21 ②：106，外底内凹并有"十"字形符号。口径 7.1、腹径 5.2、底径 2.9、高 4.1 厘米（图二五二，7）。标本 2003T21 ②：107，外底内凹并有"十"字形符号。口径 6.7、腹径 5.1、底径 2.4、残高 4.5 厘米（图二五二，8）。标本 2003T21 ②：108，外底内凹。口径 6.6、腹径 5、底径 2.6、高 4.5 厘米（图二五二，9；彩版一二〇，2）。标本 2003T21 ②：112，外底内凹。口径 6.6、腹径 5、底径 2.6、高 4.5 厘米。

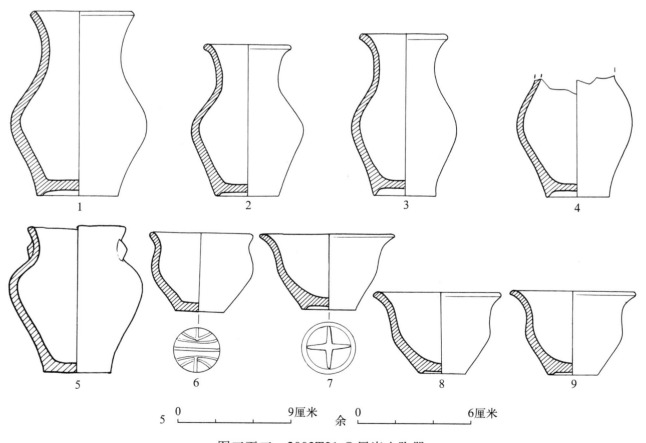

图二五二　2003T21 ②层出土陶器

1～4. Aa 型 II 式陶长颈罐 2003T21 ②：109、110、114、115　5. Ab 型 II 式陶长颈罐 2003T21 ②：116　6. B 型 II 式陶凹底杯 2003T21 ②：103　7～9. B 型 III 式陶凹底杯 2003T21 ②：106～108

陶豆

A 型 I 式　1 件。标本 2003T21 ②：101，夹细砂褐陶。侈口，尖唇，曲腹，喇叭形圈足。口径 12.0、足径 8.4、高 11 厘米（图二五三，1；彩版一二〇，3）。

Ba 型 I 式　1 件。标本 2003T21 ②：118，豆盘已残，泥质褐陶。喇叭形圈足，足口外撇。足径 5.2、残高 4.1 厘米（图二五三，2）。

Ba 型 II 式　2 件。泥质黑陶。直口。标本 2003T21 ②：102 豆，柄部残，尖唇，深腹，内壁有旋痕。口径 7.4、残高 5.4 厘米（图二五三，3）。标本 2003T21 ②：117，豆盘已残，喇叭形圈足，足口外撇。足径 5.2、残高 2.4 厘米（图二五三，4）。

陶盂

II 式　1 件。标本 2003T21 ②：111，泥质黑陶。口，尖唇，直曲腹，外底内凹，内底凸起。口径 11、腹径 10.4、底径 5.6、高 9 厘米（图二五三，5；彩版一二〇，4）。

陶器盖

B 型 I 式　2 件。夹细砂褐陶。敞口，圆唇，斜直壁，纽面略内凹。标本 2003T21 ②：104，盖口径 9、纽口径 3.5、3.9 厘米（图二五三，6；彩版一二〇，5）。标本 2003T21 ②：105，盖口径 10、纽口径 3.4、高 3.9 厘米（图二五三，7）。

陶纺轮

A 型 II 式　1 件。标本 2003T21 ②：113，泥质黑陶。螺旋状，横截面成梯形，中有穿孔，器表有三道折棱。上宽 1.9、下宽 4.2、高 2、孔径 0.6 厘米（图二五三，8；彩版一二〇，6）。

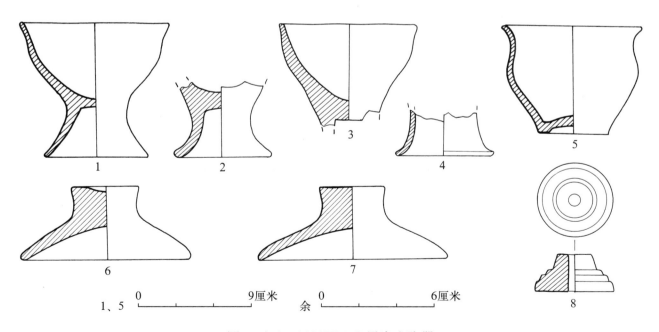

图二五三　2003T21 ②层出土陶器

1. A 型 I 式陶豆 2003T21 ②：101　2. Ba 型 I 式陶豆 2003T21 ②：118　3、4. Ba 型 II 式陶豆 2003T21 ②：102、117　5. II 式陶盂 2003T21 ②：111　6、7. B 型 I 式陶器盖 2003T21 ②：104、105　8. A 型 II 式陶纺轮 2003T21 ②：113

一〇　2003T21③A层

出土石棺葬随葬陶器共 14 件。

陶平底罐

B 型 I 式　2 件。直口。均为夹细砂褐陶。圆唇，圆腹，平底外折成假圈足。标本 2003T21 ③ A：24，口径 5.6、腹径 7.9、底径 5.2、高 7.9 厘米（图二五四，1；彩版一二一，1）。标本 2003T21 ③ A：26，口径 6.7、腹径 8.8、底径 4.9、高 8.4 厘米（图二五四，2；彩版一二一，2）。

B 型 II 式　3 件。沿外卷。均为夹细砂褐陶。方唇，束颈，鼓腹，平底外折成假圈足。标本 2003T21 ③ A：28，口径 7、腹径 7.8、底径 4.7、高 9.7 厘米（图二五四，3；彩版一二一，3）。标本 2003T21 ③ A：29，口径 7.2、腹径 8.3、底径 4.2、高 10.6 厘米（图二五四，4；彩版一二一，4）。标本 2003T21 ③ A：41，口径 7.1、腹径 8.0、底径 4、高 10.6 厘米（图二五四，5）。

圜底小罐

2 件。夹细砂褐陶。侈口，尖唇，束颈，鼓腹。标本 2003T21 ③ A：18，口径 3.7、腹径 4.7、

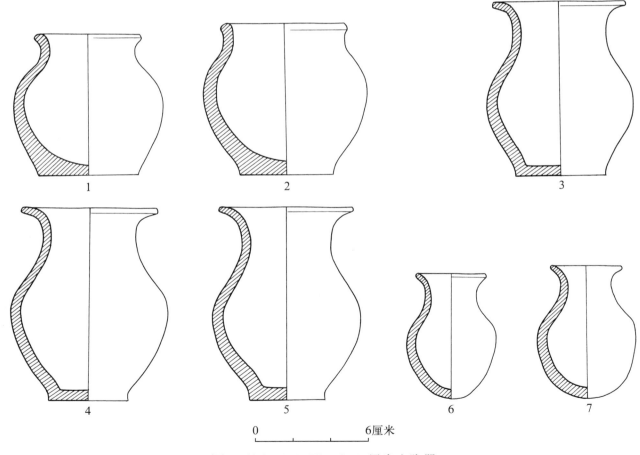

0　　　　　　6厘米

图二五四　2003T21 ③ A 层出土陶器

1、2. B 型 I 式陶平底罐 2003T21 ③ A：24、26　3～5. B 型 II 式陶平底罐 2003T21 ③ A：28、29、41　6、7. 圜底小罐 2003T21 ③ A：18、20

高6.9厘米（图二五四，6）。标本2003T21③A：20，口径3.8、腹径5.2、高7.2厘米（图二五四，7）。

陶凹底杯

A型Ⅲ式　1件。标本2003T21③A：19，夹细砂褐陶。敞口，圆唇，斜直壁，深腹，实心柄，柄底内凹。口径8、底径2.8、高5.7厘米（图二五五，1）。

陶器盖

B型Ⅰ式　5件。夹细砂褐陶。敞口，圆唇，斜直壁，纽面略内凹。标本2003T21③A：25，盖口径9、纽口径3.4、高4.5厘米（图二五五，2；彩版一二一，5）。标本2003T21③A：27，盖口径9、纽口径3.1、高3.6厘米（图二五五，3）。标本2003T21③A：30，盖口径8.2、纽口径3.1、高4厘米（图二五五，4）。标本2003T21③A：31，盖口径9、纽口径3、高4厘米（图二五五，5）。标本2003T21③A：33，盖口径10.6、纽口径3.3、高4.4厘米（图二五五，6；彩版一二一，6）。

陶纺轮

A型Ⅰ式　1件。标本2003T21③A：44，泥质褐陶。截面成梯形，中有穿孔，器表面有两周凹槽。上径1.8、下径4.5、高2、孔径0.4厘米（图二五五，7）。

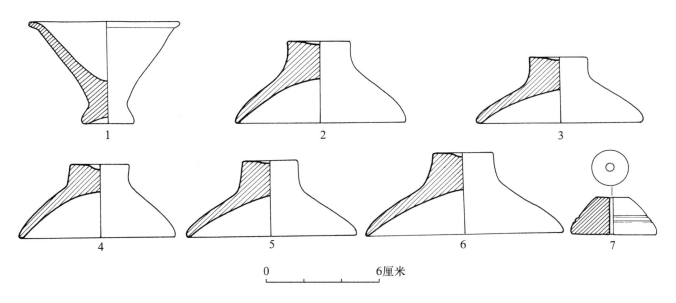

0　　　　　　6厘米

图二五五　2003T21③A层出土陶器

1. A型Ⅲ式陶凹底杯2003T21③A：19　2～6. B型Ⅰ式陶器盖2003T21③A：25、27、30、31、33　7. A型Ⅰ式陶纺轮2003T21③A：44

—— 2003T25③A层

出土陶豆1件。

陶豆

Ba型Ⅳ式　1件。标本2003T25③A：1，泥质磨光黑皮陶。尖唇，敞口，曲腹较浅，喇叭形圈足，足口外撇。口径8、足径4.8、高6.7厘米（图二四九，5）。

一二　2003T26②层

出土 B 型式陶平底罐 1 件。

陶平底罐

B 型　1 件。标本 2003T26 ②：2，夹砂褐陶。圆唇，直口，鼓腹，平底外折成假圈足。口径 5.7、腹径 9.1、底径 5、高 9.7 厘米（图二五六）。

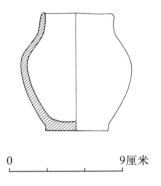

0　　　　　　　　9厘米

图二五六　陶平底罐 2003T26 ②：2

一三　2003T27②层

出土石棺葬随葬陶器共 3 件。

陶长颈罐

Bb 型 II 式　1 件。胖体中型罐，侈口。标本 2003T27 ②：101，泥质黑陶。圆唇，束颈，鼓腹，外底内凹，下腹表有多道旋痕，近底有一周凹槽。口径 8.6、腹径 11.8、底径 5.8、高 14 厘米（图二五七，1）。

陶凹底杯

B 型 II 式　1 件。曲腹。标本 2003T27 ②：2，泥质褐陶。敞口，圆唇，曲腹较深，外底内凹

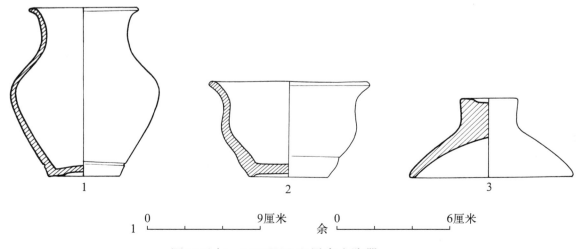

1　0　　　　　　　9厘米　　余　0　　　　　　6厘米

图二五七　2003T27 ②层出土陶器

1．Bb 型 II 式陶长颈罐 2003T27 ②：101　2．B 型 II 式陶凹底杯 2003T27 ②：2　3．B 型 I 式陶器盖 2003T27 ②：3

并有"十"字符号，底、腹交接处有一周折棱。口径8.4、腹径7.1、底径4.1、高5.2厘米（图二五七，2）。

陶器盖

B型Ⅰ式　1件。标本2003T27②：3，夹细砂褐陶。敞口，尖唇，斜壁，柱状实心高纽，纽面内凹。盖口径8.6、纽口径3.1、高4.2厘米（图二五七，3）。

一四　2003T28②、③A层

出土石棺葬随葬陶器共3件。

陶长颈罐

Bb型Ⅰ式　1件。胖体中型罐，直口。标本2003T28③A：101，夹细砂黑陶。方唇，广肩，底内凹。口径7.5、腹径11.8、底径5.3、高13厘米（图二五八，1）。

陶盂

Ⅰ式　1件。标本2003T28②：103，泥质灰陶，表面磨光。敛口，方唇，鼓腹，外底内凹成矮圈足。口径10.6、腹径11.5、底径5.6、高7.6厘米（图二五八，2）。

陶凹底杯

A型Ⅰ式　1件。斜直腹。标本2003T28③A：102，夹细砂黑陶。圆唇，斜直口，平底。口径7、底径3.2、高2.8厘米（图二五八，3）。

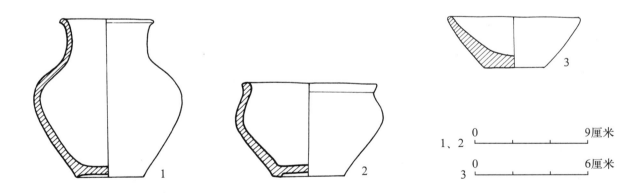

图二五八　2003T28②、③A层出土陶器

1. Bb型Ⅰ式陶长颈罐2003T28③A：101　2. Ⅰ式陶盂2003T28②：103　3. A型Ⅰ式陶凹底杯2003T28③A：102

一五　2003T29②层

出土石棺葬随葬陶器共8件。

陶双耳罐

B型Ⅰ式　2件。胖体，泥质灰陶。表面磨光。标本2003T29②：9，腹部以上残，内底凸起有轮旋痕，外底内凹并有"十"字形符号。底径6.8、残高5.3厘米（图二五九，1）。标本2003T29②：24，残存耳部分，宽扁耳。耳残高3.5、宽2.4厘米（图二五九，2）。

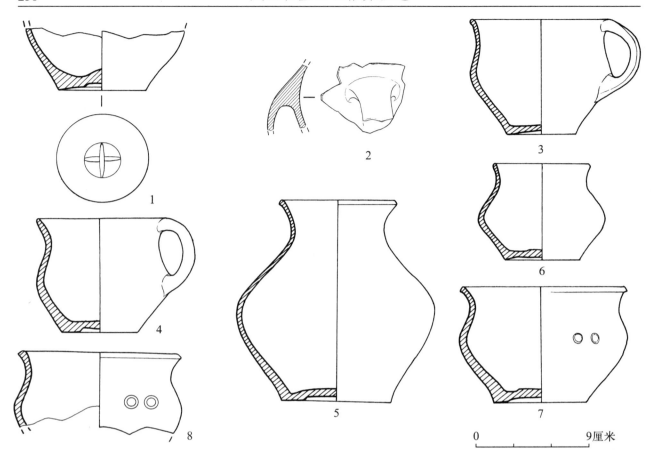

图二五九　2003T29 ②层出土陶器

1、2. B型 I 式陶双耳罐 2003T29 ②：9、24　3. B型 II 式陶单耳罐 2003T29 ②：20　4. B型 III 式陶单耳罐
2003T29 ②：6　5. Bc型 II 式陶长颈罐 2003T29 ②：10　6. II 式陶盂 2003T29 ②：8　7、8. III 式陶盂 2003T29 ②：16、18

陶单耳罐

B型 II 式　1件。胖体，直口。标本 2003T29 ②：20，泥质灰陶，表面磨光。方唇，鼓腹微圆，
平底略内凹。口径11、腹径11.2、底径5.4、高9.4、耳高6.9厘米（图二五九，3）。

B型 III 式　1件。胖体，侈口。标本 2003T29 ②：6，泥质灰陶，表面磨光。圆唇，鼓腹，
平底内凹成矮圈足并有切割同心圆。口径10.4、腹径10.4、底径6、高9.4、耳高6.4厘米（图
二五九，4）。

陶长颈罐

Bc型 II 式　1件。胖体大罐，侈口。标本 2003T29 ②：10，泥质灰陶，表面磨光。方唇，束颈，
圆腹，平底内凹成矮圈足并有"十"字形符号，中腹表有两周两两一组的圆形戳印纹。口径9.2、
腹径15.6、高16.5厘米（图二五九，5）。

陶盂

II 式　1件。直口，鼓腹较浅。标本 2003T29 ②：8，泥质灰陶，表面磨光。圆唇，外底内凹
成矮圈足。口径7.6、腹径10、底径6、高8厘米（图二五九，6）。

　　Ⅲ式　2件。泥质磨光黑皮陶。侈口，方唇，鼓腹。标本 2003T29 ②：16，外底内凹成矮圈足，并有切割同心圆，内底凸起，中腹有二组两两一组的圆形戳印纹。口径 13、腹径 13.4、底径 7.4、高 9.6 厘米（图二五九，7）。标本 2003T29 ②：18，腹部以下残，腹上部有二圆形戳印纹。口径 12.7、腹径 13、残高 6.1 厘米（图二五九，8）。

一六　2003T31③A层

　　出土石棺葬随葬陶器共 9 件。

　　陶长颈罐

　　Aa 型 Ⅱ 式　1件。瘦体小罐，侈口。标本 2003T31 ③ A：18，泥质黑陶。方唇，长颈，鼓腹，下腹内折，外底内凹，下腹表有一周凹槽。口径 5、腹径 6.2、底径 3.4、高 7.8 厘米（图二六〇，

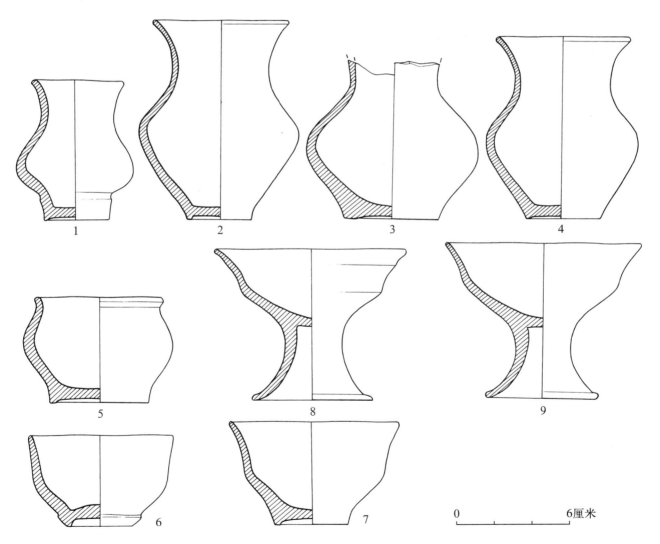

图二六〇　2003T31 ③ A 层出土陶器

1. Aa 型 Ⅱ 式陶长颈罐 2003T31 ③ A：18　2. Ab 型 Ⅱ 式陶长颈罐 2003T31 ③ A：14　3、4. Bb 型 Ⅱ 式陶长颈罐 2003T31 ③ A：7、17　5. Ⅱ 式陶盂 2003T31 ③ A：9　6. B 型 Ⅰ 式陶凹底杯 2003T31 ③ A：19　7. B 型 Ⅱ 式陶凹底杯 2003T31 ③ A：12　8、9. Bb 型 Ⅱ 式陶豆 2003T31 ③ A：15、16

1；彩版一二二，1）。

Ab 型 Ⅱ式　1件。瘦体中型罐，侈口。标本 2003T31 ③ A：14,泥质黑陶。方唇，长颈，鼓腹，下腹内收，小底内凹。口径 7.2、腹径 8.5、底径 3.5、高 11 厘米（图二六〇，2；彩版一二二，2）。

Bb 型 Ⅱ式　2件。胖体中型罐，泥质黑陶。侈口，方唇，长颈，鼓腹。标本 2003T31 ③ A：7，口部已残，外底略内凹。腹径 9、底径 5、残高 8.8 厘米（图二六〇，3）。标本 2003T31 ③ A：17，下腹内收，外底略内凹，内外壁有轮旋痕。口径 7.3、腹径 8.1、底径 4、高 10.2 厘米（图二六〇，4；彩版一二二，3）。

陶盂

Ⅱ式　1件。标本 2003T31 ③ A：9，泥质红陶，火候较高。直口，圆唇，曲腹，外底内凹成矮圈足，内外壁有刮抹痕。口径 6.8、腹径 7.9、底径 5.2、高 5.8 厘米（图二六〇，5；彩版一二二，4）。

陶凹底杯

B 型 Ⅰ式　1件。直口。标本 2003T31 ③ A：19,泥质黑陶。尖唇，曲腹，外底内凹成矮圈足，内底有螺旋状凸起，腹、底交接处有明显粘接痕迹。口径 7.6、腹径 7、底径 3.5、高 5 厘米（图二六〇，6）。

B 型 Ⅱ式　1件。侈口。标本 2003T31 ③ A：12,夹细砂褐陶。尖唇，曲腹，外底内凹成矮圈足，下腹表面有多道折棱。口径 8.9、腹径 7.3、底径 3.9、高 5.6 厘米（图二六〇，7）。

陶豆

Bb 型 Ⅱ式　2件。细长柄，浅腹。均为泥质黑陶。敞口，尖唇，腹微曲，喇叭形圈足。标本 2003T31 ③ A：15，豆盘表面有二道折棱。口径 10.1、足径 6.5、高 8.3 厘米（图二六〇，8；彩版一二二，5）。标本 2003T31 ③ A：16，口径 10.3、足径 6、高 8.6 厘米（图二六〇，9；彩版一二二，6）。

一七　2003T32③A层

出土石棺葬随葬陶器共 5 件。

陶双耳罐

B 型 Ⅰ式　1件。胖体。标本 2003T32 ③ A：2，泥质灰陶，表面磨光。平口，束颈，圆腹，最大腹径靠下，外底内凹并有轮旋痕，双耳从口部贯至最大腹径处，双耳下端表面戳印有双"○○"纹。口径 8、腹径 14.8、底径 7.4、高 16、耳高 9 厘米（图二六一，1；彩版一二三，1）。

陶长颈罐

Ba 型 Ⅱ式　1件。胖体小罐，侈口。标本 2003T32 ③ A：24,泥质黑陶。方唇，束颈，圆腹，最大腹径靠下，外底内凹，内底凸起，沿下有一周凸棱，器表有轮旋痕。口径 4.8、腹径 6.4、底径 3.1、高 7.5 厘米（图二六一，2；彩版一二三，2）。

陶盂

Ⅱ式　1件。直口,浅腹。标本 2003T32 ③ A：22,泥质磨光黑皮陶。圆唇，外底内凹成矮圈足，

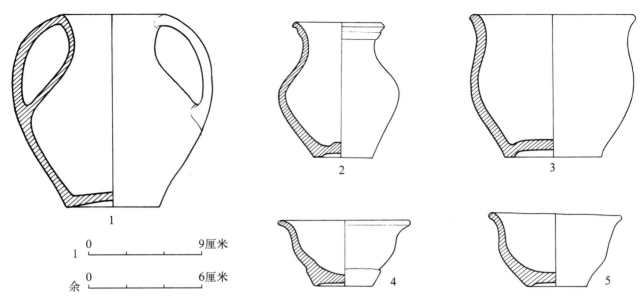

图二六一　2003T32 ③ A 层出土陶器

1. B 型 I 式陶双耳罐 2003T32 ③ A：2　2. Ba 型 II 式陶长颈罐 2003T32 ③ A：24　3. II 式陶盂 2003T32 ③ A：22
4. B 型 II 式陶凹底杯 2003T32 ③ A：25　5. B 型 III 式陶凹底杯 2003T32 ③ A：23

内底凸起。口径 8.8、腹径 8.6、底径 5.1、高 7.9 厘米（图二六一，3；彩版一二三，3）。

陶凹底杯

B 型 II 式　1 件。侈口。标本 2003T32 ③ A：25，泥质灰陶。圆唇，曲腹较浅，外底内凹成矮圈足，底、腹交接处有明显的粘接痕迹。口径 7.2、腹径 5.4、底径 3.1、高 3.7 厘米（图二六一，4；彩版一二三，4）。

B 型 III 式　1 件。敞口。标本 2003T32 ③ A：23，泥质黑陶。圆唇，曲腹，外底内凹。口径 7、腹径 5.7、底径 3.2、高 4 厘米（图二六一，5；彩版一二三，5）。

一八　2003T34②层

出土石棺葬随葬陶器共 4 件。

陶双耳罐

B 型 I 式　1 件。胖体。标本 2003T34 ②：102，泥质灰陶，表面磨光。平口，束颈，圆腹，最大腹径靠下，平底内凹有切割同心圆，双耳从口沿贯至腹部。口径 9.2、腹径 14.2、底径 8.6、高 16.2 厘米（图二六二，1；彩版一二四，1）。

陶乳丁罐

II 式　1 件。中腹有三鋬耳。标本 2003T34 ②：101，泥质灰陶，表面磨光。圆唇，侈口，束颈，鼓腹，平底内凹有切割同心圆，沿外有一周凹槽，体量略小。口径 8.4、腹径 12.6、底径 7.2、高 14 厘米（图二六二，2；彩版一二四，2）。

陶长颈罐

Bb 型 I 式　1 件。胖体中型罐，侈口。标本 2003T34 ②：103，夹砂褐陶。方唇，鼓腹，小平底，

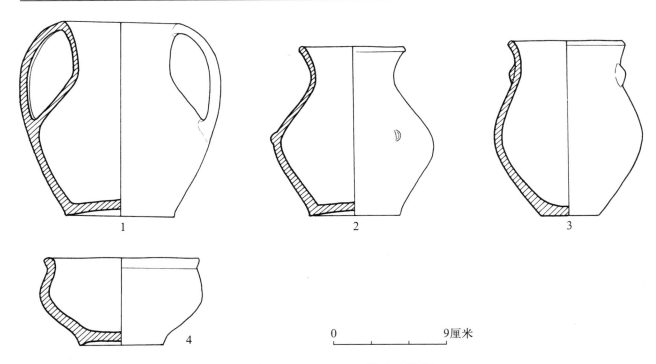

图二六二　　2003T34 ②层出土陶器

1. B 型 I 式陶双耳罐 2003T34 ②：102　　2. II 式陶乳丁罐 2003T34 ②：101　　3. Bb 型 I 式陶长颈罐 2003T34 ②：103
4. I 式陶盂 2003T34 ②：104

颈部有二角状錾。口径 9.2、腹径 11.6、底径 4.5、高 14.4 厘米（图二六二，3；彩版一二四，3）。

陶盂

I 式　1 件。标本 2003T34 ②：104，泥质灰陶，表面磨光。尖唇，敛口，鼓腹，外底内凹。口径 12.5、腹径 12.9、底径 6.6、高 7.3 厘米（图二六二，4；彩版一二四，4）。

一九　2003T36③A层

出土石棺葬随葬陶器共 17 件。

陶单耳罐

A 型 I 式　3 件。瘦体，颈部无乳丁装饰，夹砂褐陶。鼓腹。标本 2003T36 ③ A：24，侈口，圆唇，长颈，鼓腹，平底外折。口径 8、腹径 9.6、底径 4.8、高 11.8、耳高 6.8 厘米（图二六三，1；彩版一二四，5）。标本 2003T36 ③ A：64，口部及耳已残，平底外折成假圈足。腹径 9、底径 4.6、残高 10 厘米（图二六三，2）。标本 2003T36 ③ A：101，方唇，侈口，长颈，平底外折。口径 8.2、腹径 10、底径 5.2、高 11.8 厘米（图二六三，3；彩版一二四，6）。

陶长颈罐

Aa 型 I 式　1 件。直口小罐。标本 2003T36 ③ A：70，泥质黑陶。方唇，长颈，瘦鼓腹，平底。口径 5、腹径 6.1、底径 3.7、高 7.8 厘米（图二六三，4；彩版一二五，1）。

Aa 型 II 式　4 件。侈口，长颈瘦体小罐，泥质黑陶。方唇，束颈，鼓腹，平底内凹。标本 2003T36 ③ A：62，口径 5.1、腹径 6、底径 3.9、高 7.9 厘米（图二六三，5；彩版一二五，

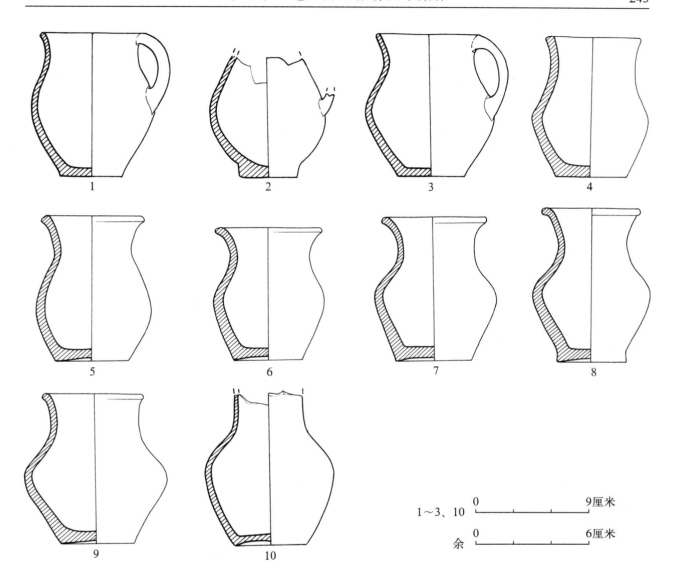

图二六三　　2003T34 ③ A 层出土陶器

1 ～ 3. A 型 I 式陶单耳罐 2003T36 ③ A：24、64、101　4. Aa 型 I 式陶长颈罐 2003T36 ③ A：70　5 ～ 8. Aa 型 II 式陶长颈罐 2003T36 ③ A：62、65、66、67　9. Ba 型 II 式陶长颈罐 2003T36 ③ A：69　10. Bb 型 II 式陶长颈罐 2003T36 ③ A：61

2）。标本 2003T36 ③ A：65，口径 5.6、腹径 5.8、底径 3.7、高 7.2 厘米（图二六三，6；彩版一二五，3）。标本 2003T36 ③ A：66，口径 5.4、腹径 6.4、底径 4、高 7.9 厘米（图二六三，7；彩版一二五，4）。标本 2003T36 ③ A：67，口径 5.3、腹径 6.2、底径 3.7、高 8.5 厘米（图二六三，8）。

Ba 型 II 式　1 件。侈口，胖体小罐。标本 2003T36 ③ A：69，泥质黑陶。尖唇，束颈，圆腹，平底内凹。口径 5.4、腹径 7.5、底径 3.9、高 8.3 厘米（图二六三，9；彩版一二五，5）。

Bb 型 II 式　1 件。侈口，胖体中型罐。标本 2003T36 ③ A：61，口部已残，泥质黑陶。长颈，鼓腹，最大腹径靠下，平底内凹。腹径 10、底径 5.8、残高 13 厘米（图二六三，10）。

陶豆

Ba 型Ⅲ式　1件。矮柄，侈口。标本 2003T36 ③ A：77，泥质黑褐陶。尖唇，沿外翻，曲腹较深，喇叭形圈足。口径8.4、足径4.5、高5.5厘米（图二六四，1；彩版一二五，6）。

陶小底杯

Ⅲ式　5件。敞口，坦腹较浅，泥质黑褐陶。折腹。标本 2003T36 ③ A：59，方唇，器表近底处有两道凹槽。口径6.8、腹径6.2、底径2、高3.4厘米（图二六四，2；彩版一二六，1）。标本 2003T36 ③ A：60，方唇。口径7.6、腹径6.8、底径2.4、高3.7厘米（图二六四，3；彩版一二六，2）。标本 2003T36 ③ A：63，圆唇，器表中部有一道折棱。口径6.9、腹径5.2、底径2.3、高3.5厘米（图二六四，4；彩版一二六，3）。标本 2003T36 ③ A：72，尖唇，器表中部有二道折棱。口径7、腹径5.9、底径2.2、高3.5厘米（图二六四，5；彩版一二六，4）。标本 2003T36 ③ A：81，尖唇，器表中部有一道折棱。口径7.7、腹径6.3、底径2.5、高3.7厘米（图二六四，6；彩版一二六，5）。

陶平底杯

Ⅱ式　1件。器体较高。标本 2003T36 ③ A：49，夹砂褐陶。敞口，圆唇，曲腹，平底外折成假圈足。口径7.6、底径3.9、高4.4厘米（图二六四，7）。

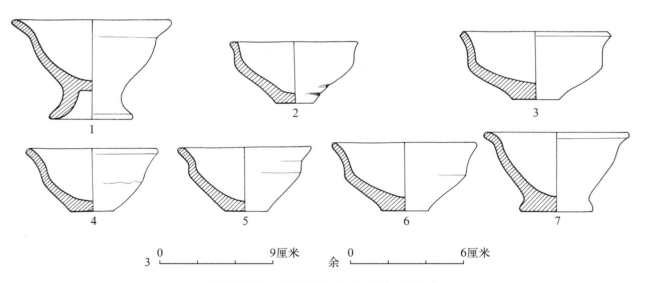

图二六四　2003T34 ③ A 层出土陶器

1. Ba 型Ⅲ式陶豆 2003T36 ③ A：77　2～6. Ⅲ式陶小底杯 2003T36 ③ A：59、60、63、72、81　7. Ⅱ式陶平底杯 2003T36 ③ A：49

二〇　2003H24

出土 Bb 型Ⅰ式陶长颈罐1件。

陶长颈罐

Bb 型Ⅰ式　1件。标本 2003H24：1，直口，胖体中型罐，泥质黑陶。圆唇，束颈，鼓腹，最大腹径靠下，平底。口径8.6、腹径13、底径6.8、高15.2厘米（图二六五，1）。

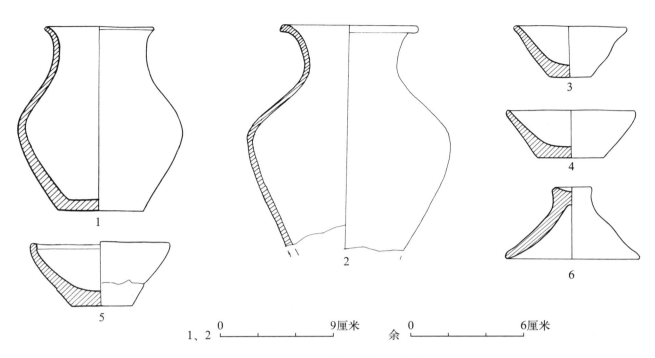

图二六五　2003H24 等出土陶器

1. Bb 型 I 式陶长颈罐 2003H24：1　2. Bc 型Ⅲ式陶长颈罐 2004T1 ②：101　3、4. Ⅲ式陶小底杯 2004T8 ②：13、15
5. A 型 I 式陶凹底杯 2004T10 ②：12　6. A 型Ⅱ式陶器盖 2004T11 ②：5

二一　2004T1②层

出土 Bc 型Ⅲ式陶长颈罐 1 件。

陶长颈罐

Bc 型Ⅲ式　1 件。标本 2004T1 ②：101，胖体大型罐，沿外卷，底部残，泥质磨光黑皮陶。方唇，束颈，广肩，鼓腹。口径 10.9、腹径 16.1、残高 18 厘米（图二六五，2）。

二二　2004T8②层

出土石棺葬陶器 1 件。

陶小底杯

Ⅲ式　2 件。夹细砂褐陶。敞口，尖唇，曲腹。标本 2004T8 ②：13，口径 6、底径 2.3、高 2.8 厘米（图二六五，3）。标本 2004T8 ②：15，口径 6.7、底径 3.5、高 2.6 厘米（图二六五，4）。

二三　2004T10②层

出土陶凹底杯 1 件。

陶凹底杯

A 型 I 式　1 件。标本 2004T10 ②：12，夹细砂褐陶。敛口，圆唇，平底，底、腹交接处有明显粘接痕迹。口径 7.5、底径 3.3、高 3.6 厘米（图二六五，5）。

二四　2004T11②层

出土 A 型陶器盖 1 件。

陶器盖

A 型 II 式　1 件。标本 2004T11 ②：5，夹细砂褐陶。盖口外撇，圆唇，斜直壁。纽口径 2.1、盖口径 7.1、高 4 厘米（图二六五，6）。

第二节　铜器

柳叶形铜剑

1 件。标本 2003T30 ②：102，剑身有脊，剑首残断，茎部中间有穿孔。残长 24.5、宽 2.9、脊厚 0.9 厘米（图二六六，1）。

铜矛

1 件。标本 2003T23 ②：103，有脊。长 9.0、宽 2.5、脊厚 0.6 厘米（图二六六，3）。

铜削

1 件。标本 2003T4 ①：101，有短柄，削身与柄之间两端有缺槽，近背处有凹槽一道。长 8.2、宽 2.5、背厚 0.4 厘米（图二六六，2）。

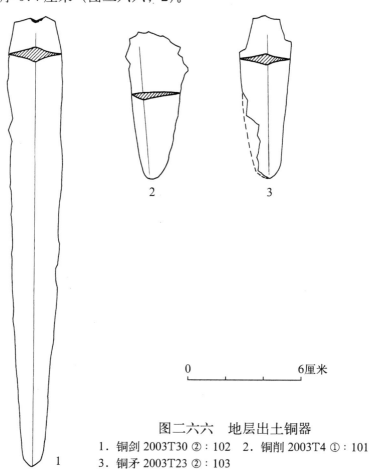

0 　　　　　　　　　6厘米

图二六六　地层出土铜器
1. 铜剑 2003T30 ②：102　2. 铜削 2003T4 ①：101
3. 铜矛 2003T23 ②：103

第三节　采集陶器

共 9 件。

陶单耳罐

B 型Ⅲ式　1 件。胖体，侈口。标本 2002 采：516，耳已残，泥质磨光黑皮陶。圆唇，鼓腹，外底内凹且有切割同心圆。口径 10、腹径 10.8、底径 4.8、高 8 厘米（图二六七，1）。

陶乳丁罐

Ⅰ式　1 件。标本 2002 采：210，夹细砂褐陶。侈口，圆唇，长颈，鼓腹平底，中腹有双鋬耳。口径 8.4、腹径 11.6、底径 5.2、高 13.2 厘米（图二六七，2）。

陶长颈罐

Ab 型Ⅰ式　1 件。瘦体中型罐，直口。标本 2002 采：508，夹砂褐陶。方唇，长颈，腹微鼓，平底，中腹有一从外至内单向穿孔。口径 10、腹径 11、底径 6.2、高 13.4、孔径 0.4 厘米（图二六七，3）。

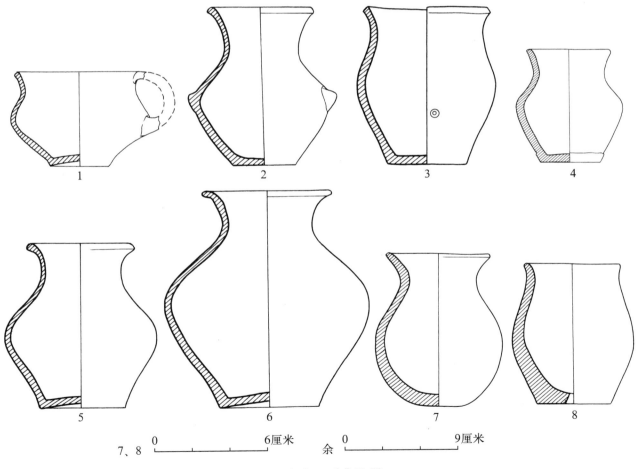

图二六七　采集陶器

1. B 型Ⅲ式陶单耳罐 2002 采：516　2. Ⅰ式陶乳丁罐 2002 采：210　3. Ab 型Ⅰ式陶长颈罐 2002 采：508　4. Ba 型Ⅱ式陶长颈罐 2002 采：505　5. Bb 型Ⅱ式陶长颈罐 2002 采：507　6. Bc 型Ⅲ式陶长颈罐 2002 采：509　7. 圜底罐 2002 采：502　8. B 型Ⅰ式陶小底罐 2002 采：503

Ba 型 II 式　1 件。侈口，胖体小罐。标本 2002 采：505，夹细砂黑褐陶。圆唇，鼓腹，平底，底、腹交接处有明显粘接痕迹。口径 6.5、腹径 8.5、底径 4.7、高 9.5 厘米（图二六七，4）。

Bb 型 II 式　1 件。侈口，胖体中型罐。标本 2002 采：507，泥质黑陶。圆唇，束颈，鼓腹，平底内凹。口径 8.2、腹径 12、底径 6.4、高 13.6 厘米（图二六七，5）。

Bc 型 III 式　2 件。胖体大型罐，泥质灰陶，表面磨光。鼓腹。标本 2002 采：509，卷沿，圆唇，束颈，广肩，外底内凹有切割同心圆。口径 10.2、腹径 16.4、底径 8、高 18 厘米（图二六七，6）。标本 2002 采：506，口部残，外底内凹。腹径 16.4、底径 7、残高 16 厘米。

圜底罐

1 件。标本 2002 采：502，夹细砂黑陶。侈口，圆唇，束颈，圆腹。口径 5.5、腹径 6.8、高 8.5 厘米（图二六七，7）。

陶小底罐

B 型 I 式　1 件。直口。标本 2002 采：503，泥质褐陶。圆唇，小底外折，中间有自外向内单向穿孔。口径 5.1、腹径 6.5、底径 4、高 7.7、孔径 0.4 厘米（图二六七，8）。

第八章　分期与年代

一　营盘山石棺葬的分组与年代

由于营盘山石棺葬墓地基本未发现墓葬之间的叠压打破关系，因此，进行分期研究的主要根据是墓葬和器物坑的随葬品（尤其是陶器）组合情况（表一），再结合墓葬方向的分组情况。

（一）墓葬分组

根据随葬陶器的组合情况，可以初步将历年来发掘的出土随葬器物较为丰富、墓葬形制保存较为完好的 91 座墓葬划分为以下 5 组：

1. A组墓葬

包括 2000M27、2000M31、2002M3、2002M5、2002M11、2004M6、2004M11，共 7 座。

随葬器物及组合情况分别为：

A 型 I 式瘦体陶单耳罐。

A 型 I 式、II 式瘦体陶单耳罐。

A 型 I 式陶小底罐、A 型 II 式陶平底罐、I 式及 II 式陶小底杯。

A 型 I 式瘦体陶单耳罐、A 型 I 式及 II 式陶小底罐、A 型 I 式陶平底罐、A 型 I 式陶纺轮。

D 型大陶双耳罐。

A 型 I 式陶尖底罐、B 型陶尖底罐。

A 型 I 式瘦体陶单耳罐、I 式陶簋、A 型 II 式陶纺轮。

上述随葬器物中，基本器形为 A 型 I 式及 II 式瘦体陶单耳罐、A 型 I 式及 II 式陶小底罐、I 式及 II 式陶小底杯、A 型 I 式及 II 式陶平底罐，器形种类非常简单。

器物组合包括两类：一类为基本器形及其与 I 式陶簋、A 型 I 式及 II 式陶纺轮等器物的组合。另一类为 D 型陶双耳罐、A 型 I 式陶尖底罐与 B 型陶尖底罐等少量器物及其组合。

2. B组墓葬

包括 2000M25、2000M35、2002M7、2002M14、2002M28、2002M33、2002M36、2003M1、2003M6、2004M4、2004M42，共 11 座。

随葬器物及组合情况分别为：

Bb 型 I 式中型胖体陶长颈罐、I 式陶平底杯。

I 式陶平底杯。

B 型 I 式陶小底罐、II 式陶平底杯。

褐陶平底罐。

表一　营盘山石棺葬随葬器物组合分期表

分　期			早　期		晚　期		
型　式			Ⅰ段	Ⅱ段	Ⅲ段	Ⅳ段	Ⅴ段
陶单耳罐	A型		Ⅰ、Ⅱ式	Ⅱ式			
	B型					Ⅰ、Ⅱ、Ⅲ式	Ⅰ、Ⅱ、Ⅲ式
陶平底罐	A型		Ⅰ、Ⅱ式		Ⅱ式		
	B型			Ⅰ、Ⅱ式	Ⅱ、Ⅲ式		
陶小底罐	A型		Ⅰ、Ⅱ式				
	B型			Ⅰ式	Ⅰ、Ⅱ、Ⅲ式	Ⅲ式	Ⅲ式
陶双耳罐	A型	Aa型			Ⅰ式	Ⅰ、Ⅱ式	Ⅱ式
		Ab型			√		√
	B型					Ⅰ、Ⅱ、Ⅲ式	Ⅰ、Ⅱ、Ⅲ式
	C型						Ⅰ、Ⅱ式
	D型		√				
	E型					√	
陶长颈罐	A型	Aa型		Ⅰ、Ⅱ式	Ⅱ式	Ⅰ、Ⅱ、Ⅲ式	Ⅱ、Ⅲ式
		Ab型				Ⅱ式	
	B型	Ba型		Ⅰ式		Ⅰ、Ⅱ、Ⅲ式	Ⅱ、Ⅲ式
		Bb型		Ⅰ式		Ⅱ式	Ⅱ、Ⅲ式
		Bc型			Ⅰ式	Ⅱ、Ⅲ式	Ⅱ、Ⅲ式
陶尖底罐	A型		Ⅰ式	Ⅱ式			
	B型		√				
陶乳丁罐						Ⅱ式	Ⅱ式
陶筒形罐						√	
陶豆	A型			Ⅰ、Ⅱ式	Ⅰ式	Ⅰ、Ⅱ、Ⅲ、Ⅳ式	Ⅰ、Ⅱ、Ⅲ式
	Ba型				Ⅰ式	Ⅰ、Ⅱ、Ⅲ、Ⅳ式	Ⅰ、Ⅱ、Ⅲ、Ⅳ式
	Bb型				Ⅰ式	Ⅱ、Ⅲ式	
陶盂					Ⅱ式	Ⅰ、Ⅱ式	Ⅰ、Ⅱ、Ⅲ、Ⅳ式
陶杯	A型				Ⅰ式	Ⅰ、Ⅱ、Ⅲ式	Ⅲ式
	B型			Ⅰ、Ⅱ式	Ⅰ、Ⅱ式	Ⅰ、Ⅱ、Ⅲ式	Ⅱ、Ⅲ式
陶平底杯				Ⅰ、Ⅱ式			
陶小底杯			Ⅰ、Ⅱ式	Ⅱ式	Ⅲ式	Ⅳ、Ⅴ式	
陶器盖	A型				Ⅰ式	Ⅱ式	
	B型			Ⅰ式	Ⅰ、Ⅱ式	Ⅰ式	Ⅱ、Ⅲ式
陶双耳壶						√	
陶簋			Ⅰ式	Ⅰ、Ⅱ式	Ⅰ、Ⅱ式		
陶纺轮	A型		Ⅰ、Ⅱ式	Ⅰ、Ⅱ式	Ⅰ、Ⅱ式	Ⅱ式	Ⅱ式
	B型				√		

B 型 I 式陶小底罐、B 型 II 式陶平底罐、I 式陶平底杯。

Aa 型 II 式瘦体陶长颈罐、Bb 型 I 式泥质褐陶中型陶长颈罐、A 型 II 式陶豆、I 式陶簋、A 型 II 式陶尖底罐、II 式陶小底杯。

Aa 型 I 式瘦体陶长颈罐、Ba 型 I 式胖体陶长颈罐、II 式陶平底杯。

A 型 I 式及 II 式陶纺轮、B 型 I 式陶器盖。

A 型 II 式瘦体陶单耳罐、B 型 I 式及 II 式陶平底罐、B 型 I 式陶器盖、B 型 I 式及 II 式曲腹陶凹底杯、I 式双孔石饰。

B 型 I 式陶小底罐、A 型 II 式瘦体陶单耳罐、II 式陶小底杯。

I 式陶簋形器。

上述随葬器物中，基本器形为 Aa 型 I 式及 II 式瘦体陶长颈罐、Ba 型 I 式胖体陶长颈罐、Bb 型 I 式胖体中型陶长颈罐、B 型 I 式及 II 式胖体陶平底罐、I 式及 II 式陶平底杯、B 型 I 式及 II 式曲腹陶凹底杯、B 型 I 式陶小底罐、B 型 I 式陶器盖、II 式陶尖底罐、A 型陶豆、B 型 I 式陶器盖等，器形种类较为简单。

基本器物组合为：陶罐与陶平底杯、陶长颈罐与陶小底杯、陶长颈罐与陶器盖、陶长颈罐与曲腹陶凹底杯，以及陶豆、陶簋或瘦体陶单耳罐少量器物及其组合。

3. C 组墓葬

包括 2000M20、2000M34、2000M41、2000M48、2002M15、2002M18、2002M21、2002M27、2002M45、2002M46、2002M49、2003M10、2003M16、2003M31、2004M15、2004M43、2006M9、2006M10、2006M11、2006M12、2006M15，共 21 座。

随葬器物及组合情况分别为：

Ba 型 I 式矮柄豆。

Aa 型 I 式瘦体陶双耳罐、A 型 I 式陶豆。

Bb 型 I 式细长柄豆。

Aa 型瘦体陶长颈罐。

III 式陶小底杯。

Aa 型 I 式瘦体陶双耳罐、A 型 I 式陶豆。

Aa 型 I 式瘦体陶双耳罐、B 型 II 式瘦体陶平底罐、Aa 型 I 式瘦体陶长颈罐、Bc 型 I 式胖体陶长颈罐、III 式陶小底杯、铜镞。

B 型 II 式及 III 式胖体陶小底罐、A 型 I 式褐陶器盖、III 式陶小底杯、B 型 I 式及 II 式曲腹陶凹底杯、II 式陶盂。

B 型 II 式及 III 式胖体陶小底罐、III 式陶小底杯、A 型 I 式陶器盖、A 型 I 式及 II 式陶纺轮、B 型陶纺轮。

B 型 I 式陶小底罐、III 式陶小底杯、B 型 II 式陶器盖。

B 型 II 式陶平底罐、A 型 II 式陶纺轮。

B 型 II 式陶平底罐、B 型 I 式陶器盖、B 型 I 式曲腹陶凹底杯。

B型Ⅱ式陶平底罐、B型Ⅰ式陶器盖、A型Ⅰ式陶器盖。

Aa型Ⅰ式瘦体陶双耳罐、B型Ⅱ式陶小底罐、Ⅰ式及Ⅱ式陶簋、A型Ⅰ式斜直腹陶凹底杯、A型Ⅰ式陶纺轮。

B型Ⅱ式褐陶小底罐、Aa型Ⅱ式瘦体陶长颈罐、B型Ⅱ式曲腹陶凹底杯、A型Ⅰ式陶器盖。

A型Ⅱ式陶平底罐。

Ab型瘦体陶双耳罐、A型Ⅱ式陶平底罐。

Ab型瘦体陶双耳罐。

上述随葬器物中，基本器形为Aa型Ⅰ式瘦体陶双耳罐、Ab型瘦体陶双耳罐、A型Ⅱ式陶平底罐、B型Ⅱ式陶平底罐、B型Ⅱ式及Ⅲ式胖体陶小底罐、B型Ⅰ式陶器盖、Ⅲ式陶小底杯、B型Ⅰ式及Ⅱ式曲腹陶凹底杯、Ba型Ⅰ式矮柄豆、Bb型Ⅰ式细长柄豆等，器形种类渐趋复杂化。

基本器物组合为A型和B型Ⅰ式及Ⅱ式陶平底罐与陶小底杯及陶器盖、陶小底罐与陶小底杯及陶器盖、瘦体陶双耳罐与A型Ⅰ式陶豆等。

4．D组墓葬

包括2000M1、2000M2、2000M3、2000M7、2000M11、2000M18、2000M40、2002M1、2002M38、2002M41、2003M15、2003M22、2003M24、2003M25、2003M26、2003M27、2003M28、2003M29、2003M34、2003M37、2003H28、2004M32、2004M38、2004M39、2004M40、2006M2、2006M18、2006M19，共28座。

随葬器物组合情况分别为：

E型小陶双耳罐、B型Ⅲ式胖体陶单耳罐、Aa型Ⅱ式及Ⅲ式瘦体陶长颈罐、Ba型Ⅱ式及Ⅲ式胖体陶长颈罐、B型Ⅰ式及Ⅲ式曲腹陶凹底杯、Ba型Ⅲ式曲腹矮柄豆、Bb型Ⅱ式长柄豆、陶双耳壶、Ⅱ式双孔石饰。

B型Ⅲ式胖体陶单耳罐、Aa型Ⅱ式及Ⅲ式瘦体陶长颈罐、Ba型Ⅰ式、Ⅱ式及Ⅲ式胖体陶长颈罐、Ⅱ式陶乳丁罐、Bc型Ⅱ式鼓腹长颈罐、陶双耳壶、A型Ⅲ式陶豆、Ba型Ⅲ式矮柄豆、Bb型Ⅲ式细长柄豆、A型Ⅱ式及Ⅲ式斜直腹陶凹底杯、B型Ⅱ式及Ⅲ式曲腹陶凹底杯、Ⅱ式陶盂。

B型Ⅰ式及Ⅱ式胖体陶单耳罐、Aa型Ⅲ式瘦体陶长颈罐、Ba型Ⅰ式胖体陶长颈罐、Ⅱ式陶盂、A型Ⅰ式陶器盖、A型Ⅰ式斜直腹陶凹底杯、B型Ⅱ式曲腹陶凹底杯、Ⅳ式陶小底杯。

Aa型Ⅰ式及Ⅱ式瘦体陶长颈罐、Ba型Ⅱ式胖体陶长颈罐、B型Ⅰ式及Ⅱ式曲腹陶凹底杯、A型Ⅱ式陶豆。

A型Ⅲ式陶豆、Aa型Ⅱ式及Ⅲ式瘦体陶长颈罐、B型Ⅱ式及Ⅲ式胖体陶单耳罐。

A型Ⅱ式及Ⅲ式斜直腹陶凹底杯。

Aa型Ⅱ式瘦体陶长颈罐、Ba型Ⅱ式胖体陶长颈罐、A型Ⅰ式斜直腹陶凹底杯。

B型胖体陶长颈罐。

Aa型Ⅱ式瘦体陶长颈罐、Ab型Ⅱ式瘦体陶长颈罐、Bc型Ⅱ式胖体陶长颈罐、A型Ⅰ式陶豆。

Ba型Ⅱ式胖体陶长颈罐、Bc型Ⅱ式胖体陶长颈罐、Ⅳ式陶小底杯、B型Ⅱ式曲腹陶凹底杯。

Aa型Ⅰ式瘦体陶长颈罐、A型Ⅰ式陶豆、B型Ⅰ式曲腹陶凹底杯。

B 型Ⅱ式瘦体陶双耳罐、B 型Ⅱ式胖体陶单耳罐、Bb 型Ⅱ式胖体陶长颈罐、Ba 型Ⅳ式矮柄豆。

Aa 型Ⅱ式瘦体陶长颈罐、Ba 型Ⅱ式胖体陶长颈罐、A 型Ⅱ式陶器盖、B 型Ⅱ式曲腹陶凹底杯、Ba 型Ⅳ式陶豆、Ⅰ式陶盂。

Ba 型Ⅲ式胖体陶长颈罐。

型式不明残陶罐。

Aa 型Ⅰ式瘦体陶双耳罐、B 型Ⅰ式胖体陶单耳罐、Aa 型Ⅱ式瘦体陶长颈罐、Ba 型Ⅱ式胖体陶长颈罐、A 型Ⅱ式陶豆、铜管珠。

Ba 型胖体陶长颈罐。

Aa 型Ⅱ式瘦体陶长颈罐、Ab 型Ⅱ式瘦体陶长颈罐、Ba 型Ⅱ及Ⅲ式胖体陶长颈罐、Bb 型Ⅱ式胖体陶长颈罐、Ba 型Ⅳ式豆。

Aa 型Ⅱ式及Ⅲ式瘦体陶长颈罐、Ab 型Ⅱ式瘦体陶长颈罐、Ba 型Ⅱ式胖体陶长颈罐、Bb 型Ⅱ式胖体陶长颈罐、B 型Ⅱ式曲腹陶凹底杯、Ba 型Ⅱ式及Ⅳ式矮柄豆。

Ba 型Ⅲ式胖体陶长颈罐、Bb 型Ⅱ式胖体陶长颈罐、陶筒形罐、B 型Ⅱ式曲腹陶凹底杯、Ⅳ式陶小底杯、Bb 型细长柄豆、A 型Ⅱ式陶纺轮。

Aa 型Ⅱ式瘦体陶长颈罐、Ba 型Ⅱ式胖体陶长颈罐、Bb 型Ⅱ式胖体陶长颈罐、A 型Ⅰ式陶豆、Ba 型Ⅱ式及Ⅲ式矮柄豆、B 型Ⅰ式陶器盖。

Ba 型Ⅲ式矮柄豆。

Aa 型Ⅱ式瘦体陶双耳罐、Ba 型Ⅰ式、Ⅱ式及Ⅲ式胖体陶长颈罐、Bb 型Ⅱ式胖体陶长颈罐、A 型Ⅲ式斜直腹陶凹底杯、Ba 型Ⅰ式及Ⅲ式矮柄豆。

Aa 型Ⅱ式瘦体陶长颈罐、B 型Ⅱ式及Ⅲ式曲腹陶凹底杯、Ba 型Ⅰ式矮柄豆。

Aa 型Ⅱ式瘦体陶长颈罐、B 型Ⅱ式曲腹陶凹底杯。

Aa 型Ⅲ式瘦体陶长颈罐、Ba 型Ⅲ式胖体陶长颈罐、Bc 型Ⅲ式胖体陶长颈罐、Ⅴ式陶小底杯、A 型Ⅳ式敛口陶豆、Ba 型Ⅱ式矮柄豆。

B 型式Ⅲ式胖体陶单耳罐。

B 型Ⅲ式胖体陶小底罐、Ba 型Ⅳ式矮柄豆。

上述随葬器物中，基本器形为 B 型Ⅲ式胖体陶单耳罐、Aa 型Ⅱ式及Ⅲ式瘦体陶长颈罐、Ba 型Ⅱ式及Ⅲ式胖体陶长颈罐、Bb 型Ⅱ式胖体陶长颈罐、Bc 型Ⅱ式胖体陶长颈罐、B 型Ⅰ式及Ⅲ式曲腹陶凹底杯、Ba 型Ⅱ式、Ⅲ式及Ⅳ式矮柄豆、Bb 型Ⅱ式细长柄豆、陶双耳壶、B 型Ⅲ式胖体陶小底罐、A 型Ⅳ式敛口陶豆等，器形种类已较为丰富。

5. E 组墓葬

包括 2000M4、2000M8、2000M29、2000M39、2002M17、2002M22、2002M34、2002M35、2002M37、2002M48、2003M13、2003M19、2003M20、2003M21、2003M33、2003M39、2004M23、2004M30、2004M35、2004M37、2006M3、2006M5、2006M6、2006M17，共 24 座。

随葬器物组合情况分别为：

B 型Ⅱ式及Ⅲ式胖体陶单耳罐。

　　B型Ⅰ式、Ⅱ式及Ⅲ式胖体陶单耳罐。

　　B型Ⅲ式胖体陶单耳罐。

　　B型Ⅱ式胖体陶单耳罐、B型Ⅰ式胖体陶双耳罐、Ⅱ式及Ⅲ式陶盂、Bc型Ⅲ式胖体陶长颈罐。

　　Aa型Ⅱ式瘦体陶双耳罐、B型Ⅱ式胖体陶双耳罐、Aa型Ⅲ式瘦体陶长颈罐、Ba型Ⅲ式胖体陶长颈罐、Bb型Ⅲ式胖体陶长颈罐、Ⅰ式及Ⅱ式陶盂、Ba型Ⅳ式矮柄豆。

　　B型Ⅱ式胖体陶双耳罐、Ⅲ式陶盂、A型Ⅱ式陶豆。

　　C型Ⅰ式漩涡状暗纹陶双耳罐、Ba型Ⅱ式胖体陶长颈罐、B型Ⅲ式曲腹陶凹底杯、Ⅲ式陶盂。

　　A型Ⅱ式陶纺轮、铜管珠、铜泡钉、铜帽形器、骨管珠、贝甲、牙类等。

　　B型Ⅱ式胖体陶双耳罐。

　　B型Ⅰ式胖体陶双耳罐、B型Ⅱ式及Ⅲ式胖体陶单耳罐、Aa型Ⅲ式瘦体陶长颈罐、Bc型Ⅲ式胖体陶长颈罐、A型Ⅲ式斜直腹陶凹底杯、B型Ⅲ式曲腹陶凹底杯、A型Ⅲ式陶豆、Ⅲ式陶盂、铜帽形器。

　　B型Ⅱ式胖体陶双耳罐、Aa型Ⅲ式瘦体陶长颈罐、Ba型Ⅲ式胖体陶长颈罐、Bb型Ⅲ式胖体陶长颈罐、A型Ⅰ式陶豆、Ba型Ⅱ式及Ⅲ式矮柄豆。

　　Ab型瘦体陶双耳罐、B型Ⅰ式胖体陶双耳罐、C型Ⅱ式胖体陶双耳罐、Bb型Ⅱ式胖体陶长颈罐。

　　B型Ⅰ式胖体陶双耳罐、B型Ⅱ式胖体陶单耳罐、Ⅲ式陶盂。

　　C型Ⅰ式漩涡暗纹陶双耳罐、Bc型Ⅲ式胖体陶长颈罐。

　　Aa型Ⅱ式瘦体陶长颈罐、Bc型Ⅱ式胖体陶长颈罐、Ⅰ式陶盂、Ba型Ⅲ式矮柄豆。

　　Aa型Ⅱ式瘦体陶双耳罐、Aa型Ⅲ式瘦体陶长颈罐、Bb型Ⅲ式胖体陶长颈罐、A型Ⅰ式陶豆、B型Ⅲ式陶器盖、B型Ⅱ式曲腹陶凹底杯。

　　B型Ⅲ式陶小底罐、B型Ⅱ式胖体陶单耳罐。

　　B型Ⅱ式胖体陶单耳罐、Aa型Ⅲ式瘦体陶长颈罐、Ⅱ式及Ⅲ式陶盂、B型Ⅱ式陶器盖、Ba型Ⅰ式矮柄豆。

　　B型Ⅰ式及Ⅲ式胖体陶单耳罐、Aa型Ⅲ式瘦体陶长颈罐、Bb型Ⅲ式胖体陶长颈罐、Ⅲ式陶盂。

　　C型Ⅱ式胖体陶双耳罐。

　　Aa型瘦体陶长颈罐、Bb型Ⅱ式及Ⅲ式胖体陶长颈罐、Ⅱ式及Ⅲ式陶盂、A型Ⅱ式陶纺轮。

　　Aa型Ⅱ式陶长颈罐、Ⅱ式陶乳丁罐、B型Ⅲ式陶器盖、Ⅱ式及Ⅳ式陶盂、A型Ⅱ式陶纺轮、铜管珠。

　　Ⅲ式陶盂。

　　Bc型Ⅱ式胖体陶长颈罐。

　　上述随葬器物中，基本器形为B型Ⅱ式及Ⅲ式胖体陶单耳罐、Ⅱ式、Ⅲ式及Ⅳ式陶盂、Aa型Ⅲ式瘦体陶长颈罐、Bb型Ⅱ式及Ⅲ式胖体陶长颈罐、Bc型Ⅲ式胖体陶长颈罐、C型Ⅰ式及Ⅱ式胖体陶双耳罐、B型Ⅲ式陶器盖、Ba型Ⅱ式、Ⅲ式及Ⅳ式矮柄豆、A型Ⅱ式陶纺轮等，器形种类非常丰富。

（二）各组墓葬年代判定

根据各组墓葬随葬陶器与周边地区已知年代的遗址或墓葬的同类陶器的比较，可以判断出上述各组墓葬的大体年代。

首先确定营盘山石棺葬 A 组墓葬的年代，根据与早期蜀文化遗址的比较，同时与寺洼文化的同类陶器进行比较，提供相对年代的判定依据。营盘山石棺葬 A 组墓葬出土的 A 型 I 式陶尖底罐与四川新凡县水观音遗址[①]出土的陶尖底罐（T17③：1），成都十二桥遗址[②]出土的 A 型 I 式陶尖底罐（Ⅱ T50：14）及 Ⅱ 式陶尖底罐（Ⅱ T30：5），成都金沙遗址蜀风花园城二期[③]出土的陶尖底罐（M27：2）等蜀文化典型陶器的特征相似。营盘山石棺葬 A 组墓葬出土的 I 式陶篹与水观音遗址的豆形器（T4③：1），金沙遗址兰苑地点[④]出土的圈足罐（H22：2）、国际花园地点[⑤]出土的圈足罐（M849：1）、博雅庭韵地点[⑥]出土的圈足罐（H709：7）等蜀文化典型陶器的特征相似。营盘山石棺葬 A 组墓葬出土的 I 式及 Ⅱ 式陶小底杯也与蜀文化的代表性陶器尖底盏的风格相似，仅体量偏小、制作更粗糙。

关于蜀文化金沙遗址群的年代，江章华先生分为六期：[⑦] 一期与十二桥遗址第 13、12 层的情况相类似，年代当在商代晚期。二期年代大约在商末周初。三期与十二桥遗址的第 11、10 层比较一致，年代当在西周早期。四期的年代约当西周晚期。五、六期墓葬不会晚至战国，五期可推定在春秋早期，六期可推定在春秋晚期。水观音遗址的年代，发掘者认为约在西周。而十二桥遗址的年代也在商末周初至西周。参照金沙遗址、水观音遗址、十二桥遗址等早期蜀文化的相关年代数据，并考虑到地域差异和文化因素传播的滞后因素，营盘山石棺葬 A 组墓葬的年代上限可以到达西周晚期。

其次，根据与甘肃寺洼文化出土陶器比较，也可获得年代判定的依据。营盘山石棺葬 A 组墓葬出土的 A 型 I 式及 Ⅱ 式瘦体陶单耳罐与甘肃省西和栏桥寺洼文化葬地出土的 B 型陶单耳罐（M2：8），[⑧] 徐家碾寺洼文化墓地出土的 B 型 I 式单大耳陶罐（M12：15、M38 中：5）、Ⅱ 式单大耳陶罐（M85：10、M77：30、M95：23），[⑨] 甘肃合水九站寺洼文化遗址出土的甲类 Ba 型单耳杯（M9：30）、乙类 Cc 型单耳杯（M34：5），[⑩] 武都任家坪寺洼文化遗址的 Ⅱ 式平口罐[⑪]的特征相似。营盘山石棺葬 A 组墓葬出土的 D 型陶双耳罐（M11：1）有齐家文化双耳罐的风格，且与合水九站遗址出土的甲类 Ce 型陶平口双耳罐（M29：3）的特征相似。

---

① 四川省博物馆：《四川新凡县水观音遗址试掘简报》，《考古》1958 年第 8 期。
② 四川省文物考古研究院、成都文物考古研究所：《成都十二桥》，文物出版社，2009 年。
③ 成都文物考古研究所：《金沙遗址"国际花园"地点发掘简报》，《成都考古发现 2004》，科学出版社，2003 年。
④ 成都文物考古研究所：《成都市金沙遗址兰苑地点发掘简报》，《成都考古发现 2001》，科学出版社，2003 年。
⑤ 成都文物考古研究所：《金沙遗址"国际花园"地点发掘简报》，《成都考古发现 2004》，科学出版社，2006 年。
⑥ 成都文物考古研究所：《成都金沙遗址万博地点考古勘探与发掘收获》，《成都考古发现 2002》，科学出版社，2004 年。
⑦ 江章华：《金沙遗址的初步分析》，《文物》2010 年第 2 期。
⑧ 甘肃省文物工作队、北京大学考古学系、西和县文化馆：《甘肃西和栏桥寺洼文化墓葬》，《考古》1987 年第 8 期。
⑨ 中国社会科学院考古研究所：《徐家碾寺洼墓地——1980 年甘肃省庄浪县徐家碾发掘资料》，科学出版社，2006 年。
⑩ 北京大学考古学系王占奎、甘肃省文物考古研究所水涛：《甘肃合水九站遗址发掘报告》，《考古学研究（三）》，科学出版社，1997 年。
⑪ 长江流域规划办公室考古队甘肃分队：《白龙江流域考古调查简报》，《文物资料丛刊》第 2 集，文物出版社，1978 年。
赵雪野、司有为：《甘肃白龙江流域古文化遗址调查简报》，《考古与文物》1993 年第 4 期。宋江宁：《试论寺洼文化》，中国社会科学院研究生院硕士学位论文，2001 年。

　　寺洼文化是分布于甘肃南部、东部及陕西西部的一支青铜时代考古学文化。从分布地域上来看，这支文化类型主要分布在距离河流不远的两岸台地上。寺洼文化大致可分为三个类型：九站类型、寺洼山类型和徐家碾——栏桥类型，其中九站类型主要分布于陇东地区的泾河流域，以单马鞍口罐为最典型器物，该类型延续时间较长，在发展过程中与其南侧的碾子坡晚商文化、先周文化等有过较为明显的文化交流。寺洼山类型主要分布于洮河中下游地区，以单马鞍口罐为最典型器物，存在时间相对较短，文化面貌上除了与其西北侧的辛店文化等有过直接交流关系外，其他文化因素还不清楚。徐家碾——栏桥类型则主要分布在陇南地区白龙江流域和西汉水流域一带，以双马鞍口罐为最典型器物，延续时间也较短。在发展过程中与其南侧的先周、西周文化以及早期秦文化等有过联系交往。同时这几支文化类型在发展中也存在相互影响、相互交流的情况。也有学者把主要发现于白龙江上游的武都县和宕昌县境内的寺洼文化遗存命名为任家坪类遗存。寺洼文化目前有三组碳 −14 数据：其一为庄浪徐家碾墓地，全为人骨标本，共三组数据，碳 −14 为 2390±80年（距今 5730 年，下同）、2665±80 年、2470±90 年，树轮校正年代为 B.C.411 ～ B.C.263 年、B.C.828 ～ B.C.603 年、B.C.761 ～ B.C.394 年。其二为合水九站遗址，共三组数据，其中两组为木炭标本，碳 −14 数据为 3050±120 年、3135±95 年，其树轮校正年代分别为 B.C.1395 ～ B.C.1000 年、B.C.1426 ～ B.C.1168 年，一组为人骨数据，碳 −14 数据为 2460±140 年，树轮校正年代为 B.C.770 ～ B.C.365 年。其三为西和栏桥墓地，为一组人骨、羊骨标本，碳 −14 数据为3100±120 年，树轮校正年代为 B.C.1420 ～ B.C.1060 年。寺洼文化大致可分为三期，一期在九站遗址、寺洼山墓地和徐家碾墓地中都有所发现，时间上相当于先周晚期。二期可分为早、晚两段，早段时期在西汉水流域的栏桥墓地开始出现，年代相当于西周早期。晚段时寺洼山类型文化已趋消失，而其他几个文化类型则继续发展，年代相当于西周中期阶段。三期时文化点仅存九站类型一处，年代相当于西周晚期。其存在时间上限大致在商末，下限可能到西周晚期或稍晚时期。[①] 故参照寺洼文化的年代下限数据，也可以判定营盘山石棺葬 A 组墓的年代上限在西周晚期。

　　当然，成都平原的蜀文化因素、甘肃地区的寺洼文化因素传播至岷江上游地区的石棺葬文化，在时间和空间上应有一定的差距。故把营盘山石棺葬 A 组墓葬的年代判定在西周晚期至春秋早期。

　　营盘山石棺葬 B 组墓葬出土陶器中有陶尖底罐、矮圈足陶簋等成都平原蜀文化因素的陶器，其形态特征较 A 组墓葬的同类陶器偏晚。出土的陶豆也与甘肃西河县栏桥、庄浪县徐家碾、合水县九站寺洼文化墓地出土的同类陶器的特征相似。但 B 组墓葬随葬陶器未见双耳罐等岷江上游地区战国时期石棺葬的代表性器物，故判定营盘山石棺葬 B 组墓葬的年代为春秋中晚期。

　　营盘山石棺葬 C 组墓葬出土陶器已不见 A 型陶单耳罐等寺洼文化因素的陶器，也不见 A 型和 B 型陶尖底罐、A 型陶小底罐、Ⅰ 式及 Ⅱ 式陶小底杯等蜀文化因素的陶器，故 C 组墓葬的年代晚于 A 组墓葬和 B 组墓葬。C 组墓葬出土有 Aa 型 Ⅰ 式瘦体陶双耳罐、Ab 型瘦体陶双耳罐、Bc

① 胡谦盈：《试论寺洼文化》，《文物集刊（2）》，文物出版社，1980 年。赵化成：《甘肃东部秦和羌戎文化的考古学探索》，《考古类型学的理论和实践》，文物出版社，1989 年。水涛：《关于寺洼文化的几个问题》，《西北史地》1989 年第 3 期。宋江宁：《试论寺洼文化》，中国社会科学院研究生院硕士学位论文，2001 年。周赟：《寺洼文化研究》，吉林大学硕士学位论文，2006 年。

型Ⅰ式胖体陶长颈罐、Ba 型Ⅰ式矮柄豆、Bb 型Ⅰ式细长柄豆等岷江上游地区战国时期石棺葬的代表性陶器，但未见 B 型胖体陶双耳罐和 C 型压印暗旋涡纹的胖体陶双耳罐等岷江上游地区战国中晚期石棺葬出土的典型陶器。因此，判定营盘山石棺葬 C 组墓葬的年代应为战国早期。

营盘山石棺葬 D 组墓葬未见 A 型及 B 型陶平底罐、A 型陶小底罐、A 型及 B 型陶尖底罐、陶簋、陶平底杯等蜀文化因素陶器，年代也应晚于 A 组墓葬和 B 组墓葬。但 D 组墓葬出土有 B 型胖体陶单耳罐、B 型胖体陶双耳罐、Ab 型陶长颈罐、陶乳丁罐等陶器与岷江上游地区战国中期石棺葬出土的同类陶器特征相似，且未见压印暗旋涡纹的胖体陶双耳罐等岷江上游地区战国晚期石棺葬的典型陶器。故判定营盘山石棺葬 D 组墓葬的年代可能为战国中期。

营盘山石棺葬 E 组墓葬随葬器物包括压印暗旋涡纹的胖体陶双耳罐，Ⅲ式、Ⅳ式陶盉等标志性陶器，但不见半两钱、五铢钱以及典型的汉文化陶器。随葬器物中的胖体陶单耳罐、胖体陶双耳罐、陶盉、豆及簋式豆、大型罐等，以泥质灰陶、磨光黑皮陶为主，火候较高，制作精细，似多为日常实用器物。

营盘山石棺葬 E 组墓葬的形制与茂县城关石棺葬的早期（第Ⅰ类型）墓葬的形制基本相同，[①] 且随葬陶器也相似较多，如营盘山 C 型压印暗旋涡纹的胖体陶双耳罐与城关的Ⅰ式陶双耳罐（DM12：2）相似，营盘山 B 型陶单耳罐与城关的Ⅰ式陶单耳罐（DM6：5）、Ⅲ式陶单耳罐（DM8：1）特征相似，营盘山 Bc 型Ⅱ式罐与城关的Ⅲ式罐（DM4：2）相似等。茂县城关石棺葬墓地的发掘者将早期（第Ⅰ，[②] 营盘山石棺葬 E 组墓葬的形制和随葬陶器与其第二期墓葬时代较晚的墓葬相似，如营盘山 C 型陶双耳罐与别立的Ⅰ式陶双耳罐（BM1：1）相似，营盘山 B 型陶单耳罐与勒石的Ⅲ式单耳杯（LM3：9）相似，营盘山Ⅱ式压印暗旋涡纹的陶乳丁罐与别立Ⅶ式罐（BM12：3）相似。发掘者认为别立、勒石的第二期墓葬的年代延续时间较长，属于战国中、晚期。茂县牟托一号石棺墓随葬器物 170 余件，包括陶器、铜器、铜铁合制器、玉石器、琉璃器、漆器、竹器及玛瑙、绿松石、丝毛织物等。附近的器物坑内皆出土青铜器和玉石器，一号坑出土 33 件，二号坑出土 32 件，三号坑出土（含收集）6 件。[③] 这是一个特殊上层人物的石棺墓地，出土随葬品的数量和精美程度都大大超出了以往对岷江上游石棺葬的认识。该墓有三道头箱，这也目前西南地区已发现的规模最大的石棺墓。尽管营盘山石棺葬 E 组墓葬未见设有三道头箱的墓葬，但部分陶器与牟托一号墓的随葬陶器特征相似。如营盘山Ⅱ式压印暗旋涡纹的陶乳丁罐与牟托的乳丁罐（M1：62）相似，营盘山 Aa 型Ⅱ式陶长颈罐与牟托小罐（M1：47）相似，营盘山 A 型Ⅳ式陶豆与牟托Ⅱ式陶簋（M1：3）相似，与牟托Ⅰ式簋也相似（但无双耳），营盘山 B 型Ⅱ式、Ⅲ式陶凹底杯与牟托Ⅰ式（M1：49）、Ⅱ式小杯（M1：19）相似。发掘者及多数学者认为牟托一号墓的年代为战国中晚期。营盘山 1979 年发掘的石棺葬，[④] 发掘者认为其年代为战国中、

---

① 四川省文管会、茂汶县文化馆：《四川茂汶羌族自治县石棺葬发掘报告》，《文物资料丛刊》第 7 辑，文物出版社，1983 年。

② 茂汶羌族自治县文化馆、蒋宣忠：《四川茂县别立、勒石村的石棺葬》，《文物资料丛刊》第 9 辑，文物出版社，1985 年。

③ 茂县羌族博物馆、阿坝藏族羌族自治州文物管理所：《四川茂县牟托一号石棺墓及陪葬坑清理简报》，《文物》1994 年第 3 期。

④ 茂汶羌族自治县文化馆：《四川茂汶县营盘山的石棺葬》，《考古》1981 年第 5 期。

晚期。因此，根据以上的比较，营盘山石棺葬 E 组墓葬的年代可以明确为战国晚期。同时，营盘山石棺葬 E 组墓葬未出土半两钱、五铢钱，以及陶釜、戳印"亭"字的陶豆、陶圜底罐、铁釜等典型的秦汉时期器物，故其年代不会晚至秦汉时期。

二　营盘山石棺葬墓地分期

根据上述各组墓葬年代的判定结果，可以对营盘山石棺葬墓地按照时间先后进行初步的分段，第 I 段即 A 组墓葬。第 II 段即 B 组墓葬。第 III 段即 C 组墓葬。第 IV 段即 D 组墓葬。第 V 段即 E 组墓葬（表二）。

从随葬陶器组合来看，第 I 段（A 组）墓葬、第 II 段（B 组）均未见 A、B 型陶双耳罐、豆等器形，第 I 段（A 组）墓葬的随葬器物组合较为简单。第 II 段（B 组）新见 A 型陶豆、B 型 II 式陶平底罐、B 型陶小底罐、Ba 型 I 式胖体陶长颈罐、Bb 型 I 式泥质褐陶长颈罐、B 型 I 式陶器盖、B 型 I 式及 II 式曲腹陶凹底杯等器形。而 A 型陶尖底罐由 I 式演变为 II 式，陶簋也由 I 式演变为 II 式。

与第 II 段（B 组）墓葬相比较，第 III 段（C 组）墓葬新见 Aa 型 I 式瘦体陶双耳罐、Ba 型 I 式矮柄豆、Bb 型 I 式细长柄豆、Ab 型瘦体陶双耳罐、Bc 型 I 式胖体陶长颈罐、II 式陶盉等器形。未见 A 型陶单耳罐、A 型陶小底罐、A 型和 B 型陶尖底罐、陶平底杯、A 型陶器盖、B 型陶纺轮等器形。而 B 型陶平底罐由 II 式演变为 III 式，B 型陶小底罐由 I 式演变为 II 式、III 式，陶小底杯由 II 式演变为 III 式，B 型陶器盖由 I 式演变为 II 式。

与第 III 段（C 组）墓葬相比较，第 IV 段（D 组）墓葬新见 B 型陶单耳罐、B 型及 E 型陶双耳罐、Ab 型陶长颈罐、陶乳丁罐、陶筒形罐、陶双耳壶等器形。未见 A 型及 B 型陶平底罐、A 型陶小底罐、A 型及 B 型陶尖底罐、陶簋、陶平底杯、B 型陶纺轮等器形。而 Aa 型陶双耳罐由 I 式演变为 II 式，Aa 型瘦体陶长颈罐由 II 式演变为 III 式，Ba 型胖体陶长颈罐由 I 式演变为 II 式、III 式，Bb 型陶长颈罐由 I 式演变为 II 式，Bc 型陶长颈罐由 I 式演变为 II 式、III 式，Ba 型豆由 I 式演变为 II 式、III 式、IV 式，Bb 型豆由 I 式演变为 II 式、III 式，A 型斜直腹陶凹底杯由 I 式演变为 II 式、III 式，B 型曲腹陶凹底杯由 II 式演变为 III 式，陶小底杯由 III 式演变为 IV 式、V 式。

与第 IV 段（D 组）墓葬相比较，第 V 段（E 组）墓葬新见 C 型 I 式漩涡暗纹陶双耳罐、C 型 II 式胖体大陶双耳罐、II 式、III 式及 IV 式陶盉等器物。未见陶平底罐、E 型陶双耳罐、Ab 型陶长颈罐、陶筒形罐、Bb 型豆、陶小底杯、A 型陶器盖、陶双耳壶等器形。而 Bb 型陶长颈罐由 II 式演变为 III 式，陶盉由 II 式演变为 III 式、IV 式，B 型陶器盖由 I 式演变为 II 式、III 式。

由前述分析不难发现，第 II 段（B 组墓葬）与第 III 段（C 组墓葬）之间的变化程度，明显要大于其余各相邻段（组）墓葬间的变化情况。故营盘山石棺葬墓地的分期情况如下：

早期：包括第 I 段和第 II 段。

早期第 I 段：年代为西周晚期至春秋早期。墓葬数量较少，均为无头箱的甲 A 类墓，形制较为简单，使用石板原料未经修整加工，缺乏规范性，随葬器物数量较少。随葬品以陶尖底罐、陶簋、瘦体陶单耳罐、陶小底罐、平口双大耳罐等器类为代表。未见豆、胖体陶双耳罐、陶盉、陶豆等。

早期第 II 段：年代为春秋中晚期。墓葬数量亦较少，包括无头箱的甲 A 类墓、一道头箱的乙

表二　营盘山石棺葬分类、分期对照表

分期	分类	甲类墓			乙类墓	丙类墓	分类不详	合计	百分比
		A类墓	B类墓	C类墓（器物坑）					
早期	Ⅰ段	2000M31、2002M3、2002M5、2002M11、2004M6、2004M11（6座）					2000M27（1座）	7座	5.5%
	Ⅱ段	2000M35、2002M14、2003M1、2004M4（4座）			2000M25、2002M7、2002M28、2002M36（4座）	2002M33、2003M6（2座）	2004M42（1座）	11座	8.5%
	Ⅲ段	2000M34、2002M15、2003M16、2004M15（4座）	2006M9、2006M10、2006M11、2006M12（4座）		2002M18、2002M21、2002M27、2004M43（4座）	2000M20、2002M45、2002M46、2003M31（4座）	2000M41、2000M48、2002M49、2003M10、2006M15（5座）	21座	16%
晚期	Ⅳ段	2003M28（1座）		2000M1、2000M2、2003M22、2003 H28（4座）	2000M3、2000M7、2000M11、2000M18、2002M1、2002M41、2003M15、2003M24、2003M29、2003M27、2003M37、2004M32（12座）	2002M38、2003M25、2003M26、2003M34、2004M38、2006M2、2006M19（7座）	2000M40、2004M39、2004M40、2006M18（4座）	28座	21.5%

续表二

分期	分类	甲类墓			乙类墓	丙类墓	分类不详	合计	百分比
		A类墓	B类墓	C类墓（器物坑）					
晚期	V段	2003M19（1座）		2000M4、2000M8、2000M39、2002M22、2002M34、2002M35、2002M37、2003M21、2003M39、2004M23、2004M30、2006M5（12座）	2002M17、2002M48（2座）	2000M29、2003M13、2003M20、2003M33、2004M35、2004M37、2006M3、2006M6、2006M17（9座）		24座	18.5%
分期不详		2000M5、2000M44、2002M29、2002M40、2003M4、2003M5、2003M11、2004M3、2006M13（9座）	2002M47、2004M12、2004M17、2004M18、2004M25、2004M26、2006M16（7座）		2000M42、2002M2、2002M26、2002M29、2002M30、2002M42、2003M30、2004M13、2006M1、2006M14（10座）		2000M43、2002M10、2002M12、2002M13、2002M16、2002M20、2002M31、2003M7、2003M8、2003M14、2004M9、2004M27、2006M8（13座）	39座	30%
合计		25座	11座	4座	42座	15座	33座	130座	100%
百分比		31%			32%	11.5%	25.5%	100%	

（合计 甲类墓 40座）

类墓和少量二道头箱的丙类墓，使用石板原料略经修整加工。随葬品以陶尖底罐、陶簋、陶豆、瘦体陶单耳罐等器类为代表。新现陶豆等器形。

晚期：包括第Ⅲ段、第Ⅳ段和第Ⅴ段。

晚期第Ⅲ段：年代为战国早期。墓葬数量较为丰富。包括无头箱的甲A类墓、甲B类墓（婴儿墓）、一道头箱的乙类墓和二道头箱的丙类墓。尤其是丙类墓规模较大，随葬陶器丰富，所使用石板原料经修整加工。随葬品以上下叠放的褐陶平底罐、陶小底罐和陶小底杯、陶器盖，瘦体陶双耳罐、豆、杯等器类为代表。

晚期第Ⅳ段：年代为战国中期。墓葬的数量非常丰富，无头箱的甲A类墓数量极少，二道头箱的丙类墓数量增多。本段部分墓葬出现了陶器器物坑，即在人骨头端、足端的盖板上面或附近放置一层或两层陶器。随葬的陶器数量及种类均很丰富，以B型陶胖体陶双耳罐、B形陶单耳罐、矮圈足陶长颈罐、Ⅱ式压印暗旋涡纹的陶乳丁罐、双耳圆底壶、陶筒形罐、豆等器类为代表。

晚期第Ⅴ段：年代为战国晚期。墓葬的数量也非常丰富，无头箱的甲A类墓数量极少，以一道头箱的乙类墓数量最多，也有少量二道头箱的丙类墓。随葬陶器的数量及形制也非常丰富，以C型压印暗旋涡纹的陶双耳罐、B型胖体陶双耳罐、Ab、Bb及Bc型陶长颈罐、磨光陶大长颈罐、B形胖体陶单耳罐、陶盂、Ba型矮柄陶豆等器类为代表。

根据发表的资料，营盘山1979年发掘的10座石棺葬[1]的年代归属如下：

1979M7随葬的是A型Ⅱ式瘦体陶单耳罐，1979M10随葬A型Ⅰ式假圈足底罐，均属于早期第Ⅰ段。

1979M5随葬Ⅱ式假圈足底杯、Ⅱ式陶小底杯等陶器，属于早期第Ⅱ段。

1979M4随葬Ⅲ式陶小底杯、A型Ⅱ式陶纺轮，属于晚期第Ⅲ段。

而1979M2、1979M3处于同一墓坑，两棺并列，间距为0.42米，均有两道头箱，随葬器物丰富，器类相似，其年代也应相当。1979M3在死者脚端棺盖上放置两排随葬陶器，为器物坑（甲C类墓），这些形制与2000M1、2000M2相似。且随葬Ⅱ式压印暗旋涡纹的陶乳丁罐、B型陶单耳罐、Bb型Ⅱ式中型陶长颈罐、A型Ⅲ式陶豆、Ba型Ⅲ式矮柄陶豆、A型Ⅲ式陶凹底杯等陶器，与2000M1、2000M2等相似，应属于晚期第Ⅳ段。

1979M1随葬Ab型Ⅱ式中型陶长颈罐、A型Ⅱ式和B型Ⅱ式陶凹底杯等陶器，也属于晚期第Ⅳ段。

营盘山石棺葬底部均未铺设石板，且石棺葬常常打破新石器时代的灰坑和地层堆积，石棺葬填土中经常发现新石器时代遗物，清理墓葬时误将新石器时代遗物当作随葬品的情况很容易出现。简报中的Ⅶ式陶杯（1979M2：52）从所发表的照片观察，也可能为新石器时代的陶喇叭口高领罐的口沿部分。穿孔石刀（1979M7：2）、石条（1979M8：1）均可能为新石器时代遗物，而发掘者误作为墓葬随葬品。而骨锥（1979M8：6）则应为新石器时代的骨镞。以上陶器、石器均为营盘山遗址新石器时代遗存的常见器物，而岷江上游石棺葬的随葬品则很少同类器物。

---

① 茂汶羌族自治县文化馆：《四川茂汶县营盘山的石棺葬》，《考古》1981年第5期。

第九章 相关问题的初步认识

一 营盘山石棺葬与岷江上游其他石棺葬墓地的关系

观察以出土陶器为代表的文化内涵可以发现，在岷江上游已发现的石棺葬墓地中，营盘山石棺葬墓地与茂县撮箕山墓地、别立墓地、勒石墓地、城关墓地、牟托墓地以及汶川县昭店、萝卜寨等石棺葬墓地的关系较为密切。

营盘山石棺葬与撮箕山墓地分别位于岷江上游茂县县城所在的城关河谷冲积扇平原的下口和上口地带，海拔高度相当。但撮箕山石棺葬墓地的发掘资料尚未发表，据有关文章所披露的资料来看，[①] 营盘山早期第 I 段墓葬的 D 型陶双耳罐与撮箕山的敞口双耳罐（2000M2：3）相似，营盘山早期第 I 段墓葬的 A 型 I 式、II 式陶单耳罐与撮箕山陶单耳罐 I 式（AM25：5）、II 式（AM21：4）相似，营盘山早期第 I 段墓葬的 A 型 I 式陶尖底罐与撮箕山的瘦长体尖底罐（2000M2：3）、（AM10：2）相似；营盘山早期第 II 段墓葬的 A 型 II 式尖底罐与撮箕山的胖体尖底罐（AM5：3）、宽沿尖底罐（AM5：1）相似；营盘山晚期第 V 段墓葬的 C 型压印暗旋涡纹陶双耳罐与撮箕山的同类器（BM32：9）相似，营盘山晚期第 V 段墓葬的 B 型 III 式陶单耳罐、A 型 IV 式簋式豆与撮箕山的陶单耳罐（BM31：6）、簋形豆（BM31：9）相似，等等，这样的例子不胜枚举。总之，营盘山与撮箕山石棺葬的内涵基本相同，延续发展的序列、陶器类型等也相似。但撮箕山石棺葬还出土有战国晚期以后的器物，如 2000 年调查所采集的铁釜等器物的年代已至西汉，[②] 表明撮箕山石棺葬墓地的延续时间较营盘山更长。

营盘山早期第 I 段墓葬的 D 型陶双耳罐与汶川县昭店石棺葬[③]的 I 式陶双耳罐（昭 M1：2）相似，但昭店石棺葬的 II 式陶双耳罐则与营盘山晚期第 IV 段墓葬的 B 型胖体陶双耳罐相似，表明昭店石棺葬的年代已至战国中期（发掘者暂定为春秋早期似为偏早）。

营盘山石棺葬晚期第 V 段墓葬与茂县城关石棺葬墓地的早期（第 I 类型）墓葬在形制和随葬陶器方面有较多相似特征，但不见城关中期（第 II 类型）墓葬、晚期（第 III 类型）墓葬所出土半两钱、五铢钱、菱形口双耳罐、碗形豆、圜底罐、铁器等器物；同时墓葬形制上也不见用小石块垒砌墓边的

---

① 赵殿增：《茂汶县撮箕山石棺葬墓地》，《中国考古学年鉴·1985》，文物出版社，1986 年。徐学书：《岷江上游石棺葬文化综述》，《四川大学考古专业创建三十五周年纪念文集》，四川大学出版社，1998 年。成都文物考古研究所、阿坝藏族羌族自治州文物管理所、茂县羌族博物馆：《撮箕山石棺葬墓地 2000 年的调查》，待刊。
② 成都文物考古研究所、阿坝藏族羌族自治州文物管理所、茂县羌族博物馆：《茂县撮箕山石棺葬墓地 2000 年的调查》，待刊。
③ 叶茂林、罗进勇：《四川汶川县昭店村发现的石棺葬》，《考古》1999 年第 7 期。

现象。故城关石棺葬墓地的延续时间更长，其主体部分（中期、晚期）墓葬的年代晚于营盘山石棺葬。

别立卡花石棺葬墓地清理的 5 座墓葬（第一期）在形制与营盘山石棺葬中无头箱的甲 A 类墓相似，营盘山石棺葬的 A 型 II 式陶平底罐与别立卡花的 A 型 I 式罐（BM14：1）、A 型 II 式罐（BM16：5）相似，营盘山 B 型 II 式陶平底罐与别立卡花的 A 型 IV 式罐（BM13：3）相似，可见，别立卡花石棺葬的年代与营盘山石棺葬早期第 II 段相当。营盘山 A 型 I 式陶单耳罐与别立卡花的 I 式陶单耳罐（BM6：9）相似，营盘山 C 型陶双耳罐与别立的 I 式陶双耳罐（BM11：1）相似，营盘山压印暗纹的 II 式陶乳丁罐与别立的 VII 式罐（BM12：3）相似，别立、勒石墓地的第二期墓葬与营盘山石棺葬的晚期第 III 段、第 IV 段、第 V 段墓葬的年代相近。而别立、勒石墓地的第三期墓葬出土半两铜钱、铁器、菱形口陶双耳罐、碗形豆等器物，年代晚于营盘山石棺葬。

汶川县萝卜寨石棺葬[①]出土的 II 式瘦体矮圈足陶双耳罐（SLM2：1）、单耳杯（SLM3：2）、高颈罐（SLM3：1、SLM3：3）、簋形器（SLM3：4）、碗（SLM2：3）、盂形器（SLM2：2），分别与营盘山石棺葬的 Aa 型陶双耳罐、B 型陶单耳罐、Bc 型 III 式陶长颈罐及 Ab 型 II 式陶长颈罐、II 式陶簋、平底杯、II 式陶盂的特征相近。但萝卜寨石棺葬 SLM1 还出土铁刀、铁矛、半两铜钱、铜剑等器物。故萝卜寨石棺葬的一些墓葬（如 SLM2、SLM3）的年代与营盘山石棺葬相近，但另一些墓葬（如 SLM1）的年代则晚于营盘山石棺葬。

茂县牟托一号墓的年代与营盘山石棺葬晚期第 V 段墓葬相当，已如前述，此不赘言。

此外，岷江上游地区还在支流杂谷脑河两岸发现多处石棺葬，如汶川县布瓦石棺葬、[②] 理县佳山寨石棺葬、[③] 仔达寨石棺葬[④]等，出土器物包括菱形口旋涡纹陶双耳罐、碗形豆、圜底罐、釜、鼓腹罐以及半两铜钱、五铢铜钱、铁器等，其年代在秦至西汉时期，与茂县城关石棺葬的中期、晚期墓葬，别立、勒石石棺葬的第三期墓葬年代相当，均晚于营盘山石棺葬。

二　营盘山石棺葬同相邻地区同期文化遗存的关系

1. 与青衣江、大渡河和雅砻江流域石棺葬文化的关系

中国西南地区的石棺葬遗存分布范围广，文化类型丰富，可以划为同一个大的文化系统，这是营盘山石棺葬所具有的深厚的文化背景。仅将营盘山石棺葬与其周邻的青衣江、大渡河和雅砻江流域的石棺葬进行简要比较。

青衣江流域发现有多处石棺葬墓地。如 1979 年末宝兴县文化馆在该县五龙公社瓦西沟口清理 8 座石棺葬，[⑤] 西汉时期 5 座、东汉时期 2 座、另 1 座暂未发掘，出土青铜器、铁器、骨器等

① 冯汉骥：《岷江上游的石棺葬文化》，《工商导报》1951 年 5 月 20 日《学林》副刊，成都。冯汉骥、童恩正：《岷江上游的石棺葬》，《考古学报》1973 年第 2 期。

② 汶川县文物管理所、成都文物考古研究所、阿坝藏族羌族自治州文物管理所：《四川汶川县布瓦的石棺葬调查简报》，《成都考古发现 2008》，科学出版社，2010 年。

③ 郑德坤：《理番石棺葬文化》（The Slate Tomb Culture of Li-Fan），《哈佛大学亚洲研究学报》（Harvard Journal of Asiatic Studies，June，1946，P.64，fig.1）。凌曼立：《四川理番县佳山寨史前拾遗》，《台湾大学考古人类学刊》第二十一、二十二期合刊，1963 年。阿坝藏族自治州文管所、理县文化馆：《四川理县佳山石棺葬发掘清理报告》，《南方民族考古》第一辑，四川大学出版社，1987 年。

④ 李绍明：《四川理县发现很多石棺葬》，《文物参考资料》1955 年第 7 期。冯汉骥、童恩正：《岷江上游的石棺葬》，《考古学报》1973 年第 2 期。

⑤ 宝兴县文化馆：《四川宝兴县汉代石棺墓》，《考古》1982 年第 4 期。

遗物。1982 年宝兴县文化馆在该县陇东老场村墓地清理 5 座东汉石棺墓，[①] 1985 年四川省文管会等又在该墓地清理 103 座墓，[②] 主要为东汉石棺葬，出土陶器、铜器、铁器、骨器、漆器等遗物。1991 年四川省文管会等在宝兴县汉塔山清理 65 座土坑墓，[③] 墓表有积石，随葬陶器、青铜器、骨器、海贝、漆器等，包括一大批典型的巴蜀铜器，发掘者将年代判定为战国中晚期至秦。

营盘山石棺葬与青衣江流域的石棺葬相比较，在墓葬形制及出土遗物方面均存在较大差异。青衣江流域的石棺葬多为小石块甚至汉砖砌边，有些墓地也铺砖或石块，还有为积石墓；而营盘山石棺葬则为石板砌边，墓底均未铺石板。青衣江石棺葬出土陶双耳罐有的为圈足或三足，出土铁器丰富。如此看来，营盘山石棺葬与青衣江石棺葬的文化性质和内涵均不同，年代也早于青衣江石棺葬。

大渡河流域的石棺葬也分布较多。1979 年汉源县文化馆在该县大窑发现 1 座石棺墓，[④] 出土陶单口双联罐、绳纹侈口罐、直口罐等陶器。1987 年在丹巴县中路乡发现大量石棺墓，[⑤] 1989 年至 1990 年进行发掘，石棺葬和同时期的遗址出土陶双耳罐、陶单耳罐、豆杯及骨梳、石器等遗物。1992 年在马尔康县孔龙村清理 10 余座石棺墓，[⑥] 出土陶双耳罐、陶单耳罐、长颈瓶等陶器。2007 年以来，汉源县麦坪遗址进行了大面积发掘，[⑦] 清理了新石器时代晚期的石棺葬 27 座，开口于新石器时代地层下，石板多经过打磨修整，一般在底部铺有一层细砂，采用的是单人一次葬。随葬器物以陶器为主，有少量骨器，陶器器形有提梁罐、侈口罐、长颈罐、尊形器等。

营盘山石棺葬与大渡河流域的石棺葬之间存在较为明显的差异：营盘山未见带四足的陶双耳罐、单口双联罐、提梁罐等陶器；墓葬形制方面，也不见用天然小石块砌边的现象。大渡河流域石棺葬的年代，据发掘者推断，最早可以到新石器时代晚期，主要为战国晚期至西汉。可见，大渡河流域的石棺葬文化遗存可能有自身的起源和演变序列，与岷江上游地区的石棺葬仅存在文化交流关系而非渊源关系。

雅砻江流域发掘的石棺葬包括：1978 年四川大学考古专业等在雅江县呷拉本家地采集了陶器、铜饰物和珠饰多件，呷拉地处雅砻江南岸高坡上，南距县城 13 千米，背靠马鞍山，左侧是雅砻江和弯地沟小河的汇合处。[⑧] 1981 年 11 月，甘孜州和雅江县文化馆联合组成清理小组，对本家地、郎德两地已暴露的残墓进行清理。这批墓葬共 8 座，[⑨] 都是选用厚 3～4 厘米的方形板岩片砌成石棺，置于竖穴土坑内。棺箱分前、后、左、右四面棺石，盖棺石是由数块大小不一的薄石板从前至后依次搭盖，棺底是用石灰石夹泥填垫。墓葬多数暴露在地坎断面上，距地表深浅不一，

① 宝兴县文化馆：《四川宝兴县的石棺墓》，《考古》1983 年第 6 期。
② 四川省文物管理委员会、宝兴县文化馆：《四川宝兴陇东东汉墓群》，《文物》1987 年第 10 期。
③ 四川省文物管理委员会、宝兴县文化馆：《四川宝兴汉塔山战国土坑积石墓发掘报告》，《考古学报》1999 年第 3 期。
④ 汉源县文化馆：《四川汉源大窑石棺葬清理简报》，《考古与文物》1983 年第 4 期。
⑤ 四川省文物考古研究所、甘孜藏族自治州文化局：《丹巴县中路乡罕额依遗址发掘简报》，《四川考古报告集》，文物出版社，1998 年。
⑥ 陈学志：《马尔康孔龙村发现石棺葬墓群》，《四川文物》1994 年第 1 期。
⑦ 四川省文物考古研究院、雅安市文物管理所、汉源县文物管理所：《四川汉源县麦坪新石器时代遗址 2007 年的发掘》，《考古》2008 年第 7 期。四川省文物考古研究院、雅安市文物管理所、汉源县文物管理所：《四川省汉源县麦坪遗址 2006 年发掘简报》，《四川文物》2011 年第 3 期。四川省文物考古研究院、雅安市文物管理所、汉源县文物管理所：《四川汉源县麦坪遗址 2008 年发掘简报》，《考古》2011 年第 9 期。
⑧ 甘孜考古队：《四川巴塘、雅江的石板墓》，《考古》1981 年第 3 期。
⑨ 甘孜藏族自治州文化馆、雅江县文化馆：《四川雅江呷拉石棺葬清理简报》，《考古与文物》1983 年第 4 期。

有 2 座完全暴露在地表上。这批墓葬的棺底及墓坑皆垫以石灰石这一情况，就不同于别处的石棺葬。出土及采集器物 11 件，其中陶器 7 件，装饰物 3 件，贝币 1 枚。1983 年四川省文管会等在雅砻江流域的甘孜县吉里龙清理 8 座石棺墓，[①] 试掘 6 座并清理 2 座残墓，出土遗物百余件，同一墓地有石棺葬、土坑墓和卵石镶砌墓边的墓葬三种不同形制的墓葬，石棺葬集中分布于墓地北边，以长方形土坑为墓圹，两端各竖立一块石板作为两挡板，两侧以数块石板镶成棺壁，棺上以若干块石材为棺盖，底部以墓圹生土为底。发掘者认为吉里龙墓葬的年代不晚于汉初。1984 年四川省文物考古研究所等在炉霍县卡莎湖清理 275 座石棺墓，[②] 可分为南、北两个墓区，墓与墓间纵向距离和横向距离都不大，没有打破、叠压现象。墓葬方向大体一致。这批墓葬的营建方法皆是先挖长方形竖穴土坑，再于坑底作棺，置尸棺内，盖棺填土而成。坑口略大于底，一般呈漏斗形。坑边很不规则，底多挖到沙砾层，不很平整。坑、棺皆依死者身体大小而作，仅能容身。石棺用料均为灰黑色页岩石板，未经加工，石极大小不等，厚薄不匀，很不规则。有 148 座有随葬品，且随葬品中只有铜器、石器、骨器和装饰品，没有陶器、铁器和钱币，仅采集了 1 件黑陶双耳罐。发掘者断定的卡莎湖墓地年代在春秋至战国中期前。1985 年在新龙县谷日清理了 7 座残石棺墓。[③] 2006 年，雅砻江支流九龙河流域的九龙县查尔村发现石棺葬，[④] 出土陶双耳罐、铜器等。2008 年，由四川省文物考古研究院、日本九州大学、甘孜藏族自治州博物馆、炉霍县旅游文化局联合组成发掘队，对四川省甘孜藏族自治州雅德乡晏尔龙村的晏尔龙石棺葬墓地进行了考古发掘，[⑤] 晏尔龙石棺葬墓地地处雅砻江支流鲜水河的支流——达曲河左岸的二级台地之上，海拔 3250 米，清理石棺葬 12 座及寺庙基址 1 处。男性墓葬随葬器物基本为铜戈（刀）与石斧（戈）的组合，其中戈内和刀柄上保存有木柄痕迹。此外还有骨针、绿松石等；女性墓葬随葬器物较少，一般为骨器，种类有骨锥、骨针、骨璧及绿松石珠等。均无陶器随葬品，年代可暂定为晚商至西周时期，不晚于春秋。2009 年至 2010 年，九龙县乌拉溪乡又发现石棺葬，[⑥] 墓室结构独特，随葬有陶双耳罐、带柄铜镜、海贝等器物，墓地时代自战国至西汉时期。

雅砻江流域的石棺葬与岷江上游地区典型石棺葬的形制略有差别，有的墓四周采用大小不等的石块垒砌，底部铺有石板；随葬器物少见陶器，多见青铜器、骨器、石器、装饰品等；随葬的陶双耳罐，器体多较矮胖，口部有两道纵向脊，形成菱形状口。营盘山石棺葬与雅砻江流域的石棺葬在墓葬形制、随葬器物方面均有显著差异，其年代下限也略早，它们的文化性质和文化渊源也各不相同。

至于金沙江流域乃至云南地区的石棺葬，同营盘山石棺葬之间的差别也非常明显，学术界已有详细论述，在此无须多言。

① 四川省文物管理委员会、甘孜藏族自治州文化馆：《四川甘孜县吉里龙古墓葬》，《考古》1986 年第 1 期。
② 陈显双：《炉霍县发现"石棺葬"墓群》，《四川文物》1984 年第 4 期。四川省文物考古研究所、甘孜藏族自治州文化局：《四川炉霍卡莎湖石棺墓》，《考古学报》1991 年第 2 期。
③ 格勒：《新龙谷日的石棺葬及其族属问题》，《四川文物》1987 年第 3 期。
④ 陈剑、刘玉兵、范永刚：《四川九龙县查尔村发现石棺葬墓地》，《四川文物》2007 年第 6 期。成都文物考古研究所、甘孜藏族自治州文物局、九龙县旅游文化局：《四川九龙县查尔村石棺葬墓地发掘简报》，《成都考古发现 2006》，科学出版社，2008 年。
⑤ 唐飞：《四川炉霍晏尔龙石棺葬墓地发掘》，《2008 中国重要考古发现》，文物出版社，2009 年。金国林：《炉霍县宴尔龙商周时期石棺葬墓地》，《中国考古学年鉴·2009》，文物出版社，2010 年。
⑥ 四川省文物考古研究院、九龙县文化旅游局：《九龙县乌拉溪乡石棺葬墓调查清理简报》，《四川文物》2011 年第 1 期。

2. 与成都平原春秋战国时期的蜀文化的关系

与成都平原春秋战国时期的蜀文化相比较，营盘山石棺葬出土的陶尖底罐、尖底杯、矮圈足陶簋、陶双耳壶等器物，应是在蜀文化影响下的产物。

但营盘山石棺葬同类陶器的体量略小，质地也较差，应为专门烧制的冥器，而非实用器。

营盘山石棺葬的主体文化因素，包括陶双耳罐、陶平底罐、陶单耳罐、矮柄陶豆、陶长颈罐、陶盂、陶凹底杯、杯形纽及 B 型陶器盖等，同蜀文化陶器相比较是明显不同的。因此，营盘山石棺葬遗存与蜀文化的性质和内涵差异显著，属于不同的文化系统。

当然，考古学文化之间的交流是双向互动的。成都平原也发现有陶双耳罐，如郫县古城村汉墓曾出土陶双耳罐 1 件（M9：26），泥质灰胎黑皮陶，侈口，口部前后正中做成流口，颈部两侧有对称的宽耳，平底，颈部饰四组划纹，腹部饰四组旋涡纹。[1] 十二桥遗址新一村地点也发现有陶双耳罐残片。[2] 这应是岷江上游石棺葬文化因素传入成都平原的表现。

3. 与西北地区寺洼文化的关系

寺洼文化出土遗物以陶器为主，包括夹砂和泥质两类，[3] 均以夹砂粗陶红褐色为主，陶质粗糙，手制，形态厚笨，外表多为素面，部分器物上有短条状附加堆纹、划纹、绳纹等，一些陶器上刻有符号，有少量黄、黑色颜料的彩绘陶。陶质有羼合早期陶片的碎末，陶质羼合料大多采用当地马家窑类型的红陶或彩陶，陶土质料不匀净，马鞍形侈口平底罐为寺洼文化的主要特征，大小不等，口部双耳者居多，双耳之间的颈部常附有"一"字或"人"字的突饰。陶器中常见的器形还有分裆鬲、联裆鬲、单耳罐、无耳罐、簋、长颈圆腹双耳壶、三足形小罐、单耳杯（呈筒状）、彩陶罐等。工具有石刀、蚌刀、石斧和骨匕、铲、镞等。兵器有铜戈、镞。

关于寺洼文化与川西北石棺葬的关系，1980 年代前期俞伟超先生认为岷江上游以石棺葬为代表的文化受到了寺洼文化的影响。[4] 有学者认为寺洼文化在西周末年后仍然在甘肃陇南地区存在和发展，最终或许对四川西北地区的战国时代文化遗存产生过影响，川西北墓葬中发现的四棱形口双耳罐，这种器形的前身无疑应是寺洼文化的尖圆口罐。[5]

营盘山石棺葬与寺洼文化的内涵明显不同，文化性质差异较大，年代也晚于寺洼文化。但营盘山石棺葬出土的陶双耳罐、瘦体陶单耳罐、细长柄豆、簋式豆等陶器为代表的文化因素，应是受寺洼文化影响的产物。

三　文化性质与文化因素分析

1. 关于文化性质与命名

西周至东汉时期，石棺葬是川西、滇西北及藏东乃至更为广阔地区较为普遍分布的一种文化

---

① 成都文物考古研究所、郫县博物馆：《四川郫县古城乡汉墓》，《考古》2004 年第 1 期。
② 周志清、邱艳、左志强、易立：《成都市十二桥遗址新一村地点商周至隋唐时期遗址》，《中国考古学年鉴·2012》，文物出版社，2013 年。
③《寺洼文化》，《中国考古学·两周卷》，中国社会科学出版社，2004 年。
④ 俞伟超：《关于"卡约文化"与"唐汪文化"的新认识》，《先秦两汉考古学论集》，文物出版社，1985 年。
⑤ 水涛：《关于寺洼文化研究的几个问题》，《西北史地》1989 年第 3 期。水涛：《甘青地区青铜文化结构和经济形态研究》，《中国西北地区青铜时代考古论集》，科学出版社，2001 年。

现象。石棺葬的地域空间差异已为较多学者注重，就川西高原而言，岷江上游、大渡河及青衣江流域、雅砻江流域、金沙江的石棺葬在年代及文化内涵上均各有特征。但川西高原同一地理单元内部石棺葬在时段上的差异尚待引起重视。如岷江上游先秦时期和秦汉时期的石棺葬，在分布地域和文化内涵方面均存在较大差异，有可能是文化性质发生了变化。

1951 年，冯汉骥先生发表了《岷江上游的石棺葬文化》一文，首次提出了"石棺葬文化"这一概念。[①] 1984 年，王涵先生发表《我国西南地区一种新的青铜文化》一文，[②] 认为包括岷江上游石棺葬在内的川西、滇西北和藏东地区存在同一种青铜文化，并将这种文化命名为萝葡砦文化。1996 年，陈祖军先生在《西南地区的石棺墓分期研究——关于"石棺葬文化"的新认识》一文中，[③] 指出"石棺葬文化"这一命名不妥，并将在西南地区过去都称之为石棺葬文化的考古学遗存分别进行了重新命名，其中将岷江上游地区以石棺葬为代表的考古学遗存命名为"萝葡砦文化"。2008 年，罗二虎先生认为，[④] 岷江上游的石棺葬应该分别属于三种不同的考古学文化，即卡花类型文化、撮箕山文化、佳山文化。

卡花类型文化已发现的遗存只有茂县别立卡花石棺葬墓地，其墓葬也仅清理了 5 座，[⑤] 其随葬陶器如平底罐等在茂县营盘山石棺葬早期墓葬中也有出土。就目前的资料来看，该类型文化独立成立的条件尚不具备。而撮箕山石棺葬出土有战国晚期以后的器物，如 2000 年调查所采集的铁釜等器物的年代已至西汉。[⑥] 1984 年、1986 年共清理发掘石棺葬 424 座，[⑦] 这是目前西南地区发掘数量最多的一处石棺墓群。遗憾的是由于种种原因，至今尚未发表简报和报告。故以"撮箕山文化"命名岷江上游先秦时期的石棺葬文化，内涵的单纯性难以保证。而"佳山文化"的命名条件成立，文化内涵清晰。

综上所述，我们提出"营盘山类型石棺葬文化"，命名的原因如下。

首先，营盘山石棺葬墓地的发现和考古发掘时间较早，1979 年配合基本建设清理了 10 座石棺葬，并较早发表简报，[⑧] 为岷江上游地区石棺葬研究提供了实物资料。

其次，营盘山石棺葬墓地经过了多次正式考古发掘，2000 年、2002 年、2003 年、2004 年、2006 年先后进行 5 次发掘，累计清理完整及残损石棺葬近 200 座，出土实物资料较为丰富。

第三，年代与文化内涵较为明确，清理墓葬的年代相对较早，均为先秦时期。而茂县别立与勒石、城关、撮箕山、汶川县萝卜寨等石棺葬墓地还发现有秦汉时期的墓葬遗存。

由此提出"营盘山类型石棺葬文化"的命名，这样能较为准确地体现岷江上游先秦时期石棺葬文化的内涵与特征。将过去笼统称呼的石棺葬文化细化为不同的考古学文化类型，有利于今后

① 冯汉骥：《岷江上游的石棺葬文化》，《工商导报》1951 年 5 月 20 日《学林》副刊，成都。冯汉骥、童恩正：《岷江上游的石棺葬》，《考古学报》1973 年第 2 期。
② 王涵：《我国西南地区一种新的青铜文化》，《云南文物》1984 年第 15、16 期。
③ 陈祖军：《西南地区的石棺墓分期研究——关于"石棺葬文化"的新认识》，《四川考古论文集》，文物出版社，1996 年。
④ 罗二虎：《论岷江上游石棺葬的文化性质》，《考古与文物》2008 年第 3 期。
⑤ 茂汶羌族自治县文化馆 蒋宣忠：《四川茂汶别立、勒石村的石棺葬》，《文物资料丛刊》第 9 集，文物出版社，1985 年。
⑥ 成都文物考古研究所、阿坝藏族羌族自治州文物管理所、茂县羌族博物馆：《茂县撮箕山石棺葬墓地 2000 年的发掘》，待刊。
⑦ 赵殿增：《茂汶县撮箕山石棺葬墓地》，《中国考古学年鉴·1985》，文物出版社，1986 年。徐学书：《岷江上游石棺葬文化综述》，《四川大学考古专业创建三十五周年纪念文集》，四川大学出版社，1998 年。
⑧ 茂汶羌族自治县文化馆：《四川茂汶营盘山的石棺葬》，《考古》1981 年第 5 期。

研究工作的深入和提升。

　　从目前发现的考古资料来看，"营盘山类型石棺葬文化"的分布范围主要位于岷江上游干流茂县和汶川县境内河段两岸的河谷坡地和台地之上，北起茂县县城所在河谷冲积扇平原北端的撮箕山，南至汶川县绵虒镇玉龙乡。尤其以茂县县城凤仪镇所在的岷江上游面积最大的河谷冲积扇平原——茂县盆地最为密集，为文化中心所在（图二六八）。

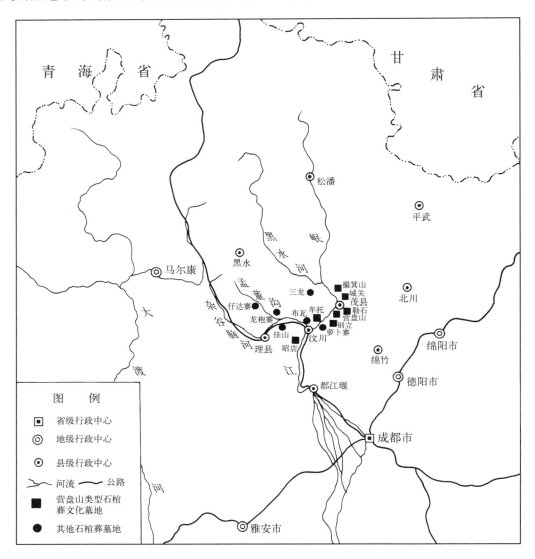

图二六八　营盘山类型石棺葬文化墓地分布示意图

　　"营盘山类型石棺葬文化"典型墓地包括茂县营盘山墓地、撮箕山墓地（仅个别秦汉墓葬除外）、别立及勒石墓地（第一期和第二期墓葬）、城关墓地（D区墓葬）、汶川县昭店石棺葬、萝卜寨墓地部分墓葬等。

　　"营盘山类型石棺葬文化"墓葬均以自然或人工修整过的石板立砌为石棺四边、错位覆盖为盖板，墓底均未铺设石板。墓葬分为无头箱墓、一道头箱墓、二道头箱墓和三道头箱墓（目前仅发现 1 座即牟托一号墓），有体量较小的婴儿墓，个别墓葬还有器物坑（祭祀坑）。随葬器物多放置于墓内头箱之上。陶器包括陶单耳罐、陶双耳罐、陶平底罐、陶小底罐、陶尖底罐、瘦体及胖体陶长颈罐、陶簋式豆、矮柄及细长柄陶豆、陶凹底杯、陶小底杯、陶平底杯、陶器盖、陶簋、陶双耳壶、陶筒形罐、圜底小罐、陶纺轮等。青铜器可分礼器、乐器、兵器、装饰品四类，器种有铜罍、铜鼎、铜敦、铜甬钟、铜纽钟、铜钲、铜戈、铜矛、铜剑、铜戟、铜盾、铜连珠纽、铜泡饰、铜护臂、铜杯、铜圆牌饰、动物纹铜牌饰、铜鸟、短铜剑、铜刀、柳叶形铜剑、铜管珠等。玉石器包括凿、斧、锛、刀、穿孔饰件等。

"营盘山类型石棺葬文化"的年代上限为西周晚期，下限为战国晚期，可以分为早晚两期五段（参阅前文）。

岷江上游地区年代晚于"营盘山类型石棺葬文化"的石棺葬墓地，年代为秦汉时期。新出现了四边用不同石料、大小厚薄不等的石块砌成石棺的墓葬。新出土陶器包括旋涡纹菱形口双耳罐、碗形豆、圜底罐、圜底釜、鼓肩罐等；新出土铜器包括钺、釜、鍪、剑、铜柄铁剑、半两钱、五铢钱等；新出现铁器，包括工具及容器等。突出特征表现为出现了一批战国巴蜀文化的典型器物和汉文化的典型器物。罗二虎先生将其命名为"佳山文化"。

"佳山文化"石棺葬遗存分布于岷江上游干流两岸，包括茂县城关墓地的 A、B、C 区，别立墓地的第三期墓葬，撮箕山墓地的出土铁釜的个别墓葬，汶川县的萝卜寨墓地部分墓葬。分布于岷江支流杂谷脑河流域的"佳山文化"石棺葬遗存更为密集，包括汶川县布瓦、理县佳山寨、仔达寨、龙袍寨、龙溪寨、箭山寨、水塘寨等墓地。理县关口东汉砖室墓也出土旋涡纹菱形口双耳罐及陶单耳罐等石棺葬文化因素陶器。[①] 杂谷脑河下游的理县薛城岩墓、汶川县克枯河坝村岩墓、直台村岩墓等均出土过西汉早、中期石棺葬文化器物。[②]"佳山文化"石棺葬遗存的文化中心应为杂谷脑河流域。

2．"营盘山类型石棺葬文化"文化因素分析

"营盘山类型石棺葬文化"以随葬陶器为主的遗物可划分为五组文化因素。

A 组：岷江上游本土石棺葬文化因素。包括各型陶长颈罐、大双耳罐、陶单耳罐、陶平底罐、陶杯、A 型矮柄陶豆、杯形纽及实心柱状纽陶器盖等为代表，为主体文化因素。

B 组：成都平原的蜀文化因素。以陶尖底杯、陶尖底罐、陶小底罐、陶簋等和柳叶型铜剑、铜直内戈为代表。应是受成都平原蜀文化影响的产物。

C 组：西北地区的寺洼文化因素。以小口双耳罐、A 型瘦体陶单耳罐、A 型簋式豆、B 型细长柄豆等为代表。亦为外来文化因素。

D 组：北方草原文化因素。以青铜短剑、铜刀、青铜牌饰、带柄铜镜、铜泡、铜管珠等为代表。

E 组：长江中游的楚文化等因素。包括牟托石棺葬及器物坑出土的青铜礼器（鼎、敦、盏）和青铜乐器（甬钟、镈、钲）等。魏启鹏先生对牟托石棺葬 3 号器物坑出土青铜鼎铭文中"与子"的身份进行了考证，认为是东迁于黄州的吕国后裔，[③] 该鼎可能为吕人迁入黄州后所制。吕人与蜀人

---

① 赵殿增、高英民：《四川阿坝州发现汉墓》，《文物》1976 年第 11 期。
② 阿坝州文物管理所：《杂谷河下游西汉岩墓调查简报》，《四川文物》1989 年第 2 期。
③ 魏启鹏：《茂汶新出与子鼎跋》，《先秦史与巴蜀文化论集》，历史教学社出版社，1995 年。

关系久远，居黄州的吕人在楚国西上的历史潮头中，沿江入蜀，来到了其祖先活动过的土地上，而在诸如外交、征战、婚娉等社会行为中，与子鼎传到蚕丛子孙的手里，蜀亡之后他们携带此器返回岷山石室故土。宋治民先生认为其中一号墓和三号坑出土的铜鼎，一号墓和二号坑出土的铜盏，二号坑出土的铜敦等均与长江中游曾国和楚国的同类青铜器十分相近，基本为春秋时期的特征。① 江章华先生也通过对牟托一号石棺墓出土青铜乐器的比较分析，从中揭示出一个很重要的信息，那就是岷江上游石棺葬族群的上层文化，与长江中游的青铜器文化有密切的关系，且时代集中在春秋时期，这当中一定隐含着一个重大的历史信息，需要进一步深入研究。② 朱萍也将牟托墓葬及器物坑出土的 10 件青铜礼器（鼎、敦、盏）归属于楚文化因素，③ 而 11 件青铜乐器（6 件甬钟、3 件镈、2 件钲）的形制特征与长江中游西周至春秋时期青铜乐器具有很强的共性，赞同视为越文化铜器。

　　还有学者认为营盘山类型石棺葬文化中的某些因素（如三叉格青铜剑）是受云南滇西青铜文化的影响所致。④ 宋治民先生也认为包括岷江上游在内的四川西部和云南西北部石棺葬的年代为战国至东汉，并认为"石棺葬中一些主要器物，如双大耳陶罐、单耳陶罐、饰乳丁纹的陶罐、三叉格青铜剑、铜柄铁剑等，都可能来自滇西，或者受滇西青铜文化的影响，他们之间的关系是非常密切的"。⑤

　　由此可见，营盘山类型石棺葬文化的组成成分还相当复杂，广泛吸收了多种外来文化因素。

　　但上述多组文化因素中，A 组为主体文化因素，其余各组均为外来文化因素。

四　岷江上游石棺葬墓地的类型及时空分布特征

　　根据已有发表资料和实地考察结果，可以将岷江上游地区的石棺葬墓地依据地形地貌划分为以下几种类型。

　　河谷平原型：以茂县城关石棺葬墓地为代表，数量不多，处于岷江干流岸边的二级阶地之上，地形开阔平坦，海拔高度相对较低，墓地规模大。

　　台地型：以茂县营盘山、撮箕山、汶川县姜维城石棺葬墓地为代表，数量相对丰富，处于岷江干流岸边的三级阶地之上，海拔高度略高，地形也较为平坦，墓地规模也较大。

　　坡地型：以茂县别立、勒石村、牟托石棺葬、汶川县萝卜寨、布瓦石棺葬、理县佳山寨、仔达寨墓地为代表，处于岷江干流及支流岸边的四级阶地及其以上地带，海拔高度最高，除佳山寨等个别墓地外，规模均不大。

　　岷江上游地区石棺葬分布地点较为密集，墓地类型丰富，其文化发达程度不容低估。

　　岷江上游地区石棺葬遗存在地域平面、垂直空间分布方面的年代差异特征也值得深入探讨。

　　首先，岷江上游地区石棺葬遗存在地域分布方面有年代上的差异。即岷江干流尤其是茂县城

① 宋治民：《四川茂县牟托 1 号石棺墓若干问题的初步分析》，四川大学历史文化学院考古学系编：《四川大学考古专业创建四十周年暨冯汉骥教授百年诞辰纪念文集》，四川大学出版社，2001 年。
② 江章华：《关于岷江上游石棺葬的两个问题》，《南方民族考古》第七辑，科学出版社，2011 年。
③ 朱萍：《楚文化的西渐：楚国经营西部的考古学观察》，巴蜀书社，2010 年。
④ 张增祺：《略论滇西地区的青铜剑》，《考古》1983 年第 7 期。
⑤ 宋治民：《川西和滇西北的石棺葬》，《考古与文物》1987 年第 3 期。

关所在的冲积扇平原之上的营盘山类型石棺葬文化遗存，如茂县营盘山、撮箕山、别立及勒石石棺葬墓地等，年代普遍早于杂谷脑河流域的佳山文化石棺葬遗存（如汶川县布瓦、理县佳山寨、仔达寨、龙袍寨石棺葬墓地等）。

其次，同一地点的石棺葬遗存的年代还因垂直高度变化而不同。分布于高山上较狭长的缓坡地带或溪谷两岸较狭长台地上的石棺葬墓地，墓葬的分布越靠山坡或台地后缘的墓年代越早、越靠山坡或台地前缘的墓年代越晚。例如，茂县别立村位于岷江东岸，石棺葬墓地均在半山腰的缓冲地带，与岷江的垂直高度约 900 余米，坡面开阔，阶台层叠，此起彼伏，土质皆为黄色黏土，泥层颇厚。这里根据自然地势的高低位置，分成上、中、下三寨，墓地也依其地势分为三处。最高处的卡花墓地，高度与中寨相等，其次是垭口上墓地，位于中寨西北坡下的下寨上部，而最下面的一处则是位于下寨最低处的黄角树墓地。卡花墓地北距中寨约 500 米，海拔 2400 米，此处是目前可耕地上限的边沿，石棺墓均显露在一块叫做"龙灯田"东侧陡峭的断壁上，发掘了 5 座（BM13 ～ BM17）。垭口上墓地低于卡花墓地约 150 米，墓地为一片很开阔的斜坡，面积约 800 平方米，在这里清理了 8 座墓葬，共中略高的 4 座（BM9 ～ BM12），较低的 4 座（BM5 ～ BM8）。黄角树是这次清理的地势最低的墓地，清理了 4 座（BM1 ～ BM4），均系残墓，墓葬密集，排列整齐。另外，在黄角树墓地最低的西南边沿土坎下的养猪场，曾发现过几座砖室墓，2003 年因盗墓发现的砖室墓出土了精美的青铜器。[1] 从年代来看，最高处的卡花墓地石棺葬年代最早，中间的垭口上墓地的石棺葬年代略晚，黄角树墓地石棺葬最低，年代则最晚。而黄角树墓地以下地带的砖室墓，年代更是晚至东汉时期。

茂县撮箕山墓地与城关墓地距离不远，均位于岷江东岸的阶地之上，撮箕山墓地处于三级阶地之上，而城关墓地位于二级阶地之上，撮箕山墓地高于城关墓地，但撮箕山墓地石棺葬的年代普遍早于城关墓地。

五　关于营盘山类型石棺葬文化的人群与族属

学术界在对岷江上游石棺葬进行研究之初，便开始了对其使用者族属问题的讨论。例如，早在 20 世纪 40 年代，郑德坤先生便根据现在仍然居住在当地的羌族人的传说，认为创造这种以石棺葬为代表的文化的居民集团为"戈人"。[2] 但是，郑先生并未指出戈人属于中国历史上的何种民族集团。此后，关于石棺葬使用者的所属民族集团的讨论成为研究的热点之一，但其观点却大相径庭，众说纷纭。历年来，主要有以下一些具有代表性的观点。[3]

1. 月氏人说

1951 年，冯汉骥先生在成都的《工商导报》上发表了《岷江上游的石棺葬文化》，认为这一石棺葬文化的创造者可能与月氏有关。[4] 1973 年，冯汉骥先生、童恩正先生撰写的《岷江上游的石棺葬》一文发表，[5] 文中他们仍然主要沿袭了冯汉骥先生早期提出的观点，但却未直接言及是

---

① 资料现存茂县羌族博物馆。
② 郑德坤：《四川古代文化史》，华西大学博物馆专刊之一，成都，1946 年。
③ 罗二虎：《岷江上游石棺葬发现和研究的回顾与思考》，《考古学、民族学的探索与实践》，四川大学出版社，2005 年。
　　罗二虎：《20 世纪西南地区石棺葬发现研究的回顾与思考》，《中华文化论坛》2005 年第 4 期。
④ 冯汉骥：《岷江上游的石棺葬文化》，《工商导报》1951 年 5 月 20 日《学林》副刊，成都。
⑤ 冯汉骥、童恩正：《岷江上游的石棺葬》，《考古学报》1973 年第 2 期。

月氏。他们认为这一地区石棺墓的建造者是羌族传说中的戈基人,而不是文献记载中的冉駹;前者似乎是外来的突入民族,后者行火葬并与现代的羌族有直接的关系。

2. 氐人说

1978 年,童恩正先生发表《四川西北地区石棺葬族属试探——附谈有关古代氐族的几个问题》一文,[①] 运用考古学资料、古文献记载和文化因素分析的方法,对以岷江上游为主,也包括川西其他地区在内的石棺葬的族属进行了深入的讨论。认为这原是一种居住在黄河上游的氐羌系统民族,他们在新石器时代的后期有一部分向南迁徙,进入川西北地区后与当地原有民族杂居,发展了一种农耕而兼畜牧的文化——石棺葬文化。在农业定居过程中,他们与羌族的区别日益显著,从而构成了川西北氐族的先民。秦汉时期,他们的文化达到最繁荣阶段,遍及今阿坝、甘孜和凉山州的一部分。秦汉以后,川西北的氐族一部分融合到早藏族之中,一部分以嘉良夷、嘉戎族等名称而见于历史,另一部分则可能南下至川黔边境一带,最终与汉苗诸族同化。这篇文章不但首次提出了氐人说的观点,而且还首次对族属问题进行了深入的专题研究,它推动了人们对石棺葬的族属问题的进一步深入讨论。1984 年,林向先生发表《"羌戈大战"的历史分析——岷江上游石棺葬的族属》一文,[②] 通过对羌族史诗性民间传说的分析,再结合古文献记载和考古学资料,认为岷江上游的石棺葬不是属于羌族而是属于氐族的,在"羌戈大战"中所说的戈基人即是氐族。他还认为羌人中的西羌形成后南下的时间是在战国后期,到达岷江上游的时间是在战国秦汉以后,而羌族在岷江上游大量出现则是在西汉武帝以后,约在西汉末期他们通过"羌戈大战"打败并消灭了原居住于当地的戈基人,此后石棺葬俗也就消失了。罗进勇先生也认为岷江上游石棺葬人是古羌族分蘗派生的支氐人的墓葬,很早南迁,其部落较多,最大的冉、駹部落与现在岷江上游的羌族先民曾相处过一段时间。[③]

3. 羌人说

1980 年沈仲常先生、李复华先生联合发表《关于"石棺葬文化"的几个问题》一文,[④] 对"石棺葬文化"中的族属等问题进行了讨论,认为该文化的墓葬中所行的仰身直肢葬、二次葬和火葬等葬式与古代氐羌民族相同,石棺葬文化总的来说可能都属于氐羌人的文化,而具体地说岷江上游石棺葬文化可能为包括冉駹人在内的羌人文化。石棺葬文化来源于北方的羌人文化。陈宗祥先生也认为石棺葬的族属是古代《牧誓》八国之一的"羌"族,其意为白人。[⑤] 1986 年,李复华先生和李绍明先生在《论岷江上游石棺葬文化的分期与族属》一文中认为岷江上游的石棺葬是属于早期南下古羌人的一支——戈基人的,在汉代时被现在羌族的先民——后来的另一支古羌人征服之后,逐渐融合到后来的羌人中,而另有一部分戈人融合进藏族之中。[⑥] 陈德安先生也认为就川

① 童恩正:《四川西北地区石棺葬族属试探——附谈有关古代氐族的几个问题》,《思想战线》1978 年第 1 期。又载于《中国西南民族考古论文集》,文物出版社,1990 年。
② 林向:《"羌戈大战"的历史分析——岷江上游石棺葬的族属》,《四川大学学报丛刊》第 20 辑,1984 年。又载于林向:《巴蜀文化新论》,成都出版社,1995 年。
③ 罗进勇:《浅论岷江上游"石棺葬"之族属》,《四川文物》1996 年第 6 期。
④ 沈仲常、李复华:《关于"石棺葬文化"的几个问题》,《考古学会第一次年会论文集》,文物出版社,1980 年。
⑤ 陈宗祥:《岷江上游石棺葬的族属初探》,《西南民族学院学报》1981 年第 3 期。
⑥ 李复华、李绍明:《论岷江上游石棺葬文化的分期与族属》,《四川文物》1986 年第 2 期。

西石棺葬文化因素的渊源和文献记载来看，川西石棺葬文化应是战国时期羌人的一支（可能主要是析支羌）南下的文化。[①]

4. 僰人说

1984 年，曾文琼先生发表《岷江上游石棺墓族属试探》一文认为，[②] 战国秦汉时期汶川一带的古代民族除羌、氐之外，还有僰人。羌人和氐人都不行土葬，在羌人的民间传说中也认为，石棺葬的主人不是他们的祖先而是夏尔布人。夏尔布人与白狗羌关系密切，可能是同一民族的不同称呼。夏尔布意即"白色的濮"，古代这一地区的民族崇尚白色。岷江上游的僰人既行石棺葬又行岩葬。僰人的先民始居荆楚，后败于楚而到岷江上游，后又被羌人打败，西汉以后就不见于史书。

5. 多民族说

1984 年，王涵先生发表《我国西南地区一种新的青铜文化》一文，认为这一文化是该地区内的嶲、昆明、笮都、冉駹、白马等多民族的共同文化。[③]

6. 蜀人说

徐学书先生认为岷江上游地区的石棺葬文化源出于蚕丛氏先蜀文化，[④] 而"'蚕丛氏'蜀系由岷山山地发展至成都平原。岷江上游'石棺葬'即'蚕丛氏'蜀留居岷江上游的后裔在西周中期行'石棺葬'以后所留下的文化遗存"。西汉中期时石棺葬文化便突然衰落，西汉晚期时基本消失，其原因除了汉王朝在这里置汶山郡带来的冲击之外，主要是由于今羌族从北方南下打败了原居住在这里的"石棺葬"主人——戈基人（或冉駹氏）。冉駹氏失败后除少数留居原地并逐步融入南下的羌族之外，大部分分为两支西迁。其中一支进入今黑水芦花地区，成为今日芦花藏族的直接祖先；另一支则进入理县西部、马尔康、大小金川地区，成为今日居住在这里的嘉戎藏族的主要先民之一。高大伦先生更是大胆推测，结合文献记载可知，战国中晚期，蜀国被秦所灭，但在国家面临灭顶之灾时，往往有一些人能幸运地逃脱，牟托石棺葬的年代也在这一时期，茂县牟托石棺墓墓主就是逃到西南夷地区的蜀人贵族，[⑤] 将随葬器物竭力拼合成三件一组，但还达不到蜀王的级别。从罍、钟等器物的粗糙破损来看，墓主或即当年出征（也可能是仓惶出逃），所携宝物不多，或即逃到西南夷地区，过了些年头才离世埋葬的。牟托石棺墓棺顶摆放的青铜罍、钟就是判断墓主人文化属性和族别的重要物证，形制和新都、绵竹、广元、郫县战国中晚期蜀墓中所出器物上的罍形图案极为相似，和蜀文化大墓中的印章图案吻合，而且可以说就是图案符号的物化，这就恰恰透露出墓主人的核心文化价值取向，即明确宣示他就是蜀人。墓中出土小彩石亦为蜀文化所特有；"尚五"、"享五"似为蜀王特权，不能以该墓随葬器物中不见五件一组的成套组合，就否定其为蜀人墓。

7. 夷人说

1985 年，蒙默先生依据汉文史籍对汉代横断山地区的人群的记载，指出当时除了氐羌人群之外，

---

① 陈德安：《试论川西石棺葬文化与辛店文化及"唐汪式"陶器的关系》，《四川文物》1989 年第 1 期。
② 曾文琼：《岷江上游石棺墓族属试探》，《中央民族学院学报》1984 年第 1 期。
③ 王涵：《我国西南地区一种新的青铜文化》，《云南文物》1984 年第 15、16 期。
④ 徐学书：《试论岷江上游"石棺葬"的源流》，《四川文物》1987 年第 2 期。
⑤ 高大伦：《四川茂县牟托石棺葬小议》，《四川文物》2011 年第 6 期。

同时还存在"夷"人群系统。① 1987 年，宋治民先生发表了《川西和滇西北的石棺葬》一文，② 赞同蒙默先生关于石棺葬族属的观点，认为包括岷江上游在内的川西和滇西北地区的石棺葬，其族属都属于当时的夷，具体地说主要为当时居住在这一地区内的笮都夷、冉駹夷，此外还居住有一些属于夷系统的居民。刘弘先生也赞同蒙默先生认为冉駹本是笮都的一支的观点，③ 认为分布于岷江上游的冉、駹是笮人的一支，根据《史记·西南夷列传》所载，笮与冉駹是两个在分布上相邻的民族，所谓"自笮以东北，君长以什数，冉駹最大"，《汉书·西南夷传》记载这两个民族在风俗上也十分接近，说笮都夷"居处略与汶山夷同"。笮人最早居住在岷江上游地区，后来有一部分逐渐向南迁徙到雅砻江下游地区，并得到很大的发展，而留在原地未南下族人便被称为冉駹。而冉駹应为两个分布相邻的同族部落，汉代文献将此是分得很清楚的，如《史记·大宛列传》云："（天子）乃令（张）骞因蜀，犍为发间使，四道并出，出駹，出冉。"，《史记·司马相如列传》也云："因朝冉从駹，定笮存邛"。冉与駹是应是其部落名称，所以冉后来还成了一种姓。石硕先生也认为岷江上游地区即今汶、理、茂三县境内的石棺葬可与西汉以前已活动于该地区，被文献称作"冉駹夷"的人群相对应。④

如此看来，对于岷江上游石棺葬族属问题的探讨，至今尚未有最后结论，争论还将继续。

关于岷江上游地区的定居人群早在商代甲骨文中已有反映。饶宗颐先生曾对殷代甲骨文中的冉字进行了释读，⑤ 认为茂县与汶川盆地原有住民，应是游牧民族，先为羌族之一支，近年茂县牟托村出土青铜器及玉石器数量丰富，证明岷江上游远古曾建立国家，即汉世冉氏、冉駹之族。

汉代文献的相关记录内容更多，如《史记·西南夷列传》记载、《汉书·西南夷传》照录："西南夷君长以什数，夜郎最大。其西，靡莫之属以十数，滇最大。自滇以北，君长以十数，邛都最大。此皆椎结，耕田，有邑聚。其外，西自桐师以东，北至叶榆，名为嶲、昆明、编发，随畜移徙，亡常处，亡君长，地方可数千里。自巂以东北，君长以十数，徙、筰都最大。自筰以东北，君长以什数，冉駹最大。其俗，或土著，或移徙。在蜀之西。自駹以东北，君长以十数，白马最大，皆氐类也。此皆巴、蜀西南外蛮夷也。"《史记》正义引《括地志》云："蜀西徼外羌，茂州、冉州本冉駹国地也"。《后汉书·冉駹夷传》则更云"其山有六夷、七羌、九氐，各有部落"。索隐案：应劭云"汶江郡本厓駹。音亡江反"。正义括地志云："蜀西徼外羌，茂州、冉州本冉駹国地也。后汉书云冉駹其山有六夷、七羌、九氐，各有部落也。"《后汉书·南蛮西南夷传》记载："西南夷者，在蜀郡徼外。有夜郎国，东接交阯，西有滇国，北有邛都国，各立君长。其人皆椎结左衽，邑聚而居，能耕田。其外又有嶲、昆明诸落，西极同师，东北至叶榆，地方数千里。无君长，辫发，随畜迁徙无常。自嶲东北有筰都国，东北有冉駹国，或土著，或随畜迁徙。自冉駹东北有白马国，氐种是也。此三国亦有君长。"均对冉、駹有明确记载。

再从考古学文化因素分析的角度来看，营盘山类型石棺葬文化尽管包括了多种文化因素，如寺洼文化因素、蜀文化因素、北方草原文化因素、楚文化和越文化因素乃至滇西青铜文化因素等，

① 蒙默：《试论汉代西南民族中的"夷"与"羌"》，《历史研究》1985 年第 1 期。
② 宋治民：《川西和滇西北的石棺葬》，《考古与文物》1987 年第 3 期。
③ 刘弘：《笮人觅踪——初析"笮域"的考古学文化遗存》，中国凉山彝州新闻网（2009-5-20）。
④ 石硕：《藏彝走廊地区石棺葬所属人群探讨》，《康定民族师范高等专科学校学报》2005 年第 14 卷第 1 期。石硕：《藏彝走廊地区的石棺葬及相关人群系统研究》，《藏学学刊》第 5 辑，四川大学出版社，2009 年。
⑤ 饶宗颐：《甲骨文中的冉与冉駹》，《文物》1998 年第 1 期。

但其文化主体仍然是石棺葬文化固有的因素，从而决定了其文化性质。

因此，结合文献记载内容和考古学文化因素分析情况，判定营盘山类型石棺葬文化的族属应为文献称作"冉、駹夷"的人群。

六 营盘山类型石棺葬文化的渊源

学术界对于石棺葬的成因有多种说法，日本学者量博满认为，[①] 历史上出"岩间葬"（Rock — Fissure Burial）的墓葬，"基于葬于石间为好"这一理念而出现，文献中记载"启母石"的故事，由此石墓葬更被赋予一种"生于石中，死后回归石中的"的观念，也就是说"事死如事生"。也有学者认为宜从自然环境方面的角度入手考察石棺葬的成因，[②] 岷江上游地区为山区，水量较丰富，雨水从山顶向下倾泻，甚至会发生泥石流，当地区民多依山居止，若不"垒石为室"而以土或其他较软的建筑材料建住房屋，在雨季易倒塌，造成生命财产的损失，用石料建房可避免冲垮或泡塌的危险，房屋寿命要长久得多。推测石棺葬的出现恐怕也是基于这种原因，石棺墓葬于山体台地上，更易于遭受水流之害。以石建墓在这样的自然环境中应是最佳选择。

这仅仅是从纯粹的理论分析角度，对岷江上游地区石棺葬文化的成因进行了推理性的探讨。考古学研讨营盘山类型石棺葬文化的渊源，需要重视两方面的内容。

第一，外来文化的影响，尤其是西北甘青地区新石器时代石棺葬文化的影响。甘肃省景泰县张家台马家窑文化半山类型后期彩陶文化墓地的 22 座墓中发现有 11 座石棺墓，[③] 砌制规整，先挖土坑，后放棺，棺的四壁多用整块石板立砌，棺底有的铺石板，有的不铺。青海省同德县宗日遗址也发现有新石器时代的石棺葬，[④] 数量多，时代早。

从茂县营盘山、撮箕山、别立卡花等处目前已发现的岷江上游地区年代最早的营盘山类型石棺葬文化早期第 I 段墓葬来看，有如下共同特征：均无头箱；随葬品数量较少；随葬陶器以夹砂褐陶为主，质地粗糙，火候较低。应是岷江上游地区石棺葬墓葬制度尚不成熟的表现。

营盘山类型石棺葬文化早期第 I 段墓葬的形制与甘青地区新石器时代的石棺葬相似，结合黄河上游的仰韶文化、马家窑文化乃至齐家文化均已不同程度地扩张、影响至岷江上游地区，营盘山类型石棺葬文化中也发现有寺洼文化因素和北方草原文化因素。汉代文献也明确记载了西北地区氐羌戎系族群的南迁，如《后汉书·西羌传》记载："至爰剑曾孙忍时，秦献公初立，欲复穆公之迹，兵临渭首，灭狄獂戎。忍季父卬畏秦之威，将其种人附落而南，出赐支河曲西数千里，与众羌绝远，不复交通。其后子孙分别，各自为种，任随所之。或为牦牛种，越巂羌是也；或为白马种，广汉羌是也；或为参狼种，武都羌是也。"

综合这些情况分析，尽管甘青地区新石器时代的石棺葬与营盘山类型石棺葬文化目前还存在着年代上的较大差异，但二者之间应有某种程度的渊源关系。

第二，要重视岷江上游地区新石器文化遗存与营盘山类型石棺葬文化的联系。

---

① 量博满：《浅谈石棺葬的出现》，《中国文物报》1993 年 9 月 12 日。
② 李维维：《岷江上游地区石棺葬研究》，中央民族大学硕士学位论文，2007 年 5 月。
③ 甘肃省博物馆：《甘肃景泰张家台新石器时代的墓葬》，《考古》1976 年第 3 期。
④ 青海省文物管理处、海南州民族博物馆：《青海同德县宗日遗址发掘简报》，《考古》1998 年第 5 期。

　　岷江上游新石器时代文化的初步序列目前已基本建立，大致包括三个阶段的遗存，[①] 分别与仰韶文化庙底沟类型晚期，仰韶晚期文化及马家窑文化马家窑类型和龙山时代早中期遗存的年代相当，距今年代的上限为 6000 年左右，下限在 4500 年左右。尽管岷江上游新石器时代文化与营盘山类型石棺葬文化之间还存在长达 1500 余年的缺环，但一些证据表明，二者之间还是有着某些联系。首先，岷江上游地区的石棺葬墓地常常与新石器时代遗址在同一地点共处，存在上下叠压和打破关系。如茂县营盘山、别立、下关子、汶川县姜维城、布瓦、理县箭山寨等地点，均发现有新石器时代遗址和石棺葬墓地。同时，营盘山类型石棺葬文化的某些陶器同岷江上游新石器文化的陶器之间存在相似性，或许有着渊源关系。如营盘山石棺葬的 B 型 II 式平底罐与别立卡花石棺葬的 A 型 IV 式罐（BM13∶3），均为夹粗砂红褐陶，火候较低，侈口，与营盘山遗址新石器时代的夹砂陶侈口罐[②]的特征相似；营盘山石棺葬的喇叭口陶长颈罐与营盘山遗址等出土的喇叭口高领罐之间也有相似特征。

　　因此，尽管目前尚不能完全确定营盘山类型石棺葬文化起源于岷江上游的新石器文化，但后者对前者的文化影响是可以肯定的。

　　要完全解决营盘山类型石棺葬文化的渊源问题，尚需要开展进一步的考古发掘及研究工作。要积累更多的石棺葬文化尤其是早期石棺葬文化的实物资料，建立更为完备的文化演变序列。同时还有待于岷江上游地区新石器时代晚期及夏商时期的考古工作取得突破性进展。

---

① 陈剑：《波西、营盘山及沙乌都——浅析岷江上游新石器文化发展的阶段性》，《考古与文物》2007 年第 5 期。
② 成都文物考古研究所、阿坝藏族羌族自治州文物管理所、茂县羌族博物馆：《茂县营盘山遗址试掘报告》，《成都考古发现 2000》，科学出版社，2002 年。

附 表 茂县营盘山石棺葬登记表

单位：米

编号	探方位置	方向	墓圹 长×宽-深	石棺 长×宽-高	头箱 宽×高	盖板坡度	葬式	随葬器物	分类	分期分段	备注
00M1								27件：E型双耳罐1件，B型III式单耳罐1件，Aa型II式长颈罐2件，Aa型III式长颈罐3件，Ba型II式长颈罐2件，Ba型III式长颈罐1件，Bb型III式长颈罐2件，B型III式豆2件，Bb型III式豆1件，B型I式凹底杯6件，B型III式凹底杯3件，II式双孔石饰1件，II式双耳壶4件	甲C类	晚期IV段	器物坑，打破00M2
00M2								52件：B型III式长颈罐7件，Aa型II式长颈罐7件，Ba型I式长颈罐1件，Ba型II式长颈罐3件，Ba型III式长颈罐3件，Bc型II式长颈罐5件，Bc型II式长颈罐1件，II式乳丁罐3件，双耳壶2件，A型III式豆3件，Ba型III式豆5件，Bb型III式豆1件，A型II式凹底杯3件，A型III式凹底杯3件，B型II式凹底杯3件，II式凹底杯1件	甲C类	晚期IV段	器物坑，被00M1打破
00M3	00T2中部	180°	2.69×（0.70、0.66）-（0.80、0.72）	2.15×（0.59、0.48）-（0.73、0.40）	0.06×0.25	13°	葬式不明	11件：B型I式、II式单耳罐各1件，Aa型III式长颈罐2件，Ba型I式长颈罐1件，II式孟1件，A型I式器盖1件，A型I式凹底杯2件，B型II式凹底杯1件，IV式小底杯1件	乙类	晚期IV段	
00M4	00T1西南角	170°	1.56×（0.58、0.35）	不详			未见尸骨	7件：B型II式单耳罐6件，B型III式单耳罐1件	乙类	晚期V段	
00M5	00T3南部	160°	2.37×（0.80、0.69）	2.10×（0.63、0.39）-（0.52、0.36）		12°	未见尸骨	未见随葬品	甲A类	不详	
00M6	00T1北部	160°	不详	不详			未见尸骨	未见随葬品	不详	不详	
00M7	00T1中部，足端西邻00M9	160°	1.80×（0.60、0.40）	不详			未见尸骨	9件：Aa型I式长颈罐3件，Aa型II式长颈罐1件，Ba型II式长颈罐2件，A型II式豆1件，B型I式凹底杯1件，B型II式凹底杯1件	乙类	晚期IV段	石棺已毁，仅存墓圹底部

续附表

编号	探方位置	方向	墓圹 长×宽—深	石棺 长×宽—高	石棺 头箱 宽×高	盖板坡度	葬式	随葬器物	分类	分期分段	备注
00M8	00T1北部	162°	2.30×（0.60、0.60）	不详			未见尸骨	3件：B型I式单耳罐1件，B型II式单耳罐1件，B型III式单耳罐1件	乙类	晚期V段	石棺已毁，仅存墓圹底部
00M9	00T1西北部、东邻00M7，西邻00M10	163°	1.90×（0.63、0.46）	不详			未见尸骨	无随葬品	不详	不详	石棺已毁，仅存墓圹底部
00M11	00T1西北部，东邻00M10	163°	1.98×（0.65、0.45）	不详			未见尸骨	8件：B型II式单耳罐1件，B型III式单耳罐3件，Aa型II式长颈罐1件，Aa型III式长颈罐1件，A型III式豆2件	乙类	晚期IV段	石棺已毁，仅存墓圹底部
00M18	00T5中部	165°	1.80×（0.62、0.43）	不详			未见尸骨	2件：A型II式及III式凹底杯各1件	乙类	晚期IV段	石棺已毁仅存墓圹底部
00M20	00T10西南部	120°	2.00×（0.76、0.66）—（0.64、0.60）	1.85×（0.64、0.49）—（0.54、0.25）	0.04×0.16 0.05×0.13		葬式不明	Ba型I式豆2件	丙类	晚期III段	
00M25	00T12北部	145°	不详	不详			未见尸骨	3件：Bb型I式长颈罐2件，I式平底杯1件	乙类	晚期II段	
00M29	00T12南部	140°	不详	不详			未见尸骨	1件：B型III式单耳罐	不详	晚期V段	
00M31	00T13东南部	140°	2.19×（0.73、0.55）—（0.58、0.64）	2.02×（0.64、0.37）—（0.53、0.36）		5°	仰身直肢	2件：A型I式单耳罐1件，A型II式单耳罐1件	甲A类	早期I段	
00M34	00T14中部偏东，南邻00M35	130°	2.25×（0.70、0.59）—（0.55、0.75）	2.17×（0.60、0.48）—（0.50、0.40）		7°	仰身直肢	2件：A型I式双耳罐1件，A型I式豆1件	甲A类	早期III段	
00M35	00T14东南角，北邻00M34	135°	2.20×（0.65、0.54）	不详			未见尸骨	2件：均为II式陶平底杯	甲A类	早期II段	
00M39	00T15中部，南邻00M40	125°	1.90×（0.60、0.57）—（0.65、0.66）	1.71×（0.50、0.46）—（0.46、0.30）	0.05×0.13	10°	葬式不明	5件：B型II式单耳罐1件，B型I式双耳罐1件，Bc型III式长颈罐1件，II式及III式盂各1件	乙类	晚期V段	
00M40	00T15南部，北邻M39	138°	不详	不详			未见尸骨	6件：Aa型II式及Ba型II式长颈罐各1件，A型I式凹底杯4件	不详	晚期V段	

续附表

编号	探方位置	方向	墓圹 长×宽—深	石棺 长×宽—高	头箱 宽×高	盖板坡度	葬式	随葬器物	分类	分期分段	备注
00M41	00T15西部	140°	不详	不详			未见尸骨	B型I式豆2件	不详	晚期III段	
00M42	00T16东部，西邻00M43	165°	2.35×(0.70、0.50)—(0.60、0.74)	2.18×(0.63、0.33)—(0.53、0.28)	0.10×0.24	19°	仰身直肢	未见随葬品	乙类	不详	
00M43	T16东南部，东邻00M42，西邻00M44	155°	2.25×(0.68、0.52)—(0.46、0.75)	2.08×(0.62、0.03)—(0.51、0.30)			未见尸骨	2件：均为铜管珠	不详	不详	
00M44	00T16西南部	140°	2.26×(0.65、0.59)—(0.52、0.50)	2.05×(0.56、0.37)—(0.52、0.30)		7°	葬式不明	未见随葬品	甲A类	不详	
00M48	00T17中部	137°	不详	不详			未见尸骨	Bb型I式豆1件		晚期III段	
02M1	02T1东南角，西邻02M2	155°	1.96×(0.57、0.51)—0.60(头)	1.89×(0.49、0.35)—(0.54、0.32)	0.05×0.23		似二次葬	1件：B型长颈罐	乙类	晚期IV段	
02M2	02T1东南部，东邻02M1，西邻02M3	160°	1.86×(0.64、0.50)—(0.77、0.70)	1.54×(0.56、0.36)—(0.61、0.35)	0.07×0.22	9°	仰身直肢	铜削1件及残陶片多件	乙类	不详	
02M3	02T1东南部，东邻02M2，南邻02M4，西邻02M5	170°	残长0.32×0.40—0.32(头)	残长0.32×0.32—0.31			未见尸骨	7件：A型I式小底罐2件，A型II式平底罐3件，I式小底杯1件，II式小底罐1件	甲A类	早期I段	足端残毁严重
02M4	02T1东部，东北邻M3，西北邻M4	170°	不详	不详			未见尸骨	未见随葬品	不详	不详	头端压于探方南壁下
02M5	02T1南部，东邻02M3，东南邻02M4，西邻02M6	165°	2.03×(0.75、0.43)—(0.57、0.37)	1.87×(0.58、0.30)—(0.54、0.31)			葬式不明	8件：A型I式小底罐1件，A型II式小底罐1件，A型I式平底罐1件，A型I式单耳罐1件，A型I式纺轮1件	甲A类	早期I段	

续附表

编号	探方位置	方向	墓圹 长×宽-深	石棺 长×宽-高	石棺 头箱 宽×高	盖板坡度	葬式	随葬器物	分类	分期分段	备注
02M6	02T1南部,东邻02M5	170°	不详	不详			未见尸骨	未见随葬品	不详	不详	
02M7	02T1西南部,东邻02M8	167°	1.95×(0.69,0.37)-0.55(头)	1.91×(0.61,0.32)-0.57(头)	0.08×0.26		似二次葬	5件:B型I式小底罐4件,II式平底杯1件	乙类	晚期III段	足端已残
02M8	02T1西南部,西邻02M7	165°	残长1.90×(0.45)-0.50(头)	残长1.87×0.55-0.39			葬式不明	罐碎片	甲A类	不详	足端已残
02M10	02T4东北部,北邻02M11	75°	2.28×(0.56,0.71)-(0.45,0.36)	1.50×0.47-0.34(足)			葬式不明	A型II式纺轮1件	不详	不详	头端已残
02M11	02T8东南部,北邻02M12,南邻02M10	75°	1.12×(0.48,0.41)-(0.30,0.31)	0.61×0.37-0.28(足)			未见尸骨	D型双耳罐1件	不详	早期I段	腰部以上已残
02M12	02T8中部,南邻02M11	60°	2.06×(0.66,0.48)-(0.36,0.35)	1.45×0.43-0.33(足)			葬式不明	未见随葬品	不详	不详	腰部以上已残
02M13	02T13东南角	70°	残长0.86×0.44-0.40(足)	0.80×0.37-0.25	0.29×0.12(足龛)		葬式不明	未见随葬品	不详	不详	仅发掘下半部分
02M14	02T8西北部,北邻02M15	80°	2.12×(0.52,0.51)-(0.72,0.80)	1.94×(0.47,0.46)-(0.50,0.41)		11°	未见尸骨	可辨器形:平底罐1件	甲A类	早期II段	
02M15	02T13西南角,南邻02M14	80°	1.97×(0.67,0.65)-(0.51,0.39)	1.78×(0.46,0.35)-(0.47,0.33)		8°	葬式不明	1件:Aa型长颈罐1件	甲A类	晚期III段	
02M16	02T13中部靠北	80°	2.39×(0.70,0.60)-(0.53,0.37)	2.30×(0.59,0.51)-(0.46,0.36)			葬式不明	未见随葬品	不详	不详	

续附表

编号	探方位置	方向	墓圹 长×宽—深	石椁 长×宽—高	石椁 头箱 宽×高	盖板坡度	葬式	随葬器物	分类	分期分段	备注
02M17	02T1西北，东邻02M21，南邻02M7	165°	1.97×（0.77、0.79）—（1.08、0.95）	1.86×0.62—0.84（足）	0.05×0.27 0.05×0.20	11°	葬式不明	17件：Aa型Ⅱ式双耳罐1件，B型Ⅱ式双耳罐1件，Aa型Ⅲ式长颈罐4件，Ba型Ⅲ式长颈罐1件，Bb型Ⅲ式长颈罐2件，Ba型Ⅳ式盂1件，Ⅰ式及Ⅱ式盂各1件	丙类	晚期Ⅴ段	足端已残
02M18	02T2北部	140°	1.50×（0.54、0.60）—（0.57、0.42）	1.43×（0.58、0.48）—（0.57、0.38）	0.07×0.18	9°	未见尸骨	1件：Ⅲ式小底杯1件	乙类	晚期Ⅲ段	
02M20	2002T10西南部角	139°	2.16×0.64—0.77（足）	残长0.95×0.56—0.52（足）		10°	未见尸骨	未见随葬品	不详	不详	头端已残
02M21	002T1西北部，东邻02M22，西邻02M17	165°	残长1.72×0.72—0.80（头）	1.61×0.54—0.62（头）	0.05×0.22		未见尸骨	2件：Aa型Ⅰ式双耳罐1件，A型Ⅰ式豆1件	乙类	晚期Ⅲ段	足端已残
02M22	02T1西北部，西邻02M21	160°	2.27×（0.74、0.68）—0.66	2.11×（0.63、0.48）—（0.67、0.43）	0.06×0.14	10°	未见尸骨	3件：B型Ⅱ式双耳罐1件，Ⅲ式盂1件，A型Ⅱ式豆1件	乙类	晚期Ⅴ段	
02M26	02T8西壁下，南邻02M28	95°	2.35×（0.17、0.75）—0.58	2.19×（0.70、0.50）—（0.60、0.37）	0.10×0.22		未见尸骨	未见随葬品	乙类	不详	
02M27	02T7南部，北邻一座残墓	105°	2.31×（0.65、0.54）—0.51	残长2.20×（0.57、0.30）—0.42（头）	0.08×0.23	7°	仰身直肢	13件：Aa型Ⅰ式长颈罐1件，Aa型Ⅰ式长颈罐1件，Bc型Ⅰ式长颈罐1件，B型Ⅱ式平底罐4件，Ⅲ式小底杯5件，铜镞1件	乙类	晚期Ⅲ段	
02M28	02T8西壁下，北邻02M26，南邻02M40	70°	2.14×（0.72、0.61）—0.60	2.06×（0.65、0.51）—（0.58、0.42）	0.14×0.23		葬式不明	12件：B型Ⅰ式小底罐1件，B型Ⅱ式平底罐7件，Ⅰ式平底杯4件	乙类	早期Ⅱ段	
02M29	02T9南部，北邻02M30，南邻02M36	65°	1.42×（0.60、0.45）—（0.47、0.40）	1.29×（0.50、0.37）—（0.43、0.34）			葬式不明	未见随葬品	甲A类	不详	

续附表

编号	探方位置	方向	墓扩 长×宽－深	石棺 长×宽－高	头箱 宽×高	盖板坡度	葬式	随葬器物	分类	分期分段	备注
02M30	02T9中部，南邻02M29	65°	2.49×（0.95、0.67）－（0.58、0.40）	2.25×（0.60、0.52）－（0.52、0.26）	0.06×0.15		二次葬	未见随葬品	乙类	不详	
02M31	02T10西北部	115°	2.11×（0.78、0.56）－（0.60、0.50）	0.90×0.50－0.41（足）			未见尸骨	未见随葬品	不详	不详	头端已残
02M33	02T1北扩方的北部，西部02M38	160°	揭露长1.59×0.82－1.20（头）	揭露长1.36×0.65－0.83（头）	0.07×0.23 0.06×0.19		未见尸骨	13件：Aa型II式长颈罐5件、Bb型I式长颈罐1件、A型II式鬶1件、II式II式尖底豆2件、II式小底杯3件	丙类	早期II段	足端部分被压于探方北壁下
02M34	02T1北部扩方的东北部	160°	揭露长1.83×0.67－0.90（头）	揭露长1.74×0.56－0.87（头）	0.06×0.30		未见尸骨	8件：C型I式双耳罐2件、Ba型II式长颈罐2件、III式盂1件、B型III式凹底罐3件	乙类	晚期V段	足端部分被压于探方北壁下
02M35	02T18东北部	170°	揭露长1.69×0.87－1.61（头）	揭露长1.47×0.64－0.85（头）	0.06×0.35		葬式不明	71件：A型II式纺轮3件、铜管珠6枚、铜泡钉21枚、贝甲、牙类4枚、骨管珠27枚	乙类	晚期V段	足端部分被压于探方北壁下
02M36	02T9西南角，东北邻02M29	68°	2.71×（0.83、0.73）－（0.67、0.50）	2.48×（0.66、0.61）－（0.54、0.45）	0.09×0.23		仰身直肢	7件：Aa型II式长颈罐3件、Ba型I式长颈罐1件、II式平底杯3件	乙类	早期II段	
02M37	02T1北扩方西北角，东邻02M38	160°	揭露长1.61×0.75－1.00（头）	揭露长1.54×0.55－0.75	0.07×0.26		未见尸骨	2件：B型II式双耳罐1件、另1件罐已残	乙类	晚期V段	足端叠压在探方北壁下
02M38	02T1北扩方北部、东邻02M33、西部02M37。方向约	162°	揭露长1.41×0.70－1.17（头）	揭露长1.24×0.57－0.77	0.05×0.30 0.06×0.26		未见尸骨	5件：Aa型II式长颈罐2件、Ab型II式及Bc型II式长颈罐各1件、A型I式豆1件	丙类	晚期IV段	足端部分叠压于探方北壁下
02M40	02T9西南角，北邻02M28	75°	2.27×（0.60、0.52）－（0.71、1.05）	2.03×（0.57、0.56）－（0.46、0.37）		6°	二次葬	未见随葬器	甲A类	不详	
02M41	02T24中部，东邻02M42	141°	2.48×（0.70、0.55）－（0.75、0.47）	2.23×（0.57、0.69）－（0.39、0.38）	0.10×0.17	9°	二次捡骨葬	10件：Ba型II式长颈罐5件、Bc型II式长颈罐1件、IV式小底杯3件、B型II式凹底杯1件	乙类	晚期IV段	

续附表

编号	探方位置	方向	墓圹 长×宽-深	石椁 长×宽-高	头箱 宽×高	盖板坡度	葬式	随葬器物	分类	分期分段	备注
02M42	02T24东北部，西邻02M41	129°	2.16×（0.82、0.81、0.53）	1.98×（0.59、0.42）—（0.75、0.45）	0.13×0.22		仰身直肢	罐碎片	乙类	不详	
02M45	02T25西北部，西南邻02M46	120°	2.11×（0.69、0.50）—（0.57、0.35）	1.91×（0.59、0.42）—（0.50、0.31）	0.03×0.20 0.06×0.17		葬式不明	31件：B型II式及III式小底罐盖7件，A型I式器盖7件，B型I式及II式凹底杯1件，II式盂1件	丙类	晚期III段	
02M46	2002T25西壁，东北邻02M45	120°	2.21×（0.64、0.58）—（0.44、0.42）	1.80×（0.49、0.34）—（0.44、0.32）	0.05×0.24 0.05×0.17		二次葬	29件：B型II式小底罐7件，III式小底罐5件，III式小器盖8件，A型I式、II式及III式纺轮各1件	丙类	晚期III段	
02M48	2002T26西北角。东邻02M49，东南、西三面均邻残墓一座	142°	2.58×（0.81、0.82）—（0.72、0.53）	2.41×（0.54、0.40）—（0.64、0.04）	0.05×0.34 0.06×0.22	7°	未见尸骨	34件：B型I式双耳罐1件，B型II式单耳罐4件，B型II式单耳罐5件，Aa型III式长颈罐6件，Bc型III式长颈罐2件，A型III式凹底杯1件，B型III式凹底杯10件，A型III式豆3件，III式盂2件，铜帽形器1件	丙类	晚期V段	
02M49	2002T26北部，西邻02M48	140°	残长0.60×0.30（头）	不详			未见尸骨	6件：B型I式小底罐2件，III式小底杯3件，B型II式器盖1件	不详	晚期III段	
03M1	03T4西北角，西南邻03M2，东南邻03M15	115°	2.16×（0.71、0.65）—（0.50、0.76）	2.06×（0.55、0.37）—（0.55、0.35）			未见尸骨	3件：A型II式纺轮1件，A型II式纺轮碎片1件，B型I式器盖1件	甲A类	早期II段	
03M4	03T1西南部，北邻03M3	105°	2.27×（0.64、0.60）—（0.88、1.13）	2.00×（0.53、0.43）—（0.52、0.44）		9°	未见尸骨	未见随葬品	甲A类	不详	
03M5	03T3西北部，南邻03M18	115°	2.28×（0.87、0.75）—（0.70、1.00）	2.16×（0.80、0.57）—（0.43、0.38）		10°	未见尸骨	未见随葬品	甲A类	不详	
03M6	03T8南部，北邻03M7	112°	2.57×（0.74、0.70）—（0.70、0.55）	2.30×（0.54、0.59）—（0.52、0.39）	0.10×0.15 0.07×0.15	6°	葬式不明	15件：A型II式单耳罐1件，B型I式平底罐7件，B型II式及II式凹底杯7件，B型I式及II式器盖各1件，B型I式双孔石饰1件	丙类	早期II段	

续附表

编号	探方位置	方向	墓圹 长×宽—深	石棺 长×宽—高	石棺 头箱 宽×高	石棺 盖板坡度	葬式	随葬器物	分类	分期分段	备注
03M8	03T7东部，西北邻03M30	105°	揭露长1.69×0.65—0.68（足）	揭露长1.58×0.32—0.29（足）		7°	未见尸骨	未见随葬品	不详	不详	头端被压于探方东壁下
03M10	03T6中部偏北，北邻03M9，南邻03M11	105°	不详	不详			未见尸骨	3件：B型II式平底罐2件，A型II式纺轮1件	不详	晚期III段	
03M11	03T6中部偏南，北邻03M10，南邻03M12	105°	2.17×（0.96、0.62）—（0.75、1.08）	2.10×（0.85、0.42）—（0.57、0.42）			未见尸骨	未见随葬品	甲A类	不详	
03M13	03T2东南部	105°	2.53×（0.66、0.55）—（0.64、0.88）	1.06×0.44—0.43			未见尸骨	13件：B型II式双耳罐1件，Aa型III式长颈罐2件，Ba型III式长颈罐2件，Bb型III式长颈罐2件，A型I式豆1件，Ba型II式豆2件，Ba型III式豆3件	不详	晚期V段	头端已毁
03M14	03T11西南角	145°	2.48×（0.72、0.60）—（0.54、0.60）	2.41×（0.68、0.54）—0.44（足）			仰身直肢	1件：铜簇	不详	不详	头端已毁
03M15	2003T4东部	115°	2.44×（0.81、0.63）—（0.67、0.74）	2.20×（0.55、0.40）—（0.66、0.38）	0.08×0.20	15°	仰身直肢	7件：Aa型I式长颈罐3件，A型I式豆1件，B型I式凹底杯3件	乙类	晚期IV段	
03M16	03T9中部偏南	113°	1.98×（0.55、0.52）—（0.50、0.60）	1.80×（0.46、0.47）—（0.44、0.45）			葬式不明	10件，选标本7件：B型II式平底罐4件，B型I式器盖2件，B型I式凹底杯1件	甲A类	晚期III段	
03M19	2003T13中部，东北邻03M20，南邻03M21	145°	2.13×（0.63、0.54）—（0.49、0.50）	2.08×（0.55、0.35）—（0.50、0.37）			仰身直肢	4件：Ab型I式、B型I式、C型II式双耳罐各1件，Bb型II式长颈罐1件	甲A类	晚期V段	
03M20	03T13东北部，西南邻03M19	150°	1.93×（0.66、0.55）	不详			仰身直肢	4件，标本3件：B型II式单耳罐1件，B型I式双耳罐1件，III式盂1件	不详	晚期V段	石棺已毁，棺板无存

续附表

编号	探方位置	方向	墓扩 长×宽-深	石棺 长×宽-高	头箱 宽×高	盖板坡度	葬式	随葬器物	分类	分期分段	备注
03M21	003T13南部，西南邻残墓1座	133°	2.25×（0.74、0.65）-（0.70、0.62）	2.05×（0.56、0.42）-（0.62、0.54）	0.11×0.20		未见尸骨	2件：C型I式双耳罐1件，Bc型III式长颈罐1件	乙类	晚期V段	
03M22	03T14西部，东邻03M25							5件：B型II式双耳罐1件，B型II式单耳罐1件，Bb型II式长颈罐1件，Ba型IV式豆2件	甲C类	晚期IV段	器物坑位于03M29头箱上
03M24	03T16北部，西南邻03M23	120°	2.24×（0.82、0.57）-（0.68、0.60）	2.07×（0.71、0.44）-（0.58、0.45）	0.10×0.15		未见尸骨	Aa型II式长颈罐1件，Ba型II式长颈罐3件，Ba型II式豆1件，I式盂1件，A型II式器盖6件，B型II式凹底杯1件	乙类	晚期IV段	
03M25	03T14中部偏西，西邻03M22	145°	2.63×（0.81、0.73）-（1.16、1.37）	2.35×（0.70、0.54）-（0.75、0.47）	0.04×0.22 0.07×0.11	7°	未见尸骨	Ba型III式长颈罐1件	丙类	晚期IV段	盖板上有器物坑03H28
03H28	03T14中部偏西，编西南邻03M22							14件：Aa型II式长颈罐1件，Ba型II式长颈罐2件，Bb型II式长颈罐2件，A型I式豆2件，Ba型II式豆4件，Ba型III式豆2件，B型I式器盖1件	甲C类	晚期IV段	叠压于03M25头端之上
03M26	03T20东北部	105°	2.10×（0.72、0.66）-（0.66、0.60）	1.79×（0.49、0.47）-（0.51、0.40）	0.06×0.29 0.05×0.20	10°	未见尸骨	罐残片	丙类	不详	
03M27	03T21南部，东北邻03M28	145°	2.25×（0.68、0.58）-（1.09、1.24）	2.05×（0.51、0.44）-（0.59、0.43）	0.06×0.14		未见尸骨	7件：Aa型I式单耳罐1件，Aa型II式长颈罐2件，A型II式长颈罐1件，B型II式豆1件，铜管珠1件	乙类	晚期IV段	
03M28	03T21东南部，西南邻03M27	145°	2.20×（0.75、0.63）-（0.73、0.77）	1.89×（0.55、0.45）-（0.59、0.39）		7°	未见尸骨	2件，标本1件：Ba型长颈罐	甲A类	晚期IV段	
03M29	03T14西部，东邻03M25	120°	2.80×（0.80、0.72）-（0.76、1.10）	2.60×（0.68、0.51）-（0.70、0.50）	0.09×0.20	8°，	未见尸骨	13件：Aa型II式长颈罐2件，Ab型II式长颈罐1件，Ba型II式长颈罐1件，Ba型III式长颈罐2件，Bb型II式长颈罐2件，Ba型IV式豆6件	乙类	晚期IV段	其头箱上有器物坑03M22

续附表

编号	探方位置	方向	墓圹 长×宽-深	石棺 长×宽-高	头箱 宽×高	盖板坡度	葬式	随葬器物	分类	分期分段	备注
03M30	03T7西北部，东南邻03M8，东北部残墓一座	115°	2.53×（0.85、0.75）—（0.70、1.00）	2.20×（0.59、0.47）—（0.52、0.32）	0.08×0.21	9°	葬式不明	未见随葬品	乙类	不详	
03M31	03T21西北角，东南邻03M27	150°	2.50×（0.87、0.72）—（0.75、1.40）	2.36×（0.67、0.50）—（0.67、0.39）	0.04×0.26 0.04×0.21	7°	未见尸骨	19件：B型II式平底罐9件，A型I式器盖1件，B型I式器盖9件	丙类	晚期III段	
03M33	03T14南扩方东南角	155°	揭露长1.41×0.62—0.63（头）	揭露1.34×0.50—0.55			未见尸骨	13件：Aa型II式长颈罐4件，Bc型II式长颈罐2件，Ba型II式豆6件，I式盂1件	不详	晚期V段	石棺头端压于探方的东、南壁下
03M34	03T31东北部，东邻残墓一座，西北邻03M36	160°	揭露长1.69×0.82—0.76（头）	揭露1.59×0.72—0.73（头）	0.02×0.15 0.05×0.14		葬式不明	14件：Aa型III式长颈罐2件，Aa型III式长颈罐4件，Ab型II式长颈罐2件，Bb型II式长颈罐2件，Ba型II式豆3件，Ba型IV式豆1件，B型II式凹底杯2件	丙类	晚期IV段	石棺足端压于探方北壁下
03M37	03T33东南部，东北邻03M38，西南邻残墓一座	130°	2.22×（0.75、0.65）—（0.56、0.61）	2.04×（0.52、0.36）—（0.47、0.33）	0.08×0.08	7°	仰身直肢	12件：Ba型III式长颈罐1件，Bb型II式长颈罐2件，筒型罐3件，B型II式凹底杯2件，IV式小底杯1件，Bb型II式纺轮2件，A型II式纺轮1件	乙类	晚期IV段	
03M39	03T35南部	160°	2.13×（0.77、0.55）—0.57	1.89×（0.62、0.39）—（0.70、0.54）	0.10×0.32		未见尸骨	11件：Aa型II式双耳罐1件，Aa型III式长颈罐4件，Bb型III式长颈罐2件，A型I式豆1件，B型II式凹底杯2件，B型III式器盖1件	乙类	晚期V段	
04M3	04T2东北部，东北邻04M2，西南邻04M4	115°	2.14×（0.61、0.50）—（0.52、0.49）	1.90×（0.49、0.38）—（0.50、0.32）			葬式不明	未见随葬品	甲A类	不详	
04M4	04T2东北部，东北邻04M3，西北邻04M3	135°	1.65×（0.57、0.50）—（0.51、0.47）	残长0.91×0.41—0.35（足）			葬式不明	5件：B型I式小底罐2件，A型II式单耳罐1件，II式小底杯2件	不详	早期II段	石棺头端部分被晚期沟打破
04M6	04T2西南部，东北邻04M5，西南邻04M7	135°	残长2.16×（0.70、0.49）—（0.32、0.36）	残长2.00×0.41—0.31（足）			葬式不明	2件：A型I式尖底罐1件，B型尖底罐1件	不详	早期I段	石棺头端部分被晚期沟打破

续附表

编号	探方位置	方向	墓圹 长×宽－深	石棺 长×宽－高	头箱 宽×高	盖板坡度	葬式	随葬器物	分类	分期分段	备注
04M9	04T2西部，西南邻04M10	135°	2.46×（0.82、0.69）－（0.35、0.34）	2.29×（0.74、0.35）－（0.53、0.31）			葬式不明	陶器残片	不详	不详	
04M10	04T2壁中部，东北邻04M9	135°	2.00×（0.75、0.70）－（0.46、0.50）	1.88×（0.51、0.44）－（0.51、0.29）		5°	未见尸骨	陶罐残片	甲A类	不详	
04M11	04T1东北部，西南邻04M12	140°	2.30×（0.55、0.45）－0.61、0.47）	残长2.12×（0.44、0.27）－0.52（足）			葬式不明	3件：A型I式单耳罐1件，I式陶簋1件，A型II式纺轮1件	甲A类	早期 I段	
04M12	04T1西南部，东北邻04M11	115°	1.15×（0.44、0.40）－（0.27、0.22）	0.71×（0.30、0.18）－（0.24、0.11）		6°	葬式不明	未见随葬品	甲B类		小孩墓
04M13	04T1中部	130°	2.33×（0.72、0.64）－（0.70、0.60）	2.17×（0.60、0.62）－（0.42、0.34）	0.10×0.20	14°	二次葬	残陶罐1件	乙类	不详	
04M15	04T1西南部，东北邻04M14	135°	2.40×（0.72、0.69）－（0.67、0.48）	残长2.33×0.42－0.34		6°	葬式不明	8件：Aa型I式双耳罐1件，B型II式小底罐1件，I式盏1件，II式簋1件，A型I式回底杯3件，A型II式纺轮1件	不详	晚期 III段	头端及右侧板缺失
04M17	04T1北部	115°	0.94×（0.44、0.42）－（0.47、0.40）	0.72×（0.35、0.35）－（0.34、0.25）			未见尸骨	未见随葬品	甲B类	不详	小孩墓
04M23	04T8北部，西南邻04M33	105°	2.29×（0.73、0.62）－0.66、0.67）	2.00×（0.62、0.59）－（0.40、0.40）	0.06×0.15	12°	仰身直肢	2件：B型III式小底罐1件，B型II式单耳罐1件	乙类	晚期 V段	
04M24	04T8中部偏南，东北邻04M33	110°	2.14×（0.75、0.65）－（0.77、0.78）	2.00×（0.62、0.68）－（0.46、0.49）			未见尸骨	1件：纺轮	不详	不详	
04M25	04T5西南角，东北邻04M26	120°	0.86×（0.37、0.25）－（0.30、0.26）	0.82×（0.34、0.30）－（0.21、0.26）		7°	葬式不明	未见随葬品	甲B类	不详	小孩墓

续附表

编号	探方位置	方向	墓圹 长×宽—深	石棺			葬式	随葬器物	分类	分期分段	备注
				长×宽—高	头箱 宽×高	盖板坡度					
04M26	04T5西南角，西南邻04M25	115°	0.86×（0.35、0.35）—（0.33、0.26）	0.82×（0.30、0.30）—（0.33、0.24）			葬式不明	未见随葬品	甲B类	不详	小孩墓
04M27	04T6西南，西南邻04M19	120°	2.08×（0.75、0.68）—（0.70、0.60）	2.02×（0.57、0.59）—（0.48、0.41）		5°	葬式不明	白色石子，铜管珠、陶纺轮、贝壳等	不详	不详	
04M30	04T4西南角，东北邻04M28，西南邻04M22	90°	1.95×（0.70、0.67）—（0.60、0.65）	1.69×（0.47、0.54）—（0.38、0.44）	0.08×0.16	8°	未见尸骨	9件：B型II式单耳罐1件，Aa型III式长颈罐2件，II式盂1件，III式盂2件，Ba型I式豆1件，B型II式器盖2件	乙类	晚期 V段	
04M31	04T6壁中部，北邻04M32，南邻04M34	90°	1.34×（0.47、0.48）—（0.48、0.38）	1.12×（0.35、0.37）—（0.28、0.27）		5°	葬式不明	未见随葬品	甲A类	不详	
04M32	04T6西北角，北邻04M22，南邻04M31	128°	2.61×（0.77、0.65）—（0.85、0.57）	2.41×（0.65、0.76）—（0.50、0.44）	0.09×0.24		二次葬	Ba型III式豆2件	乙类	晚期 IV段	
04M35								6件：B型I单耳罐1件，B型III式单耳罐2件，Aa型III式及Bb型III式长颈罐各1件，III式盂1件	不详		
04M38	04T12西南角	150°	2.68×（0.80、0.78）—（0.60、0.60）	2.52×（0.65、0.54）—（0.47、0.46）	0.05×0.26 0.05×0.17	9°	未见尸骨	24件：Aa型II式双耳罐1件，Ba型I式长颈罐1件，Ba型II式长颈罐5件，Ba型III式长颈罐6件，Bb型II式长颈罐3件，Ba型I式豆3件，Ba型III式豆5件，A型III式凹底杯2件	丙类	晚期 V段	
04M39	0013东南部，西邻04M40	160°	2.15×（0.50、0.70）	不详			未见尸骨	5件：Aa型II式长颈罐1件，Ba型I式豆1件，B型II式凹底杯2件，B型III式凹底杯1件	不详	晚期 IV段	
04M40	04T13南部，东邻04M39	156°	揭露长2.00×0.90（足）	不详			未见尸骨	3件：Aa型II式长颈罐1件，B型II式凹底杯2件	不详	晚期 IV段	

续附表

编号	探方位置	方向	墓圹 长×宽—深	石棺 长×宽—高	石棺 头箱 宽×高	石棺 盖板坡度	葬式	随葬器物	分类	分期分段	备注
04M42	04T9西部，北邻04M43，南邻残墓一座	115°	揭露长2.25×0.65（头）	不详			未见尸骨	I式盆1件	不详	早期 II段	
04M43	04T9西北角，西南邻04M42	125°	2.20×（0.82、0.76）—（0.61、0.46）	2.07×（0.67、0.53）—（0.61、0.39）	0.08×0.23	7°	葬式不明	12件：B型II式小底罐6件，Aa型II式长颈罐1件，B型II式凹底杯1件，A型I式器盖4件	乙类	晚期 III段	
06M1	06T1中部偏东，东北邻06M3，西南邻06M2	140°	1.90×（0.59、0.56）—（0.40、0.36）	1.85×（0.53、0.41）—（0.40、0.27）	0.09×0.14	6°	未见尸骨		乙类	不详	
06M2	06T1西南部，东北邻06M1	130°	2.61×（0.71、0.67）—（0.73、0.52）	2.51×（0.65、0.57）—（0.69、0.45）	0.06×0.44 0.09×0.20	9°	葬式不明	9件：Aa型III式长颈罐1件，Ba型III式长颈罐3件，Bc型III式长颈罐1件，A型IV式豆1件，Ba型III式豆1件，V式小底杯1件	丙类	晚期 IV段	
06M3	06T1东北角，西南邻06M1	135°	揭露长1.50×0.54—0.59（足）	揭露长1.37×0.46—0.49			葬式不明	11件：Aa型III式长颈罐2件，Bb型III式长颈罐2件，Bb型II式长颈罐1件，II式及III式盂各1件，A型II式纺轮2件	不详	晚期 V段	头端部分被压于探方东壁下
06M5	06T3西北角	125°	揭露长1.90×0.40（头）	不详			未见尸骨	15件：可辨器形10件，II式乳丁罐1件，Aa型II式长颈罐1件，IV式盂2件，B型III式器盖2件，A型II式纺轮1件，铜管珠4件	乙类	晚期 V段	
06M6	06T2中部，东北角，西南角各邻残墓一座	140°	2.60×（0.95、0.94）	不详			未见尸骨	III式盂1件		晚期 V段	
06M8	06T4南部，东北邻06M7	140°	揭露长1.67×0.51—0.37（足）	揭露长1.00×0.43—0.35			仰身直肢	未见随葬品	不详	不详	头端部分被压于南壁下
06M9	06T5东南角，西邻06M10	160°	0.97×（0.31、0.26）—0.42、0.32	0.82×（0.28、0.22）—（0.37、0.28）			未见尸骨	未见随葬品	甲B类	不详	小孩墓
06M10	06T5东南部，东邻06M9，西邻06M11	160°	0.76×（0.28、0.25）—（0.30、0.37）	0.67×（0.25、0.22）—（0.26、0.22）			未见尸骨	1件：A型II式平底罐1件	甲B类	晚期 III段	小孩墓

续附表

编号	探方位置	方向	墓圹 长×宽－深	石棺 长×宽－高	头箱 宽×高	盖板坡度	葬式	随葬器物	分类	分期分段	备注
06M11	06T5南部偏东，东邻06M10，西邻06M12	164°	0.89×（0.34、0.33）－0.35	0.80×（0.30、0.30）－（0.27、0.32）			葬式不明	2件：A型II式平底罐	甲B类	晚期III段	小孩墓
06M12	06T5南部，东邻06M11	165°	0.93×（0.35、0.29）－（0.44、0.50）	0.89×（0.29、0.28）－（0.50、0.40）			未见尸骨	2件：Ab型双耳罐1件，A型II式平底罐1件	甲B类	晚期III段	小孩墓
06M13	2006T5西北角	165°	1.33×（0.46、0.36）－（0.70、0.63）	1.24×（0.42、0.33）－（0.70、0.61）			未见尸骨	未见随葬品	甲A类	不详	
06M14	06T7中部偏西，东邻06M15，西北邻06M17	160°	2.32×（0.70、0.70）－（0.65、0.57）	2.16×（0.53、0.52）－（0.55、0.51）			未见尸骨	未见随葬品	乙类	不详	
06M15	06T7中部偏东，东邻06M14，东南角均残墓一座	155°	2.49×（0.69、0.70）－（0.60、0.50）	1.10×0.53－0.46（足）			未见尸骨	Ab型双耳罐1件	不详	晚期III段	石棺腰部以上已被破坏
06M16	06T7西南角，西南角及东南角均残墓一座	150°	0.84×（0.46、0.40）－（0.34、0.29）	0.79×（0.36、0.32）－（0.27、0.28）			未见尸骨	未见随葬品	甲B类	不详	小孩墓
06M17	06T75西北角，东南邻06M14	150°	揭露长1.07×0.70.－1.00（头）	揭露长0.87×0.49－0.39（头）			未见尸骨	Bc型II式长颈罐1件	甲A类	晚期V段	墓腰部以下被压于探方北壁及西壁下
06M18	2006T6南角	170°	揭露长1.05×0.50－0.41	揭露长1.03×0.47－0.39（足）			未见尸骨	B型III式单耳罐3件	不详	晚期IV段	头端部分被压于探方南壁下
06M19	06T4西北角	120°	揭露长1.22×0.71－0.56（头）	揭露长1.20×0.66－0.50	0.04×0.21 0.05×0.18		未见尸骨	11件：B型III式小底罐7件，Ba型IV式豆1件	丙类	晚期IV段	足端部分被压于探方北壁及西壁下

附录一 营盘山石棺葬墓地出土人骨鉴定

魏 东 何锟宇 张 桦*

2000～2006 年成都文物考古研究所、阿坝州文物管理所和茂县羌族博物馆先后 5 次对营盘山遗址进行发掘，发现石棺葬 200 多座，为研究岷江上游石棺葬的分期、年代和葬俗等方面提供了非常宝贵的资料。

一 性别年龄鉴定

营盘山石棺葬数量众多，但多数已经被盗，破坏严重，人体骨骼保存更差，可供鉴定测量的标本很少，只有选择为数不多的骨骼、牙齿进行测量和鉴定，其结果并不能代表营盘山石棺葬人群的全貌。本文测量的方法采用邵象清编著的《人体测量手册》，[①] 牙齿磨耗级别的判断主要依据吴汝康、柏惠英关于第一臼齿、第二臼齿磨耗年龄变化的结论，[②] 并考虑古今人们的饮食习惯做出的判断。

由于材料太少，保存太差，对于营盘山石棺葬墓葬的性别比例和年龄结构方都暂无法做出较准确的统计，可以肯定的是以成年人为主，有少量未成年人分区埋葬。

二 部分骨骼的测量数据

由于大部分墓葬的骨骼已经扰乱毁坏，可供测量的材料很少，而且主要是肢骨，头骨少（表 1），难以从体质人类学方面对墓主人体骨骼的特征作出概括，现将几例测量过的标本介绍如下。

03SMYM20 保存的骨骼有下颌、坐骨、股骨、胫骨和腓骨，坐骨大切迹窄而深，为男性。下颌保存较好，仅左侧颏突稍有破损，牙齿仅保存右 P_2M_1，M_1 外侧齿冠磨平，磨耗级别为 5 级，年龄约 45～50 岁左右。下颌髁间宽 131.21 毫米，喙突间宽 105.73 毫米，下颌角间宽 102.13 毫米，颏孔间宽 35.12 毫米，下颌体长 71.22 毫米，下颌联合高 32.42 毫米，左侧下颌体高 I 为 29.12 毫米，右侧下颌体高 I 为 29.32 毫米，左侧下颌体高 II 为 25.31 毫米，右侧下颌体高 II 为 25.27 毫米，左侧下颌体高 I 为 12.63 毫米，右侧下颌体高 I 为 12.86 毫米，左侧下颌体厚 II 为 14.27 毫米，右侧下颌体厚 II 为 14.57 毫米。

---

*魏东、张桦：吉林大学边疆考古研究中心。何锟宇：成都文物考古研究所。
① 邵象清编著：《人体测量手册》，上海辞书出版社，1985 年。
② 吴汝康、柏惠英：《华北人颅骨臼齿磨损的年龄变化》，《古脊椎动物与古人类》第 9 卷，1965 年。

表1　营盘山石棺葬人体骨骼鉴定表

墓葬编号	性　别	年　龄
02MYM35	不详	25左右
03SMYM19	不详	成年
03SMYM20	男	45～50
03SMYM36	女？	成年
03SMYM37	不详	10～15岁
04SMYM9	女？	25左右
04SMYM25	不详	3～4岁
04SMYM26	不详	12～18
04SMYM35	男？	成年
06SMYM3	女	成年
06SMYM7	不详	成年
06SMYM8	不详	12～18岁
06SMYM9	不详	幼儿
06SMYM10	不详	幼儿
06SMYM11	不详	幼儿
06SMYM12	不详	幼儿
06SMYM13	不详	8～12岁

　　04SMYM9　　标本为右侧下颌，牙齿保存有 $C-M_2$，但 P_1 已脱落，M_1 齿尖磨平，刚磨耗出现 4 个小齿质点，磨耗级别为 3 级偏低，年龄 25 岁左右。下颌联合高 30.11 毫米，下颌体高 I 为 30.42 毫米，下颌体高 II 为 30.73 毫米，下颌体厚 I 为 12.08 毫米，下颌体厚 II 为 16.09 毫米。

　　06SMYM7　　仅保存胫骨与腓骨。右侧胫骨最大长 297.82 毫米，胫骨全长 278.92 毫米，胫骨长 290.21 毫米，胫骨生理长 287.43 毫米，胫骨上端宽 59.97 毫米，胫骨下端宽 41.12 毫米。左侧胫骨最大长 299.98 毫米，胫骨全长 278.22 毫米，胫骨长 291.01 毫米，胫骨生理长 285.43 毫米，胫骨上端宽 59.56 毫米，胫骨下端宽 42.52 毫米。

　　06SMYM8　　仅有下肢骨骼保存，骨骼关节多未愈合，为未成年人的骨骼，其中左侧胫骨保存较好，左胫骨最大长 28.73 毫米，近端宽 50.75 毫米，远端宽 40.66 毫米，胫骨下端矢状径 30.31 毫米。

三　从人骨鉴定看墓区的一些葬俗

　　根据发掘情况，可知营盘山石棺葬有幼儿墓葬分区埋葬的习俗。在 2006 年的发掘中，在营盘山的北坡下部发现 4 座幼儿墓葬并排排列，从保存的少量骨骼来看，年龄都不足 2 岁，有少量随葬品,主要为少量夹砂陶罐。另外,在该 4 座墓的西北方向(同一探方)还发现 1 座未成年人的墓。因此,我们认为,营盘山先民对墓地进行了一定的规划,未成年人墓主要埋葬在营盘山西北坡地离岷江最近的位置。

另外,通过对骨骼保存较好的墓主的性别判断,可以知道一些器物的随葬与性别有关系,这样有利于今后通过随葬品的差别来探讨性别的比例问题。如在 06SMYM3 中发现在一成年女性的左右髋骨处各随葬一个纺轮,这样就可以确认营盘山石棺葬中随葬有纺轮的墓主应该为女性,而不会像以前一样仅仅靠猜测。

小　结

虽然营盘山遗址石棺葬的人体骨骼数量少、保存较差,不足以统计出墓主的性别比例、年龄结构,但还是为研究岷江上游石棺葬的葬俗提供了宝贵材料,为将来研究石棺葬的人种学、病理学等方面积累了宝贵材料。

附录二　四川茂汶营盘山的石棺葬

茂汶羌族自治县文化馆

　　茂汶羌族自治县营盘山位于岷江东岸，北距茂汶县城五公里的地方。这是一处西北两面临江，东临深谷，背面是九顶山麓的山嘴形台地。南北长约 1000 米，东西最宽处为 200 米，高出岷江河床约 100 米。台地东高西低，坡度约 20°，土质系黄色黏土。一九七九年二月初，在营盘山基建工程中发现石棺葬群，我馆从二月五日至十六日，配合该工程清理已暴露的九座。参加清理工作的人员有李弟友、蒋宣忠。此外，我们于元月中旬曾在这里了一座已暴露在水沟边的同类墓葬（M1）。前后两次共清理了十座墓（图一），计出土遗物 250 余件（见后表）。现将这次清理所获报告于后。

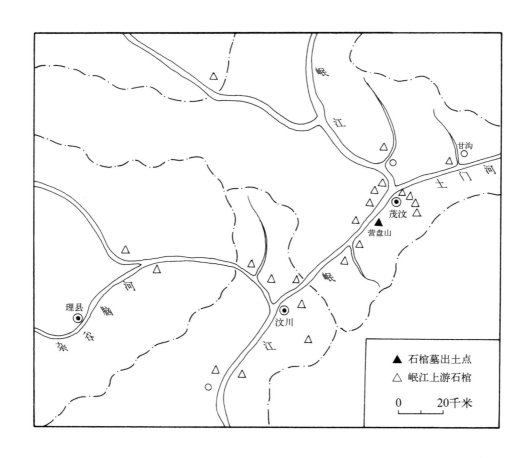

图一　石棺葬位置图

一　墓葬形制

　　岷江上游石棺墓的葬制，具有它独特的风格，此次在营盘山清理的十座墓皆系长方形竖穴土坑石棺墓。这十座墓排列很有规律，未发现彼此叠压关系，墓与墓之间保持了一米左右的距离，其中，成人墓的方向均在 25°至 45°之间，小孩墓在 60°至 70°之间。它们的葬制虽然相同，但系分区埋葬。

　　这批墓葬的石棺，在取材，结构和随葬物的多寡方面有着明显的差别。现分别举例说明。

　　M3　该墓较大与 M2 处于同一墓坑，两棺并排，间距为 0.42 米。墓口距地表深 0.45 米，上口长约 2.75、宽 2.20 米。墓坑深 0.80 米，墓底小于坑口，长 2.38、宽 2 米。石棺竖砌于土坑内，周围填以黄土。棺长 1.96 米，宽 0.58～0.41 米，高 0.78～0.58 米。棺由六块页岩石板砌成，两端各用一块石板做挡板，两边的棺壁各用两块石板砌成。石棺较为规整，厚约 3 厘米左右。由于坑内填土的挤压，棺口微向内收缩。死者即置于棺的泥底上面。棺内砌有内外两头箱，呈长方形，系用石板将棺内死者头前一段隔成。棺盖三层：下层系用六块石板从死者脚端向头端错叠盖于棺口上，形如阶梯，头的一端高于脚的一端，倾斜度约为 10°。中层是一层 0.08 至 0.30 米厚的黄土，并夹有一些不规整的石板和石块；上层盖以五块石板（图版肆，1、2；图二）。这种有三层的棺盖，极为罕见。这次清理的十座墓中，仅 M2 与之相似（图五，右下）。M2、M3 两墓，不仅石棺结构复杂，而且出土了丰富的遗物，即 M3 为 108 件，M2 为 59 件（图三、图四）。因此，我们认为从该墓丰富的遗物和石棺结构复杂等情况来看，可能表明墓主人是一个有较高社会地位和较多财富的部族上层人物。

　　M7　墓坑口深 0.86 米，长 2.70 米，宽 0.90 米；墓坑距地表深 1.26 米，上口长 2.30、宽 0.70 米。石棺长 1.80 米，宽 0.60～0.50 米，高 0.40～0.30 米。棺由七块条形石块砌成，而石块仅略加修整，极为粗糙。石棺两边的挡板，是随意用石块拼成，棺的两壁所用石板数量不等和规格不同。如：棺的左壁用三块较小的石块，而右壁则仅用两块较大的石板，致使两壁并不对称。同

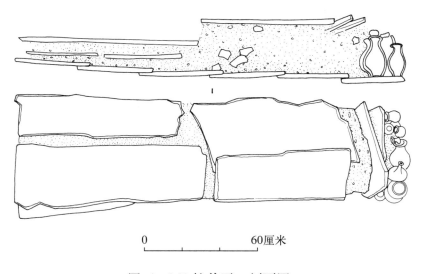

0　　　　　　60厘米

图二　M3 棺盖平、剖面图

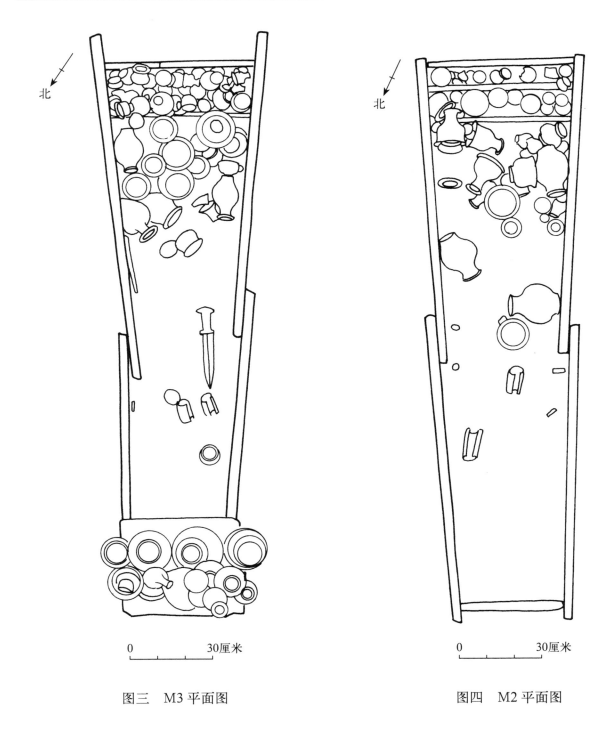

图三　M3 平面图　　　　　　　　　　　图四　M2 平面图

时该墓的殉葬遗物极少（图版肆，3；图六）。因此，我们认为墓主人，应是部族成员。这类墓葬，除 M7 外，尚有 M5（图八）、M9（图七）等六座。而这六座墓的石棺，虽然也取材粗糙，砌作草率简单，可是它们两壁的石板数量相等和均有一层棺盖（图九）。

　　十座募都是单身葬，其中葬式清楚的有四座，系仰身直肢葬。此外，上肢骨架不完整，仅见下肢有微屈现象的一座是 M7（图六）。其余各墓的骨架则腐朽严重，仅见少许残骨，故葬式不明。

图五　墓葬结构
M9 平面（左）　M2 棺盖上层（右下）　M2 器物分布（右上）

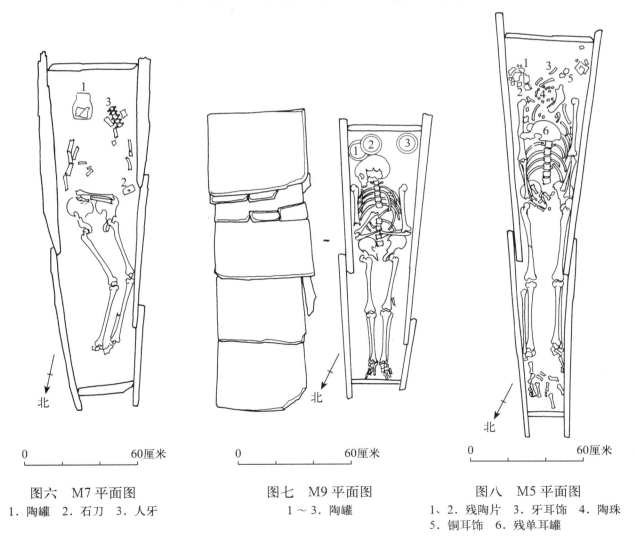

图六　M7 平面图
1. 陶罐　2. 石刀　3. 人牙

图七　M9 平面图
1～3. 陶罐

图八　M5 平面图
1、2. 残陶片　3. 牙耳饰　4. 陶珠
5. 铜耳饰　6. 残单耳罐

表一　四川茂汶营盘山石棺墓墓葬登记表

单位：厘米

墓号	方向	石棺结构 长	宽 东	宽 西	高 东	高 西	外头箱 长×宽	内头箱 长×宽	葬式	葬具	随葬器物 铜器	陶器	其他	保存情况	备注
1	45°	240	49	41	72	50	49×10	49×9	不明	石棺一具		Ⅰ2罐11、Ⅰ1单耳杯2、Ⅲ杯6			
2	33°	260	58	41	78	58	58×10	58×8	不明	石棺一具	构2、构形器2、管饰3、泡	Ⅰ1罐2、Ⅰ2罐23、Ⅰ豆形器3、Ⅱ豆形器3、Ⅰ单耳杯7、Ⅲ杯2、Ⅳ杯3、Ⅴ杯4、Ⅵ杯3、Ⅶ杯、Ⅷ式杯	绿松石珠2	完好	
3	25°	196	58	38	70	58	58×9	58×10	不明	石棺一具	剑2、构2、构形器2、泡5、镜	Ⅰ1罐2、Ⅰ2罐35、Ⅰ豆形器9、Ⅱ豆形器14、Ⅲ豆形器6、Ⅰ单耳杯11、Ⅱ杯4、Ⅲ杯、Ⅳ杯、Ⅴ杯2、Ⅵ杯7、Ⅷ杯、小瓶	石珠	完好	填土中有陶弹丸1件（残）
4	40°	227	60	40	70	30	60×10		不明	石棺一具	管10	Ⅹ杯、Ⅰ单耳杯、纺轮2	骨管饰34	棺盖已部分陷塌	
5	35°	210	52	24	54	30	52×10		仰身直肢	石棺一具	耳饰	Ⅰ单耳杯、Ⅸ杯、Ⅹ杯、珠7	牙耳饰	棺盖已部分陷塌	
6	35°	217	58	33	48	30			仰身直肢	石棺一具		纺轮	骨管饰2	棺盖已部分陷塌	
7	40°	180	60	50	40	30			微屈	石棺一具		Ⅱ1罐	石刀	自然扰乱	未发现棺盖
8	35°	218	60	34	64	76	60×18		仰身直肢	石棺一具		残陶片	石条、骨锥、骨管	棺盖已部分陷塌	从陶片中仅能辨出一件残陶器，器形不明
9	60°	139	49	32	37	23			仰身直肢	石棺一具		Ⅱ2罐3		完好	
10	70°	90	37	25	27	17			不明	石棺一具		Ⅱ2罐		完好	残陶器1件，器形不明

表中未注明件数者均为一件。

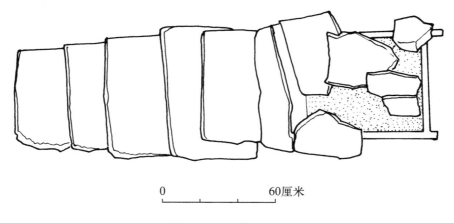

0　　　　　　60厘米

图九　M4 棺盖平面图

仰身直肢葬，除 M9 面向右外（图五，左；图七），其余均因头骨已朽或被棺内积水的漂浮和棺盖陷塌时挤压至靠近腹部的地方（图八）。能辨别上肢放置姿式的有三座，即 M5 双手平放于小腹（图版肆，4），M6 双手放于腹部，M9 双手一上一下放于胸前（图五，左；图七）。

二　出土遗物

十座石棺墓葬，共出遗物 250 余件（采集品三件在内）。其中绝大多数出自 M2、M3 和 M1 三座，其余各墓的随葬品，均只有数件。从随葬品的多寡来看，其贫富悬殊是比较明显的。

随葬陶器一般放在头箱内和死者头部至头箱之间。无头箱的墓葬，殉葬器物都放置在死者头部至挡板处。但有些墓的陶器，则由于早年棺内积水而漂离原来放置的部位。

这批墓葬的随葬器物，就其在墓内的分布情况来看，有下列几种。石棺的头箱内主要放置小型的罐、杯、豆形器等遗物，同时在小罐的口沿上放置小杯，配成一套，而且又多是两套上下叠放。但 M3 里的小豆形器置于这样配套杯罐之间，这也许表明杯、罐和小豆形器有使用上一定的关系。但就其造型来看，它们可能是成套的酒器。这类成套的器皿，在 M2、M3 和 M1 三墓的头箱内数量最多，但 M1、M2 两墓未出有较大的豆形器，而 M3 则出土有数量较多的大的豆形器。

其次头箱至死者的头部之间，主要是放置大型器物的地方，但也杂放少量小杯、小罐。墓主生前随身使用的物品，如剑、构形器、石刀、项饰等，则多在原佩戴的部位不变。

另外，M3 在死者脚端棺盖上还放置有两排殉葬器物，这是已清理的同类墓中仅有的一例。

无头箱的墓葬，殉葬遗物便放置在死者头部至挡板间。

这批遗物，可分为陶、铜、石、骨器等四类，现分述如下。

（一）陶器

陶器的器型复杂，数量最多。其中，生活用具有罐、豆形器、杯、瓶、管、珠六种，生产工具有纺轮，狩猎工具有弹丸。这批陶器绝大部分是实用器物。

陶质以细泥黑陶和细泥灰陶为最多，其余为夹砂粗红陶，绝大部分细泥黑陶和细泥灰陶火候较高，陶质极硬。夹砂粗泥陶火候极低，呈红色，故多破碎。

制法有轮制，模制和手制。纹饰简单，仅有旋涡纹和条纹等。

罐　七十九件。可分为两型：

Ⅰ型　共69件。分2式，陶质为细泥黑陶和灰陶，敞口，圆唇，短颈，鼓腹，平底，轮制。

1式四件。仅口外划有竖的条纹一周，腹上有三个乳丁，将腹身等分为三个部分，每部分均划有旋涡纹。M3∶8最小，口径10.8、腹径15.2、高17厘米（图版陆，2；图一〇，9；图一一，1）。M2∶30，口径11、腹径16、底径8、高18.5厘米（图一〇，6；图一一，2）。

2式六十五件。形式与1式相同，但无纹饰和乳丁。陶胎有黑、灰两色。M3∶105黑陶，最大，口径10.5、腹径16.5、底径7、高18厘米（图版陆，6；图一〇，8）。M3∶15最小，口径5、腹径6、底径3.2、高7.8厘米（图一一，4右）。M1∶15，灰陶，口径9.08、腹径13.7、底径7.6、高16.4厘米（图版柒，1；图一〇，10）。M2∶16，口径5.5、腹径8、底径4.5、高9.5厘米，有鋬耳（图版伍，2）。M2∶10，颈略粗（图一一，4左）。

Ⅱ型　共10件。夹砂红陶，素面无纹，捏制。腹较长，颈较短或无颈。分二式。

1式五件。有鋬耳，弧腹，直口，平底。M7∶1口径7、腹径9.5、底径6.5、高11.5厘米（图一〇，20）。另外采集1件，鋬耳的相对部分处有一乳丁。口径7.2、腹径8.5、底径5.2、高10厘米（图一〇，21；图一一，3）。

2式五件。M10∶1，口径6.3、腹径8.2、底径5、高9.6厘米（图版陆，5；图一〇，11）。

陶豆形器　共三十五件。有细泥黑陶和细泥灰陶两种，均侈口，高圈足，轮制，黑陶表面磨光。分两型：

Ⅰ型　12件。鼓腹。M3∶31最大，黑陶质。口径16.3、通高16、圈足高6.5厘米（图版伍，3；图一〇，1）。M3∶100最小，口径10.8、通高10.3、圈足高4.5厘米（图一二，5）。M3∶88灰陶，口径15.2、通高14、圈足高6厘米（图一二，6）。

Ⅱ型　23件。斜腹。M3∶99灰陶，口径7.6、通高7、圈足高2.5厘米（图版伍，6；图一〇，2）。M2∶56较小，黑陶，口径5.8、通高4.3、圈足高1厘米（图一〇，3；图一二，1）。

陶杯　有细泥黑陶和灰陶两种，部分表面磨光，轮制。共61件，分十式：

Ⅰ式单耳杯二十一件。细泥黑陶，有鋬耳，口微侈，鼓腹平底。M3∶12最大，口径12.5、腹径11.5、底径5.5、高8.5厘米（图版陆，4；图一〇，24；图一一，9）。M2∶24，口径10.5、腹径9、底径5、高6.5厘米（图一〇，23）。M3∶17圆唇，矮圈足，口径10、腹径9.5、底径4.7、高6厘米（图一〇，22）。

Ⅱ式五件。圆唇，鼓腹，平底。M3∶79，灰陶，口径11.5、腹径11.5、底径5.8、高7.5厘米（图一一，6）。M3∶78，最小，黑陶，口径8.5、腹径8.5、底径5、高9厘米（图版伍，4）。

Ⅲ式十二件。细泥黑陶，口微侈，鼓腹，底有平底和圈足两种。M1∶1最大，口径8、腹径6.8、底径3、高6厘米（图版伍，1；图一〇，12；图一一，5）。M1∶11最小，口径7、腹径5.8、底径3、高4厘米（图一〇，13）。

图一〇　陶器

1. Ⅰ型豆形器 M3：31　2、3. Ⅱ型豆形器 M3：99、M2：56　4、5. Ⅹ式杯 M4：2、M5：6　6、9. Ⅰ型1式罐 M2：30、M3：8　7. 小陶瓶 M3：101　8、10. Ⅰ型2式罐 M3：105、M1：15　11. Ⅱ型2式罐 M10：1　12、13. Ⅲ式杯 M1：1、M1：11　14. Ⅴ式杯 M3：58　15、16. Ⅵ式杯 M3：35、M3：74　17. Ⅶ式杯 M2：52　18. Ⅷ式杯 M2：14　19. Ⅸ式杯 M5：5　20. Ⅱ型1式罐 M7：1　21. Ⅱ型1式罐（采集）　22～24. Ⅰ式单耳杯 M3：17、M2：24、M3：12　（2～5、7、11～24 为2/5，余1/5）

　　Ⅳ式四件。口微侈，鼓腹，平底，形如釜。M3∶44最大，黑陶，口径5.5、底径3、高3.3厘米（图一二，2）。

　　Ⅴ式九件。细泥黑陶。平口，鼓腹，平底，形如鑑。M3∶58口径6、底径2.5、高2.3厘米（图一○，l4；图一二，3）。

　　Ⅵ式十件。侈口斜腹，平底。M3∶35最大，灰陶，口径7、底径3.3、高2.5厘米（图一○，l5；图一二，4）。M3∶74最小，黑陶，口径6.5、底径3.2、高2厘米（图一○，16）。

　　Ⅶ式一件。黑陶。宽沿，侈口，直腹，平底。M2∶52口径5、高3厘米（图版伍，5；图一○，17）。

　　Ⅷ式二件。黑陶。侈口，腹内收，平底，M2∶14口径5、底径3.6、高2厘米（图版陆，3；

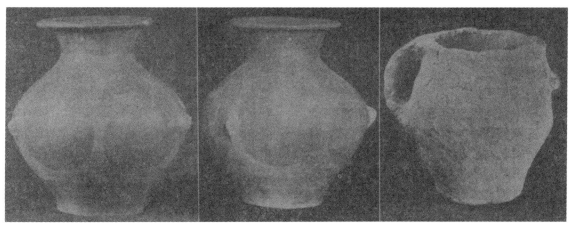

1．Ⅰ型1式罐（M3∶8）　　　2．Ⅰ型1式罐（M2∶30）　　　3．Ⅱ型1式罐（采集）

4．Ⅰ型2式罐（M2∶10、M3∶15）　　5．Ⅲ式杯（M1∶1）　　　6．Ⅱ式杯（M3∶79）

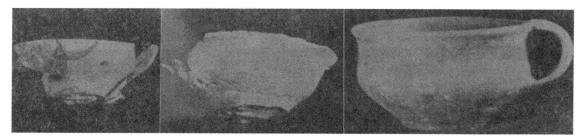

7．Ⅹ式杯（M5∶6）　　　8．Ⅹ式杯（M4∶2）　　　9．Ⅰ式单耳杯（M3∶12）

图一一　陶器

1．Ⅱ型豆形器（M2：56）　2．Ⅳ式杯（M3：44）　3．Ⅴ式杯（M3：58）　4．Ⅵ式杯（M3：35）

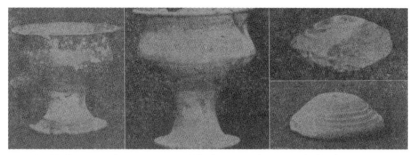

5．Ⅰ型豆形器（M3：100）　6．Ⅰ型豆形器（M3：88）　7．陶纺轮（M6：2、M4：4）

图一二　陶器

图一〇，18）。

Ⅸ式一件。黑陶。M5：5直口，圆唇，斜腹，平底。口径5.2、腹径4.5、底径3.2、高3厘米（图版柒，2；图一〇，19）。

Ⅹ式二件。敞口尖底，夹砂红陶质，直口和平口各一件。弧腹。M4：2侈口，口径9.2、高3.8厘米（图一〇，4；图一一，8）。M5：6直口，口径8.7、高3.8厘米（图一〇，5；图一一，7）。

小陶瓶　1件（M3：101）。夹砂粗灰陶，捏制。侈口，细颈，腹扁圆，肩有一耳，圜底。口径2.4、高5.3厘米（图版陆，1；图一〇，7）。

陶纺轮　3件（M4：4）。高1.2、底径3.5厘米。身有轮纹（图一二，7下；图一六，5）。M6：2红陶。高1.5、底径4厘米。身有轮纹（图一二，7上；图一六，6）。

陶管　1件（图一三，右）。

陶珠　均扁平，中有穿（图一三，左）。

图一三　陶珠（M5：3）和陶管（M3：64）

（二）铜器

铜剑　2件。M3：4，剑身、柄均扁平，身柄间的一侧有扁平钩形格，首扁平，两端大小不一，身柄中有脊隆起。身长16.3、身宽3.6、柄长8.5、柄宽2.3、通长24.8厘米（图版柒，4；图一四，1）。M3：5与第一件基本相同，但在剑身近格处，脊的两侧，各有条纹三行，柄脊的两侧均铸有突出的点纹一行。首两端长度略有不同，身长20、身宽3.5、柄长9.2、柄宽2、通长29.2厘米（图版柒，5；图一四，2）。从它铸造较为粗糙、原始看，应是我省石棺葬文化中最早的铜剑。

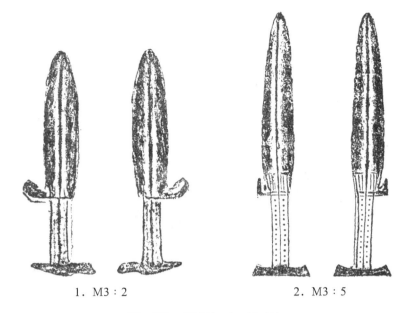

1. M3∶2   2. M3∶5

图一四   铜剑拓本（1/4）

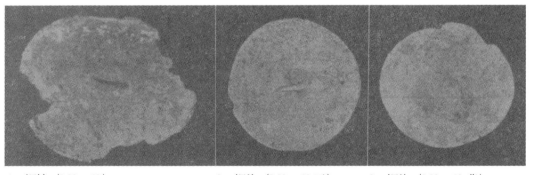

1. 铜镜（M3∶62）   2. 铜泡（M3∶69正）   3. 铜泡（M3∶69背）

图一五   铜器

　　铜镜　1件（M3∶62）。镜表微凸，背面中部有一钮。直径6.3厘米，镜身较薄，铸造原始。这也应是我省石棺葬文化中最早的铜镜（图一五，1）。

　　铜泡　5件。泡面中隆起，另一面中有一钮，M3∶69直径6.3厘米（图一五，2、3；图一六，1）。

　　铜构　4件。M2、M3各出土两件。M3∶2两件，长的9、宽15.8厘米（图版柒，6）。M3∶2小的长8.3、宽15.8厘米。M2∶44长8.3、宽12厘米。均卷作筒形。

　　铜构形器　3件。均在头箱里发现。M2∶48最大，长10.6、宽16厘米。四角各有穿，中有一陶罐，用途不明。M3∶60最小，长6、宽18.5厘米。两侧各有一穿，穿径2毫米。

　　铜管　2件。大的长7、管径0.6厘米。M4∶1管孔内还保存有绳索（图一七，4）。小的长3.5、管径1.1厘米。M2∶55中间尚存木棒（图一七，2）。

（三）骨器

骨锥　1件（M8：6）。长7厘米（图一六，2；图一七，1）。

牙耳饰　1件（M5：2）。端尖，尾的一穿，表面光亮，长5.5厘米（图一六，3；图一七，3）。

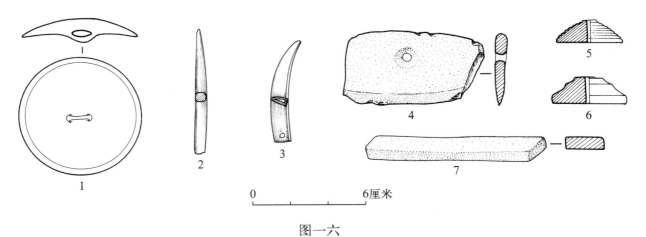

图一六

1. 铜泡 M3：69　2. 骨锥 M8：6　3. 牙耳饰 M5：2　4. 石刀 M7：2　5、6. 陶纺轮 M4：4　7. 石条 M8：1

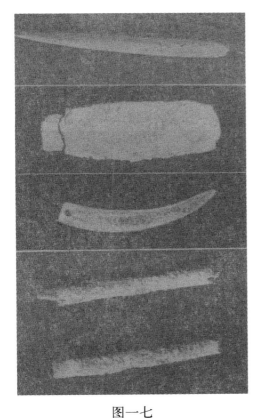

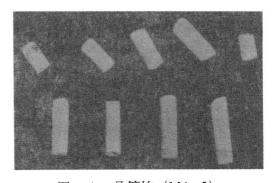

图一八　骨管饰（M4：5）

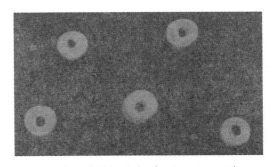

图一九　绿松石珠（M2：42、43）

图一七

1. 骨锥（M8：6）　2. 铜管（M2：55）
3. 牙耳饰（M5：2）　4. 铜管（M4：1）

骨管饰 34件（M4：5）。最长2、最短0.7、管径0.5厘米（图一八）。

绿松石珠 2件。中空，折腰，轮形。珠径1.2、孔径0.5厘米（图一九）。

（四）石器

石刀 1件（M7：2）。中有一穿，系两面凿成。一面磨光。长6.8、宽4.2厘米（图一六，4；图二〇，上）。

石条 1件（M8：1）。长9、宽2.2、厚0.7厘米，用途不明（图一六，7；图二〇，下）。

关于营盘山石棺葬文化的一些问题，我们仅提出以下的初步意见，以供参考。

从文化特征来看，营盘山石棺葬出土的文物中，以陶器为主，其次为铜器，石器仅有两件。这里，我们首先对陶器中最有代表性的三乳丁和旋涡纹的陶罐进行分析。旋涡纹系在罐腹上轻划而成，与秦汉时的石棺墓出土的双耳陶罐腹部作隆起状的旋涡纹的制作方法显然不同，但两者应有前后承袭关系。乳丁旋涡纹饰的陶罐应

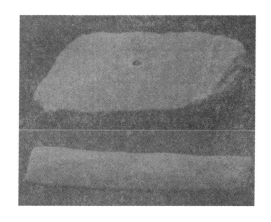

图二〇 石器
石刀（上，M7：2） 石条（下，M8：1）

是隆起旋涡纹双耳陶罐的雏形。此外，陶器中的高脚豆形器，单耳杯，尖底杯等，也具有一定特点，为我省已清理的秦汉时期石棺墓中所未见。

从出土的两柄铜剑的造型和铸造上来看，亦颇具特点；这类铜剑除前面已谈到的铸造较为原始粗糙外，剑格处的条纹和柄上的点纹，也可能是后来秦汉时期石棺葬文化的典型器物之一，即格作三叉形和柄饰有带状点纹铜剑的雏形。另外M3所出的一件素面铜镜，乃是我省出土的时代最早的一面铜镜。

营盘山石棺葬遗物的特征，应是我省较早的石棺葬文化，同时带有较浓厚的西北草原文化的色彩。由于没有出土各种半两钱和五铢等货币，也没有发现带有明显的汉文化特点的其他遗物。因此，不难看出，它一面较多地保留了石棺葬营建者所固有的文化特色；另一方面又表明我省秦汉时期石棺葬文化是它的承袭和发展。再从它出土有比石器为多的铜器和没有出土铁器的情况来看，故可能已从石器时代进入了铜器时代。关于这一群墓葬的时代，从上面对出土文物的分析，再结合它所处的地区偏僻，交通不便，文化发展自应较中原和成都平原均略为缓慢等因素来考虑，我们初步认为这批墓葬的时代应属于战国中、晚时期。

关于营盘山石棺葬的族属问题。茂汶地区在秦汉之际属湔氐道，汉武帝元鼎六年改置汶山郡，汉"宣帝乃省并蜀郡为北部都尉"。当时生活在这里的民族当是以《史记》、《汉书》所载的冉、駹为首的氐羌族之属。故《史记·西南夷列传》正义引《括地志》云："蜀西徼外羌，茂州、冉州本冉駹国地也"。《后汉书·冉駹夷传》则更云"其山有六夷、七羌、九氐，各有部落"。但是，在先秦时期尚无冉、駹之名和建置湔氐道以前，据古籍记载茂汶地区属古梁州之域，而聚居在这里的民族，即应系属于由西北河湟地区迁入最早的氐羌族人。他们是过着以牧畜为主的生活，故《华

阳国志·蜀志》上说"以汶山为畜牧"。因此，我们认为营盘山石棺葬的营建者即是较早居住在这里的古氐羌人。

执笔者　蒋宣忠

　　本文在编写中，承四川省文物管理委员会沈仲常、李复华等同志指导。插图蒙宝兴县文化馆杨文成同志协助绘制，照片由李弟友同志摄制，特此一并致谢。

（原载《考古》1981 年第 5 期）

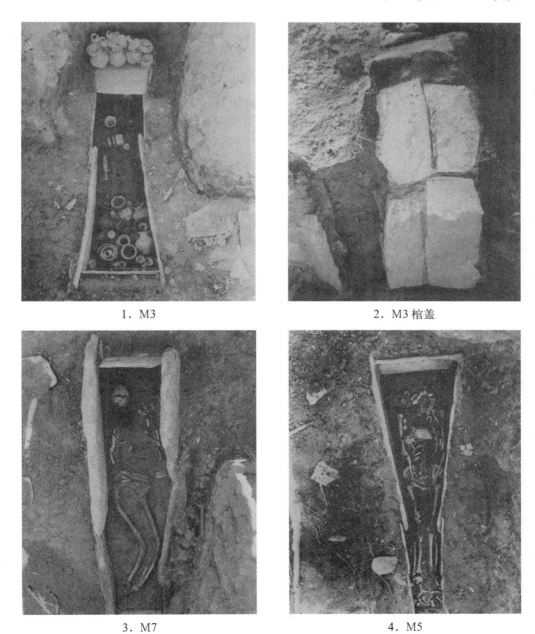

<table>
<tr><td>1．M3</td><td>2．M3 棺盖</td></tr>
<tr><td>3．M7</td><td>4．M5</td></tr>
</table>

图版肆　四川茂汶营盘山石棺葬及陶器

1. Ⅲ式杯（M1∶1）　　　　　　4. Ⅱ式杯（M3∶78）

2. Ⅰ型2式罐（M2∶16）　　　　5. Ⅶ式杯（M2∶52）

3. Ⅰ型豆形器（M3∶31）　　　　6. Ⅱ型豆形器（M3∶99）

图版伍　四川茂汶营盘山石棺葬陶器

1. 小瓶（M3∶101）

4. Ⅰ式单耳杯（M3∶12）

2. Ⅰ型1式罐（M3∶8）

5. Ⅱ型2式罐（M10∶1）

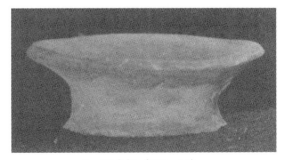

3. Ⅷ式杯（M2∶14）

6. Ⅰ型2式罐（M3∶105）

图版陆　四川茂汶营盘山石棺葬器物

1. Ⅰ型2式罐（M1：15）

2. Ⅸ式杯（M5：5）

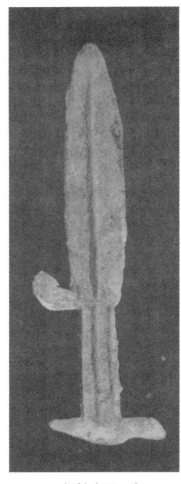

4. 铜剑（M3：4）

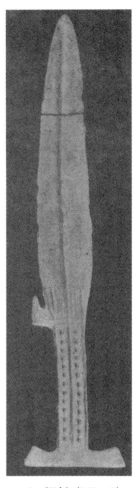

5. 铜剑（M3：5）

3. 铜构形器（M2：48）

6. 铜构（M3：2）

图版柒　四川茂汶营盘山石棺葬器物

附录三　营盘山及岷江上游石棺葬研究资料索引

陈　剑*

一　著作

1．杨迦怿、刘辅廷著、谢复源校注：《道光茂州志》（中国少数民族古籍丛书），四川茂县地方志编纂委员会办公室编印。

2．Albert J. Koop, *Early Chinese Bronzes*, London，1924.

3．童恩正：《古代的巴蜀》，四川人民出版社，1979 年。

4．罗世泽整理：《羌戈大战》，《木姐珠与斗安珠》，四川民族出版社，1983 年。

5．马长寿：《氐与羌》，上海人民出版社，1984 年。

6．任乃强：《羌族源流初探》，重庆出版社，1984 年。

7．冉光荣、李绍明、周锡银：《羌族史》，四川民族出版社，1984 年。

8．《羌族简史》编写组：《羌族简史》，四川民族出版社，1986 年。

9．童恩正：《中国西南民族考古论文集》，文物出版社，1990 年。

10．杨铭：《氐族史》，吉林教育出版社，1991 年。

11．李绍明、程贤敏编：《西南民族研究论文选》，四川大学出版社，1991 年。

12．霍巍、黄伟：《四川丧葬文化》，四川人民出版社，1992 年。

13．中国四川联合大学文学院历史系、日本早稻田大学长江流域文化调查队、冉光荣、（日）工藤元男主编：《四川岷江上游历史文化研究》，四川大学出版社，1996 年。

14．何光岳：《氐羌源流史》，江西教育出版社，2000 年。

15．石硕：《藏族族源与藏东古文明》（西藏文明研究系列），四川人民出版社，2001 年。

16．阿坝藏族羌族自治州文管所编：《阿坝文物览胜》，四川民族出版社，2002 年。

17．陈良伟：《丝绸之路河南道》，中国社会科学出版社，2002 年。

18．卢丁、工藤元男主编：《中国四川西部人文历史文化综合研究》（中国西部南北游牧文化走廊研究报告之 2），四川大学出版社，2003 年。

19．李绍明、周蜀蓉选编：《葛维汉民族学考古学论著》，巴蜀文化书系，华西研究丛书，四川出版集团巴蜀书社，2004 年。

＊陈剑：成都文物考古研究所。

20．郑德坤：《四川古代文化史》，巴蜀文化书系，华西研究丛书，四川出版集团巴蜀书社，2004 年。

21．宋治民：《宋治民考古文集》，科学出版社，2004 年 2 月。

22．陈春勤主编：《羌族研究文献资料索引》，四川出版集团巴蜀书社，2006 年。

23．《羌族简史》编写组：《羌族简史》，民族出版社，2008 年。

24．王明珂：《羌在汉藏之间：川西羌族的历史人类学研究》，中华书局，2009 年。

25．李绍明、松冈正子主编：《四川的羌族汶川大地震前后（1950 - 2009)》，日本风郷社，2009 年。

26．阿坝藏族羌族自治州文物管理所、成都文物考古研究所编：《中国西南地区石棺葬文化调查与发现 1938——2008》，四川大学出版社，2009 年。

27．耿少将：《羌族通史》，上海人民出版社，2010 年。

28．罗二虎：《文化与生态、社会、族群：川滇青藏民族走廊石棺葬研究》，科学出版社，2012 年。

29．茂县羌族博物馆、成都文物考古研究所、阿坝藏族羌族自治州文物管理所：《茂县牟托一号石棺墓》，文物出版社，2012 年。

30．陈苇：《先秦时期的青藏高原东麓》（四川省文物考古研究院博士文库），科学出版社，2012 年。

二　文章

1．D. C. Graham, An Archacological Find in the Chiang region, *Journal of the West China Border Research*, Vol. XV, 1944.

2．郑德坤：《理番石棺葬文化》（Cheng Te-k'un：The Slate Tomb Culture of Li Fan），《哈佛大学亚洲研究学报》（*Harvard Journal of Asiatic Studies*, Vol.9, No.2, Jun., 1946, P. 63–84, fig.1)。

3．郑德坤：《四川古代文化史》第六章《版岩葬文化》，华西大学博物馆专刊之一，1946 年 7 月。

4．冯汉骥：《岷江上游的石棺葬文化》，成都《工商工商导报·学林副刊》第 10 期，1951 年 5 月。

5．徐鹏章：《四川省藏族自治区发现大批古代文物》，《文物参考资料》1953 年第 3 期。

6．李绍明：《四川理县发现很多石棺葬》，《文物参考资料》1955 年第 7 期。

7．徐加良：《中国的巨石文化与石棺葬介绍》，《人文科学杂志》1958 年第 2 期。

8．林声：《从考古材料看古代云南和祖国各地的经济文化联系》，《学术研究》1961 年第 6 期。

9．胡昭曦：《论汉晋的氐羌和隋唐以后的羌族》，《历史研究》1963 年第 2 期。

10．李绍明：《关于羌族古代史的几个问题》，《历史研究》1963 年第 5 期。

11．凌曼立：《四川理县佳山寨史前拾遗》，《台湾大学考古人类学刊》第二十一、二十二期合刊，1963 年 11 月。

12．黄烈：《有关氐族来源与形成的一些问题》，《历史研究》1965 年第 2 期。

13．四川大学历史系考古教研室（林向、童恩正）：《四川理县汶川县考古调查简报》，《考古》

1965 年第 12 期。

14．冯汉骥、童恩正：《岷江上游的石棺葬》，《考古学报》1973 年第 2 期。

15．四川省博物馆赵殿增、高英民：《四川阿坝州发现汉墓》，《文物》1976 年第 11 期。

16．童恩正：《我国西南地区青铜剑的研究》，《考古学报》1977 年第 2 期。

17．童恩正：《四川西北地区石棺葬族属试探——附谈有关古代氐族的几个问题》，《思想战线》1978 年第 1 期。

18．童超：《关于"五胡"内迁的几个问题》，《山西大学学报（哲学社会科学版）》1979 年第 4 期。

19．童恩正：《我国西南地区青铜戈的研究》，《考古学报》1979 年第 4 期。

20．唐嘉弘：《试论四川西南地区石墓的族属》，《考古》1979 年第 5 期。

21．沈仲常、李复华：《关于"石棺葬文化"的几个问题》，《中国考古学会第一次年会论文集》，文物出版社，1980 年。

22．唐昌朴：《从龙溪考古调查看石棺葬文化的兴起与羌族的关系》（油印稿），西南师范学院历史系，1980 年 7 月。

23．陈宗祥、王家祐：《凉山彝族自治州大石墓族属试探》，《中国考古学会第一次年会论文集》，文物出版社，1980 年。

24．李绍明：《唐代西山诸羌考略》，《四川大学学报（哲学社会科学版）》1980 年第 1 期。

25．童恩正：《近年来中国西南民族地区战国秦汉时代的考古发现及其研究》，《考古学报》1980 年第 4 期。

26．冉光荣、李绍明、周锡银：《羌族地区的土司制度与"改土归流"》，《四川大学学报（哲学社会科学版）》1980 年第 4 期。

27．李绍明：《论氐和羌、戎的关系》，《西南民族学院学报（哲学社会科学版）》1980 年第 4 期。

28．李绍明、冉光荣、周锡银：《略论古代羌族社会的经济发展与民族融合》，《思想战线》1980 年第 6 期。

29．陈宗祥：《岷江上游石棺葬的族属初探》，《西南民族学院学报（哲学社会科学版）》1981 年第 1 期。

30．宋世坤：《中国西南地区铜柄铁剑研究》，《中国考古学会第三次年会文集》，文物出版社，1981 年。

31．茂汶羌族自治县文化馆（蒋宣忠）：《四川茂县营盘山的石棺葬》，《考古》1981 年第 5 期。

32．陈宗祥：《岷江上游石棺葬的族属初探》，《西南民族学院学报》1981 年第 1 期。

33．迟雷：《关于曲刃青铜短剑的若干问题》，《考古》1982 年第 1 期。

34．李汝能：《茂汶羌族地区没有经历过奴隶制社会阶段》，《西南民族学院学报（哲学社会科学版）》1982 年第 2 期。

35．童恩正：《中国西南地区民族研究在东南亚区域民族研究中的重要地位》，《云南社会科学》1982 年第 2 期。

36．里荟：《岷江上游的石棺葬》，《阿坝报》1982 年 5 月 29 日第 4 版。

37．蔡葵：《西南地区的"石板墓文化"》，云南大学西南边疆民族历史研究所编印《西南民族历史研究集刊》第 3 集，1982 年 8 月。

38．沈仲常：《从考古资料看羌族的白石崇拜遗俗》，《考古与文物》1982 年第 6 期。

39．宋治民：《四川西部石棺葬和大古墓的几个问题》，《中国考古学会第四次年会论文集》，文物出版社，1983 年。

40．四川省文管会、茂汶县文化馆：《四川茂汶羌族自治县石棺葬发掘报告》，《文物资料丛刊》第 7 辑，文物出版社，1983 年。

41．胡昌钰：《"扶桑"与玉米考辨》，《农业考古》1983 年第 2 期。

42．李复华、沈仲常：《石棺葬文化中所见的汉文化因素初探》，《考古与文物》1983 年第 4 期。

43．王明珂：《中国古代姜、羌、氐羌的研究》，台湾师范大学历史研究所硕士论文，1983 年。

44．林向：《〈羌戈大战〉的历史分析——兼论岷江上游石棺葬的族属》，《四川大学学报丛刊》（中国历史论丛）第 20 辑，1983 年。

45．曾文琼：《岷江上游石棺葬族属初探》，《中央民族学院学报》1984 年第 1 期。

46．李汝能：《岷江上游羌族的来源》，《西南民族学院学报（哲学社会科学版）》1984 年第 3 期。

47．王涵：《我国西南地区一种新的青铜文化》，《云南文物》1984 年第 15、16 期。

48．蒙默：《试论汉代西南民族中的"夷"与"羌"》，《历史研究》1985 年第 1 期。

49．冯汉骥、童恩正：《岷江上游的石棺葬》，《冯汉骥考古学论文集》，文物出版社，1985 年。

50．郑德坤著，杜光品译，秦学圣校：《理番石棺葬文化》，原载《哈佛大学亚洲研究学报》，译文载四川省文物管理委员会、四川省文物考古研究所《石棺葬译文资料集》，1985 年 5 月。

51．李汝能：《石棺葬与氐羌》，《茂汶风物》第 7 期，1985 年 8 月。

52．李淼：《西南地区"石棺葬的分区"》，《渡口文物·历史·民族研究资料选编》（第一辑），1985 年 9 月。

53．高维刚：《茂汶羌族自治县元、明时期的石棺葬》，《四川文物》1985 年第 3 期。

54．茂汶羌族自治县文化馆、蒋宣忠：《四川茂县别立、勒石村的石棺葬》，《文物资料丛刊》第 9 辑，文物出版社，1985 年。

55．罗开玉：《秦汉三国湔氐道、湔县考——兼论川西北的开发序列及其氐人诸题》，《四川师院学报（社会科学版）》1985 年第 3 期。

56．李汝能：《岷江上游石棺葬族属探讨》，《西南民族学院学报》（哲学社会科学版）1985 年第 4 期。

57．沈仲常、黄家祥：《白石崇拜遗俗考》，《文博》1985 年第 5 期。

58．邓廷良：《从民族调查看茂汶石棺葬的白石随葬》，《考古与文物》1985 年第 6 期。

59．林向：《周原卜辞中的"蜀"——兼论"早期蜀文化"与岷江上游石棺葬的族属之二》，《考古与文物》1985 年第 6 期。

60．宋治民：《大渡河南岸发现蜀式青铜剑》，《考古与文物》1985 年第 6 期。

61．刘士莪：《试论四川西部地区石板墓的葬俗和族属》，中国首届石棺葬学术讨论会论文，1985 年 11 月，四川攀枝花市。

63．周发成：《岷江上游的石棺葬文化》，《阿坝报》1985 年 11 月 2 日第 4 版。

64．邓廷良：《嘉戎族源初探》，《西南民族学院学报（社会科学版）》1986 年第 1 期。

65．李绍明：《六江流域民族考察述评》，《西南民族学院学报（社会科学版）》1986 年第 1 期。

66．徐南州：《古蜀王与四川石棺葬的关系》，《川南文博》1986 年第 1 期（总第 3 期）。

67．傅正初：《岷江上游石棺葬与蜀族之关系》，《川南文博》1986 年第 1 期（总第 3 期）。

68．木基元：《丽江金沙江河谷石棺葬初探》，《云南民族大学学报》（哲学社会科学版）1986 年第 1 期。

69．景爱：《石棺葬起源于对石的崇拜吗？》，《文物天地》1986 年第 2 期。

70．董其祥：《四川大石文化研究》，《重庆师范学院学报（哲学社会科学版）》1986 年第 2 期。

71．李复华、李绍明：《论岷江上游石棺葬文化的分期与族属》，《四川文物》1986 年第 2 期。

72．高维刚：《茂汶县石棺葬清理简报》，《四川文物》1986 年第 2 期。

73．赵殿增：《茂汶县撮箕山石棺葬墓地》，《中国考古学年鉴·1985》，文物出版社，1986 年。

74．孟帆主编：《中国石棺葬考古研究取得成果》，《中国年鉴·1986》。

75．徐学书：《岷江上游的石棺葬与嘉绒藏族》，《阿坝史志》试刊号 2，1986 年 8 月。

76．罗进勇：《茂汶石棺墓出土"青铜短剑"》，《四川文物》1987 年第 1 期。

77．童恩正：《中国西南地区的奴隶社会》，《天府新论》1987 年第 1 期。

78．郭发明：《关于"纵目人"的传说》，《文史杂志》1987 年第 1 期。

79．徐学书：《试论岷江上游"石棺葬"的源流》，《四川文物》1987 年第 2 期。

80．童恩正：《中国西南地区的奴隶社会（续一）》，《天府新论》1987 年第 2 期。

81．格勒：《新龙谷日的石棺葬及其族属问题》，《四川文物》1987 年第 3 期。

82．童恩正：《中国西南地区的奴隶社会（续二）》，《天府新论》1987 年第 3 期。

83．宋治民：《川西和滇西北的石棺葬》，《考古与文物》1987 年第 3 期。

84．罗开玉：《论秦汉道制》，《民族研究》1987 年第 5 期。

85．童恩正：《试论我国从东北到西南的边地半月形文化传播带》，《文物与考古论集》，文物出版社，1987 年。

86．阿坝藏族自治州文管所、理县文化馆：《四川理县佳山石棺葬发掘清理报告》，《南方民族考古（第一辑)》，四川大学出版社，1987 年。

87．宋治民：《云南西部地区一些青铜文化墓葬的初步探讨》，《南方民族考古（第一辑)》，四川大学出版社，1987 年。

88．张增祺：《云南滇池区域青铜文化内涵分析》，《南方民族考古（第一辑)》，四川大学出版社，1987 年。

89．张增祺：《云南青铜时代的"动物纹"牌饰及北方草原文化遗物》，《考古》1987 年第 9 期。

90．李昆声：《从云南考古材料看氐羌文化》，《思想战线》1988 年第 1 期。

91．格勒：《古代藏族同化、融合西山诸羌与嘉戎藏族的形成》，《西藏研究》1988 年第 2 期。

92．杨嘉铭：《四川甘孜阿坝地区的"高碉"文化》，《西南民族学院学报（哲学社会科学版）》1988 年第 3 期。

93．江章华：《浅谈三角形铜戈》，《成都文物》1988 年第 4 期。

94．何耀华：《试论古代羌人的地理分布》，《思想战线》1988 年第 4 期。

95．陈德安：《试论川西石棺葬文化与辛店文化及"唐汪式"陶器的关系》，《四川文物》1989 年第 1 期。

96．徐学书：《杂谷河下游西汉岩墓调查简报》，《四川文物》1989 年第 2 期。

97．范勇：《我国西南地区的青铜斧钺》，《考古学报》1989 年第 2 期。

98．阿坝州文管所：《杂谷河下游西汉岩墓调查简报》，《四川文物》1989 年第 2 期。

99．徐学书、孙敏、范永刚：《汶川发现西周时期蜀文化青铜罍》，《四川文物》1989 年第 4 期。

100．赵殿增：《四川十年考古收获》，《四川文物》1989 年第 5 期。

101．江章华：《巴蜀柳叶形剑渊源试探》，《四川文物》三星堆古蜀文化研究专辑，1989 年。

102．罗开玉：《川西南与滇西大石墓试析》，《考古》1989 年第 12 期。

103．扎西茨仁：《甘孜州石棺葬文化概述》，《康定民族高等师范专科学校学报》1990 年第 00 期。

104．刘世旭：《川西南大石墓与巴蜀文化之比较》，《四川文物》1990 年第 2 期。

105．林向：《〈羌戈大战〉的历史分析——兼论岷江上游石棺葬的族属》，载林向《巴蜀文化新论》，成都出版社，1990 年。

106．林向：《周原卜辞中的"蜀"——兼论"早期蜀文化"与岷江上游石棺葬的族属之二》，载林向《巴蜀文化新论》，成都出版社，1990 年。

107．罗进勇：《试论岷江上游"石棺葬"之族属》，《羌族历史文化文集》第二辑，1990 年。

108．徐学书：《蚕丛氏蜀人向东南亚的远征与东南亚青铜文化的产生之初步探讨》，第三次"中国南方及东南亚地区青铜文化国际学术讨论会"论文，1990 年。

109．陈国福：《甘洛"西番"尔苏人历史渊源试探》，《西南民族学院学报（哲学社会科学版）》1991 年第 2 期。

110．陈显丹：《四川省田野考古发掘及地面文物维修保护工作成绩显著》，《四川文物》1991 年第 2 期。

111．丁长芬：《我国西南地区的屈肢葬俗》，《四川文物》1991 年第 3 期。

112．范勇：《蚕丛氏的南迁》，《巴蜀历史·民族·考古·文化》，巴蜀书社，1991 年。

113．林向萧：《纳西族族源新说三疑——与诹访哲郎先生商榷》，《云南民族学院学报》1991 年第 4 期。

114．钟少异：《试论扁茎剑》，《考古学报》1992 年第 2 期。

115．徐学书、范永刚：《理县桃坪大石墓调查简报》，《四川文物》1992 年第 3 期。

116．阿坝藏族羌族自治州文管所：《理县桃坪大石墓调查简报》，《四川文物》1992 年第 3 期。

117．阿羌文、徐蔡：《四川茂县出土大批青铜器》，《中国文物报》1992 年 5 月 10 日。

118．罗开玉：《川滇西部及藏东石棺墓研究》，《考古学报》1992 年第 4 期。

119．刘弘：《凉山地区古墓葬多样性原因初探》，《四川文物》1992 年第 4 期。

120．陈显双：《试论宝兴县五龙瓦西沟石棺墓的时代》，《四川文物》1992 年第 6 期。

121．代刚：《康定"木雅"藏族部落历史初探》，《康定民族师专学报》1993 年第 1 期。

122．董古：《岷江上游石棺葬之谜》，《文史杂志》1993 年第 3 期。

123．刘世旭：《略论"西南丝绸之路"出土的海贝和贝币》，《四川文物》1993 年第 5 期。

124．徐学书：《从考古资料看蚕丛氏蜀人的南迁》，《四川文物》1993 年第 6 期。

125．胡谦盈：《南邠碾子坡先周墓葬和西周墓群——周人早期葬俗探讨之一》，《中国考古学论丛——中国社会科学院考古研究所建所 40 周年纪念》，科学出版社，1993 年。

126．汤清琦：《论中国萨满教文化带——从东北至西南边地的萨满教》，《宗教学研究》1993 年第 Z2 期。

127．王炜林：《紫阳马家营石棺墓初论》，《考古与文物》1994 年第 1 期。

128．郑应红、仁真洛色：《甘孜州藏族土葬习俗初探》，《西藏研究》1994 年第 1 期。

129．黄家祥：《先秦时期金沙江流域的古代文化交流》，《东南文化》1994 年第 1 期。

130．莫洪贵：《松潘县出土唐代开元通宝钱币》，《四川文物》1994 年第 1 期。

131．陈学志：《马尔康孔龙村发现石棺葬墓群》，《四川文物》1994 年第 1 期。

132．茂汶羌族自治县博物馆、阿坝藏族羌族自治州文物管理所：《四川茂县牟托一号石棺墓及陪葬坑清理简报》，《文物》1994 年第 3 期。

133．唐昌朴：《试论巴蜀石棺墓出土的黑灰陶》，《中南民族学院学报（哲学社会科学版）》1994 年第 4 期。

134．霍巍：《西藏高原史前时期墓葬的考古发现与研究》，《中国藏学》1994 年第 4 期。

135．唐昌朴：《试论巴蜀石棺墓出土的黑灰陶》，《中南民族学院学报》（哲社版），1994 年第 4 期。

136．杨明洪：《纵目青铜人像的民族学观察》，《四川文物》1994 年第 6 期。

137．霍巍：《西藏曲贡村石室墓出土的带柄铜镜及其相关问题初探》，《考古》1994 年第 7 期。

138．徐学书：《论蚕丛古羌蜀人的南迁及其对中国西南和东南亚地区的文化影响》，《羌族历史文化文集》第五辑，1994 年。

139．孙旭军：《四川丧葬文化》，《中国图书年鉴·1994》，湖北人民出版社，1999 年。

140．刘世旭：《"南方丝绸之路"出土海贝与贝币浅论》，《中国钱币》1995 年第 1 期。

141．霍巍：《西藏高原古代墓葬的初步研究》，《文物》1995 年第 1 期。

142．木基元：《滇西北金沙江河谷石棺葬文化初论》，《东南文化》1995 年第 2 期。

143．高维刚：《川西北地区石棺葬族属探讨》，《四川民族史志》1995 年第 4 期。

144．魏启鹏：《茂汶新出与子鼎跋》，《先秦史与巴蜀文化论集》，历史教学社，1995 年。

145．夏麦陵：《茂县牟托石棺葬与冉氏之国》，《先秦史与巴蜀文化论集》，历史教学社，1995 年。

146．刘弘：《窥视西南夷社会形态的窗口——西南夷大墓的比较研究》，《先秦史与巴蜀文化论集》，历史教学社，1995 年。

147．《茂县牟托村战国石棺葬》，《中国考古学年鉴·1993》，文物出版社，1995 年。

148．陈明芳：《炉霍石棺葬族属刍议——兼论炉霍石棺葬与草原细石器的关系》，《南方文物》1996 年第 1 期。

149．杨甫旺：《金沙江中游早期石棺葬文化初论》，《楚雄师专学报》1996 年第 2 期。

150．杨德聪：《试论古代云南的石棺墓文化》，《云南文物》1996 年第 2 期。

151．施劲松：《关于四川牟托一号石棺墓及器物坑的两个问题》，《考古》1996 年第 5 期。

152．罗进勇：《试论岷江上游"石棺葬"之族属》，《四川文物》1996 年第 6 期。

153．李明斌：《巴蜀文化陶釜略论》，《考古与文物》1996 年第 6 期。

154．江章华：《巴蜀柳叶形剑研究》，《考古》1996 年第 9 期。

155．陈祖军：《西南地区的石棺墓分期研究——关于"石棺葬文化"的新认识》，《四川考古论文集》，文物出版社，1996 年。

156．刘弘：《"西南夷"陶器及相关问题的研究》，《四川考古论文集》，文物出版社，1996 年。

157．小泽正人：《岷江上游战国石棺墓的研究》，《四川岷江上游历史文化研究》，四川大学出版社，1996 年。

158．周锡银：《论岷江上游的石棺葬文化》，《四川岷江上游历史文化研究》，四川大学出版社，1996 年。

159．佐古田喜博：《四川西部的古代民族与石棺葬文化》，《四川岷江上游历史文化研究》，四川大学出版社，1996 年。

160．吕建昌：《先秦巴蜀青铜兵器研究》，《军事历史研究》1997 年第 2 期。

161．罗开玉：《童恩正导师与西南民族考古学》，《农业考古》1997 年第 3 期。

162．李健民：《论四川出土的青铜矛》，《考古》1997 年第 3 期。

163．笔诚：《理县石棺葬文化和川西北建置》，《阿坝史志》1997 年第 3 期。

164．霍巍：《关于岷江上游牟托石棺墓几个问题的探讨》，《四川文物》1997 年第 5 期。

165．Steren F·塞基、段渝、晓钟：《古蜀历史的几个问题（上）》，《中华文化论坛》1997 年第 2 期。

166．Steren F·塞基、段渝、晓钟：《古蜀历史的几个问题（中）》，《中华文化论坛》1997 年第 3 期。

167．霍巍：《关于岷江上游牟托石棺墓几个问题的探讨》，《四川文物》1997 年第 5 期。

168．施劲松：《我国南方出土铜饶及甬钟研究》，《考古》1997 年第 10 期。

169．宋治民：《三叉铜柄铁剑及相关问题的探讨》，《考古》1997 年第 12 期。

170．饶宗颐：《甲骨文中的冉与冉駹》，《文物》1998 年第 1 期。

171．李先登、杨英：《四川茂县牟托石棺墓之初步研究》，《中国历史博物馆馆刊》1998 年第 1 期。

172．王康：《丰富的历史文化资源　宝贵的旅游经济财富——试论茂县历史文化资源的基本内容、特点与价值》，《西南民族学院学报（哲学社会科学版）》1998 年第 3 期。

173．夏格旺堆：《试析西藏史前石棺葬的类型与年代》，《西藏研究》1998 年第 4 期。

174．申旭：《从考古材料看氐羌民族群的南迁》，《云南文史丛刊》1998 年第 4 期。

175．李绍明：《从石崇拜看禹羌关系》，《四川文物》1998 年第 6 期。

176．徐学书：《岷江上游石棺葬文化综述》，《四川大学考古专业创建三十五周年纪念文集》，四川大学出版社，1998 年。

177．段鼎周：《西南民族走廊发端探讨》，《四川文物》1999 年第 1 期。

178．李绍明：《冯汉骥先生与民族学》，《中华文化论坛》1999 年第 3 期。

179．罗二虎：《试论青衣江上游的石棺葬文化》，《四川大学学报（哲学社会科学版）》1999年第 3 期。

180．徐学书：《关于滇文化和滇西青铜文化年代的再探讨》，《考古》1999 年第 5 期。

181．叶茂林、罗进勇：《四川汶川县昭店村发现的石棺葬》，《考古》1999 年第 7 期。

182．李明斌：《四川雅安沙溪遗址陶器及相关问题的初步研究》，《考古》1999 年第 9 期。

183．霍巍：《从新出考古材料论我国西南的带柄铜镜问题》，《四川文物》2000 年第 2 期。

184．白玉芬：《丧葬习俗》，《西藏民俗》2000 年第 3 期。

185．石硕：《神奇和独具魅力的川西民族走廊》，《西藏旅游》2000 年第 4 期。

186．石硕：《川西民族走廊的历史变迁与特点》，《天府新论》2000 第 S1 期。

187．杨哲峰：《Stone Sarcophagus 与"石棺葬"》，《中国文物报》2000 年 12 月 13 日第 3 版。

188．胡谦盈：《南郊碾子坡先周墓葬和西周墓群——周人早期葬俗探讨之一》，《胡谦盈周文化考古研究选集》，四川大学出版社，2000 年。

189．宋治民：《四川茂县牟托 1 号石棺墓若干问题的初步分析》，《四川大学考古专业创建四十周年暨冯汉骥教授百年诞辰纪念文集》，四川大学出版社，2001 年 3 月。

190．杨哲峰：《西南地区"石棺葬的发现与研究"》，《中国文物报》2001 年 9 月 14 日第 7 版。

191．蒋成、陈剑：《岷江上游考古新发现述析》，《中华文化论坛》2001 年第 3 期。

192．徐学书：《岷江上游石棺葬文化与滇文化、滇西青铜文化关系探讨》，《中华文化论坛》2001 年第 3 期。

193．亚当·史密斯（Adam Smith）：《川西、滇西北、藏东地区石棺葬文化研究》，北京大学考古学硕士研究生学位论文，2001 年。

194．谢辉、江章华：《岷江上游的石棺葬》，《四川文物》2002 年第 1 期。

195．郭继艳：《云南地区石棺葬的分区研究》，《四川文物》2002 年第 2 期。

196．《古道源起春秋时代》，《西藏日报》2002 年 7 月 28 日第 1 版。

197．石硕：《茶马古道及其历史文化价值》，《西藏研究》2002 年第 4 期。

198．胡昌钰：《"邛"为氏羌系说》，《中华文化论坛》2002 年第 4 期。

199．多尔吉：《试析嘉绒地区藏族的丧葬习俗》，《中国藏学》2002 年第 4 期。

200．罗开玉：《古代西南民族墓葬与地理关系研究》，《中华文化论坛》2002 年第 4 期。

201．木基元：《丽江金沙江地区的考古发现与研究》，《中华文化论坛》2002 年第 4 期。

202．徐学书：《由石棺葬遗存谈对金沙江中游新石器时代文化的再认识》，《中华文化论坛》2002 年第 4 期。

203．罗开玉：《古代西南民族墓葬与地理关系研究》，《中华文化论坛》2002 年第 4 期。

204．郭继艳：《川滇地区石棺葬的区域类型》，四川大学考古学及博物馆学硕士学位论文，2002 年。

205．李星星：《藏彝走廊的历史文化特征》，《中华文化论坛》2003 年第 1 期。

206．李星星：《藏彝走廊的历史文化特征（续）》，《中华文化论坛》2003 年第 2 期。

207．石硕：《昌都：茶马古道上的枢纽及其古代文化——兼论茶马古道的早期历史面貌》，

《西藏大学学报（汉文版）》2003 年第 4 期。

　　208．石硕、梁枢：《藏彝走廊：思想的源地》，《光明日报》2003 年 12 月 4 日。

　　209．刘世旭：《略论"南方丝绸之路"出土海贝与贝币》，《内蒙古金融研究》2003 年第 S3 期。

　　210．蒋成、陈剑：《2002 年岷江上游考古的收获与探索》，《中华文化论坛》2003 年第 4 期。

　　211．赵心愚：《纳西族与藏族历史关系研究》，四川大学专门史博士学位论文，2003 年。

　　212．吕红亮：《西南夷身体装饰品的初步研究》，四川大学考古学及博物馆学硕士学位论文，2003 年。

　　213．李绍明、石硕：《这条走廊》，《西藏旅游》2004 年第 1 期。

　　214．仇凤琴：《商周镈之考古学研究》，《文物春秋》2004 年第 1 期。

　　215．余耀明：《藏彝走廊》，《西藏旅游》2004 年第 1 期。

　　216．陈剑：《营盘山：5000 年前的走廊中心》，《西藏旅游》2004 年第 1 期。

　　217．张帆：《营盘山：揭开古蜀人的神秘面纱》，《中国西部》2004 年第 2 期。

　　218．赵心愚：《纳西族先民的迁徙路线及特点》，《西南民族大学学报（人文社科版）》2004 年第 2 期。

　　219．德吉卓嘎：《试论嘉绒藏族的族源》，《西藏研究》2004 年第 2 期。

　　220．曾现江：《嘉绒研究综述》，《西藏研究》2004 年第 2 期。

　　221．赵心愚：《藏彝走廊古代通道的几个基本特点》，《中南民族大学学报（人文社会科学版）》2004 年第 3 期。

　　222．黄家祥：《汶川姜维城发掘的初步收获》，《四川文物》2004 年第 3 期。

　　223．陈剑、陈学志、范永刚：《岷江上游新石器时代文化遗址调查及营盘山考古试掘综述》，《阿坝师范高等专科学校学报》2004 年第 4 期。

　　224．刘复生：《族群问题三议——以藏彝走廊民族为例》，《四川大学学报（哲学社会科学版）》2004 年第 4 期。

　　225．蒋成、陈剑：《岷江上游先民的史前家园——营盘山遗址》，《文明起源与城市发展研究》中国古都研究（第十九辑），四川大学出版社，2004 年。

　　226．陈剑：《茂县营盘山遗址群再现岷江上游五千年前辉煌》，《中国文物报》2004 年 12 月 22 日第 001 版。

　　227．陈剑、陈学志：《营盘山遗址面面观》，《中国文物报》2004 年 12 月 22 日第 004 版。

　　228．石硕：《藏彝走廊地区石棺葬所属人群探讨》，《康定民族师范高等专科学校学报》2005 年第 14 卷第 1 期。

　　229．石硕：《汉代西南夷之"夷"的语境及变化》，《贵州民族研究》2005 年第 1 期。

　　230．陈剑、陈学志、范永刚、蔡清：《营盘山遗址——藏彝走廊史前区域文化中心》，《阿坝师范高等专科学校学报》2005 年第 1 期。

　　231．罗二虎：《岷江上游石棺葬发现和研究的回顾与思考》，《考古学、民族学的探索与实践》，四川大学出版社，2005 年。

　　232．罗开玉：《西南民族墓葬与灵魂不灭观初论》，《考古学、民族学的探索与实践》，四川大学出版社，2005 年。

233．霍巍：《康区石棺葬遗存考察记——横断山脉地带文物考古调查记之一》，《康定民族师范高等专科学校学报》2005 年第 2 期。

234．谢崇安：《略论西南地区早期平底双耳罐的源流及其族属问题》，《考古学报》2005 年第 2 期。

235．苏奎、尹俊霞：《试析西南夷地区的三叉格铜柄铁剑》，《四川文物》2005 年第 2 期。

236．于春：《四川牟托村"翼龙"与三星堆龙之比较——兼论三星堆文化向北传播的途径》，《考古与文物》2005 年第 3 期。

237．李汝能：《蚕丛、冉駹、石棺葬——试论蜀族来源之一》，《巴蜀文化研究通讯》2005 年第 3 期，2005 年 7 月 15 日。

238．罗二虎：《20 世纪西南地区石棺葬发现研究的回顾与思考》，《中华文化论坛》2005 年第 4 期。

239．二根米：《杂谷脑河下游"崖墓"似墓非墓》，《阿坝师范高等专科学校学报》2005 年第 4 期。

240．姚军：《康巴地区民族考古综合考察取得重大成果》，《中国文物报》2005 年 8 月 26 日第 002 版。

241．姚军、李文儒、罗文华、徐斌、王子今、高大伦：《康巴地区民族考古综合考察成果盘点》，《中国文物报》2005 年 10 月 5 日第 008 版。

242．佐佐木正治：《汉代四川农业考古》，四川大学考古学与博物馆学硕士学位论文，2005 年。

243．苏奎：《西南夷地区三种含北方系青铜文化因素短剑的研究》，四川大学考古学及博物馆学硕士学位论文，2005 年。

244．海宁：《试论青铜盆、盂、敦的关系》，西北大学考古学及博物馆学硕士学位论文，2005 年。

245．陈卫东：《2005 年度康巴地区考古调查简报》，《四川文物》2005 年第 6 期。

246．潘辛宁、任江：《大渡河双江口水电站地下文物遗存调查》，《四川文物》2005 年第 6 期。

247．肖文君、冯丽娟：《名胜古迹》，《阿坝州年鉴·2005》。

248．王国基：《古奇异趣羌葬俗》，《阿坝师范高等专科学校学报》2006 年第 1 期。

249．白剑：《揭秘岷江河谷两支羌人》，《阿坝师范高等专科学校学报》2006 年第 2 期。

250．杨铭：《从岷江上游的石棺葬说到"氐羌南迁"》，《藏彝走廊东部边缘族群互动与发展——平武县各民族历史、文化、民族关系及民族政策研讨会论文集》，民族出版社，2006 年 3 月。

251．王子今、王遂川：《康巴草原通路的考古学调查与民族史探索》，《四川文物》2006 年第 3 期。

252．李宏俊：《藏族史前文化初探》，《甘孜日报（汉文）》2006 年 6 月 19 日第 003 版。

253．李绍明：《丝绸之路岷江支道的重要作用》，"丝绸之路与文明的对话"学术讨论会论文集，2006 年 8 月 1 日。

254．宋治民：《蜀文化研究之反思——为纪念三星堆祭祀坑发现二十周年而作》，《四川文物》2006 年第 4 期。

255．李绍明：《羌族历史文化三题——以四川理县桃坪羌乡为例》，《西南民族大学学报（人文社科版）》2006 年第 4 期。

256．杨环：《嘉绒古碉文化溯源》，《中华文化论坛》2006 年第 4 期。

257．王文光、翟国强：《试论中国西南民族地区青铜文化的地位》，《思想战线》2006 年第 6 期。

258．井中伟：《先秦时期青铜戈·戟研究》，吉林大学考古学及博物馆学博士学位论文，2006 年。

259．孙吉：《岷江上游历史文化景观与环境动因》，四川大学考古学及博物馆学硕士论文，2006 年。

260．赵心愚：《藏彝走廊古代通道的基本特点》，《西南民族大学学报（人文社科版）》2007 年第 1 期。

261．段渝：《先秦川西高原的氐与羌》，《阿坝师范高等专科学校学报》2007 年第 1 期。

262．苏奎：《西南夷地区 A 型曲柄短剑的功能、使用方式及命名》，《四川文物》2007 年第 2 期。

263．代丽鹃：《岷江上游石棺葬"旋涡纹"罐浅析》，《四川文物》2007 年第 3 期。

264．冯广宏：《论蚕丛与蜀》，《成都理工大学学报（社会科学版）》2007 年第 3 期。

265．杜林渊、崔炜：《藏族地区的丧葬习俗》，《西藏民族学报学报》2007 年第 3 期。

266．代丽鹃：《岷江上游石棺葬"旋涡纹"罐浅析》，《四川文物》2007 年第 3 期。

267．石硕：《藏彝走廊地区石棺葬文化及其与甘清地区的联系》，四川大学中国藏学研究所主编《藏学学刊》第 3 辑《吐蕃与丝绸之路研究专辑》，四川大学出版社，2007 年。

268．吴彤彤：《四川茂县牟托石棺葬的文化渊源》，《艺术探索》2007 年第 4 期。

269．刘弘：《论蜀式戈的南传——西南地区青铜戈的再研究》，《四川文物》2007 年第 5 期。

270．陈东：《3 ～ 6 世纪胡人入据岷江上游及对"岷江道"的开拓》，《贵州民族研究》2007 年第 5 期。

271．代丽鹃：《晚期巴蜀文化兵器装饰性动物图像分析》，四川大学考古学及博物馆学硕士学位论文，2007 年。

272．李维维：《岷江上游地区石棺葬研究》，中央民族大学考古学及博物馆学硕士论文，2007 年。

273．阿坝藏族羌族自治州文物管理所等：《四川马尔康县木尔溪遗址试掘简报》，《成都考古发现 2005》，科学出版社，2007 年。

274．陈剑：《马尔康县木尔溪汉代遗址》，《中国考古学年鉴·2006》，文物出版社，2007 年。

275．邹立波：《春秋至两汉时期岷江上游的族群状况与文化特征》，《阿坝师范高等专科学校学报》2008 年第 2 期。

276．罗二虎：《论岷江上游石棺葬的文化性质》，《考古与文物》2008 年第 3 期。

277．朱安玉、成素：《蚕丛鱼凫：蜀地迁徙中的文化寻根》，《成都理工大学学报（社会科学版）》2008 年第 3 期。

278．罗二虎：《试论卡莎湖文化》，《华夏考古》2008 年第 4 期。

279．冯卓慧：《商周镈研究》，中国艺术研究院博士学位论文，2008 年。

280．江章华：《横断山区古代文化传播与民族迁徙的考古新证据》，《中华文化论坛》2008 年第 S2 期。

281．万娇、张伟：《第三次康巴民族考古综合考察获重大成果》，《中国文物报》2009 年 1 月 2 日第 1 版。

282．王仆、唐刚、米赢、徐丹青：《藏彝羌走廊石棺葬　凉山视角下的学术盛会》，《凉山日报（汉）》2009 年 7 月 25 日第 4 版。

283．干德明：《考古科研与学术交流》，《四川年鉴·2009》，四川年鉴社，2009 年 12 月。

284．陈剑：《四川汶川布瓦村寨田野考古调查及勘探》，《中国考古新发现年度记录 2009》（中国文化遗产增刊）。

285．何锟宇：《岷江上游石棺葬的分期与年代》，《四川文物》2009 年第 4 期。

286．石硕：《藏彝走廊地区的石棺葬及相关人群系统研究》，《藏学学刊》第 5 辑，四川大学出版社，2009 年。

287．陈剑：《新资料·新视野·新方法——藏彝羌走廊暨中国西部石棺葬文化研讨会综述》，《四川文物》2009 年第 6 期。

288．张弘、林吕：《试从南丝路沿线出土海贝探求古蜀海贝的由来》，《兰台世界》2009 年第 11 期。

289．史鉴：《探索古蜀文化在青藏高原的足迹》，《西藏日报》2010 年 1 月 7 日第 6 版。

290．曾现江：《中国西南地区的北方游牧民族——以藏彝走廊为核心》，《思想战线》2010 年第 1 期。

291．陈剑：《石棺葬文化研究的新视野——藏彝羌走廊暨中国西部石棺葬文化研讨会综述》，《中华文化论坛》2010 年第 1 期。

292．王田：《抗战时期羌族地区的人类学研究》，《西华大学学报（哲学社会科学版）》2010 年第 1 期。

293．陈卫东、陈学志、张黎勇：《四川茂县城关粮站石棺葬墓群发掘取得重要收获》，《中国文物报》2010 年 2 月 12 日第 4 版。

294．陈四四：《汶川博物馆成文化新坐标》，《阿坝日报》2010 年 5 月 31 日第 1 版。

295．李飞：《试论贵州地区"石棺葬"的族属与源流》，《四川文物》2010 年第 2 期。

296．彭邦本：《禹韵羌风：上古岷江流域的水文化》，《阿坝师范高等专科学校学报》2010 年第 4 期。

297．李青：《试论嘉绒、嘉良夷、冉駹与戈人的关系——兼论嘉绒藏族的族源》，《四川民族学院学报》2010 年第 4 期。

298．尼旦：《西藏古代墓葬遗存演变初探》，《西藏大学学报（社会科学版）》2010 年第 S1 期。

299．汶川县文物管理所、成都文物考古研究所、阿坝藏族羌族自治州文物管理所：《四川汶川县布瓦石棺葬 2009 年的调查》，《成都考古发现 2008》，科学出版社，2010 年。

300．万娇：《四川省文物考古研究院组团赴美参加"中国考古新发现"研讨会》，《中国文物报》2010 年 11 月 3 日第 2 版。

301．石硕：《青藏高原碉楼分布所对应的若干因素探讨》，《藏学学刊》第 6 辑，四川大学出版社，2010 年 12 月。

302．《四川茂县城关粮站战国～东汉石棺葬墓群》，《中华人民共和国年鉴·2010》，新华出版社，2010 年 12 月。

303．张振刚、何锟宇、郑漫丽：《关于理县佳山石棺葬墓群的两个问题》，《江汉考古》2011 年第 1 期。

304．贾雯鹤：《蚕丛考》，《烟台大学学报（哲学社会科学版）》2011 年第 1 期。

305．陈卫东：《茂县城关粮站战国至汉代石棺葬墓地》，《中国考古学年鉴·2010》，文物出版社，2011 年。

306．陈剑：《汶川县布瓦汉代石棺葬》，《中国考古学年鉴·2010》，文物出版社，2011 年。

307．陈剑：《藏彝羌走廊暨中国西部石棺葬文化研讨会在西昌召开》，《中国考古学年鉴·2010》，文物出版社，2011 年。

308．黄家祥：《东亚青铜器·初期铁器时代的诸问题研讨会在日本福冈九州大学举行》，《中国考古学年鉴·2010》，文物出版社，2011 年。

309．江章华：《关于岷江上游石棺墓的两个问题》，《南方民族考古》第七辑，科学出版社，2011 年。

310．罗伯特·强南、墨哥里劳·奥里柯利著、卢智基译：《中国西南游牧考古刍议》，《南方民族考古》第七辑，科学出版社，2011 年。

311．李水城：《石棺葬的起源与扩散——以中国为例》，《四川文物》2011 年第 6 期。

312．高大伦：《四川茂县牟托石棺葬小议》，《四川文物》2011 年第 6 期。

313．本刊记者：《"中日共同开展西南地区北方谱系青铜器及石棺葬研究合作"学术研讨会在成都召开》，《考古》2011 年第 10 期。

314．高琳、石硕：《传说的发现、版本流变与文本价值——以岷江上游羌族的"羌戈大战"传说为例》，《烟台大学学报（哲学社会科学版）》2012 年第 1 期。

315．杨福泉：《滇川藏地区的石棺葬与纳藏两族源流之关系》，《中南民族大学学报（人文社会科学版）》2012 年第 2 期。

316．周正：《岷江上游石棺葬的族属探讨》，《河北民族师范学院学报》2012 年第 3 期。

317．李水城：《从文化史的角度解读石棺葬》，《中国文物报》2012 年 8 月 17 日第 4 版。

318．黄辛建、张弘：《羌族地区的石器时代历史文化遗存》，《成都大学学报（社会科学版）》2012 年第 4 期。

319．谢崇安：《西部民族古文明的再发现——评罗二虎＜文化与生态、社会、族群：川滇青藏民族走廊石棺葬研究＞》，《中华文化论坛》2012 年第 6 期。

320．萧玟：《茂县牟托一号石棺墓》简介，《考古》2012 年第 10 期。

321．陈四四：《追寻青藏高原独特的文化符号》，《四川日报》2012 年 10 月 26 日第 13 版。

322．王雯：《岷江上游石棺葬族群的历史变迁》，四川省社会科学院历史学硕士学位论文，2012 年。

323．李水城：《穿越藏羌民族走廊》，《中国文物报》2012 年 12 月 7 日第 5 版。

后　记

　　自 2000 年以来，成都文物考古研究所、阿坝藏族羌族自治州文物管理所及茂县羌族博物馆联合在茂县营盘山石棺葬墓地发掘了近 200 座石棺墓，发掘领队为蒋成。因未对整个墓地进行全面揭露，故原计划仅编写发掘简报。后在成都文物考古研究所江章华副所长等领导及专家的鼓励和指导下，编者决定编写发掘报告，充分公布发掘资料。

　　2000 年参加发掘工作的有成都文物考古研究所蒋成、陈剑、徐龙、刘守强，阿坝藏族羌族自治州文物管理所陈学志、范永刚，茂县羌族博物馆蔡清、刘永文、肖青松、张黎勇、李明等。2002 年参加发掘工作的有成都文物考古研究所蒋成、陈剑、傅秀彬、李平、杨兵，成都博物馆王天佑，阿坝藏族羌族自治州文物管理所陈学志、范永刚，茂县羌族博物馆蔡清、刘永文、张黎勇、魏宏浩等。2003 年参加发掘工作的有成都文物考古研究所蒋成、陈剑、徐龙、李平、程远福、刘守强、倪林忠及新都区文物管理所陈立新等，阿坝藏族羌族自治州文物管理所陈学志、范永刚，茂县羌族博物馆蔡清、刘永文、张黎勇等。2004 年参加发掘工作的有成都文物考古研究所蒋成、陈剑、徐龙、陈西平、李继操，新都区文物管理所陈蒿、张浩，阿坝藏族羌族自治州文物管理所陈学志、范永刚，茂县羌族博物馆刘永文、张黎勇等。2006 年参加发掘工作的有成都文物考古研究所蒋成、陈剑、何锟宇、徐龙、王军、李继操，阿坝藏族羌族自治州文物管理所陈学志、范永刚、邓小川，茂县羌族博物馆蔡清、刘永文、张黎勇等。

　　报告编写工作启动后，陈剑拟出初步提纲，蒋成、陈剑、陈学志对提纲进行了讨论，在征求了一些专家的意见后确定了报告提纲和编写体例，然后分工进行编写。陈学志参加了墓葬分述中石棺葬形制部分初稿的撰写工作并录入了墓葬登记表，报告其余部分由陈剑进行撰写并统稿。范永刚、刘永文也参加了部分编写工作。党国松、逯德军对历年发掘出土的残损的随葬陶器进行了较为全面的修复。曹桂梅、卢引科绘制了墨线图。拓片由代福尧完成。现场及器物摄影均由陈剑完成，陈学志、范永刚承担了器物摄影的辅助工作。吉林大学边疆考古研究中心魏东先生、张桦女士和成都文物考古研究所何锟宇对墓地出土人骨进行了鉴定。英文提要由中央民族大学黄义军教授翻译。

　　报告编写得到了多位先生的帮助和支持，江章华先生对报告的体例及编写进行了悉心指导，并审读了文稿内容，提出了若干有价值的修改意见。北京大学考古文博学院孙华教授也对地层出土遗物的编写体例提出了指导意见。四川省文物管理局王琼局长、何振华先生、成都文物考古研究所王毅所长等领导一直关心报告的编写工作。在此一并致以诚挚的谢意！

编者　2012 年 4 月

Abstract

From 2000 to 2006, Chengdu Municipal Institute of Cultural Relics and Archaeology and other organizations carried out five excavations at the Yingpanshan Site, covering an area of nearly 2500 square meters. Over 200 stone-coffin tombs and pits with artifacts were excavated.

In neat rows, the stone-coffin tombs were dug in the same layer and did not overlapped or disturbed each other. According to the orientation, all the tombs can be roughly divided into two groups. The first group was mainly distributed at the first and forth location, most of which has a direction angel of over 150°. The second group was chiefly found at the second and third location, most of which has a direction angle less than 150°.

The structure of tombs is relatively uniform, consisting of the stone walls and cover but no bottom board. In some tombs, a stone slab was erected at the head end to form a head nest for placing funerary goods.

According to the number of head nest, the tombs are divided into three types. Tombs of Type I have no head nest and can be classified into three classes: Class A with a broad space but less in number, Class B with a small space and distribution in group, and Class C with relatively abundant funerary objects in separated goods pits. Tombs of Type II have one head nest, rich in number but with not many funerary objects. Built with processed stone slabs, Tombs of TypeIII have double head nests, a broad tomb space and ample burial goods.

The corpses of the tomb occupants were laid in three kinds of way, many of which were arranged in a supine position, with straight limbs and relatively intact skeletons. In the secondary burials, incomplete skeletons were dispersedly placed. Some bodies were put face-down and others might have been dismembered before the burial.

Compared with other cemeteries in the upper reaches of Min River, the Yingpanshan cemetery owns some special burial customs, such as leaving numerous potteries at the head or foot ends of the stone coffin, or digging an artifact pit near the tomb. Many small white stones or huge rocks found in the tomb chamber were deemed to be used for worship or some funerary purpose.

Designs used on the potteries were limited, only designs such as stamped swirling pattern, bow string pattern, nail-shaped decoration, poking design, wave design and so on were observed. Some potteries have characters in relief on the surface. According to the clay and color, the funerary potteries can be classified into several categories such as grey or black pottery made of fine clay, brown pottery made of fine clay or mixed with sand and so forth. Among the potteries there are double-eared jar, single-eared jar, long-necked jar, small-based jar, pointed-based jar, jar with a flat, cup with sunk bottom or small bottom, cover, short stemmed bowl, rice container, gui , spinning wheel and so on.

The grey pottery and the grey black pottery are different in texture, production process, firing temperature, vessel shape and assembly. Small in shape, poor in quality and fired in a low temperature, the grey pottery such as flat-bottomed jar or jar with small base, were mainly handmade and mixed with sand. They are deemed to be exclusively used for funerary purpose instead of everyday items. With polished surface, the grey black potteries such as double-eared or single-eared jar, long-necked jar or stemmed bowl, dou are chiefly made of fine clay with pottery wheel, some of which are big in shape, good in quality and fired in a high temperature. They are thought to be daily potteries.

Both variety and quantity of funerary bronzes are not abundant, we can see small knives, arrow heads, swords and other weapons and tools as well as pipes, beads, blister-shaped nails. Additionally, other kind of funerary goods such as stone decoration with two holes, bone pipes and beads, shells and teeth are also found in the tombs.

The Yinpanshan stone coffin cemetery can be divided into two periods and subdivided into five phases. The early period includes Phase I and Phase II.

Phase I is dated to the late Western Zhou and early Spring and Autumn. Made of crude stone slab without regular shape, all the tombs can be classified as Type I Class A, which had no head nest and were simply built and poor in funerary goods. The funerary objects can be represented by potteries such as point-based jar, Gui-shaped vessel with short ring foot, slim single-eared jar, small-based jar, double-eared jar and so forth.

Phase II of the early period is dated to the middle and late Spring and Autumn. Made of slightly dressed stone slab tombs of this phase are also small in number, including Type I Class A with no head nest, Type II with one head nest and several tombs of Type III with two head nests. The typical funeral potteries show the similar assembly as Phase I such as point-based jar, Gui-shaped vessel with short ring foot, slim single-eared jar but some new vessels emerged in this phase, for example, Gui-shaped dou.

The late period includes Phase III, Phase IV and Phase V.

Phase III is dated to the early Warring States. Rich in number, tombs of this phase contains Type I Class A and Class B (infant tombs) with no head nest, Type II with one nest and Type III with double nests. Built with processed stone slabs, the tombs of Type III are large in scale and have plenty of burial goods. The funerary objects can be represented by pottery flat-based jar, small-based jar or cup, pottery cover, slim double-eared jar, short-stemmed dou, sunk-based cup.

Phase IV is dated to the middle Warring States. Besides a rich quantity, tombs of this phase has an increased number of Type III with two head nests but the tombs of Type I Class A was seldom found.

A new manner for the layout of the funerary potteries appeared in this phase, which allowed the potteries to be put in one or two layers on or around the ends of covering slab. Rich in quantity and variety, the potteries can be represented by double-eared stout jar of B Type, single-eared jar of Type B, long-necked jar, Jar with stamped swirling design and nail-shaped decoration, double-eared potter, cylindrical jar and short-stemmed dou and so forth.

Phase V is dated to late Warring States. Among the abundant tombs of this phase, tombs of Type II with one head nest gains the most and several tombs of Type III with two head nests were also found, but tombs of Type I with no head nest were hardly seen. With a large quantity and rich styles, the funerary potteries can be represented by double-eared jar with stamped swirling designs, stout double-eared jar of Type B, small long-necked jar, polished jar with a long neck, stout single-eared jar of Type B, broad-mouthed vase, yu and short-stemmed dou and so forth.

The Naming of Yingpanshan-typed stone-coffin culture can relatively accurately embody the content and characteristics of the burial culture of stone coffins found in the upper reaches of Min River. This culture is mainly distributed on the valley slopes or tablelands of the stem stream of the Changjiang River within the territories of Mao and Wenchuan county, with a most concentrated distribution in its cultural center, the Maoxian Basin, the biggest alluvial fan in the upper reaches of Min River, where Fengyi city of Mao County is located.

We can find five types of regional cultural elements from the findings of the Yingpanshan-typed stone-coffin culture represented by the funerary pottery. Type A, the local elements, originated from the upper reaches of Min River and consists of the main body of this stone coffin culture. Type B, the element of Shu Culture in Chendu Plain, reflects the influence of Shu Culture on the local burial custom. Type C, D and E are all elements from other regional cultures, such as Siwa Culture of the northwest region, the north grassland culture and Chu Culture in the middle reaches of Changjiang River. It seems that the elements of the Yingpanshan-typed stone-coffin culture are rather complex due to its wide absorption of various cultural elements from the outside.

1. 营盘山墓地远景（北—南）

2. 营盘山墓地外景（南—北）

彩版一　营盘山墓地远景

1. 营盘山墓地近景（北—南）

2. 2002T1 东壁剖面

彩版二　营盘山墓地近景

1. 2000M31 墓室

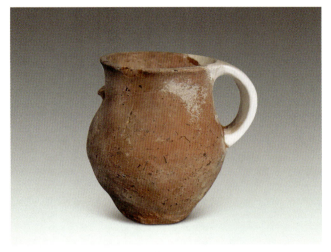

2. 陶单耳罐 2000M31：2

3. 陶长颈罐 2000M31：1

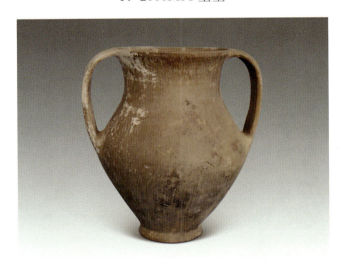

4. 陶双耳罐 2000M34：1

5. 陶豆 2000M34：2

彩版三　2000M31 与 M34 出土陶器

1．陶小底罐 2002M3：2

2．陶平底罐 2002M3：1

3．陶小底杯 2002M3：3

4．陶小底杯 2002M3：5

彩版四　2002M3 及出土陶器

1．陶小底罐 2002M5：5

2．陶平底罐 2002M5：4

3．陶纺轮 2002M5：7

5．2002M8 墓室

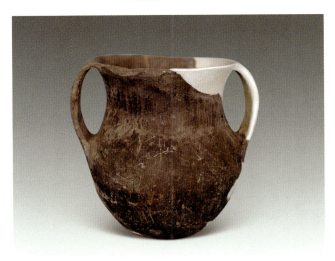

4．陶双耳罐 2002M11：1

彩版五　2002M8 及 M5、M11 出土陶器

1. 2002M15 墓室

2. 2002M29 墓室

彩版六 2002M15 与 M29 墓室

1．2003M1、M2 盖板

2．2003M1、M2 墓室

彩版七　2003M1、M2

1. 2003M4 盖板

2. 2003M4 墓室

彩版八　2003M4

1．2003M5 盖板

2．2003M5 墓室

彩版九　2003M5

1．陶平底罐 2003M10：1

2．陶平底罐 2003M10：7

3．陶纺轮 2003M10：2

4．陶平底罐 2003M16：3

5．陶器盖 2003M16：2

6．陶器盖 2003M16：7

彩版一〇　2003M10 与 M16 出土陶器

1. 2003M16 盖板

2. 2003M16 墓室

彩版一一 2003M16

1. 2003M19 与 M20 墓室

2. 2003M19 与 M20 墓室

彩版一二　2003M19 与 M20

1. 2003M19 墓室

2. 2003M19 墓室

1. 2003M19 随葬品出土情况

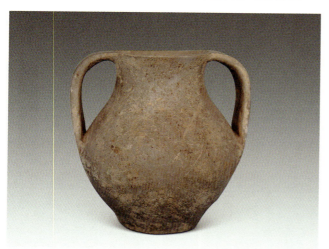

2. 陶双耳罐 2003M19：1

3. 陶双耳罐 2003M19：4

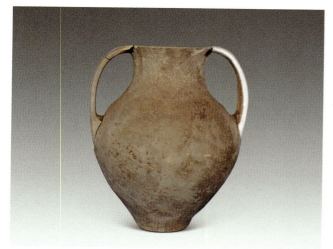

4. 陶双耳罐 2003M19：3

5. 陶长颈罐 2003M19：2

彩版一四　2003M19 及出土陶器

1．2004M3 与 M4 墓室

2．2004M3 墓室

1. 2004M4 墓室

2. 2004M6 墓室

彩版一六　2004M4 与 M6

1. 陶小底杯 2004M4：3

2. 陶尖底罐 2004M6：4

3. 陶尖底罐 2004M6：3

4. 陶单耳罐 2004M11：1

5. 陶簋 2004M11：2

6. 陶纺轮 2004M11：3

彩版一七　2004M4 等出土陶器

1．2004M11 盖板

2．2004M11 墓室

1. 2004M15 墓室

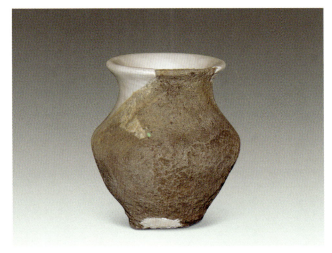

3. 陶小底罐 2004M15：3

4. 陶簋 2004M15：2

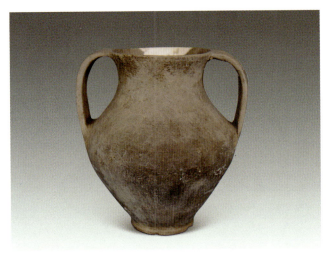

2. 陶双耳罐 2004M15：1

5. 陶凹底杯 2004M15：7

彩版一九　2004M15 及出土陶器

1. 2004M31 墓室

2. 2006M13 墓室

彩版二〇　2004M31 与 2006M13

1. 2004M25 与 M26 盖板

2. 2004M25 与 M26 墓室

彩版二一　2004M25 与 M26

1. 2004M25 墓室

2. 2004M26 墓室

彩版二二　2004M25 与 M26

1．2006M9 ～ M12

2．2006M11墓室

彩版二三　2006M9 ～ M12

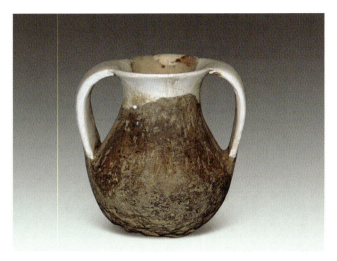

1. 陶双耳罐 2000M1：16

2. 陶单耳罐 2000M1：22

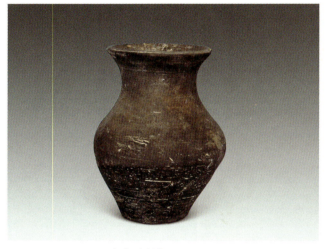

3. 陶长颈罐 2000M1：9

4. 陶长颈罐 2000M1：28

5. 陶长颈罐 2000M1：2

6. 陶长颈罐 2000M1：7

彩版二四　2000M1 出土陶器

1. 陶长颈罐 2000M1：15

2. 陶长颈罐 2000M1：23

3. 陶长颈罐 2000M1：6

4. 陶长颈罐 2000M1：3

5. 陶凹底杯 2000M1：4

6. 陶凹底杯 2000M1：5

彩版二五　2000M1 出土陶器

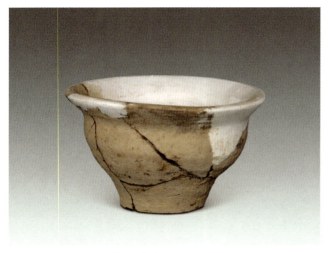

1. 陶凹底杯 2000M1：8

2. 陶凹底杯 2000M1：13

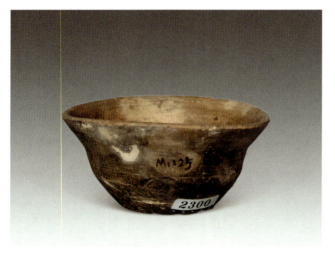

3. 陶凹底杯 2000M1：25

4. 陶凹底杯 2000M1：26

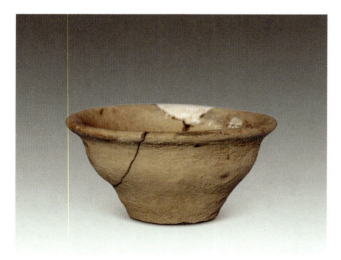

5. 陶凹底杯 2000M1：11

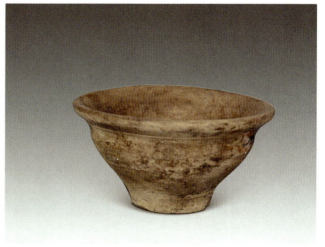

6. 陶凹底杯 2000M1：24

彩版二六　2000M1 出土陶器

1. 陶双耳壶 2000M1：10

2. 陶双耳壶 2000M1：18

3. 陶双耳壶 2000M1：19

4. 陶双耳壶 2000M1：21

彩版二七　2000M1 出土陶器

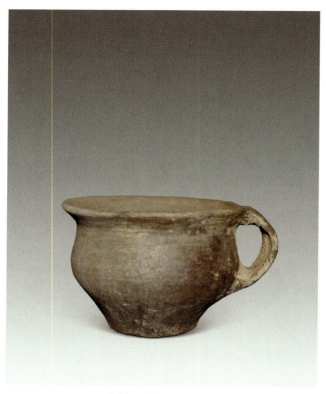

1. 陶单耳罐 2000M2：28

2. 陶乳丁罐 2000M2：15

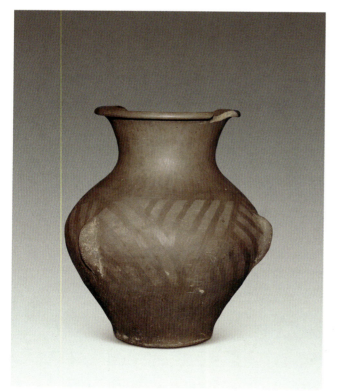

3. 陶乳丁罐 2000M2：18

4. 陶乳丁罐 2000M2：40

彩版二八　2000M2 出土陶器

1. 陶长颈罐 2000M2：2

2. 陶长颈罐 2000M2：6

3. 陶长颈罐 2000M2：10

4. 陶长颈罐 2000M2：29

5. 陶长颈罐 2000M2：30

6. 陶长颈罐 2000M2：41

彩版二九　2000M2 出土陶器

1. 陶长颈罐 2000M2：3

2. 陶长颈罐 2000M2：11

3. 陶长颈罐 2000M2：17

4. 陶长颈罐 2000M2：35

5. 陶长颈罐 2000M2：44

6. 陶长颈罐 2000M2：45

彩版三〇　2000M2 出土陶器

1. 陶长颈罐 2000M2：5

2. 陶长颈罐 2000M2：13

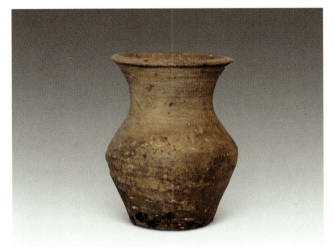

3. 陶长颈罐 2000M2：24

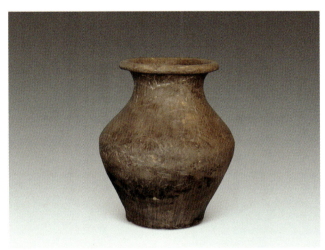

4. 陶长颈罐 2000M2：4

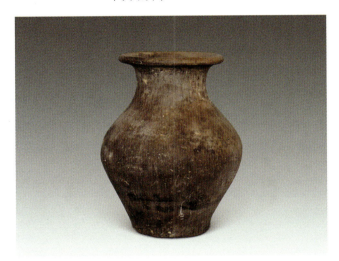

5. 陶长颈罐 2000M2：14

6. 陶长颈罐 2000M2：34

彩版三一　2000M2 出土陶器

1. 陶豆 2000M2：7

2. 陶豆 2000M2：16

3. 陶盂 2000M2：39

4. 陶凹底杯 2000M2：20

5. 陶凹底杯 2000M2：46

6. 陶凹底杯 2000M2：47

彩版三二　2000M2 出土陶器

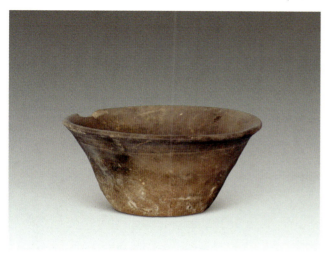

1. 陶凹底杯 2000M2：32

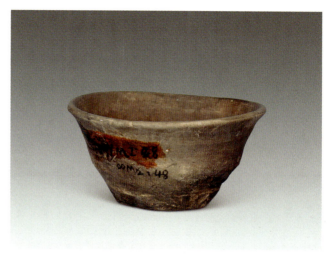

2. 陶凹底杯 2000M2：48

3. 陶凹底杯 2000M2：12

4. 陶凹底杯 2000M2：59

5. 陶双耳壶 2000M2：8

6. 陶双耳壶 2000M2：26

彩版三三　2000M2 出土陶器

1．2003M22 墓室

2．2003M22 随葬品出土情况

彩版三四　2003M22

1. 2003M22随葬品出土情况

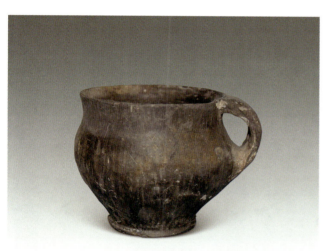

2. 陶单耳罐 2003M22：2

3. 陶双耳罐 2003M22：5

4. 陶豆 2003M22：3

5. 陶豆 2003M22：4

彩版三五　2003M22 出土陶器

1. 2003H28

2. 2003H28

彩版三六　2003H28

1. 2003H28 陶器出土情况

3. 陶长颈罐 2003H28：6

4. 陶长颈罐 2003H28：10

2. 陶长颈罐 2003H28：4

5. 陶长颈罐 2003H28：5

彩版三七　2003H28 及出土陶器

1. 陶豆 2003H28：14

2. 陶豆 2003H28：2

3. 陶豆 2003H28：3

4. 陶豆 2003H28：17

5. 陶豆 2003H28：7

6. 陶器盖 2003H28：16

彩版三八　2003H28 出土陶器

1. 2000M3 盖板

2. 2000M3 墓室

彩版三九　2000M3

1．陶单耳罐 2000M3：4

2．陶长颈罐 2000M3：2

3．陶长颈罐 2000M3：3

4．陶盂 2000M3：11

5．陶凹底杯 2000M3：5

6．陶凹底杯 2000M3：1

彩版四〇 2000M3 出土陶器

1. 陶单耳罐 2000M4：4

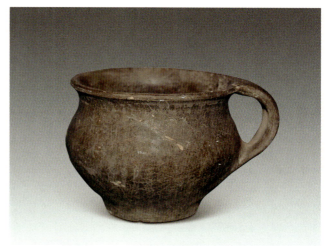

2. 陶单耳罐 2000M4：6

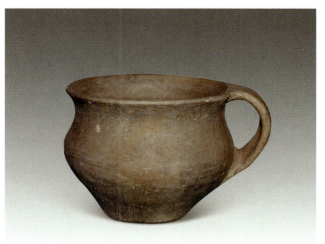

3. 陶单耳罐 2000M4：7

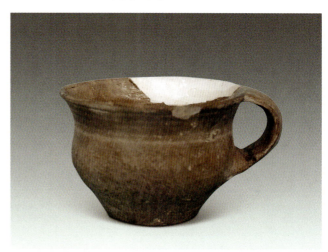

4. 陶单耳罐 2000M4：3

5. 陶凹底杯 2000M7：8

6. 陶凹底杯 2000M7：2

彩版四一　2000M4 与 M7 出土陶器

1. 陶长颈罐 2000M7：5

2. 陶长颈罐 2000M7：7

3. 陶长颈罐 2000M7：4

4. 陶长颈罐 2000M7：1

5. 陶长颈罐 2000M7：3

6. 陶豆 2000M7：9

彩版四二　2000M7 出土陶器

1. 陶单耳罐 2000M8：1

2. 陶单耳罐 2000M8：3

3. 陶单耳罐 2000M8：2

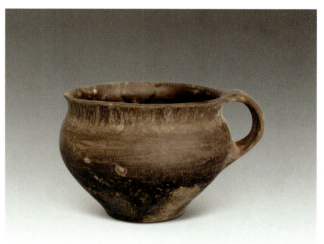

4. 陶单耳罐 2000M11：7

5. 陶单耳罐 2000M11：4

6. 陶单耳罐 2000M11：8

彩版四三　2000M8 与 M11 出土陶器

1. 陶长颈罐 2000M11：5

2. 陶长颈罐 2000M11：2

3. 陶豆 2000M11：1

4. 陶豆 2000M11：3

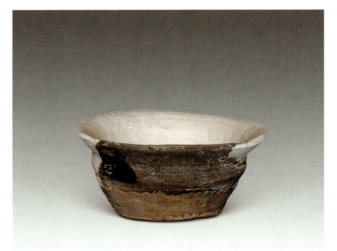

5. 陶凹底杯 2000M18：1

6. 陶凹底杯 2000M18：2

彩版四四　2000M11 与 M18 出土陶器

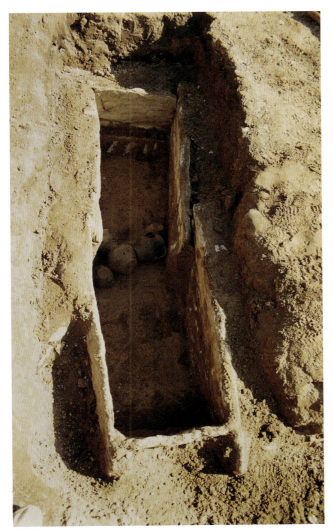

1. 2000M39 墓室

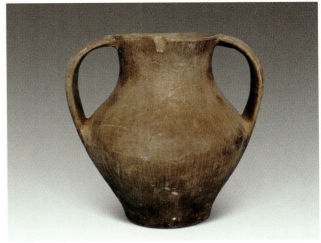

2. 陶双耳罐 2000M39：2

3. 陶单耳罐 2000M39：1

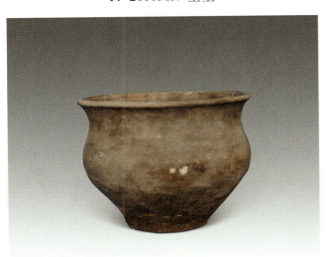

4. 陶盂 2000M39：3

5. 陶盂 2000M39：4

彩版四五　2000M39 墓室及出土陶器

1. 2002M1～6

2. 2002M1墓室

1．2002M2 盖板

2．2002M2 墓室

彩版四七　2002M2

1. 2002M18 盖板

2. 2002M18 墓室

彩版四八　2002M18

1. 2002M21 与 M22 盖板

2. 2002M21 与 M22 墓室

彩版四九　2002M21 与 M22

1. 陶豆 2002M21：2

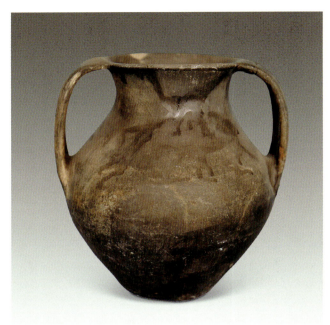

2. 陶双耳罐 2002M22：3

3. 陶盂 2002M22：2

4. 陶豆 2002M22：1

彩版五〇　2002M21 与 M22 出土陶器

1. 2002M27 盖板

2. 2002M27 墓室

彩版五一　2002M27

1．2002M27 墓室

2．2002M27 随葬品出土情况

彩版五二　　2002M27

1. 2002M27随葬品出土情况

3. 陶长颈罐 2002M27：7

4. 陶平底罐 2002M27：1

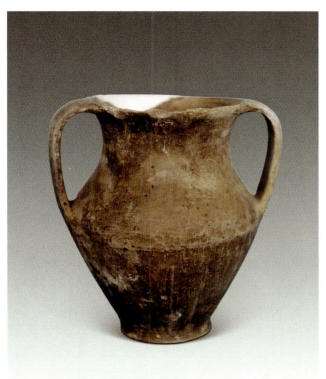

2. 陶双耳罐 2002M27：6

5. 陶平底罐 2002M27：3

彩版五三　2002M27 出土陶器

1. 陶平底罐 2002M27：4

2. 陶平底罐 2002M27：5

3. 陶小底杯 2002M27：2

4. 陶小底杯 2002M27：8

5. 陶小底杯 2002M27：9

6. 陶小底杯 2002M27：11

彩版五四　2002M27 出土陶器

1. 2002M28 ～ M30

2. 2002M28 墓室

彩版五五　2002M28 ～ M30

1. 2002M28 随葬品出土情况

2. 陶平底罐 2002M28：1

3. 陶平底罐 2002M28：2

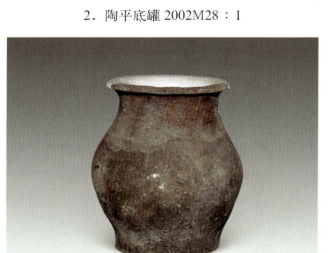

4. 陶平底罐 2002M28：3

5. 陶平底罐 2002M28：5

彩版五六　2002M28 出土陶器

1. 陶平底罐 2002M28：6

2. 陶平底罐 2002M28：8

3. 陶平底杯 2002M28：7

4. 陶平底杯 2002M28：10

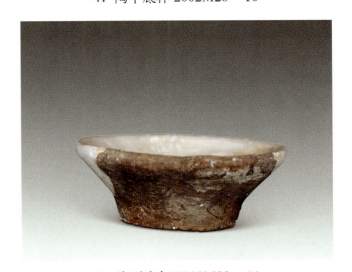

5. 陶平底杯 2002M28：11

彩版五七　2002M28 出土陶器

1. 2002M30 墓室

2. 2002M30 墓室局部

彩版五八　2002M30

1. 2002M34 墓室

2. 陶双耳罐 2002M34：2

3. 陶双耳罐 2002M34：2

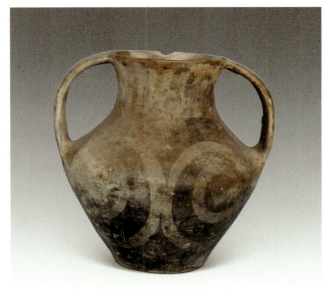

4. 陶双耳罐 2002M34：5

5. 陶盂 2002M34：4

彩版五九　2002M34 及出土陶器

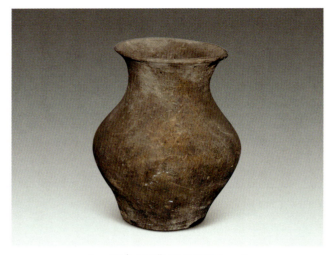

1. 陶长颈罐 2002M34：6

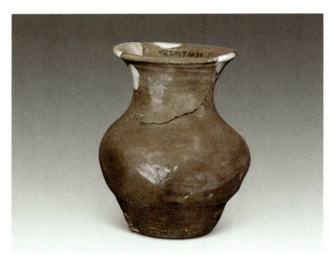

2. 陶长颈罐 2002M34：7

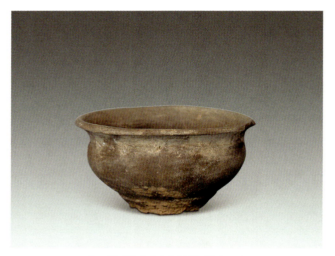

3. 陶凹底杯 2002M34：3

4. 陶凹底杯 2002M34：8

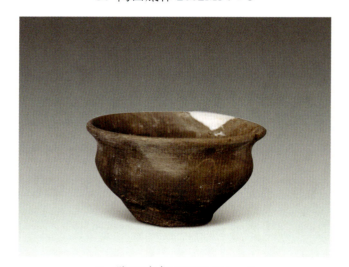

5. 陶凹底杯 2002M34：9

彩版六〇　2002M34 出土陶器

1. 2002M36 墓室

2. 陶长颈罐 2002M36：2

3. 陶长颈罐 2002M36：5

4. 陶平底杯 2002M36：3

5. 陶平底杯 2002M36：6

彩版六一　2002M36 及出土陶器

1. 2002M41 盖板

2. 2002M41 墓室

彩版六二　2002M41

1. 2002M41 墓室局部

3. 陶小底杯 2002M41：2

4. 陶小底杯 2002M41：6

2. 陶凹底杯 2002M41：1

5. 陶小底杯 2002M41：8

彩版六三　2002M41 及出土陶器

1. 陶长颈罐 2002M41：3

2. 陶长颈罐 2002M41：5

3. 陶长颈罐 2002M41：7

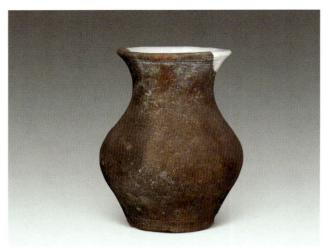

4. 陶长颈罐 2002M41：9

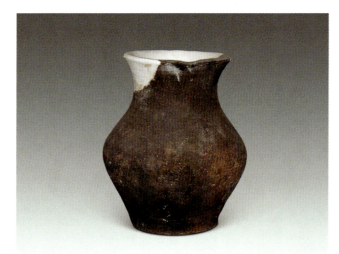

5. 陶长颈罐 2002M41：10

6. 陶长颈罐 2002M41：4

彩版六四　2002M41 出土陶器

1. 2002M42 盖板

2. 2002M42 墓室

彩版六五　2002M42

1. 2003M15 盖板

2. 2003M15 墓室

彩版六六　2003M15

1. 陶长颈罐 2003M15：3

2. 陶长颈罐 2003M15：4

3. 陶长颈罐 2003M15：5

4. 陶凹底杯 2003M15：1

5. 陶凹底杯 2003M15：2

6. 陶凹底杯 2003M15：7

彩版六七　2003M15 出土陶器

1. 2003M21 墓室

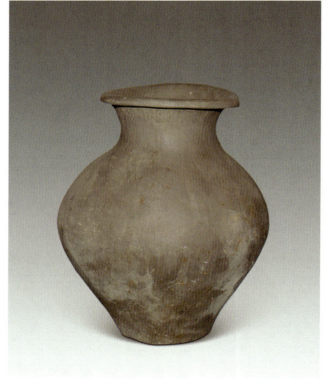

2. 陶长颈罐 2003M21：1

彩版六八　2003M21 及出土陶器

1. 2003M24 墓室

3. 陶器盖 2003M24：3

4. 陶器盖 2003M24：10

2. 陶器盖 2003M24：2

5. 陶器盖 2003M24：14

彩版六九　2003M24 及出土陶器

1. 陶长颈罐 2003M24：5

2. 陶长颈罐 2003M24：1

3. 陶长颈罐 2003M24：6

4. 陶长颈罐 2003M24：11

5. 陶豆 2003M24：9

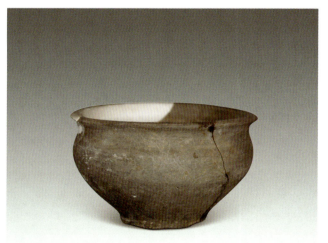

6. 陶盂 2003M24：8

彩版七〇　2003M24 出土陶器

1. 2003M27 墓室

2. 2003M27 墓室局部

1. 陶双耳罐 2003M27：2

3. 陶长颈罐 2003M27：4

4. 陶长颈罐 2003M27：5

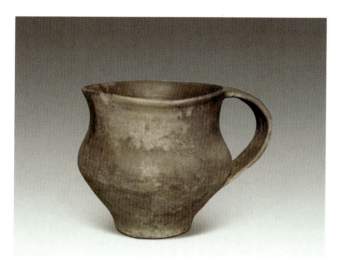

2. 陶单耳罐 2003M27：3

5. 陶长颈罐 2003M27：6

彩版七二　2003M27 出土陶器

1. 陶长颈罐 2003M29：4

2. 陶长颈罐 2003M29：9

3. 陶长颈罐 2003M29：2

4. 陶长颈罐 2003M29：1

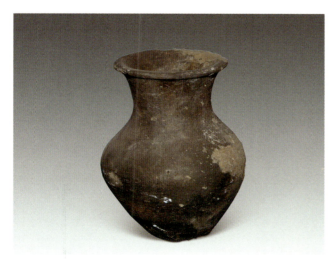

5. 陶长颈罐 2003M29：3

6. 陶长颈罐 2003M29：6

彩版七三　2003M29 出土陶器

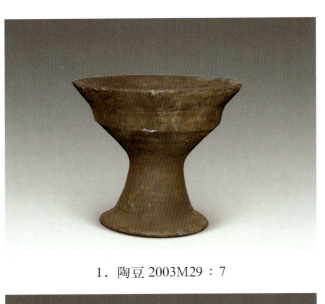

1. 陶豆 2003M29：7

2. 陶豆 2003M29：8

3. 陶豆 2003M29：10

4. 陶豆 2003M29：11

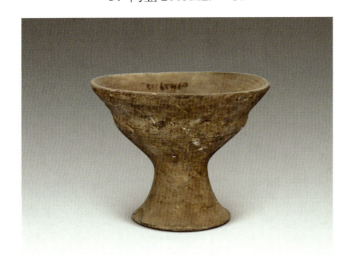

5. 陶豆 2003M29：12

6. 陶豆 2003M29：13

彩版七四　2003M29 出土陶器

1. 2003M37 盖板

2. 2003M37 墓室

彩版七五　2003M37

1．2003M37 墓室局部

2．2003M37 墓室局部

彩版七六　2003M37

1. 2004M13 盖板

2. 2004M13 墓室

彩版八一　2004M13

1. 2004M23 盖板

2. 2004M23 墓室

彩版八二　2004M23

1. 2004M30 盖板

2. 2004M30 墓室

彩版八三　2004M30

1. 2004M30 墓室局部

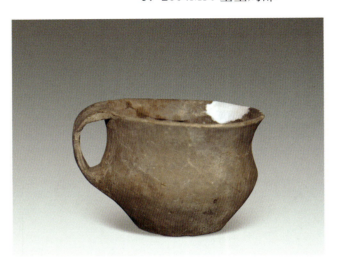

2. 陶单耳罐 2004M30：1

3. 陶长颈罐 2004M30：5

4. 陶长颈罐 2004M30：7

5. 陶盂 2004M30：2

彩版八四　2004M30 及出土陶器

1. 陶盂 2004M30：3

2. 陶盂 2004M30：6

3. 陶器盖 2004M30：4

4. 陶器盖 2004M30：9

5. 陶豆 2004M30：8

彩版八五　2004M30 出土陶器

1. 2004M32 盖板

2. 2004M32 墓室

彩版八六　2004M32

1. 2004M43 盖板

2. 2004M43 墓室

彩版八七　2004M43

1. 陶长颈罐 2004M43：5

2. 陶小底罐 2004M43：8

3. 陶小底罐 2004M43：9

4. 陶凹底杯 2004M43：12

5. 陶器盖 2004M43：1

6. 陶器盖 2004M43：3

彩版八八　2004M43 出土陶器

1. 2006M1～3 盖板

2. 2006M1 墓室

1．2006M5 墓室

2．陶长颈罐 2006M5：7

3．陶盂 2006M5：2

4．陶器盖 2006M5：3

5．陶器盖 2006M5：5

彩版九〇　2006M5 及出土陶器

1. 2002M17 盖板

2. 2002M17 墓室

1. 2002M17 墓室局部

2. 陶双耳罐 2002M17：11

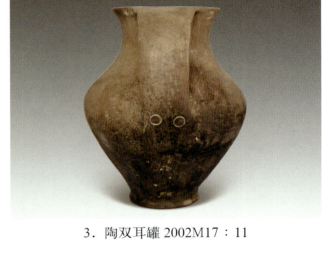

3. 陶双耳罐 2002M17：11

4. 陶长颈罐 2002M17：3

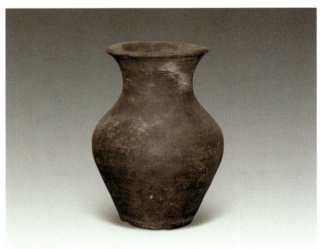

5. 陶长颈罐 2002M17：9

彩版九二　2002M17 及出土陶器

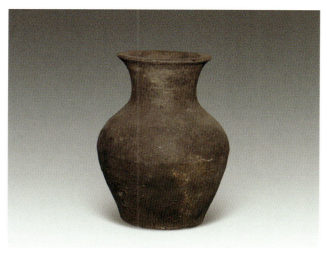

1．陶长颈罐 2002M17：10

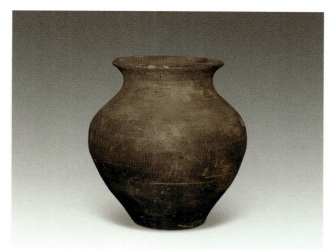

2．陶长颈罐 2002M17：17

3．陶豆 2002M17：4

4．陶豆 2002M17：14

5．陶盂 2002M17：15

6．陶盂 2002M17：16

1．2002M33 墓室局部

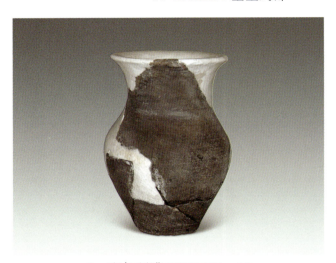

2．陶长颈罐 2002M33：12

3．陶尖底罐 2002M33：8

4．陶簋 2002M33：6

5．陶豆 2002M33：4

彩版九四　2002M33 及出土陶器

1. 2002M38 盖板

2. 2002M38 墓室

彩版九五　2002M38

1．2002M38 盖板

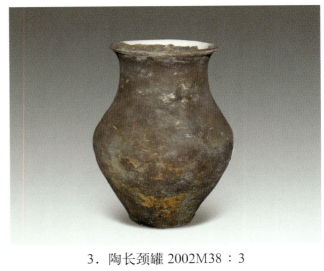

3．陶长颈罐 2002M38：3

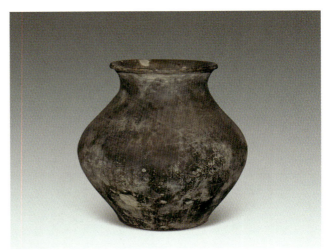

4．陶长颈罐 2002M38：5

2．陶长颈罐 2002M38：1

5．陶豆 2002M38：4

彩版九六　2002M38 及出土陶器

1. 2002M45 与 M46 盖板

2. 2002M45 与 M46 墓室

彩版九七　2002M45 与 M46

1. 陶小底罐 2002M45：13

2. 陶小底罐 2002M45：18

3. 陶小底罐 2002M45：6

4. 陶小底罐 2002M45：10

5. 陶小底杯 2002M45：2

6. 陶小底杯 2002M45：11

彩版九八　2002M45 出土陶器

1. 陶器盖 2002M45：17

2. 陶器盖 2002M45：22

3. 陶器盖 2002M45：31

4. 陶器盖 2002M45：27

5. 陶盂 2002M45：12

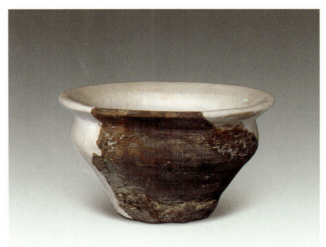

6. 陶凹底杯 2002M45：30

彩版九九　2002M45 出土陶器

1．2002M46 墓室局部

3．陶小底罐 2002M46：29

4．陶小底罐 2002M46：6

2．陶小底罐 2002M46：14

5．陶小底罐 2002M46：25

彩版一〇〇　2002M46 及出土陶器

1. 陶小底杯 2002M46：3

2. 陶小底杯 2002M46：22

3. 陶器盖 2002M46：7

4. 陶器盖 2002M46：9

5. 陶器盖 2002M46：21

6. 陶纺轮 2002M46：8

7. 陶纺轮 2002M46：27

8. 陶纺轮 2002M46：19

彩版一○一　2002M46 出土陶器

1. 2002M48 盖板

2. 2002M48 墓室

彩版一○二　2002M48

1. 2002M48墓室局部

3. 陶单耳罐 2002M48：36

4. 陶单耳罐 2002M48：2

2. 陶双耳罐 2002M48：14

5. 陶单耳罐 2002M48：25

彩版一〇三　2002M48及出土陶器

1. 陶长颈罐 2002M48：9

2. 陶长颈罐 2002M48：3

3. 陶豆 2002M48：65

4. 陶盂 2002M48：12

5. 陶凹底杯 2002M48：19

6. 陶凹底杯 2002M48：26

1. 陶单耳罐 2003M6：2

2. 陶平底罐 2003M6：6

3. 陶平底罐 2003M6：1

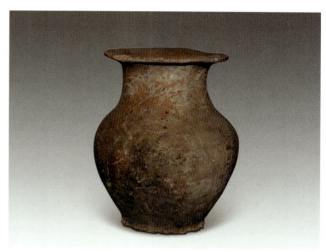

4. 陶平底罐 2003M6：11

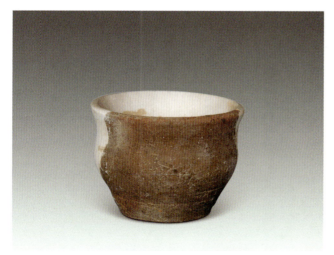

5. 陶凹底杯 2003M6：14

6. 陶器盖 2003M6：4

彩版一〇五　2003M6 出土陶器

1. 2003M25 盖板

2. 2003M25 墓室

1. 2003M31 墓室

2. 2003M31 墓室局部

彩版一〇七　2003M31

1. 陶平底罐 2003M31：1

2. 陶平底罐 2003M31：2

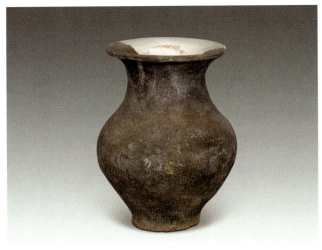

3. 陶平底罐 2003M31：13

4. 陶器盖 2003M31：3

5. 陶器盖 2003M31：6

6. 陶器盖 2003M31：16

1. 陶长颈罐 2003M34：1

2. 陶长颈罐 2003M34：14

3. 陶长颈罐 2003M34：2

4. 陶长颈罐 2003M34：12

5. 陶豆 2003M34：9

6. 陶豆 2003M34：6

彩版一〇九　2003M34 出土陶器

1．2004M38 盖板

2．2004M38 墓室

彩版一一〇　2004M38

1. 2004M38 墓室局部

3. 陶长颈罐 2004M38：17

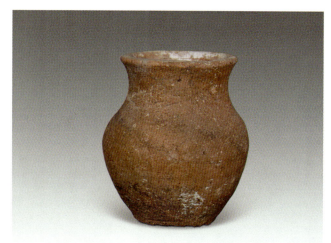

4. 陶长颈罐 2004M38：4

2. 陶双耳罐 2004M38：11

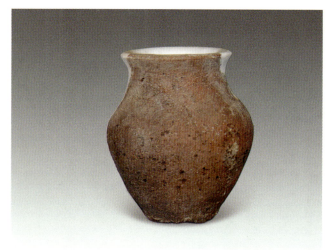

5. 陶长颈罐 2004M38：25

彩版一一一　2004M38 及出土陶器

1. 陶长颈罐 2004M38：8

2. 陶长颈罐 2004M38：19

3. 陶长颈罐 2004M38：12

4. 陶豆 2004M38：18

5. 陶豆 2004M38：15

6. 陶凹底杯 2004M38：27

彩版一一二　2004M38 出土陶器

1. 2006M2 墓室局部

2. 陶豆 2006M2：3

3. 陶豆 2006M2：8

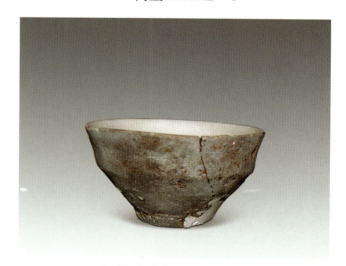

4. 陶小底杯 2006M2：2

彩版一一三　2006M2 及出土陶器

1. 2003M33 墓室

2. 2003M33 墓室局部

彩版一一四　2003M33

1. 陶长颈罐 2003M33：1

2. 陶长颈罐 2003M33：4

3. 陶长颈罐 2003M33：10

4. 陶豆 2003M33：2

5. 陶豆 2003M33：11

6. 陶盂 2003M33：8

彩版一一五　2003M33 出土陶器

1. 2004M27 盖板

2. 2004M27 墓室

彩版一一六　2004M27

1. 2004M37 墓室

2. 陶双耳罐 2004M37：1

3. 陶双耳罐 2004M37：1

彩版一一七　2004M37 及出土陶器

1. 陶双耳罐 2002T23 ③：63

2. 陶单耳罐 2002T23 ③：62

3. 陶单耳罐 2002T23 ③：58

4. 陶单耳罐 2002T23 ③：59

5. 陶单耳罐 2002T23 ③：61

6. 陶单耳罐 2002T23 ④：25

彩版一一八　2002T23 ③、④层出土陶器

1. 陶单耳罐 2003T14 ③ A：124

2. 陶单耳罐 2003T14 ③ A：125

3. 陶长颈罐 2003T14 ③ A：2

4. 陶长颈罐 2003T14 ③ A：101

5. 陶长颈罐 2003T14 ③ A：1

6. 陶豆 2003T14 ③ A：127

彩版一一九　2003T14 ③ A 层出土陶器

1. 陶长颈罐 2003T21 ②：109

2. 陶凹底杯 2003T21 ②：108

3. 陶豆 2003T21 ②：101

4. 陶盂 2003T21 ②：111

5. 陶器盖 2003T21 ②：104

6. 陶纺轮 2003T21 ②：113

彩版一二〇　2003T21 ②层出土陶器